कुँवरजी अग्रवाल

नाट्य के अक्षरबीज

कुँवरजी अग्रवाल

नाट्य के अक्षरबीज

संकलन तथा सम्पादन

अर्चना अग्रवाल

वाणी प्रकाशन

वाणी प्रकाशन

4695, 21-ए, दरियागंज, नयी दिल्ली 110 002

शाखा

अशोक राजपथ, पटना 800 004

फ़ोनः +91 11 23273167 फ़ैक्सः +91 11 23275710

www.vaniprakashan.in
vaniprakashan@gmail.com

KUNWARJI AGRAWAL : NATYA KE AKSHARBEEJ
Selected & Edited by Archana Agrawal

ISBN : 978-93-5072-404-0
Criticism

प्रथम संस्करण

मूल्यः ₹ 495

न्यू कृष्णा ऑफ़सेट, दिल्ली-110093 में मुद्रित

वाणी प्रकाशन का लोगो मक़बूल फ़िदा हुसेन की कूची से

प्रासंगिकी

श्री कुँवरजी अग्रवाल का रंगमंच से जुड़ाव* काफी पुराना और पुख़्ता है। उनके अध्ययन की नींव गहरी और विचारों की अट्टालिकाएँ ऊँची जाती हैं। इसके मक़ाबले में यदि देखा जाय तो उनका लेखन बहुत थोड़ा है और वह भी बिखरा हुआ। पाँच-छह किताबें हैं, पर सभी अब अप्राप्य हो चुकी हैं। अतः जब अंकुरजी† ने मुझे कुँवरजी के नाट्यसंबंधी लेखों का एक संकलन तैयार करने के लिए कहा, तो मुझे लगा कि उनके वैविध्यपूर्ण लेखन से मुझे कुछ उन लेखों को चुनना चाहिए जो नाट्य की विविधता, उसके विभिन्न पहलुओं से ताल्लक़ रखते हों—नाट्य की मूल शाश्वत अवधारणा के संदर्भ में और हिंदी नाट्य-परिवेश के संदर्भ में विशेष रूप से।

लेखों को चुनते वक़्त मैंने अपने आप से अच्छी-खासी बहस की कि आख़िर क्यों उन्हें इस संकलन में होना चाहिए और जब उसकी विशिष्टता और उपयोगिता के संबंध में मुझे तसल्ली हो जाती तभी मैं उन्हें संकलन में स्थान देती। इस सिलसिले में मेरे जो विचार बने और जिन तर्कों के कारण इन लेखों का चुनाव हुआ, उसे मैं यहाँ दे रही हूँ—कुछ अपने परितोषण के लिए, कुछ आपके स्पष्टीकरण और अनुमोदन के लिए!

भरपूर ज़िंदगी की जीवनीशक्ति उसकी ऊर्जा, उसकी उत्सवपरकता में ही निहित होती है—सेलिब्रेशन! सेलिब्रेशन की इसी ऊर्जा—**नाटक का उत्सव**—से संकलन का आरंभ करना मुझे अच्छा मालूम हुआ। **भारंगम प्रसंगम** भी इसी उत्सव

---

* वे 14-15 वर्ष की उम्र में रंगमंच से अभिनेता के तौर पर जुड़े और फिर लगातार अभिनेता, निर्देशक, व्यवस्थापक, संगठनकर्ता, समीक्षक, दर्शक, चिंतक, लेखक, अध्यापक आदि अनेक रूपों में रंगमंच के ऊपर और नीचे, सामने और पीछे लगभग 63-64 वर्षों से समर्पित हैं।

† कहानी के रंगमंच के पुरोधा; राष्ट्रीय नाट्य विद्यालय, नई दिल्ली के पूर्व निदेशक और प्राध्यापक (सेवानिवृत्त), नाट्यविमर्श करती आपकी अनेक पुस्तकें प्रकाशित, संप्रति इग्नू के नाट्यकला संबंधी पाठ्यक्रम के लिए प्रमुख सलाहकार और प्राध्यापक।

का विस्तार है। कुँवरजी ने ये दोनों लेख क्रमशः 2006 और 07 के 'भारत रंग महोत्सव' (राष्ट्रीय नाट्य विद्यालय का वार्षिक आयोजन) के बाद **रंग प्रसंग** (रा. ना.वि.से प्रकाशित पत्रिका) के लिए भारंगम में प्रस्तुत नाटकों का एक रिव्यू दे सकने के लिए लिखे थे, जो क्रमशः उसके बाईसवें (अप्रैल-जून, 2006 ई.) और उन्तीसवें (जनवरी-मार्च, 2008 ई.) अंकों में प्रकाशित हुए थे। लेकिन भारंगम के दौरान देखे गये नाटकों का चर्चा तो बहाना भर है, वरना तो ये लेख समग्र नाटक को देखने-समझने की अंतर्दृष्टि देने वाले तात्विक लेख हैं। इनमें एक तरफ़ नाट्यविधा से जुड़े कई बुनियादी सवाल हैं, जो नाट्य से सरोकार रखने वालों के चिंतन को उत्प्रेरित करते हैं, तो दूसरी ओर कुछ ऐसे गंभीर नाट्यसूत्र भी हैं, जो आज के समय में हो रहे तरह तरह के प्रयोगों को समझने की कुंज़ी देते हैं। लेकिन सबसे ऊपर ये निदर्श हैं नाट्यसमीक्षा के आधुनिक प्रतिमानों के!

भारंगम प्रसंगम तो अपनी तरह का अकेला लेख है। शैली और भाषा, विचार और अभिव्यक्ति सभी स्तरों पर यह बेजोड़ है और नये क्षितिज खोलता है। एक स्वाभाविक प्रसादगुण बनाए रखते हुए भी जो प्रौढ़ता इस लेख ने प्राप्त की है, वह इसे न केवल पापा के लिखे अन्य लेखों में, बल्कि हिंदी में लिखे गये इस तरह के किसी भी निबंध से विलक्षण सिद्ध करती है। मुझे यह लेख एक और वजह से विशिष्ट लगता है– अबाध एकरस प्रवाह से गुजरते हुए वाक्यों की सीरतें एक जगह अचानक झरने में बदल जाती हैं और दो-दो एक-एक शब्द में झरते हुए वाक्य न केवल मन में अधिक गहरे उतरते हैं, विचारों को ज़्यादा कुरेदते हैं, कल्पना को अधिक उकसाते हैं, बल्कि आँखों को भी सुकूँ-सा पहुँचाते हैं। आलोचनात्मक लेख में ऐसा प्रयोग मैंने तो कहीं देखा नहीं!

अगले तीन लेख पश्चिम के तीन नाट्यसिद्धांतकारों– क्रेग, मेइएरहोल्द और वाइल्डर के विचारों और सिद्धांतों पर केंद्रित हैं। आधुनिक नाट्य-अवधारणा को समझने के लिए पश्चिमी नाट्य-सिद्धांतों से स्पष्ट परिचय अपरिहार्य है। क्रेग के संबंध में लिखा लेख यहाँ देना मुझे इसलिए भी महत्त्वपूर्ण लगा क्योंकि इसके पहले के दोनों लेखों में नाट्यप्रस्तुतियों पर उसके प्रभाव की चर्चा उसके संबंध में सहज जिज्ञासा जगाता है। **नाट्य के शुद्ध कलारूप का स्वप्नद्रष्टा : एडवर्ड गोर्डन क्रेग** कुँवरजी ने सन् 2002 में तब लिखा था, जब **रंग प्रसंग** पश्चिम के कुछ प्रमुख नाट्यसिद्धांतकारों से संबंधित सामग्री निकालना चाहता था। यह लेख **रंग प्रसंग** के ग्याहरवें अंक (जनवरी-जून, 2003 ई.) में प्रकाशित है। इस लेख की विशिष्टता इसकी सरल सहज प्रवाहयुक्त भाषा है, जिसमें क्रेग के प्रमुख नाट्यसिद्धांत हिंदी पाठकों के लिए सहज बोधगम्य हो पाये हैं।

मेइएरहोल्द के कुछ नाट्यसूत्र का लेखन 1980 के दशक में कभी हुआ होगा। लेकिन फिर वर्षों तक यह यूँ ही फाइलों में दबा पड़ा रहा और बस अभी ही कुछ समय पहले **संगना** के संयुक्तांक 3-4 (जुलाई-सितंबर; अक्तूबर-दिसंबर 2011 ई.) में प्रकाशित हुआ है। इस लेख में नाट्य और अभिनय के इतने बीज समाहित है कि सिर्फ़ इसी एक लेख से पुस्तक का शीर्षक न्यायोचित सिद्ध हो सकता है। और यह इसलिए और महत्वपूर्ण है क्योंकि ये बीज, ये आवश्यक सूत्र महज अनूदित नहीं हैं, अपितु ये हमारे अपने संदर्भ से जुड़े नज़र आते हैं। इस बात को प्रयाग शुक्लजी ने लेख के संदर्भ में अपनी संपादकीय टिप्पणी में अधिक अच्छी तरह लक्ष्य किया है – **"इन नाट्यसूत्रों को ... कुंवरजी अग्रवाल ने हिंदी पाठकों के लिए अत्यंत बोधगम्य रूप से प्रस्तुत किया है। प्रस्तुति की भाषा और विधि ऐसी है कि उससे मेइएरहोल्द के नाट्यसूत्रों के पुनर्पाठ की ध्वनि भी सहज ही आती रहती है।"**

पुनर्पाठ की यही प्रक्रिया अगले लेख **नाट्यलेखन पर वाइल्डर के विचार** में भी चल रही है। इस लेख की आधार सामग्री जरूर इस संबंध में लिखे गये वाइल्डर के एक छोटे लेख से ली गई है, जिसका अनुवाद बहुत पहले कभी कुँवरजी ने किया था और जो उनकी पुस्तक **'आधुनिक नाटक का अन्वेषण : कुछ पश्चिमी दस्तावेज'**‡ में संकलित भी है। लेकिन अब यहाँ दिया गया लेख वह अनुवाद कतई नहीं है। कुँवरजी ने वाइल्डर के विचारों, मंतव्यों को जज्ब करके उसे पूरी तरह अपने विचार-भाषा के साँचे में ढालकर निकाला है, जिससे यह उनका **नवीनतम मौलिक लेख** बन गया है। नाटक और रंगमंच को समझने, उनके आपसी रिश्तों को समझने के लिए यह लेख बहुत साफ सूक्ष्मदर्शी दृष्टि उपलब्ध कराता है।

अभिनय का कलादर्शन भी मेइएरहोल्द और वाइल्डर के मूल लेख के अनुवाद के समय अर्थात अस्सी के दशक के पूर्वार्ध में ही कभी तैयार किया गया था, लेकिन इसका प्रथम प्रकाशन बहुत बाद में **रंग प्रसंग** के छठे अंक (जुलाई-दिसंबर, 2000 ई.) में हुआ। विचार-सामग्री की दृष्टि से लेख अपने पूर्वलेख के विमर्श को ही आगे बढ़ाता है– इस बार अभिनयकला को केंद्र में रखते हुए, जबकि पिछले लेख में यह केंद्र नाट्यलेखन है।

इस लेख की एक महत्वपूर्ण बात यह है कि इसमें लिखित नाटक को उसके साहित्यिक रूप में स्वतंत्र कलाकृति का दर्जा दिया गया है, जबकि एक स्थापित

---

‡ **आधुनिक नाटक का अन्वेषण : कुछ पश्चिमी दस्तावेज**
लेखक : कुँवरजी अग्रवाल
प्रकाशक : मोतीलाल बनारसीदास, वाराणसी
प्रकाशन वर्ष : 1986 ई.

अवधारणा यह भी है कि नाट्य अपनी पूर्णता तभी प्राप्त करता है जब वह रंगमंच पर जाता है, कि नाटक पढ़ने की नहीं देखने की चीज है, कि लिखित नाटक अपने माध्यम—रंगमंच के बिना अधूरी कलाकृति है। स्वयं कुँवरजी के अलग-अलग लेखों में किसी में पहली तो किसी में दूसरी अवधारणा केंद्र में दिखाई पड़ती है। ये दोनों विपरीत अवधारणाएँ एक साथ वैध कैसे हैं, इसका समाधान कुँवरजी ने ही कभी मेरे पूछने पर किया था :

लिखित नाटक पूर्ण स्वतंत्र कलाकृति हो भी सकती है और नहीं भी। यह नाटककार की अपनी दृष्टि और योजना पर निर्भर करता है। यदि नाटककार स्वयं रंगमंच से गहरे जुड़ा है तो निश्चय ही उसकी दृष्टि में रंगमंचीय आवश्यकताएँ प्रमुख रहेंगी और वह खूब जानता होगा कि किन चीजों को अभिनेता या दूसरे नाट्य-सर्जक अनायास ही समझ सकते हैं और उन्हें लिखने की आवश्यकता नहीं और कहाँ ओर कितनी भाषिक अभिव्यक्तियाँ उसकी रचनात्मकता को प्रमाणित कर देंगी। इस प्रकार से लिखे हुए नाटक का पाठक वर्ग निश्चित होगा और यह पाठक वर्ग रंगमंचीय कलाकारों का होगा जो उस रचना को पढ़कर अपने लिए दिए संकेतों को समझते हुए उसका आनन्द उठा सकते हैं। सामान्य पाठक वर्ग, जो इन रंग-संकेतों से अनजान होता है, के लिए यह कृति निश्चय ही अधूरी प्रतीत होगी।

दूसरी ओर यदि नाटककार एक श्रेष्ठ साहित्यकार है और सभी तरह की भाषिक अभिव्यक्तियाँ करने में सक्षम है, वह रंगमंच का जानकार तो है, पर सक्रिय रूप से उससे संबद्ध नहीं है तो वह ऐसे नाटक की रचना कर सकता है जिसमें वह अपने आपको, अपनी रचनात्मकता को पूर्णतया भाषिक रूप से व्यक्त कर सके। ऐसा नाटक साहित्य के पाठक के लिए भी बोधगम्य होगा और उसे एक पूर्ण कलाकृति का आनन्द प्रदान करेगा। साथ ही उसकी श्रेष्ठता इस बात में निहित होगी की अपनी पूर्ण भाषिक अभिव्यक्ति के बावजूद उसमें नाट्य-सर्जकों के लिए भी गुंजाइश रहे और वे उसका इस्तेमाल अपनी कलात्मक अभिव्यक्ति के लिए कर सकें।

दोनों ही तरह के नाटकों के पर्याप्त उदाहरण नाट्य-इतिहास में देखे जा सकते हैं और विलक्षण प्रतिभाओं ने दोनों तरफ़ से सीमाएँ लाँघी हैं। पारसी थियेटर या दूसरे व्यावसायिक रंगमंच से जुड़े नाटककारों ने पहले ढंग के नाटकों की बहुतायत में रचना की है। शेक्सपीयर भी ऐसी ही नाटक-कंपनी के लिए लिखने वाला नाटककार था, लेकिन उसकी विलक्षण प्रतिभा ने उसे श्रेष्ठ साहित्य का भी रचनाकार बना दिया जिससे उसके नाटक बिना खेले भी पढ़ने पर ही पूरा

आनन्द देते हैं। प्रेस के आविर्भाव और छपी हुई पुस्तकों की लोकप्रियता से पहले के तमाम नाटककार इस पहली ही जमात के हैं। लेकिन छपी हुई पुस्तकों की सुविधा ने नाटककारों को इस बात की आजादी दी कि वे न सिर्फ नाट्य-कलाकारों के दल को अपने लक्ष्यीभूत पाठक बनायें, बल्कि साहित्य में रुचि रखने वाले अन्य पाठकों तक भी पहुँचे। इस बात ने कई ऐसे नाटककार पैदा किये जिनके नाटक साहित्यिकता की दृष्टि से उच्चकोटि के थे और पढ़ने पर ही पूरा आनन्द दे देते थे। उन्होंने इन नाटकों को तुरंत खेलने के लिए नहीं लिखा और वे तुरंत खेले भी नहीं गये, लेकिन जब भी प्रतिभावन नाट्यदल द्वारा खेले गये तो रंगमंच पर भी उतने ही सफल हुए जितने किताब के रूप में। जैसे चेखव और गोर्की के नाटक।

यहाँ दोनों ही तरह के नाट्यलेखन में लगे प्रतिभावन लोगों की बात की जा रही है। दोयम दर्जे के उन नाटककारों की नहीं जो दोनों में से किसी तरह के लेखन को पूरी तरह नहीं समझते और ऐसी रचनाएँ कर बैठते हैं जो न पढ़ी जा सकती हैं और न खेली।

इन दो तरह के नाट्यालेखों का अंतर गानों के उदाहरण से स्पष्टतापूर्वक समझा जा सकता है। जिस प्रकार कुछ अच्छी साहित्यिक कविताएँ जो पढ़ने पर ही पर्याप्त आनन्द देती हैं, उतनी ही कुशलता से गाई भी जा सकती हैं। जैसे जयदेव का गीत-गोविंद। इसके विपरीत तमाम ठुमरी, दादरा और ध्रुपद ऐसे हैं जिनका लिखित रूप यदि देखा जाये तो वे दो-तीन पंक्तियों से ज़्यादा के नहीं हैं और इन दो-तीन पंक्तियों को पढ़ने से कोई रस भी नहीं मिलता, लेकिन वहीं डेढ़ दो घंटे तक इनका गायन अद्‌भुत आनन्द की सृष्टि करता है।

कहानियों के रंगमंच से भी साहित्यिक नाटकों के साहित्यिक और रंगमंचीय मूल्यों की समझ बन सकती है। कहानियाँ तो कभी खेले जाने के लिए लिखी ही नहीं जातीं, लेकिन उनका खेला जाना उनमें एक अतिरिक्त आयाम जोड़ देता है और कई बार उनके नये अर्थ खुलकर सामने आते हैं जो शायद पढ़ने पर नहीं खुलते। यही बात साहित्यिक नाटकों के लिए भी सही है।

फ़िल्म माध्यम साठ के दशक के उत्तरार्ध में कभी हिंदी साहित्य के पाठ्यक्रम की आवश्यकतापूर्ति के सिलसिले में कभी लिखा गया थी, पर जब पच्चीस-तीस वर्षों बाद यह लेख अचानक सामने आया और **रंग प्रसंग** के अठारहवें अंक (अप्रैल-जून, 2005 ई.) में प्रकाशित हुआ तो लगा नहीं कि अब यह पुराना पड़ गया, क्योंकि सिनेमा के बहुत-बहुत तरक्की कर जाने के बावजूद, उस पर बहुत कुछ लिखा जा चुकने के बावजूद फ़िल्म माध्यम की आधारभूत जानकारी इतनी स्पष्टता से उपलब्ध कराने वाली सामग्री कम से कम हिंदी में तो दुर्लभ ही है।

फ़िल्म माध्यम को समझने — उसकी ताक़त, उसकी सीमाओं की पहचान करने, अन्य समकक्ष कलाओं के बरअक्स उसकी विशिष्टताओं को स्पष्टता से उजागर करने और कुल मिलाकर फ़िल्म की कलाभाषा के आधारभूत व्याकरण के ज्ञान के लिए यह लेख संभवतः आज भी अन्यतम है।

लेकिन यह नाट्यसंबंधी लेखों के इस संकलन में क्यों शामिल है? ऐसा इसलिए क्योंकि माध्यम के भारी फ़र्क के बावजूद तात्विक रूप से फिल्म भी नाटक की जाति का ही एक विस्तार है आज भी अमूमन फ़िल्में अपनी सारी तकनीकी समृद्धि के साथ भी मूलतः ड्रामा ही होती हैं। और इसलिए भी क्योंकि आज का रंगकर्मी फ़िल्म माध्यम से भी किसी न किसी तरह घनिष्ठ रूप से जुड़ा हुआ है, जुड़ता जा रहा है।

रंगमंच : एक माध्यम इस संकलन में कुँवरजी का सबसे पुराना लेख है— साठ के दशक के पूर्वार्ध में लिखा हुआ। इसकी भाषा आज के पाठकों को कुछ पुरानी लग सकती है, ख़ासकर इस संकलन में अब तक आये अन्य लेखों की विकसित भाषा के बरअक्स, लेकिन इसके कथ्य ने मुझे इसे यहाँ पर रखने के लिए मजबूर किया। रंगमंच की एक माध्यम के रूप में पहचान कराने वाले इस लेख ने सन् 1964 में **आलोचना** (राजकमल प्रकाशन समूह की साहित्यिक पत्रिका) में अपने प्रथम प्रकाशन के बाद हिंदी नाट्यजगत में एक हलचल सी मचा दी थी। कोई नाट्यविचारक इसके प्रति आकर्षित हुए बिना नहीं रह सका था और कुँवरजी इस एक लेख के बूते ही नाट्यचिंतकों की पहली पाँत में प्रतिष्ठित हो गये थे। बाद में इस के साथ अन्य लेखों का भी संकलन कर इसी नाम से एक पुस्तक[§] भी प्रकाशित हुई जिसे उत्तरप्रदेश हिंदी संस्थान ने पुरस्कृत किया था।

नटरंग (श्री नेमिचंद्र जैन द्वारा संपादित और प्रकाशित भारतीय रंगमंच का त्रैमासिक) के तीसरे अंक में 'नाट्यसमीक्षा के मानदंड' विषयक एक परिसंवाद दिया गया था, जिसके तहत मूर्धन्य विद्वानों से एतत्संबंधी लेख माँगकर एकत्र प्रकाशित किये गये थे। लेख चूँकि अलग अलग आये थे, इसलिए विचार भी प्रकीर्ण थे। अब ज़रूरत थी इन लेखों में फैले हुए विचारों को विश्लेषित-समन्वित कर एकसूत्रबद्ध निश्चित निष्कर्ष पर पहुँचने की। इस आवश्यकता ने ही **कुँवरजी को नाट्यसमीक्षा के मानदंड : परिसंवाद की फलश्रुति** लिखने के लिए प्रेरित किया,

---

[§]**रंगमंच : एक माध्यम**
लेखक : कुँवरजी अग्रवाल
प्रकाशक : विश्वविद्यालय प्रकाशन, वाराणसी
प्रकाशन वर्ष : 1975 ई.

जिसमें उन्होंने न केवल परिसंवाद में सम्मिलित लेखों में आये विचारों को क्रमबद्ध रूप से व्यवस्थित कर विश्लेषित किया, बल्कि नाट्य की प्रकृति, भाषा से उसके संबंध का विमर्श करते हुए नाट्यसमीक्षा की सही अवधारणा विकसित करने की दिशा में आधारभूत काम किया। यह लेख **नटरंग** के पाँचवें अंक (जनवरी-मार्च, 1966 ई.) में प्रकाशित हुआ था। भाषा के कुछ पुरानेपन के बावजूद यह लेख आज भी प्रासंगिक, बल्कि ज़रूरी भी है, क्योंकि इसमें दिये गये मजबूत आधारों के बावजूद हिंदी में नाट्यसमीक्षा का समुचित विकास होना अभी भी शेष ही है।

सन 1998 में राष्ट्रीय नाट्य विद्यालय ने **रंगप्रसंग** के प्रकाशन की योजना बनायी तो कुँवरजी से प्रवेशांक (जनवरी-जून, 1998 ई.) के लिए लेख माँगा गया। कुँवरजी को लगा कि यह अवसर है अपने को टटोलने का, जरा ठहर कर यह देखने का कि हम किन रास्तों से होकर कहाँ-कहाँ पहुँचे और अब आगे किधर जाने की तैयारी में हैं, कि हमारा 'चलना' क्या सचमुच आगे बढ़ना था या फिर हम एक ही जगह खड़े रहकर पैर बदलते चले गये और सोच लिया कि काफी आगे बढ़ आये हैं, विज्ञान तकनीक से लबरेज बदलते आधुनिक परिदृश्य में क्या कुछ सवाल हैं, जिनसे हमें जूझना है, जूझना चाहिए। और तब अस्तित्व में आया **भारत की नाट्यसंस्कृति : कुछ बुनियादी सवाल**। अपने लिखे जाने के समय से लेकर आज चौदह वर्षों बाद भी इसकी प्रासंगिकता ज्यों की ज्यों बरकरार है, क्योंकि इस दौरान किसी ने भी एक भी बुनियादी सवाल का जवाब देने की कोशिश नहीं की, जबकि आज थियेटर को बचाने की तथाकथित कोशिशों के मुकाबले इन सवालों के जवाब तलाशना ही शायद इस दिशा में सबसे सार्थक कदम हो।

समग्र नाट्यकला के सौंदर्यशास्त्रीय पहलुओं-समस्याओं पर ऊहापोह, विचारविमर्श कर लेने और नाट्यसंस्कृति के बुनियादी सवालों से दो चार हो लेने के बाद मैं विशेष रूप से हिंदी नाट्य की ओर उन्मुख हूँ। मैंने लेखों को इस क्रम में सजाया है कि वे हिंदी नाट्य-यात्रा को बिल्कुल आरंभ से पकड़कर विभिन्न युगों से गुजारते हुए अब तक ले आते हैं। इनमें से प्रत्येक लेख अपने आप में एक नगीना है। हरेक में कुँवरजी ने नाट्य-समीक्षा की, मूल्यांकन की नयी जमीन तोड़ी है, नये क्षितिज की तलाश की है। कुँवरजी ने उन कृतियों और लेखकों को भी उठाया है, जिन पर बहुतों ने लिखा है, और उनको भी जिन पर शायद किसी और ने लिखा ही नहीं, लिखने लायक ही नहीं समझा। दोनों ही वर्गों के लिए किये गये लेखन में आप कुँवरजी की पैनी, सूक्ष्मदर्शी विश्लेषणात्मक दृष्टि का साक्षात्कार कर पाएँगें, जो हमेशा कुछ नया, अनदेखा, अनसोचा खोज निकालती है कि आप बसबस कह उठें कि 'अरे! इसमें यह भी था, यह तो सोचा ही न था!'

आधुनिक हिंदी की नाट्यभाषा के प्रथम अन्वेषक राजा लक्ष्मणसिंह के लिए

प्रयुक्त यह विशेषणात्मक शीर्षक ही उनकी कृति **शकुंतला** के संबंध में हमें नये नजरिये से देखने के लिए प्रेरित करने लगता है, जैसा शायद पहले किसी ने न देखा था। इस लेख ने 'शकुंतला' को तीन कसौटियों पर खरा साबित किया– एक, यह हिंदी का पहला मौलिक नाटक है, इस तथ्य के बावजूद कि यह कालिदास के **'अभिज्ञानशाकुन्तलम्'** से अनूदित है; दो, इसकी भाषा ने निर्माणाधीन हिंदी को सही सर्जनात्मक साहित्यिक भाषा का नमूना दिया; तीन, यह हिंदी में अनुवाद, विशेषकर संस्कृत से हिंदी में अनुवाद के उचित सर्जनात्मक मार्ग की नींव रखता है। इसके पहले और शायद इसके बाद भी हिंदी भाषा और साहित्य का इतिहास लिखने वालों तक ने भी इस कृति की इस तरह नोटिस नहीं ली है।

भारतेंदु के नाटकलेखन का सफ़रनामा कुँवरजी ने उन्नीसवीं शताब्दी के उत्तरार्ध के हिंदी नाट्यलेखन पर आधारित अपनी पुस्तक नाट्ययुग** के लिए लिखा था। यह न केवल भारतेंदु पर लिखे गये लेखों में, अपितु संभवतः संपूर्ण हिंदी नाट्यालोचना-साहित्य में अन्यतम लेख है।

आधुनिक हिंदी भाषा और साहित्य के उषःकाल का सबसे प्रतिभावन व्यक्तित्व कैसे और क्यों नाटकलेखन में प्रवृत्त हुआ और फिर कैसे क़दम दर क़दम चलते, अपने पिछले अनुभवों से सीखते, लगातार परिपक्व होते भारतेंदु ने अपने छोटे से जीवनकाल में ही हिंदी नाटक को कितनी ऊँचाई तक पहुँचा दिया–इन सबका जैसा क्रमबद्ध, सप्रमाण तार्किक विश्लेषण इस लेख में है, न केवल उसकी मिसाल मिलनी कठिन है, बल्कि भारतेंदु की नाट्यरचनाओं को देख पाने का यह नजरिया ही कहीं और दिखाई नहीं पड़ता। यह लेख भारतेंदु की एक-एक नाट्यरचना को छूता है– प्रकाशित भी, अप्रकाशित भी, अधूरी भी, यहाँ तक कि अलिखित भी और हरेक का मार्मिक विवेचन करता है कि क्यों वह वैसी ही बनी, किसी दूसरे तरह की क्यों नहीं, क्यों वह अधूरी ही छूट गयी या छोड़ दी गयी या फिर लिखी ही क्यों न गयी। उनके प्रसिद्ध नाटकों की चर्चा तो सभी किया करते हैं और उन पर बहुत कुछ लिखा भी गया है, पर इस तरह उनकी रचना की परिस्थितियों, परिवेश-परिस्थितियों के रचना पर असर और इस कारण आईं खूबियों-कमियों का स्पष्टीकरण शायद और कहीं नहीं मिलेगा, कमप्रसिद्ध रचनाओं के संदर्भ में तो ये

****नाट्ययुग**
लेखक : कुँवरजी अग्रवाल
प्रकाशक : विश्वविद्यालय प्रकाशन, वाराणसी
प्रकाशन वर्ष : 1985 ई.

असंभव ही है। यह विश्लेषण एक नाटककार के रूप में भारतेंदु के व्यक्तित्व की असाधारण संवेदनशीलता, सूक्ष्मग्राह्यता और विकासमानता को भी सही रोशनी में उजागर करता है, जिससे एक संपूर्ण नाट्यव्यक्तित्व के गढ़न की प्रक्रिया सामने आती है।

हिंदी के अगले महत्वपूर्ण नाटककार जयशंकर प्रसाद हैं। उनके नाटकों को लेकर दो विपरीत ध्रुवों पर स्थित आलोचनाएँ अब तक सामने आती रही हैं—एक ने उनके नाटकों को अनभिनेय मानकर परहेज सा कर लिया है, तो दूसरी तरह की आलोचनाएँ उन्हें हिन्दी नाट्यसाहित्य कर सर्वश्रेष्ठ संभार सिद्ध करने पर तुली हुई हैं। किन्तु ये दोनों ही दृष्टियाँ अतिरेकपूर्ण एकांगी हैं। **हिंदी नाटक की साहित्यिक गरिमा के प्रतिष्ठापक** लेख इन अतिरेकों से परे जाकर जयशंकर प्रसाद के नाटकों का, उसकी भाषा का उचित मूल्यांकन वास्तविकता के धरातल पर, व्यावहारिक रूप से और निरपेक्ष रहते हुए करता है। इस लेख में भी सपाट निर्णय देने की अपेक्षा कारणों की पड़ताल की प्रवृत्ति ही प्रबल है, जो वस्तुतः न केवल वस्तुगत यथार्थ को समझने की अंतर्दृष्टि विकसित करने में सहायता देती है, बल्कि ग़लतियों को बिना दुहराये आगे के लिए उसमें से कुछ सार्थक निकाल पाने की संभावना भी मुहैया कराती है।

प्रसादजी के समय में ही हिंदी साहित्य का एक और कद्दावर व्यक्तित्व प्रसादजी के करीब ही बनारस की नाट्योर्वरा भूमि पर रह रहा था—कथासम्राट प्रेमचंद। **नाटककार प्रेमचंद** उनके एक अल्पज्ञात पहलू को सामने लाता है और बताता है कि उचित प्रोत्साहन के अभाव में कैसे हिंदी नाट्य की एक सशक्त संभावना अपने अंकुरण के साथ ही मुर्झा गयी। प्रेमचंद के नाटकों को अनभिनेय कहकर ऐसा दरकिनार किया गया कि अपने लिखे जाने के समय से अब तक वे कभी खेले ही नहीं गये। पहली बार यह प्रयोग कुँवरजी ने ही किया और 14 अक्टूबर, 2008 ई. को पटियाला में **प्रेम की वेदी** की सार्थक सफल प्रस्तुति हुई।

यहाँ प्रस्तुत यह लेख मूलतः इस रूप में नहीं लिखा गया था। इसका पहला हिस्सा **काशी का रंगपरिवेश**[††], जिसमें कुँवरजी ने वाराणसी के दो हजार साल के

[††]**काशी का रंगपरिवेश**
लेखक : कुँवरजी अग्रवाल
प्रकाशक : विश्वविद्यालय प्रकाशन, वाराणसी
प्रथम संस्करण : 1986 ई.

रंगकर्म के इतिहास को ट्रेस करने की कोशिश की है, के एक विस्तृत लेख—'हश्र-प्रसाद युग' का एक अंश है, जिसे मुझे यहाँ अन्य लेखों के साथ हिंदी नाट्य के विकास के क्रम में देना उचित और आवश्यक लगा। लेख का दूसरा हिस्सा **प्रेम की वेदी** के प्रथम मंचावतरण के संबंध में निर्देशक के रूप में की गयी कुँवरजी की टिप्पणी है, जो उन्होंने वाराणसी लौटने पर किसी पत्रिका के संपादक के आग्रह पर लिख दी थी।

काशी की नागरीप्रचारिणी सभा ने **हिंदी साहित्य का बृहत् इतिहास** सोलह भागों में प्रकाशित किया है, जिसमें इतिहास को क्रमशः कालखंडों में विभाजित कर देखा गया है। चौदहवाँ भाग अद्यतन काल—वि.सं. 1995-2017 तदनुसार 1938-60 ई. तक का है, जो 1970 ई. में प्रकाशित हुआ था। संकलन का अगला लेख इसी के लिए लिखा गया था। 1938 ई. यों तो हिंदी नाटक के इतिहास में कोई विभाजक रेखा नहीं खींचती, लेकिन जब कुँवरजी को इस काल के संबंध में लिखना ही हुआ, तो उन्होंने इसे ठीक पहचान कर नाम दिया—**पारसी युगोत्तर हिंदी रंगमंच।** यह लेख चमक-दमक भरे व्यावसायिक नाटकों के एक युग के ख़त्म हो जाने के बाद के समय की हिंदी रंगमंचीय गतिविधियों की बखूब पड़ताल करता है, जो एक ओर पृथ्वी थियेटर में अपना रास्ता तलाश रही थी, तो दूसरी ओर इप्टा के रंग-आंदोलनों में आकार ग्रहण कर रही थीं। राष्ट्रीय नाट्य विद्यालय की स्थापना के बाद हिंदी रंगमंच जो एक नयी करवट लेता है, उसे समझने के लिए इस काल का अपना एक महत्व बनता है।

रंग प्रसंग के सत्रहवें अंक (जनवरी-मार्च, 2005 ई.) में कुँवरजी द्वारा की गयी **थियेटर के सरताज पृथ्वीराज**‡‡ की समीक्षा प्रकाशित हुई थी, जो पृथ्वीराज और उनके दौर के मिजाज की झलक देती है। चूँकि अभी-अभी 'पृथ्वी थियेटर' का चर्चा पूर्वलेख में आया, मुझे लगा कि यह समीक्षा यहाँ देना रोचक रहेगा।

नाट्य की एक दुर्लभ विधा—**आत्मनाटक** के रूप में **प्रेमजोगिनी** की पहचान तो **आत्मनाटक की संभावना** की सबसे बड़ी उपलब्धि है ही; और भी कई नुक़्ते हैं, जिनको इस लेख ने पहली बार रेखांकित कर इस नाटक को नाट्यसाहित्य में ही नहीं, संपूर्ण हिंदी साहित्य की अन्यतम कृति साबित किया है, जैसे कि इसके

---

‡‡**थियेटर के सरताज पृथ्वीराज**
लेखक : योगराज
प्रकाशक : राष्ट्रीय नाट्य विद्यालय, नयी दिल्ली
प्रकाशन वर्ष : 2004 ई.

संवाद-परिकल्पन और भाषाप्रयोग पर की गयी टिप्पणी या भारतीय पारंपरिक और पाश्चात्य आधुनिक रंगविधियों के सार्थक सर्जनात्मक समन्वय की पहचान।

'कोणार्क' : शिल्प और मूल्य कुँवरजी ने आलोचना के लिए साठ के दशक के अंतिम वर्षों में कभी लिखा था। हिंदी में नाट्यसमीक्षा बहुधा नकारने या स्वीकारने की परंपरा का अनुसरण करती दिखाई देती है। **कोणार्क** के बहुमंचित होने और लेखक के बहुप्रशंसित होने से पक्षग्रहण और भी स्वाभाविक, दुविधारहित हो जाता है। लेकिन कुँवरजी के लिए गतानुगतिकता का कभी कोई मायने नहीं रहा। इसलिए **'कोणार्क' : शिल्प और मूल्य** नाट्यसमीक्षा की नयी जमीन तोड़ती हुई बन सकी। इसमें एक बार फिर पक्षधरता से परे रचना को एकमात्र नाटकीय मूल्यों की कसौटी पर कसा गया है और तह में जाकर यह पड़ताल करने की कोशिश की गयी है कि विफलताएँ कहाँ और क्यों हैं या कितनी और कौन सी सफलताएँ इसने अर्जित की हैं। इस सिलसिले में कुँवरजी ने यहाँ रंगमंचीय नाटक और रेडिया-नाटक के माध्यमगत अंतर और उसके कारण नाट्यालेख में आने वाले फ़र्क को बहुत स्पष्टता से रेखांकित किया है, जिसका अवसर पहले नहीं मिल पाया था। अतः समीक्षा होने के अलावा यह लेख नाट्यतत्वों की कुछ और समझ विकसित कर पाने के लिए भी उपयोगी है।

कलंकी नेमिचंद्र जैनजी ने कुँवरजी के पास समीक्षार्थ भेजा था, तब **'कलंकी' : मिथक की अप्रासंगिकता** लिखी गयी जो कि **नटरंग** के अंक 10-11 (अप्रैल-सितंबर 1969) में प्रकाशित हुई। यह समीक्षा इस मायने में महत्वपूर्ण है कि इसमें लेखन के पीछे नाटककार की सोच को पकड़ने की कोशिश है, उन प्रभावों को पहचानने की कोशिश है जिनके तहत इस नाटक की रचना हुई हो सकती है। यह उद्घाटन दो काम एक साथ कर देता है : एक तो यह नाटक में किये गये प्रयोगों की तार्किकता स्पष्ट करता है, दूसरे, ऐसे प्रयोगों के खतरों और संभावनाओं—दोनों की ओर ध्यानाकर्षित कर देता है।

'दर्पन' और नाटकीय आयरनी भी **नटरंग** के लिए लिखी गयी थी। वस्तुतः यह पूरी समीक्षा न होकर एक टिप्पणी मात्र है। **नटरंग** के दूसरे अंक में **दर्पन** की मोहन महर्षि द्वारा की गयी समीक्षा—'सत्य से साक्षात्कार' प्रकाशित हुई थी, इसी समीक्षा पर कुँवरजी ने यह टिप्पणी संभवतः अंक 4 में दी थी। इस छोटी टिप्पणी को भी इस संकलन में देना इसलिए उपयुक्त समझा क्योंकि इसमें एक महत्वपूर्ण नाट्यतत्व 'आयरनी' को सोदाहरण जितनी अच्छी तरह समझाया जा सका है, वैसा दूसरी जगह शायद ही हो पाया हो।

दीवार की वापसी का प्रथम प्रकाशन **कल्पना** (हैदराबाद से प्रकाशित होने

वाली प्रतिष्ठित साहित्यिक पत्रिका) में संभवतः 1966 ई. में कभी हुआ होगा। सन् 1967 के सितंबर में कुँवरजी ने इसे 'नवसंस्कृति संगम' की ओर से खेला था और इसी समय के आसपास इसकी समीक्षा भी लिखी थी जो **कल्पना** में ही प्रकाशित हुई थी। **'दीवार की वापसी' : सत्यबोध का संकट** कई मायनों में एक बहुत ख़ास समीक्षा है। यह केवल इस छोटे नाटक की उन विशिष्टताओं को साफ़-साफ़ रेखांकित करती है, जिन पर साधारण पाठक-दर्शक का ध्यान शायद ही जाता, बल्कि इस बहाने से पाश्चात्य आधुनिक रंग-मान्यताओं के दुरूह नुक्तों को भी बड़ी सहजता से व्याख्यायित कर देती है। साथ ही यह समीक्षा नाट्यलेखन-शिल्प के बिंदुओं को भी सोदाहरण स्पष्ट करती है, जो आगे के लिए भी दिशा-निर्देशक सिद्ध हो सकते हैं। इसके अलावा यह नाटक की दार्शनिक उपलब्धि की महत्ता भी स्थापित करती है।

भुवनेश्वर का व्यक्तित्व एक हिंदी नाटककार के तौर पर सबसे अलहदा और अनूठा है। उनका लेखन हमेशा अपने समकालीनों से एक अलग ही स्तर पर चलता रहा और उनके लेखन में भी **ताँबे के कीड़े** शायद सबसे विलक्षण है। यह शिल्प और कथ्य दोनों स्तरों पर इतना अधिक प्रयोगशील और नया है कि सामान्य समझ के लिए लगभग अबूझ ही हो गया है। ऐसे में **आधुनिक प्रयोगशील नाटक की शुरुआत** उस चश्मे की तरह काम करता है जो धुँधलाती तस्वीर को सही फोकस में लाकर उसकी एक-एक रेखा, एक-एक कोण, रंगों के एक-एक शेड को बिल्कुल साफ़ कर देता है। कुँवरजी ने इस लेख में भाषिक और दृश्य बिंबों के नाटक में आपसी सहसंबंधों, उनके अंतर्गुंफन और उनकी अन्योन्याश्रितता पर इस तरह सोदाहरण प्रकाश डाला है कि नाटक का अर्थ-गांभीर्य साफ सामने प्रकट हो जाता है।

काव्य और नाट्य की अन्विति : पहली मंजिल धर्मवीर भारती के **अंधायुग** की भाषिक उपलब्धियों का—कविता को नाटक की भाषिक अभिव्यक्ति का माध्यम बनाने के सार्थक प्रयत्न का—तो उचित मूल्यांकन करता ही है, उसके रूप, कथ्य और शिल्प की उन विशिष्टताओं को भी फोकस में ला देता है, जिनके कारण इस नाटक को हिंदी नाट्यसाहित्य में एक खास स्थान पर रखा जाना चाहिए।

आषाढ़ का एक दिन और **लहरों के राजहंस** की समीक्षा अस्सी के दशक में कभी लिखी गई थी। बहुत बाद में यह **रंग प्रसंग** के उन्नीसवें अंक (जुलाई-सितंबर, 2005 ई.) में प्रकाशित हुई। **हिंदी में गहरी प्रौढ़ नाट्यसर्जना का उन्मेष** शीर्षक ही इस लेख के चरित्र को साफ़ बता देता है। राकेश को नाट्यलेखन की क्या परंपरा प्राप्त हुई थी और कैसे उन्होंने उसमें से केवल सार्थक तत्वों का ग्रहण करते हुए

शेष कौशल को अपनी प्रतिभा से उन्मेषित किया—इसका खाका खींचने वाला यह लेख मोहन राकेश की नाटककार के रूप में असाधारण प्रतिभा और रंगमंच-माध्यम के प्रति उनकी संवेदनशीलता को अभूतपूर्व ढंग से सामने लाता है। नाट्यशिल्प की कितनी और कौन-कौन सी उपलब्धियाँ राकेश ने अपने नाटकों में हासिल कीं, इसका जितना संश्लिष्ट और सटीक रेखांकन इस लेख में हो सका है, वैसा अन्यत्र शायद ही मिले। फिर यह लेख इस मायने में भी खास है कि यह स्वयं राकेश की एक रचना से दूसरी रचना तक हुई प्रगति को भी रेखांकित करता है और इस तरह निरंतर आगे बढ़ते जाते, परिपक्व होते जाते संभावनापूर्ण नाटकलेखक की छवि में राकेश को स्थापित करता है।

नाटक के बीज की एक तलाश की विशिष्टता यही है कि यह **शायद....**के पीछे राकेश की प्रेरणा, उनकी सोच को पकड़ने की कोशिश करता है और उसका स्रोत नाटक के मूलतत्व में खोजता है। कुँवरजी का कहना है कि बीज की तलाश ज़रूरी इसलिए है क्योंकि जब तक आप बीज की सिफत नहीं समझते उससे स्वस्थ भरे-पूरे वृक्ष का विकास नहीं कर सकते। और राकेश ने इस बीज को सैद्धांतिक तौर पर नहीं अपितु सर्जनात्मक स्तर पर तलाशने की कोशिश की है। इसमें राकेश की एप्रोच नैचुरलिज्म की ओर लगती है—जिंदगी के टुकड़े को ज्यों का त्यों उठा लेना। क्योंकि वही आधार है। आप अपनी कल्पना को ऊँची परवाज नहीं दे सकते, यदि आप यथार्थ को पूरी तरह जानते-समझते नहीं। जहाँ तक दर्शकों की रुचि का सवाल है, तो वह प्रस्तुति की कुशलता से अपने आप बनेगी। आज टेलीविजन पर सबसे लोकप्रिय कार्यक्रम संभवतः रियलिटी शोज़ ही हैं। जो चीज दर्शकों को इन रियलिटी शोज़ में मिलती है, जिसकी तलाश में आज हर चैनल लगा हुआ है, संभवतः वही चीज राकेश भी अपने तरीके से नाटक के जरिये खोज रहे थे।

इस संकलन के अंतिम तीन लेख कहानी के रंगमंच—अंकुरजी के कहानी के रंगमंच की शख़्सियत बयान करते हैं। **कहानी और नाट्यानुभव** रा.ना.वि. के छात्रों द्वारा प्रस्तुत **कथाकोलाज 1-2** के लिए प्रकाशित ब्रोशर के लिए सन् 1994 में लिखा गया था। इस छोटे से लेख में कुँवरजी कहानी की मूलप्रकृति और रंगमंच पर उसके रूपायन के आकर्षण का अंतःसंबंध तलाशते नज़र आते हैं। इस लेख में कुँवरजी की भाषा ने फिर एक नयी भंगिमा अख़्तियार की है—बेहद सादी पर उतनी ही असरकारक और उससे भी पहले उत्सुकता जगा सक्रिय कर देने की हद तक मनोरंजक।

सन् 1996-97 में महेश आनन्द अंकुरजी के कहानियों के रंगमंच पर एक

किताअ§§ तैयार कर रहे थे। **आधुनिक कहानी का दृश्यकाव्य** तभी इस किताब के लिए लिखा गया था। इस लेख में कुँवरजी ने बाकायदा कहानी के रंगमंच की तार्किक सौंदर्यशास्त्रीय व्याख्या प्रस्तुत की है। संस्कृत नाट्यशास्त्रीय पारिभाषिक शब्द 'दृश्यकाव्य' का आधुनिक संदर्भों में अर्थ-अन्वेषण इस लेख की एक और मौलिक उपलब्धि है। इस लेख का एक और ध्यानाकर्षक बिंदु 'पढ़ने और बोलने, सुनने की भाषा के फर्क' का विवेचन है, जो न केवल कहानी के रंगमंच की ख़ासियत को समझने के लिए ज़रूरी है, बल्कि नाटकलेखन को समझने के लिए भी एक ज़रूरी नुक़्ता है।

संकलन का अंतिम लेख—**कहानी का माइसे एँ सीं,** रा.ना.वि. के छात्रों द्वारा प्रस्तुत अंतिम कथाकोलाज—**पाँचवाँ ड्राफ्ट** के लिए प्रकाशित ब्रोशर के लिए सन् 2008 ई. में लिखा गया था। यह भी एक छोटा, मगर सारगर्भित लेख है और विशेष रूप से कहानी के रंगमंच को और सामान्य रूप से संपूर्ण रंगमंचीय कला को समझने के महत्वपूर्ण सूत्र अपने में समेटे हुए है। इस लेख का सबसे महत्वपूर्ण बिंदु रंगमंचीय प्रक्रिया में दर्शकों की भागीदारी के महत्व को रेखांकित करना और कहानी के मंचन के अर्थ-संदर्भ से उसे जोड़कर देखना है।

इस तरह ये अट्ठाईस लेख पेश-ए-ख़िदमत हैं। इन लेखों का रचनाकाल साठ के दशक के पूर्वार्ध से शुरू कर वर्तमान समय तक के लगभग साठ वर्षों के बीच फैला हुआ है। संकलन में मैंने लेखों का क्रम कालानुसार नहीं रखा है, उसका कोई औचित्य मुझे नहीं लगा, लेकिन यदि उन्हें कालक्रमानुसार (प्रत्येक लेख के साथ मैंने लेखनकाल अंकित करने का प्रयत्न किया है) देखें तो एक चिंतनशील अध्येता की सृजनात्मक विकासयात्रा को भी आप लक्ष्य कर पाएँगे—भाषा के संवेदनशील सर्जनात्मक इस्तेमाल के स्तर पर भी और कथ्य की सूक्ष्मता और गांभीर्य के संदर्भ में भी।

चलते-चलते एक विमर्श संकलन के नाम पर भी! लेखक अपने पाठकों के जेहन-क्षेत्र में इन लेखों के रूप में कुछ बीज बिखेरे दे रहा है। जैसे किसी वृक्ष का मूल बीज में होता है और एक छोटे से बीज से पूरा विशाल वृक्ष पनप सकता है,

---

§§**कहानी का रंगमंच**
संपादक : महेश आनन्द
प्रकाशक : राष्ट्रीय नाट्य विद्यालय, नयी दिल्ली
प्रथम संस्करण : 1997 ई.

उसी तरह ये लेख भी अपने आप में नाट्यकला के मूल बिंदुओं को सूत्ररूप में—बीजरूप में समेटे हुए हैं, जो उपयुक्त वैचारिक खाद-पानी पाकर समग्र नाट्यचिंतना के रूप में लहलहा उठने की संभावना रखते हैं। और ये बीज लिखे हुए अक्षरों के रूप में होने से तो 'अक्षरबीज' कहाए ही, साथ ही ये 'अक्षर'—क्षरित न होने वाले—हैं। ये नाट्यकला के मूल हैं। देशकाल के प्रभाव में नाट्यकला अपना बाह्यस्वरूप चाहे जितना परिवर्तित कर ले, किंतु उसकी आंतरिक तात्विकता वही कुछ बनी रहेगी, जिसे इन लेखों में तरह-तरह से विवेचित करने की कोशिश की गयी है। ये कभी पुराने पड़कर त्यज्य नहीं होंगे। इसीलिए इन लेखों के संकलन का नाम उचित ही है—**नाट्य के अक्षरबीज।**

श्री देवेंद्र राज अंकुरजी को कृतज्ञमना मैं प्रणाम करती हूँ, जिनकी मूल प्रेरणा और सद्प्रयासों से ही यह पुस्तक तैयार हो सकी। इस पुस्तक के यथासंभव त्रुटिहीन और आकर्षक प्रकाशन के लिए मैं वाणी प्रकाशन के प्रति भी हृदय से आभारी हूँ।

शुभमस्तु!

गुरुधाम, वाराणसी
24 जुलाई, 2012 ई.

अर्चना अग्रवाल

अनुक्रम

प्रासंगिकी 5

नाटक का उत्सव 23

भारंगम प्रसंगम 35

नाट्य के शुद्ध कलारूप का स्वप्नद्रष्टा : एडवर्ड गोर्डन क्रेग 53

मेइएरहोल्द के कुछ नाट्यसूत्र 65

नाट्यलेखन पर वाइल्डर के विचार 87

अभिनय का कलादर्शन 104

माध्यम फ़िल्म 112

रंगमंच : एक माध्यम 135

नाट्यसमीक्षा के मानदंड : परिसंवाद की फलश्रुति 149

भारत की नाट्यसंस्कृति : कुछ बुनियादी सवाल 158

आधुनिक हिंदी की नाट्यभाषा के प्रथम अन्वेषक 166

भारतेंदु के नाटकलेखन का सफ़रनामा 171

हिंदी नाटक की साहित्यिक गरिमा के प्रतिष्ठापक 195

नाटककार प्रेमचंद 200

पारसीयुगोत्तर हिंदी रंगमंच 204

थियेटर के सरताज पृथ्वीराज 214

आत्मनाटक की एक संभावना 218

'कोणार्क' : शिल्प और मूल्य 230

'कलंकी' : मिथक की अप्रासंगिकता 237

'दर्पन' और नाटकीय आयरनी 240

'दीवार की वापसी' : सत्यबोध का संकट 242

आधुनिक प्रयोगशील नाटक की शुरुआत 248

काव्य और नाट्य की अन्विति : पहली मंजिल 253

हिंदी में गहरी प्रौढ़ नाट्यसर्जना का उन्मेष 257

नाटक के बीज की एक तलाश 264

कहानी और नाट्यानुभव 266

आधुनिक कहानी का दृश्यकाव्य 269

कहानी का 'माइसे एँ सीं' 282

नाटक का उत्सव

आजकल नाटक देखते हुए मुझे अक्सर ऐसा महसूस होता है कि काश! मैं फिर से अपने बचपन में लौट जाता, जब नाटक की जादुई दुनिया में बिल्कुल खो जाया करता था। शायद चार-पाँच साल की उम्र से ही नाटक की दुनिया मुझे अपनी ओर खींचने लगी थी। बिहार के एक क़स्बे में शायद कोई नौटंकी हो रही थी — जालिम सिंह डाकू। खूब रंगीन पर्दे, कई पैट्रोमैक्सों की तेज रोशनी, चमकीले-भड़कीले कपड़े और भावुकता से भरी आवाज़ें। इसके सिवा और कुछ समझ में नहीं आ रहा था। लेकिन रंगमंच की मोहक दुनिया से खिंचा हुआ, तन्मय, एकटक देखता हुआ मैं पूरी रात बैठा रहा था। मुझे उन सब में सिवा आनंददायक के और दूसरा कुछ नज़र ही नहीं आता था। वैसे ही बचपन में बनारस में रामलीलाओं में लगातार महीनों जाया करता था और मंत्रमुग्ध सा बैठा हुआ सब कुछ देखता सुनता रहता था। मेरे बचपन में बनारस में मथुरा वृंदावन से रासमंडलियाँ भी खूब आया करती थीं। मैं उन्हें देखने का भी कोई मौक़ा नहीं छोड़ता था। सबकुछ बहुत अच्छा लगता था। उसमें कहीं कोई आलोचनात्मक दृष्टि नहीं थी। तन्मयता और आनंद के अतिरिक्त कुछ भी नहीं। और उस तन्मय आनंद के सामने बचपन का और कोई भी आकर्षण मेरे लिए तुच्छ था। एक बार शायद 5-6 साल की उम्र में, परिवार के साथ मुझे सिनेमा देखने ले जाया गया। वहाँ पर्दे पर बहुत बड़े-बड़े चित्रों को देखकर मैं भयभीत हो उठा था और भूत-भूत कहकर चिल्लाने लगा था। अंत में विवश होकर पूरे परिवार को सिनेमा छोड़कर मेरे साथ बाहर निकल आना पड़ा।

कितना सुखकर होता है नाटक की दुनिया को तर्कहीन विश्वास के साथ जीना जिसे कॉलरिज ने विलिंग सस्पेंशन ऑफ डिसबिलीफ कहा है। लेकिन अब मेरे लिए नाटक देखना कितने ही किंतु परंतुओं, कितने ही नुक्तों रेखांकनों से भर गया है। अब तो नाटक बौद्धिक व्यूहसंरचना के सात फाटकों को तोड़कर ही हृदय के मर्म को छू पाता है।

मुझे नाटक देखना हमेशा सुखकर लगता है, जब बहुत उच्चकोटि की कलात्मक सृष्टि हो रही हो, और तब भी जब कोई बड़ा कमजोर नाटक भौंड़े ढंग से मंच पर उतारा जा रहा हो। उस समय मेरा मन एक नये तरह की आलोचनात्मक सर्जना का अनुभव करता है कि इन कमजोरियों के क्या कारण हो सकते हैं और नाट्यसर्जकों को उनके प्रति सचेत करने का कारगर तरीक़ा क्या हो सकता है।

नाट्यसर्जन की दुनिया में डूबने का यह सुखकर अनुभव भी मुझे अक्सर दिल्ली के राष्ट्रीय नाट्य विद्यालय में खींचकर ले जाता है।

एक बात और है, पिछले लगभग 50 सालों से मेरे नाटक देखने, नाटकों में अभिनय और निर्देशन करने, नाट्य पर पढ़ने, लिखने और सोचने का मुख्य केंद्र बनारस ही रहा है। मेरी रंगभूमि मूलतः बनारस ही है। लेकिन बनारस की रंगमंचीय गतिविधि निश्चय ही काफ़ी हद तक अपने परिवेश से सीमित है। और मुझे उनसे पूरी तृप्ति नहीं मिलती। मैं भारत के संपूर्ण नाट्यपरिवेश से जुड़कर अपनी नाट्यचेतना को विकसित करने के लिए निरंतर उत्सुक रहता हूँ। बनारस में रहकर बाहर की नाट्यप्रस्तुतियों को देखने का मौक़ा यदाकदा ही मिल पाता है। जब कभी मैं बनारस के बाहर निकलता हूँ, तब नाटक देखने का मौक़ा गँवाना नहीं चाहता। मेरी लंबे अरसे से तीव्र लालसा रही है कि एक बार काफ़ी वक़्त लेकर पूरे भारत की नाट्ययात्रा करूँ। लेकिन ऐसा अवसर अभी तक मुझे नहीं मिल सका। इसलिए भारंगम जब से शुरू हुआ, तब से जब कभी मौक़ा मिला मैंने उसमें अधिक से अधिक नाटक देखने की कोशिश की और पिछले दो वर्षों (2005 और 2006) के महोत्सवों में मैं राष्ट्रीय नाट्य विद्यालय के सौजन्य से शुरू से अंत तक उपस्थित रहा और यथासंभव सभी नाटकों को देख लेने की कोशिश की। यह अनुभव मेरी नाट्यचेतना को बेहद समृद्ध कर गया और मेरा आत्मप्रशिक्षण कई स्तर ऊपर उठ सका।

इन दोनों वर्षों को मिलाकर मैंने सोचना शुरू किया कि क्या यह नाट्यलेखन और प्रस्तुतियों का पूरा भारतीय परिदृश्य है? अथवा चयनकर्ताओं की निजी रुझानों की एक झलक है? या फिर यह प्रत्येक वर्ष की श्रेष्ठतम प्रस्तुतियों का संकलन है? मैं तो विशेष रूप से यह देखना चाहता था कि अपने-अपने क्षेत्रों में कौन-कौन सी प्रस्तुतियाँ दर्शकों द्वारा सबसे ज़्यादा सराही गयीं। लेकिन यह सब जानने का कोई उपाय नहीं था।

निजी तौर पर मेरे लिए तो यही बहुत बड़ी बात थी कि इतने कम समय में इतनी अधिक प्रस्तुतियाँ देख पाया। फिर भी मुझे अफसोस है कि कुछ तो मानवीय क्षमता और कुछ नाटकों के समयचक्र की सीमाओं के कारण कई

प्रस्तुतियाँ देखने से मैं वंचित रह गया। मैं सोचता हूँ कि भारंगम का इस तरह का आयोजन मेरे जैसे व्यक्तियों के लिए बेहद फ़ायदेमंद है और मेरा स्वार्थ कहता है कि इसे जारी रहना चाहिए।

लेकिन मेरे जैसे कितने दर्शक भारंगम में जुट पाते हैं? और जब दर्शकों की बात चली है तो भारंगम में जुटे दर्शकों के कुछ व्यवहारों को रेखांकित करना मुझे आवश्यक लगता है। नाट्यप्रस्तुति की बारीकियाँ दर्शकों की तल्लीन सर्जनात्मक सहभागिता पर निर्भर है। इस बात को अब नाट्य से जुड़े प्रायः सभी लोग जान चुके हैं। फिर भी मुझे भारंगम की प्रस्तुतियों में बीच बीच में लगातार दर्शकों का आना-जाना देखने को मिलता रहा। और जब मैंने थोड़ा समझने की कोशिश की तो जान पाया कि ऐसे दर्शक या तो वे नाट्यकर्मी हैं जो हर प्रस्तुति से अपने लिए कुछ ख़ास चीजें बटोर लेना चाहते हैं या फिर ऐसे लोग हैं जो पत्र-पत्रिकाओं में लिखने के लिए हर प्रस्तुति से दो एक ख़ास बात नोट कर लेना चाहते हैं क्योंकि बाकी चीजें तो ब्रोशर से मिल ही जाएँगी। इस तरह के कुछ ऐसे भी दर्शक दिखे जो इस बात का रिकार्ड बनाना चाहते हैं कि उन्होंने भारंगम के सारे नाटक देख लिए। अक्सर मैंने मंच पर उपस्थित अभिनेताओं में इसकी निराशाजनक प्रतिक्रिया भी देखी है। मैंने अभिनेताओं और दूसरे रंगकर्मियों में ऐसी निराशाजनक प्रतिक्रिया और भी गहराती देखी है जब प्रस्तुति हिंदी या अंग्रेजी से इतर भाषाओं में हो रही हो। ऐसी प्रस्तुतियों में कभी-कभी तो मैंने सिर्फ़ 15-20 या उससे भी कम दर्शकों की उपस्थिति देखी है। मैं सोचता हूँ कि भारंगम में कोई भी ऐसी प्रस्तुति जिसमें दर्शकों की उपस्थिति बेहद कम हो नाट्यकर्मियों पर नकारात्मक प्रभाव डालती है और उन्हें कुंठित कर देती है। आयोजकों को इस पहलू पर सोचना चाहिए।

किसी नाट्यप्रस्तुति की कलात्मक समीक्षा या उस पर कुछ सार्थक लिखना बेहद टेढ़ीखीर है। नाट्यानुभूति एक जटिल प्रक्रिया है और नाटक देखने की अवधि में कालक्रम के अनुसार निरंतर परिवर्तित होती रहती है। भारतीय और पाश्चात्य नाट्यसमीक्षा में जो पारिभाषिक शब्द इसके लिए उपलब्ध हैं बेहद अपर्याप्त हैं, साँचे जैसे हैं और उनमें प्रेक्षण की निजता को व्यक्त करने की क्षमता नहीं है। दूसरी बात, नाटक देखने और लिखने के बीच का व्यवधान अनुभूति की बारीकियों को ध्वस्त कर देता है और लिखते समय लेखक के पूर्वाग्रहजनित अभ्यस्त भाषिक साँचे उस पर हावी हो उठते हैं। इसीलिए नाट्यप्रस्तुति और उसकी समीक्षा के बीच का रिश्ता बेहद पतला हो जाता है। फिर भी नाट्यसमीक्षा की अपनी सार्थकता है। एक तो उससे प्रस्तुति का एक तरह का डाक्यूमेंटेशन होता है और दूसरी ओर यदि यह समीक्षा नाट्य के किसी अच्छे अध्येता द्वारा

लिखी गयी हो तो उससे एक ऐसा नाट्यविमर्श उभरता है जो रंगकार्य को चिंतनपरक आयाम दे सकता है।

भारतीय नाट्य के संदर्भ में जब कोई बड़ा प्रस्तुति-आयोजन हो, या फिर कोई सेमिनार या विचारगोष्ठी हो, तो सबसे पहले जिस बिंदु पर विचार केंद्रित होता है वह नाट्यशास्त्र और संस्कृत के क्लासिकल नाटक हैं। भारंगम की कुछ नाट्य प्रस्तुतियों में यह देखकर मन आश्वस्त होता है कि पिछले 50 वर्षों में इस दिशा में काफ़ी उल्लेखनीय कार्य हुआ है। उदाहरणार्थ जी. वेणु द्वारा कुडिअट्टम् परंपरा में **अभिज्ञानशाकुन्तलम्** के चतुर्थ अंक की प्रस्तुति (भारंगम 2002)। इस प्रस्तुति को देखकर मेरा यह विचार और भी दृढ़ हो गया कि नाट्यशास्त्र भारतीय नाट्य के सिद्धांतों, तकनीकों, डिवाइसों और सौंदर्यदर्शन का केंद्रीय संदर्भग्रंथ है; जिसके आधार पर भिन्न भिन्न भाषाओं में भारत के कोने कोने में फैले हुए पारंपरिक नाट्यों ने अपनी क्षेत्रीय और आंचलिक ज़रूरतों के मुताबिक उसके विभिन्न पहलुओं को ग्रहण किया है और उनकी अपने अपने ढंग से अलग अलग व्याख्याएँ भी की हैं। संस्कृत नाट्य की बहुत सी पुरानी परंपराओं में आंगिक अभिनय के बाद वाचिक अभिनय किया जाता है। सौंदर्यबोध की समकालीन चेतना को यह बड़ा अजीब लगता है और इसकी सार्थकता स्पष्ट नहीं होती। जी. वेणु की प्रस्तुति में इस गुत्थी को बड़े प्रभावी ढंग से सुलझाया गया है, जिससे न केवल उसका पूरा औचित्य प्रमाणित होता है बल्कि आधुनिक भावबोध के अनुसार उस प्रक्रिया के प्रयोग की संभावना भी दिखाई पड़ती है। इसी प्रस्तुति में पहली बार मैंने अनुभव किया कि **अभिज्ञानशाकुन्तलम्** के चतुर्थ अंक के श्लोकचतुष्टय को भारतीय नाट्यपरंपरा में सर्वोत्कृष्ट क्यों ठहराया गया है।

पारंपरिक नाट्यों के पुनरनुसंधान में महज रूढ़ियों की खोज और उनके यथावत पालन से आगे बढ़कर उनके पीछे छिपे कलात्मक और सौंदर्यमूलक तार्किक अवधारणाओं तक पहुँचना निश्चय ही बहुत बड़ा कार्य है।

कुछ ऐसी ही अनुभूति मुझे गुणाकर देव गोस्वामी द्वारा प्रस्तुत **श्रीरामविजय** (2005) को देखकर हुई। पंद्रहवीं सोलहवीं शताब्दी में उत्तर भारत में फैले महान वैष्णव भक्ति आंदोलन के साथ नाट्यपरंपराओं का एक पुनर्जागरण शुरू हुआ। इस परंपरा के आदि नाटककारों में असम के शंकरदेव भी थे। उन्होंने अंकिया-नाट के रूप में कई नाटक लिखे और उन्हें अभिनीत करने की परंपरा भी डाली जिन्हें 'भाओना' कहा जाता है। ये नाटक 'ब्रजबुलि' में हैं, जो हिंदी के अखिल भारतीय स्वरूप का ही एक अंग है। डॉ. जगदीशचंद्र माथुर और डॉ. दशरथ ओझा ने हिंदी में उनके नाटकों का संपादन भी किया है। गुणाकर देव ने उसे पूरे सार्थक तत्कालीन सौंदर्यबोध के साथ प्रस्तुत किया।

इस तरह की प्रस्तुतियों का पूरा आनंद आज के युग में भारतीय नाट्य के गहरे अध्येता ही उठा सकते हैं। संभव है कि असम या केरल में ऐसे सामान्य दर्शक भी हों जो इनका आनंद उठा सकें। लेकिन यदि किसी भी पारंपरिक नाट्य को आज के दर्शकों के लिए प्रस्तुत करना है तो निश्चय ही उसका समकालीन सौंदर्यबोध के अनुसार पुनःसंस्कार करने की आवश्यकता होगी।

ऐसा ही एक कोशिश वामन केंद्रे ने भारत के **मध्यम व्यायोग** (2005) की प्रस्तुति में की। उन्होंने अत्यंत कुशलतापूर्वक आधुनिक कोरियोग्राफी और कस्ट्यूम डिजाइनिंग के तत्वों को इस प्रकार प्रयुक्त किया कि वे कहीं पर भी अलग थलग नहीं आ रहे थे। इसके अलावा बड़ी ही सूक्ष्मता से उन्होंने उसकी विषयवस्तु को भी एक आधुनिक आयाम देने की कोशिश की।

कन्नड़ भाषा की प्रस्तुति **मायासीताप्रसंग** (2005) में रमेश वर्मा ने संस्कृत रंगमंच की स्पेस की रूढ़ियों का आधुनिक भावबोध के साथ बड़ा ही सार्थक और प्रभावी प्रयोग किया।

चिदंबरा राव जांबे की प्रस्तुति **अप्सरे (विक्रमर्वशीयम्)** (2006) भी एक अच्छी प्रस्तुति थी; किंतु उसमें वेशभूषा और मेकअप में रूढ़ियों की सौंदर्यबोध का आधुनिक आयाम देने की कोशिश कम दिखाई पड़ी।

प्रेममोहन डोभाल निर्देशित **बूढ़देवा** (2005) में लोकतत्व, आधुनिक दृश्य-कला के तत्वों की डिजाइनिंग, जो मुखौटों और वेशभूषा में मुख्य रूप से प्रकट हुई, के साथ रिचुअल नाट्य के तत्व भी मुखर थे। इसमें स्ट्रक्चर बहुत ढीला ढाला और गति काफ़ी मंद थी, जो उबाऊ हो रही थी। दिल्ली का प्रोसेनियम थियेटर का हॉल इसके लिए मुझे बिल्कुल उपयुक्त नहीं लग रहा था।

पारंपरिक लोकनाट्यों को आधुनिक दर्शकों के लिए प्रस्तुत करने की दिशा में प्रवीण भोले द्वारा निर्देशित **आख्यान दमयंती** (2006) भी एक महत्वपूर्ण उपलब्धि है। इसमें उन्होंने कथागायन या नैरेटिव थियेटर की कई मराठी परंपराओं को **नल दमयंती** के एक आख्यान के साथ इस प्रकार क्रमिक रूप से गूँथकर प्रस्तुत किया है कि दर्शकों को एक परंपरा की ऐतिहासिक यात्रा का अनुभव मिलता है। यह परंपरा बेहद पुरानी है। शायद नाट्यशास्त्र की रचना के भी काफ़ी पहले की है जो रूप बदलती हुई किसी न किसी तरह आज भी जीवित है और इसे नई ज़रूरतों के अनुसार संस्कारित करने की कोशिशें भी हो रही हैं।

पारंपरिक नाट्यों के संदर्भ में अब मैं एक ऐसी नाट्यविधा का चर्चा करना चाहता हूँ, जो है तो अत्यंत प्राचीन भारतीय विधा, किंतु लगभग सवा सौ साल पहले उसने महाराष्ट्र में आधुनिक योरोपीय नाट्य के साथ मिलकर एक नया

कलासंस्कार पाया और लंबे समय तक महाराष्ट्र में बहुत लोकप्रिय भी रही। यह संगीतनाटक की परंपरा है। आज यह परंपरा शेषप्राय है। और यदि यदा कदा दिखाई भी पड़ती है तो उसमें नाट्य के जीवंत तत्व और उत्कृष्ट संगीत का योग नहीं दिखाई पड़ता। लेकिन श्री पुरुषोत्तम दारवेकर द्वारा निर्देशित और 'भरत नाट्यसंशोधन मंदिर', पुणे द्वारा प्रस्तुत **कट्यार कालजात घुसली** अर्थात् 'कटार कलेजे में घुस गयी' एक अत्यंत सुंदर संतुलित और ऊर्जस्वी मराठी संगीतनाटक की प्रस्तुति मुझे देखने को मिली। इस नाटक में मुझे संगीत नाटक के मूलतत्वों को जिस सावधानी के साथ सहेज कर रखने का उदाहरण मिला, वह दुर्लभ है। सच कहूँ तो संगीतनाटक की इतनी मार्मिक प्रस्तुति मैंने पहले नहीं देखी थी।

अपनी पहचान के संकटों से उबरने के लिए जड़ों तक पहुँचने और मिट्टी की गहराइयों में उतर कर पोषक तत्वों के स्रोतों को खोजने की कोशिशों की ओर इशारा करने के बाद अब मैं कुछ उन प्रस्तुतियों का जिक्र करना चाहूँगा, जिनमें नाट्य को समकालीनता से जोड़ने की छटपटाहट नज़र आयी।

भारंगम में प्रस्तुत ऐसे नाटकों में यह कोशिश मुझे दो धरातलों पर स्पष्ट नज़र आयी। एक धरातल तो समकालीन जीवन की समस्याओं, अनुभूतियों और फिक्रों को अभिव्यक्ति देने की कोशिश में नये पुराने सभी तरह के नाट्यरूपों को आजमाता चलता है, तो दूसरे धरातल की सबसे प्रबल आकांक्षा यह है कि वह संपूर्ण नाट्यरूप को ही बदलकर एक ऐसी शक्ल दे दे, जो समकालीन विश्व के वैज्ञानिक, इलेक्ट्रॉनिकी तथा बहुत सारी ऐसी डिवाइसों से भरा हो, जिनका उपयोग सिनेमा, टेलीविजन, विडियोग्राफी इत्यादि करते रहे हैं।

ऐसा एक महत्वपूर्ण उदाहरण मुझे 2005 के भारंगम में प्रस्तुत बहुभाषी **मेमोरीज ऑफ ए लीजेंड** (एक पुराकथा की स्मृतियाँ) नाम की प्रस्तुति में देखने को मिला, जिसे पाँच एशियाई देशों—भारत, नेपाल, बांग्लादेश, पाकिस्तान और श्रीलंका के पाँच निर्देशकों—अभिलाष पिल्लई, अनूप बराल, आज़ाद अबुलकलाम, इब्राहिम कुरैशी और रुवंती डी. चिकेरा ने निर्देशित किया था। इस अत्यंत सुनियोजित प्रस्तुति के लिए आधार **बाबरनामा** को चुना गया जो एशिया के इहितास से गहरे जुड़ा हुआ है। इसमें थियेटर हॉल और उसके स्टेज दोनों को जोड़ने की कोशिश स्टेज पर भी दर्शकों को बैठाकर की गयी थी। अभिनय के साथ कई कई टी.वी. मॉनीटरों का भी उपयोग किया गया था। इसमें पेंटिंग और स्कल्प्चर के क्षेत्र में प्रचलित 'इंस्टालेशन' तथा 'परफारमेंस' जैसी विधाओं का भी उपयोग किया गया था। इसके अलावा, सिनेमा के क्षेत्र में प्रचलित मोंताज और चित्रकला के क्षेत्र में प्रचलित कोलाज की तकनीकों का भी इस्तेमाल था। इस

प्रस्तुति में शताब्दियों से विश्व भर में प्रचलित ऐसी नाट्यकला, जिसमें अभिनय और भाषा के नैरंतर्य से सर्जित संश्लिष्ट बिंबों का प्रवाह बनता था, को बिल्कुल नकार दिया गया।

2006 में इसी तरह की अवधारणा को निखारने और आगे बढ़ाने की कोशिश में अभिलाष पिल्लई ने विश्व प्रसिद्ध लेखक सलमान रुशदी की एक बेस्ट सेलर **मिडनाइट्स चिल्ड्रेन** (आधी रात के बच्चे) पर आधारित एक हिंदी प्रस्तुति की। इसमें बिंबों के अंतर्संबंध अधिक परिभाषित थे और अभिनय तथा दृश्यरचना में जाने पहचाने नाट्यतत्व अधिक मुखर थे।

अभिलाष पिल्लई की एक और प्रस्तुति **द आइलैंड ऑफ ब्लड** (2005) भी मल्टीमीडिया का उपयोग करने की दिशा में उल्लेखनीय कार्य है। इसमें समकालीन जीवन की एक बहुत ही महत्वपूर्ण समस्या यह उठाई गयी है कि समकालीन व्यक्ति की संवेदना और विचारधारा पर मीडिया के नियंत्रण का शिकंजा कितने ख़तरनाक ढंग से बढ़ता जा रहा है। इस प्रस्तुति के रूप और कथ्य में समकालीनता लाने की कोशिश मुझे रोचक तो लगी, लेकिन अपरिपक्व।

गिरीश कार्नाड द्वारा लिखित और निर्देशित **बिखरे बिंब** (2006) में एकल अभिनय के साथ टी.वी. स्क्रीन का प्रयोग अधिक सार्थक और प्रभावी था क्योंकि यह अरुंधती नाग के समर्थ अभिनय को गतिमयता प्रदान करता था और थीम में इनबिल्ट था। लेखन के साथ समरस यह प्रस्तुति नायिका की आत्मवंचना को परत दर परत इस तरह उघाड़ती चलती है कि दर्शक भी अंतर्मुखी होकर अपने को टटोलने की ओर प्रेरित होता है।

रंगमंच से दूर हटते दर्शकों को वापस लाने के लिए बहुत सारे निर्देशक अपनी थीम को किसी न किसी तरह सामयिक विषयों से जोड़ते रहते हैं। बेरी जॉन के दो नाटकों **इट्स ऑल अबाउट मनी, हनी** (2002) और **इट्स ऑल अबाउट सेक्स, हनी** (2006) में दिल्ली के युवा दर्शकों को अपनी ओर खींचने की जबर्दस्त कोशिश नज़र आती है। मेरी दृष्टि से पहले नाटक में उन्हें ज़्यादा सफलता मिली है।

रॉयस्टन अबेल में गहरी मौलिक दृष्टि है जिससे वे नाट्य के रूप और कथ्य दोनों को समकालीनता से जोड़ने के लिए सर्जनशील कल्पना का उपयोग करते हुए दर्शकों को एक नई ताजगी का अहसास कराते हैं। **लड़की सीधी रहेगी** (2006) और **लव : अ डिस्टेंट डायलॉग** (2002) इन दोनों ही प्रस्तुतियों में मैंने अबेल की समकालीनता को पकड़ने की अनेक स्तरों पर की गयी सहज कोशिशों का भरपूर आनंद लिया। अभिनेता, स्पेस और भाषा का बेहद चातुर्यपूर्ण किंतु सहज सादगी से भरपूर उपयोग नाट्य की अजस्र कलाक्षमता का परिचय देता है।

वर्चुअल रियलिटी की ओर तेजी से बढ़ रहे इस विश्व में इक्कीसवीं सदी के नाटक की खोज की एक दिशा यह भी हो सकती है जिसमें अभिनेता और दर्शकों के बीच की वे सारी चीजें– जैसे सेटडिजाइन, अभिनेता और दर्शकों की दूरी बढ़ाने वाले सभी तरह के स्पेस, डिवीजन, मेकअप, कॉस्ट्यूम, लाइटिंग के सारे तमाशे, यहाँ तक कि उस तरह के सारे टेक्स्ट जो अभिनेता की अपनी भीतरी सच्चाईयों से न जुड़े हों – हटा दिए जाएँ। अभिनेता और दर्शकों को बाँधने वाली चीज दोनों की ऊर्जाओं का आदान प्रदान हो। अभिनेता का उसके गहरे अंतर्तम से उपजी वाणी (परा, पश्यंती, मध्यमा, वैखरी) तथा अनुभूति की ऊर्जाओं का उसके शरीर की गतियों पर प्रतिफलन (तथाकथित शरीरभाषा नहीं) और इसके बरअक्स दर्शकों के मौन की बहुविध छटाएँ तथा गहरे अनुभवों से गुज़रते उनके शरीरों की अपना संतुलन खोजने की कोशिशें ही दोनों के बीच पुल बने।

जुलीख़ा चौधरी निर्देशित और मनीष चौधरी द्वारा अभिनीत **सिद्धार्थ** (2006) को देखने की कोशिश में जब मैं 'बहुमुख' के दरवाज़े पर पहुँचा तो सचमुच वहाँ तिल रखने की जगह नहीं थी। किसी तरह संतुलन बनाते हुए बड़ी कोशिशों से पंजों के बल खड़े होकर गर्दन काफ़ी लंबी करके मैंने जो देखा उससे सबसे पहले मेरे मन में यही पूर्वोक्त अवधारणा साकार हो उठी और कुछ उसी आकर्षण में मैं अपनी तकलीफदेह देहमुद्रा भूल गया। मैं नहीं कह सकता कि जो मैं देख रहा था उससे मेरी सोच बन रही थी या जो मैं सोच रहा था वही देख रहा था। मुझे यह प्रस्तुति अच्छी लगी इसलिए कि शायद इस दिशा में आगे कुछ परिपक्व प्रस्तुति देखने का मौक़ा मिले।

अरुण मुखर्जी निर्देशक के रूप में एक ऐसे चतुर नाविक हैं जो अपनी प्रस्तुति को भावनाओं, विचारों और यथार्थवाद की ठोस चट्टानों के बीच से निकालते हुए दर्शकों को नाटक की सटीक बारीक विचार निष्पत्ति तक सकुशल पहुँचा देते हैं। यह कुशलता मैंने उनके **निर्णय** (2005) और **आपनी कोन दिके** (2006) में बखूब देखी। **निर्णय** में बड़े बारीक स्तर पर इस सवाल से साक्षात्कार है कि परिवार के आत्मीय परिवेश में बौद्धिक और भावात्मक विरासत कैसे हस्तांतरित होती है। **आपनी कोन दिके** में बेहद उलझे हुए इस प्रश्न को बड़ी बारीकी से उठाया गया है कि कलाकार की आत्यंतिक निष्ठा कला के प्रति कितनी होनी चाहिए और क्या संकट की घड़ी में दमनकारी शक्तियों से समझौता क़र अपनी कला को ऊँचाइयों तक पहुँचाने में लगे रहना चाहिए या पीड़ित जनता का पक्ष लेकर किसी भी कीमत पर लड़ना चाहिए। नाटककार और निर्देशक दोनों ही ने बड़े निस्संग भाव से अपने को तटस्थ रखकर दर्शकों के लिए यह प्रश्न खुला छोड़ दिया है।

पिछले दोनों नाट्य महोत्सवों में मैंने सामाजिक सरोकारों के प्रति निष्ठावान कुछ ऐसी प्रस्तुतियाँ देखीं जिनमें नाटक की भाषा के अत्यंत सीधे सादे सरल मुहावरों का इस्तेमाल हुआ। नादिरा जहीर बब्बर की **जी जैसी आपकी मर्जी** (2005) में गर्ल चाइल्ड की समस्या को बड़े सहज और मनोरंजक रूप में प्रस्तुत किया गया है। इसमें अभिनय, भाषा और संरचना तीनों ही सहज बोधगम्य किंतु बेहद प्रभावशाली थी। लेकिन **ऑपरेशन क्लाउडबर्स्ट** (2006) में वह सहजता और प्रभाव नहीं दिखाई पड़ा।

सामाजिक सरोकार के नाटकों में अजय आठले द्वारा निर्देशित **बकासुर** (2006) मुझे इसलिए अच्छा लगा कि इसमें लोकगीतों के जीवंत प्रयोग के साथ बकासुर के मिथक का इस्तेमाल इस तरह किया गया था कि ग्रामीण जनता में नाट्य प्रस्तुति का संदेश प्रभावी तरीक़े से संप्रेषित हो सके। सुधन्वा देशपांडे का **शंबूक वध** (2006) भी इस दिशा में एक प्रभावी प्रयोग था।

प्रेमचंद के उपन्यासों और कहानियों की नाट्यप्रस्तुतियाँ मैं कई दशकों से देखता आ रहा हूँ। उनकी कुछ रचनाओं को मैंने स्वयं भी मंच पर पुनर्सर्जित करने की कोशिशें की हैं। लेकिन भारत रंग महोत्सव में उनके तीन उपन्यासों– **रंगभूमि** (2005), **गोदान** (2005) और **गबन** (2006) पर आधारित सुरेंद्र शर्मा, एम. के. रैना और विभा मिश्रा की नाट्यप्रस्तुतियों को देखकर मेरा ध्यान पहली बार प्रेमचंद के उपयुक्त नाट्य प्रस्तुति की कलाभाषा की ओर गया। मुझे लगा कि जिस प्रकार प्रेमचंद सीधी सादी सरल मुहावरेदार भाषा में अपनी रचनाएँ करते थे; ठीक उसी तरह की नाट्यभाषा ही उनके लिए विशेष उपयुक्त है। ऐसी एक सरल नाट्यभाषा ख़ास तौर से पिछले साठ सत्तर वर्षों में गंभीर शौकिया नाट्यकर्मियों ने उपन्यासों की नाट्य प्रस्तुति के सिलसिले में ईजाद की। इसके बरअक्स आधुनिक प्रशिक्षित और महत्वाकांक्षी निर्देशकों ने प्रस्तुति को पूर्णतः निर्देशक केंद्रित बनाने के सिलसिले में एक ऐसी जटिल नाट्यभाषा का विकास किया जो एक ओर तो डिजाइनिंग के तत्व पर अत्यधिक बल देती है तो दूसरी ओर प्रतीकात्मक अभिव्यक्ति के साधनों का प्रचुर प्रयोग करती है। यही वजह है कि इन तीनों में मुझे सबसे सशक्त प्रस्तुति सुरेंद्र शर्मा की लगी जिसमें प्रेमचंद कथाकार के साथ ही युगद्रष्टा के रूप में भी दिखाई पड़े। एम.के. रैना की प्रस्तुति में कलात्मक निखार और कसाव तथा निर्देशक की स्पष्ट उपस्थिति के बावजूद प्रेमचंद का चिंतक पक्ष नदारत था। विभा मिश्रा के 'गबन' की नैया डगमगाते डगमगाते भी अंततः सफलतापूर्वक इसीलिए पार लग गयी कि उसमें प्रस्तुति की अतिसरल **भाषा** का इस्तेमाल हुआ था।

मोहन महर्षि द्वारा निर्देशित और अंजला महर्षि तथा बलप्रीत द्वारा अभिनीत दो स्त्रियों के नाटक **हो रहेगा कुछ न कुछ** (2005) की सबसे बड़ी खूबी जीवन और मृत्यु दोनों के प्रति समान निष्ठा की प्रभावी अभिव्यक्ति है। आत्महत्या पर आमादा बेटी मरने के पहले अपनी माँ के शेष जीवन की सुख सुविधा और छोटी से छोटी ज़रूरतों को पूरी करने के इंतजामात करती हुई अपनी ज़िम्मेदारियों का चार्ज उत्साहपूर्वक अपनी माँ को सौंप रही है। यही पूरा नाटक है। क्रियाएँ, संवाद और अभिनय परस्पर एक दूसरे को शक्तिकृत करते बड़ी स्वाभाविक गति से आगे बढ़ते हुए दर्शकों में भावों और विचारों की दुनिया रच रहे थे।

अतुल कुमार द्वारा निर्देशित **द ब्लू मग** (2005) भी दर्शकों को अंतर्मुख कर अपने आत्म के पुनरनुसंधान को उकसाने वाली प्रस्तुति थी। इसमें अभिनय, प्रकाश और क्रियाओं के अंडरटोन मेरे अंतर्मन को अपनी जद में लपेटे हुए थे।

साँवोली मित्रा द्वारा निर्देशित **चांडाली** (2006) की प्रस्तुति को देखने के लिए मुझे ऐसी सीट मिल गयी जो मेरे लिए सर्वोत्तम थी। जहाँ से मैं अभिनेता की बारीक से बारीक भावाभिव्यक्ति को देख सुन सकता था, बल्कि उसकी आँखों में सीधे झाँक भी सकता था। बेहद प्यारी प्रस्तुति थी। बंगाल का लोकजीवन, एक भोली भाली अंत्यज लड़की की भावनाएँ और बौद्ध धर्म का करुण स्पर्श, बेहद जीवंत भावनामय मार्मिक अभिनय! मैं खूब डूबा उतराया, बेसुध हुआ, लेकिन नाटक ख़त्म होने के बाद मुझे थोड़ी अतृप्ति सी लगी क्योंकि भावनाओं को संतुलित करने वाला बौद्धिक संस्पर्श मुझे नहीं मिला।

दिनेश ठाकुर द्वारा निर्देशित और प्रीता माथुर ठाकुर के साथ अभिनीत **हम दोनों** (2006) में मुझे पहली बार अपने ख़ास दर्शकवर्ग को समझने की कोशिश दिखाई पड़ी। मुंबई जैसे महानगर में अपनी आर्थिक सेहत को दुरुस्त रखते हुए नाटक करने की यह एक ज़रूरी शर्त है। मुझे तो लगता है कि हर शहर के नाट्य प्रस्तुतकर्ताओं को अपना ख़ास दर्शकवर्ग तैयार करना ज़रूरी है ताकि उसे हमेशा स्पॉन्सर का मुखापेक्षी न होना पड़े।

अलकनंदन द्वारा निर्देशित **चारपाई** देखकर मुझे प्रकृत यथार्थवादी ऐसे नाटकों की लंबी परंपरा के अभी तक जीवित रहने का अहसास हुआ, जिसमें स्लम के जीवन का चित्रण बारीक ब्यौरों के साथ प्रस्तुत किया जाता है।

ग्लोबलाइजेशन, पैकेजिंग, मार्केटिंग और शेक्सपीयर

समकालीन जीवन को परिभाषित करने वाले कुछ अत्यंत महत्वपूर्ण लाक्षणिक शब्दों को चुना जाए तो वैश्वीकरण, पैकेजिंग और मार्केटिंग सर्वोपरि होंगे। ये अब

सिर्फ़ वस्तुओं और सेवाओं तक सीमित नहीं रह गये हैं बल्कि आध्यात्म, धर्म, शिक्षा, संस्कृति, साहित्य और कला जैसे क्षेत्रों में भी अपनी पूरी पैठ बना चुके हैं, जहाँ इन्हें बहुत निकृष्ट और वर्ज्य समझा जाता था। नाट्यप्रस्तुति के संदर्भ में इन अवधारणाओं को लागू कर सफलता पाने की अपनी समस्याएँ हैं। दुनिया के सभी श्रेष्ठ नाट्य अपनी भाषा-संस्कृति से बहुत गहरे जुड़े हुए हैं, तब भी दूसरी भाषा-संस्कृति में गहरी रुचि लेने वाले लोग अक्सर विदेशी नाटकों को देखते चले आये हैं। जैसे भारत के 'कथकलि' और 'यक्षगान' दुनिया के कई देशों में कभी-कभी प्रस्तुत किये जाते रहे। इसी तरह जापान के 'नोह' और 'काबुकी' ने भारत की भी यात्रा की है। लेकिन ये सब ज़्यादातर सरकारी सांस्कृतिक आदान-प्रदान के तहत के होता है, जिसमें व्यापक दर्शक-समुदाय को आकर्षित करने की आवश्यकता ही नहीं होती। लेकिन आज जब वैश्विक आवागमन और संचार की सुविधाएँ बेहद बढ़ गयीं हैं, तो हर देश के नाट्यकर्मी और नाट्यव्यवसायी सारी दुनिया में पैर फैलाना चाहते हैं। और इसके लिए आवश्यक है कि नाटक की पैकेजिंग इस तरह की जाय कि विश्वबाज़ार के ग्राहकों को कुछ ज़्यादा संतुष्टि दी जा सके। इस समस्या को हल करने के लिए सबसे आसान रास्ता शेक्सपीयर ने बताया। पिछले सौ सालों में शेक्सपीयर की पहुँच दुनिया की सभी महत्वपूर्ण भाषाओं और संस्कृतियों में हो गयी और अब भी बढ़ती ही चली जा रही है।

अब यदि कोई **ओथेलो** की प्रस्तुति यक्षगान या कथकलि की शैली में करता है तो दुनिया के अनेक देशों में उसे ऐसे तमाम दर्शकों का संरक्षण प्राप्त हो जाएगा जो शेक्सपीयर से अपने परिचय के सहारे यक्षगान और कथकलि को समझना और जानना चाहते हैं। यही कारण है कि इस वर्ष नाट्योत्सव में शेक्सपीयर की छह नाट्यप्रस्तुतियाँ देखने को मिलीं। एक यक्षगान, एक कथकलि, एक जापान की नोह परंपरा में, एक कोरिया की प्रस्तुति, एक श्रीलंका की और एक हिंदी की। लेकिन इसमें जो कमाल जापान ने कर दिखाया उसका कोई मुक़ाबला नहीं। दूसरे नंबर पर दक्षिण कोरियाई प्रस्तुति रही और बाद में अन्य, जापान ने तो अपनी अत्यंत विशिष्ट नाट्यशैली नोह को विश्व बाज़ार में ले जाने के लिए उसका सार्विक सौंदर्यशास्त्रीय पुनर्संस्कार कर डाला और उसका आधार बनाया नाट्य की दृश्यमूलक कलाभाषा को, जिसके मुख्य प्रवर्तक गोर्डन क्रेग हैं।

सौंदर्यशास्त्र में प्रशिक्षित जापानी निर्देशक सतोशी मियागी ने **ओथेलो** की प्रस्तुति में तो क्रेग की मानवाकार पुतलियों का अपने ढंग से बेहद कल्पनाशील और सर्जनात्मक प्रयोग भी किया है। यह प्रस्तुति निश्चय ही विश्व बाज़ार के लिए सर्वोत्तम पैकेज का नमूना है।

विश्वबाज़ार के लिए शेक्सपीयर के इस्तेमाल के बिना ही चीन ने अपने अत्यंत प्रसिद्ध पीकिंग ऑपेरा को कलात्मक संस्कार के साथ छोटे-छोटे एपीसोडों के रूप में इस प्रकार प्रस्तुत किया कि उसकी संप्रेषणीयता भाषा और संस्कृति की सीमाओं को पार कर सार्विक बन गयी। मुझे तो भारतीय नाट्यपरंपराओं के समानान्तर उसमें कई अवधारणाएँ दिखाई पड़ीं। ख़ास तौर से कौशिकी और आरभटी वृत्तियों का तो उसमें बहुत सटीक उदाहरण मिला। दरअसल अब मुझे लगने लगा है कि एशिया की समस्त नाट्यपरंपराओं में एक आंतरिक समानता है जो उसे परस्पर बोधगम्य कलाभाषा प्रदान करती है।

लेखनकाल : 2006 ई.

भारंगम प्रसंगम

इस बार का मेरा भारंगम दर्शन बेचैनीभरा रहा। इसलिए नहीं कि आयोजन कुछ कमतर था या कुछ ख़ास असामान्य था। इस बार का भी आयोजन पिछले सालों की ही तरह बस उन्नीस बीस था। इस बार भी मैं अनेक नई अनुभूतियों से गुज़रा और कई विशिष्टताएँ लक्षित कीं।

मेरी बेचैनी इस बात से शुरू हुई कि आख़िर इस पूरे समारोह के नाटकों को मैं किस परिप्रेक्ष्य, किस संदर्भ और किस नजरिए से देखूँ। मैं अब शुद्ध कलात्मक आनंदवादी दर्शक नहीं रह गया हूँ। हालाँकि इन पंद्रह दिनों के भीतर जितने भी ऐसे क्षण आये, मुझे ऊर्जस्वित कर गये।

पिछले लगभग साठ सालों के थियेटर के साहचर्य ने मेरे मन में तमाम तरह की थियेटरचिंताओं का मकड़जाल बुन रखा है। मसलन, लगभग तीन हज़ार सालों के लंबे टाइम और सारी दुनिया में फैली थियेटरस्पेस-इकाइयों में बनते-बिगड़ते हज़ारों-हज़ार नाट्यरूपों की विविधताओं के बीच वह मूलभूत एसेन्शियल थियेटर क्या है जो सारे तरह के थियेटरों को थियेटर बनाए रखता है। या फिर, क्या थियेटरकला की कोई विकासक्रमरेखा है जो उसे उत्तरोत्तर अधिक समृद्धि और पूर्णता प्रदान करती है। यानी क्या यूनानी और संस्कृत थियेटर से एलिजाबेथयुगीन अंग्रेजी थियेटर अधिक उन्नत था या फिर उन्नीसवीं शताब्दी में शुरू होने वाला आधुनिक थियेटर थियेटरकला को और अधिक विकसित करता हुआ बीसवीं सदी के पार ले आया और अब मल्टीमीडिया तथा अन्य वैज्ञानिक तकनीकों के इस्तेमाल से वह और ऊँचाइयों की ओर बढ़ रहा है! कुछ लोगों की यह धारणा कि पुराने यूनानी नाटकों का युग और शेक्सपीयर का युग थियेटर के स्र्वणकाल थे, का क्या अर्थ है? क्या ऐसा युग फिर लौटकर नहीं आ सकता? थियेटर करनेवालों और देखनेवालों के बीच के सामाजिक और आर्थिक रिश्तों की बारीकियाँ क्या हैं? आज के ग्लोबल बदलावों की पेचीदगियों, सूचनाक्रांति से लगातार फैलती जाती अवेयरनेस और आदमी के लगातार सिकुड़ते फुर्सत के एक एक लम्हे को झपटने

की होड़ लगाए तिजारती तकनीकी तरकीबों के बीच क्या थियेटर के लिए कोई जगह बच पाई है?

मेरी बेचैनी का एक सबब यह भी था कि मुझे नाट्यसमारोह के इस आयोजन के बारे में कुछ लिखना भी पड़ेगा। मेरे जेहन में यह साफ़ नहीं हो रहा था कि किस तरह का, क्या और किस लक्ष्यीभूत पाठक समुदाय के लिए लिखा जाए।

इन्हीं सारी उधेड़बुनों के बीच से गुज़रते हुए मैं पंद्रह दिनों तक लगातार चार-पाँच घंटे प्रतिदिन के हिसाब से तरह तरह के नाटकों के बीच डूबता उतराता रहा। और जब मैं बनारस लौट भी आया तब भी यह उधेड़बुन ख़त्म होने को नहीं आ रही थी। लिहाजा इससे पीछा छुड़ाने के लिए एक दिन मैंने बनारस के घाटों की सैर करने की ठानी। मैं अस्सी घाट उतर आया और फिर बहुत धीरे-धीरे पैदल उत्तर की ओर चल पड़ा।

बनारस के घाटों से मेरा रिश्ता बहुत पुराना लगभग शैशवकाल से है। हर ग्रहण, अमावस-पुनमासी, पर्व-त्यौहार और मेलों में मेरा हाथ पकड़ कर ले जाया जाकर मुझे गंगा में डुबाया और निकाला जाता था। फिर बाद में गंगातट मेरी क्रीड़ाभूमि बन गया और काशी के घाट मेरी लगातार बढ़ती उम्र के साक्षी बनते रहे। जब मैं नाटक करने की रूमानी दुनिया में काफ़ी आगे निकला आया और आधुनिकतावादी नाटकसंसार की हलचलों से वाकिफ़ हुआ, तो काशी के घाट मुझे कई तरह के नाटक करने के उपयुक्त मंच के रूप में नज़र आने लगे। जब कभी मैं नाव से इन घाटों को निहारता तो उनकी सीढ़ियों की बनावट, उनके कोण, उनके फैलाव और स्पेस-डिजाइन, बैकग्राउंड की इमारतों की विविधतामयी रूपरेखाएँ मुझे बहुत सारे सेट-डिजाइनों जैसे नज़र आते। मैं अक्सर अपनी कल्पना में कई कई नाटकों को उन पर अभिनीत होते देखता। लेकिन वास्तव में मैं केवल एक नाटक **'अंधेर नगरी'** को ही दशाश्वमेध की सीढ़ियों पर प्रस्तुत कर सका।

लेकिन आज जब मैं अस्सी घाट से धीरे धीरे आगे बढ़ रहा था तो ऐसी थियेटराना अनुभूति हुई जो इसके पहले कभी नहीं हुई थी। मैं बहुत धीरे धीरे इत्मीनान से अपने दाँयें बाँयें देखते, बीच बीच में कुछ ठिठकते, कुछ रुकते हुए, चल रहा था। मुझे पता भी नहीं लगा कि कब मेरे कंधों पर देरिदा और आर्तो के प्रेत सवार हो गये, और मैंने अपने आप को एक बेहद उत्तेजक और अपने में लगातार उलझाए रखने वाली नाट्य परिघटनाओं के लंबे सिलसिले के बीच पाया। मुझे लगा कि जैसे मैं घाटों पर कहीं व्यक्तिगत, कहीं छोटे-छोटे समूहों में क्रियाएँ करते किरदारों के बीच से गुज़र रहा हूँ, जो मुझे घाटों पर चलते फिरते और कहीं ठहरे, खड़े, बैठे, अधलेटे, तरह तरह के समूहनों में, अपने में व्यस्त, फिर भी कई

तरह की इत्मीनान भरी प्रदर्शनकारी मुद्रा में लगे। घाटों के विशाल रंगमंच पर बड़ी बड़ी छतरियों, छोटी बड़ी अनेक अस्थाई झोपड़ियों, चबूतरों, सीढ़ियों के रूप में मल्टीपल सेट्स कुछ कुछ वैसे ही दिख रहे थे और मेरे देखे सभी भारंगमों में मिनियेचर रूप में कोई न कोई ग्रुप ज़रूर बनाता रहा है। और कास्ट्यूम डिजाइन की इतने बड़े स्केल पर विविधता तो शायद किसी महंगे से महंगे बजट वाले थियेटर में भी देखने को न मिले। भारत, एशिया, यूरोप आदि की हज़ारों संस्कृतियों के पहनावे और वो भी काफ़ी सहज और खुलेपन के साथ। प्रयाग के कुंभ मेले से लौटे तरह तरह की विचित्र वेशभूषा केशसज्जा और मेकअप वाले साधु-संन्यासियों की उपस्थिति उस विशाल मल्टीनेशनल कोलेबोरेशन के थियेटर को एक अलग तरह का ग्लैमर प्रदान कर रही थी। इस थियेटर की सबसे ख़ास बात जो मुझे लक्षित हुई वह यह कि यहाँ दर्शक और प्रदर्शक में कोई भेदभाव नहीं था। हर प्रदर्शक दूसरे प्रदर्शक का दर्शक था और हर दर्शक दूसरे दर्शक के लिए प्रदर्शक था।

इन सबके बीच से गुज़रते हुए, जब कभी अपनी दृष्टि के दायरों को छोटा करके एक फ्रेम बनाता और उसकी ज़द में आने वाले किरदारों की गतियों को उनकी पृष्ठभूमि से जोड़कर उस दृश्यभाषा के पाठ को अर्थ देने की कोशिश करता, तभी देरिदा धौल जमा देता—"तुम्हारे फ्रेम में सेंटर है। तुम स्ट्रक्चरलवादी सास्योर के गहरे असर में दिख रहे हो। अपने सेंटर को तोड़ो और अपने फ्रेम को बदलकर किनारे को सेंटर में ले आओ।" इस तरह लगातार चलते हुए मेरा टेक्स्ट बदलता चला गया और धीरे-धीरे मैं **सत्य हरिश्चन्द्र** के श्मशान घाट पर पहुँचे गया। यहीं आर्तो के प्रेत ने अपना जोर आजमाया और मेरे सामने क्रूरता का रंगमंच (थियेटर ऑफ क्रुएलिटी) मौजूद!

मैं अभी हरिश्चंद्र घाट की सीमा में पहुँच ही रहा था कि गाजे बाजे के साथ एक मुर्दा घाट की सीढ़ियों पर आता दिखाई दिया[1]। नगाड़ों की तेज आवाज़ के बीच "राम नाम सत्य है" की तुमुल ध्वनि एक अनोखी ओजस्वी धुन पैदा कर रही थी। मैं उस ध्वनि के चुंबकत्व से खिंचा हुआ उनके समीप चला आया। नगाड़े आदि बजाने वाले लोग सीढ़ियों पर बैठ गये और अरथी उठाए लोग सीढ़ियाँ उतरते हुए शव को पानी में ले जाकर उसे अंतिम गंगाजल प्रदान करने लगे। ऊपर सीढ़ियों पर बैठे नगाड़े वालों ने फिर जोर जोर से नगाड़ों की चुंबकीय धुन छेड़ी।

---

[1]माफ़ करें मैं आपकी हिंदी व्याकरण की समझ पर चोट नहीं कर रहा हूँ, दरअसल बनारस में ऐसे ही बोलते हैं।

मैं उनके और क़रीब गया तो कच्ची शराब की बू से मेरा सिर भन्नाने लगा। मैं थोड़ा अलग हट आया। इन सारे अनुभवों ने मेरे दिमाग़ को कुरेदना शुरू किया। और तब मेरी समझ में आया कि मृत्यु के भयावह, त्रासद अनुभव से लड़ने का शायद यह आदिम हथियार था जो रिचुअल के रूप में अब भी कुछ जातियों में चला आ रहा है। लेकिन मुझे सबसे ज़्यादा प्रभावित किया नगाड़ों की ध्वनि से निकलने वाली ऊर्जा ने, जो मृत्यु की शून्यता को भर रही थी। इस ऊर्जा ने मुझे थोड़ा और साहस दिया और मैं श्मशान भूमि के समीप रेलिंग लगे उस चबूतरे पर आ गया, जिसपर से चिताओं को अच्छी तरह देखा जा सकता था और पत्थर की बेचों पर कई लोग बैठे, जिनमें कुछ विदेशी भी थे, अंतिम संस्कार के रिचुअल को देख रहे थे। मैं भी वहीं रेलिंग से लगकर देखने लगा।

गंगातट की मिट्टी पर लकड़ियों के कुंदों से चिता चिनते हुए लोगों को देखकर बरबस मुझे ऐसा लगा कि हज़ारों हज़ार सालों से बिल्कुल ऐसे ही चिता चिनी जाती रही होगी। क्योंकि बड़ी आग जलाने का यह बिल्कुल आदिम तरीक़ा था। और इस अनुभव के साथ ही वह चिताभूमि ऐसी शाश्वत रंगभूमि में रूपांतरित हो गयी जिसमें हज़ारों हज़ार संस्कृतियों, मानव की आकांक्षाओं, परस्पर संघर्षों, धार्मिक विश्वासों और मनुष्य की भौतिक और आत्मिक उन्नति की चिताएँ जल रही हों। चिता पर रखे कफ़न लिपटे मुर्दे में मनुष्य जीवन के सारे ऊहापोहों की विडंबनाएँ सिमट कर नगण्य वस्तुभर बन गयी थीं। अधजले शव के सिर को लंबे बाँस से तोड़कर उसके मस्तिस्क को जलाया जा रहा था। क्या उसके साथ जीवन भर की दिमाग़ी खुराफात भी जलकर ख़त्म हो जाएगी?

दूरगाँव से आये कुछ शवयात्री काफ़ी देर तक चिता को जलते हुए देखने के बाद उसे बाँस से उलट-पुलट कर जलाने में जल्दी करने की कोशिश करने लगे और फिर उसे गंगाजल से ठंडा करने में भी थोड़ी जल्दबाज़ी की। दो कुत्ते गंगा में थोड़ी दूर से लालच भरी निगाहों से उधर ही देख रहे थे। जैसे ही शवयात्रियों ने मुँह फेरा वे बड़ी फुर्ती से लपककर अधजले मानवमाँस से चिपकी अस्थियाँ मुँह में दबाकर फिर गंगा में कूद गये और उसमें उन्हें ठंडा कर थोड़ी दूर बाहर निकलकर भुने हुए माँस का आनंद लेने लगे।

मेरा सिर भन्नाने लगा। मैंने भी जीवन में तीन बार ऐसे ही चिता जलाई है और सर फोड़े हैं। अब मेरी समझ में आया कि आर्तो की 'क्रूरता' का क्या मतलब है? दरअसल वह नाट्यदर्शकों के प्रति क्रूर है और कठोर जर्राह की तरह छुरी से फोड़े को चीर कर मवाद निकालना चाहता है।

मैं वहाँ से हट आया और उसी तरह दाँये बाँये देखते धीरे धीरे आगे बढ़ने लगा। एकाएक मेरे जेहन में कौंधा – इसी तरह प्रोबीर गुहो के नाटक **विक्टिमाइज़्ड**

में वे अपने दर्शकों को रंगशाला के बाहर कैंपस में घुमा रहे थे। मैं सोचने लगा कि यदि हर दर्शक को नाटकप्रस्तुति के पाठ को अपने निजी तरीक़े से ही इंटरप्रेट करना है तो गंगातट का यह रियलिटी-थियेटर किसी निर्देशक द्वारा रचे गये काल्पनिक थियेटर से कैसे अलग है? मुझे तो अपने इस रियलिटी-थियेटर में अभिनेताओं और दर्शकों के बीच की क्रिया-प्रतिक्रियाओं और रैपो की ऐसी अनुभूति हुई जो किसी रंगशाला में यदा कदा ही मिल पाती है।

मैं धीरे धीरे आगे बढ़ता जा रहा था – सामने दाँये बाँये देखते, लोगों से नज़रें मिलाने की कोशिश करते। मुझे ऐसा लग रहा था जैसे मुझसे मिलने वाली नज़रें बराबर कुछ न कुछ कह रही थीं और मेरी नज़रों को पढ़ भी रही थीं। बड़ा सुखद, भरा भरा सा लग रहा था और एक तरह का सुरूर छा रहा था। एक बुजुर्ग विदेशी महिला से दो बार आँखें मिलीं और तीसरी बार जब वो दिखी तो बिल्कुल मेरे पास चली आयी और अंग्रेजी में जल्दी जल्दी उसने बताया कि वह कई दिनों से बनारस में है और अक्सर घाटों पर घूमने आ जाती है। उसे यहाँ अच्छा लगता है, बहुत कुछ जानने समझने को मिलता है। उसने अपने परिवार, अपने बच्चों के बारे में बताया और यह कहते हुए विदा ली कि "दुबारा जब मैं भारत आऊँगी तो यहाँ बनारस के घाटों पर घूमते हुए शायद आपसे फिर मुलाक़ात हो जाए", मैं सोचने लगा कि वह कौन सी रहस्यमय मानसिक प्रक्रिया है जो उस विदेशी अजनबी को मेरे पास खींच लाती है और उसे आत्माभिव्यक्ति करने को प्रेरित कर देती है। मुझे इसमें अभिनेता और दर्शक की पारस्परिक क्रिया-प्रतिक्रिया जैसा कुछ लगा, जिसमें दर्शकों की सक्रिय अनुकूल अनुशंसा भरी प्रतिक्रिया अभिनेता की कला को उच्चतर आवेश प्रदान करती है।

अपने इन सारे अनुभवों पर विस्मय करता वापस घर लौटते हुए मैं सोचने लगा कि क्या यह भारंगम के सर्जनात्मक साक्षात्कार का जादुई नतीजा था!

× × ×

रंगमहोत्सव में देखे गये नाटकों की याद ताजा करने के लिए मैं किताबनुमा उसके ब्रोशर को उलट पुलट रहा हूँ। बहुत खूबसूरत बन पड़ा है! लगता है किसी बड़े आर्ट एक्ज़िबीशन का कैटलॉग डिजाइन किया गया हो। आँखों के लिए बहुत खूबसूरत भोजन परोसा गया है। लेकिन मुझे लगता है कि इसके टेक्स्ट में शायद ऐसा कुछ और जोड़ा जा सकता था जो अंतर्धान होती जाने वाली नाट्यानुभूतियों को फिर से पकड़ने में कुछ ज़्यादा मदद कर सकता, कुछ पैनी अंतर्दृष्टि दे सकता और किताब को स्थाई महत्व भी प्रदान करता। (पढ़ने के सिलसिले में ब्रोशर के पन्ने-पन्ने अलग हो गये – बाइडिंग का प्रॉब्लम!)

ब्रोशर में एक जगह मेरी निगाह अटक गयी। इसमें 'डांस थियेटर' पर अलग से टिप्पणी दी गयी है और बताया गया है कि इस बार भारतीय और विदेशी मिलाकर तेरह ऐसी प्रस्तुतियाँ सम्मिलित हुई हैं जो डांस और थियेटर में तरह-तरह के फ्यूजन का परिदृश्य उपस्थित करती हैं। बहुत सार्थक टिप्पणी है और इन्हें देखने का नजरिया देती है। साथ ही नाट्य और नृत्य के आपसी संबंधों पर इस दृष्टि से पुनर्विचार करने को प्रेरित करती है।

विश्व की सभी संस्कृतियों में नृत्य अभिनेता की अभिव्यक्ति का महत्वपूर्ण उपकरण हमेशा ही रहा है। भारत में तो व्यावहारिक और सैद्धांतिक दोनों ही स्तरों पर संगीत, नृत्य और नाट्य को कभी अलगाया नहीं गया। पिछली लगभग दो शताब्दियों से गद्यात्मक यथार्थवादी क़िस्म के थियेटर के व्यापक प्रचलन के बावजूद आज भी भारत के लगभग सभी भाषिक अंचलों में नृत्यसंगीतमूलक पारंपरिक नाट्यों का महत्व बरकरार है। अन्य एशियाई देशों में भी प्रायः यही स्थिति है। जापान के नोह और काबुकी, थाईलैंड के खोन, बाली और अन्य इंडोनेशियाई द्वीपों के वायांग वोंग, पांजी तथा अन्य तमाम नाट्यरूपों में अभिनेता सर्वप्रथम और सर्वोपरि नर्तक ही है। पश्चिमी दुनिया में भी लिखित नाटक के शब्द अभिनेता की अभिव्यक्ति के मुख्य साधन रिनेसाँ के आसपास ही बने। इसके पहले तो नचनियों, मसखरों, बाजीगरों, मदारियों, नटों और 'कमेदिया-द-ल-आर्त' के भांडों आदि का ही बोलबाला था। इन सब में अभिनेता अपनी शरीरभाषा की जिन गतियों का प्रयोग करता था, उनके संयोजन की ऊर्जा नृत्य की ही जाति की थी।

नृत्य के रूप में शरीर द्वारा संवेगों की अभिव्यक्ति आदिम और लोकसंस्कृतियों की अपनी मूलभूत विशेषता है। यह भावाभिव्यक्ति लिखित शब्दों में रूपायित नहीं हो सकती। यह तो नर्तक, गायक या क़िस्सागो की दर्शकों श्रोताओं की प्रत्यक्ष उपस्थिति में बनने वाले आपसी संबंधों से ही साकार होती है। अभिनेता का गतिशील शरीर रूपांतरित होकर ऐसा अभिलेख बन जाता है, जिसमें अव्याख्य जीवन प्रतिबिंबित होता रहता है। तात्विक नाट्य और नृत्य मिलकर मानवजाति के संवेगात्मक संसार को वैश्विक स्तर पर सर्वसुलभ कर सकते हैं, जिसमें मनुष्य के संघर्ष और उसकी हिंसा, आशा, आकांक्षा, विडंबना और स्वप्न—सबकुछ रूपायित हो सकते हैं।

इस सोच की पृष्ठभूमि पर जो पहली सबसे महत्वपूर्ण प्रस्तुति मानसपटल पर उभरती है, वह जर्मनी की साशा वाल्ज़ की प्रस्तुति **नोबडी** है। इतना वक़्त गुज़र जाने के बावजूद आज भी इस प्रस्तुति की स्मृति जीवंत है और तुरत एक

सर्जनात्मक ऊर्जा से मन को भर देती है। जब इस प्रस्तुति की तेजस्विता के रहस्यों को खोजने की कोशिश करता हूँ तो जो बात मन को चमत्कृत कर देती है, वह यह कि नाट्यविश्व की तमाम समकालीन हलचलों के गहरे असरों को आत्मसात् करने के बावजूद इसकी जड़ें जर्मनी के अपने ही नाट्यविकास की ज़मीन में उतरी हुई हैं। जर्मनी के सेक्सीमेनिन्जेन नाटक कंपनी द्वारा रंगमंच के विभिन्न अवयवों और तत्वों के साथ अभिनेताओं के कुशल समूहन द्वारा रंगमंच की शक्तियों के एकाग्रीकरण तथा वैग्नर द्वारा प्रस्तुत संगीत नृत्य चित्र मूर्ति स्थापत्य साहित्य आदि समस्त कलाओं के समावेशी अ।र सामासिक लेकिन फिर भी एक संपूर्ण स्वतंत्र कला के रूप में नाट्य की अवधारणा, उसमें ऑरक्स्ट्रेशन, हारमनी और लयात्मकता आदि का महत्व और इन सब के नियंत्रक एक नाट्यसर्जक के महत्व की स्थापना इस प्रस्तुति के मूल में साफ़ नज़र आती है।

सीरीफोर्ट ऑडिटोरियम
विशाल रंगमंच
निरावृत।
खालीपन से भरा
बृहद् एम्प्टी स्पेस।
उसके बीच
बिल्कुल अकेला खड़ा
एक आदमी।
दूर से आती
कृत्रिम इलेक्ट्रॉनिक ध्वनियाँ।
खाली स्पेस का
तीव्र गुरुत्वाकर्षण
उससे उत्सर्जित ऊर्जा!

पच्चीस आदमियों की भीड़ चलने लगती है और फिर वे बेहद छोटे-छोटे समूहों में बँट जाते हैं। बस सिर्फ़ एक मानव-शरीर एकाकी रह जाता है। गतिशील मानव-समूह फिर उसे भी अपने में समो लेता है।

लगातार
गतिशील
समूहन संयोजन।
तरह तरह की
व्यक्तिगत

सामूहिक
गतियाँ।
गतियों से भावाभिव्यक्तियाँ।
देहस्थितियाँ
लंबवत्
क्षैतिज।
गतियाँ
क्षिप्र से क्षिप्रतर।
विचारों को भी पीछे
छोड़ देने की होड़।
ध्वनियों की
मानवदेहों पर
सद्यः सहज
अनचाही प्रतिक्रियाएँ।
गतियों में
अनोखी संगीतात्मकता
अद्‌भुत चित्रोपमता।

जैसे कैनवस पर लगातार एक के बाद एक चित्र बनाए जा रहे हों और धुनें भी बजाई जा रही हों।

व्यक्तिगत और सामूहिक मानवदेहों की अनवरत क्षिप्र गतियाँ ऐसी तरलता का आभास दे रही थीं जिसमें ठोस देहाकृतियाँ घुलती चली जा रही हों। सर्जन विसर्जन की सतत प्रक्रिया। लय और प्रलय का सातत्य।

ब्रह्मनाद या बिगबैंड के साथ एक चौकोर घनाकार सफ़ेद बादल के टुकड़े की तरह विशाकाय गुब्बारा नीचे उतरने लगता है और अधर में तैरता हुआ तब तक तेज ध्वनि करता रहता है, जब तक वह स्टेज़ की ज़मीन नहीं छू लेता। तमाशबीनी से भरा दृश्यात्मक प्रभाव। फिर भी गंभीर सांकेतिक असर! सफ़ेद बादल विशाल खाली स्पेस में फुदकता लुढ़कता रहता है। उसमें तरह-तरह की सलवटें और गड्ढे बनते बिगड़ते रहते हैं जो किन्हीं रहस्यात्मक ऐन्द्रिकता का आभास देते हैं। श्वेत वस्त्रों से सज्जित एक खूबसूरत लड़की परी की तरह उस बादल पर सवार हो जाती है। और उसमें डूबते उतराते झूलने लगती है। एकाएक मन में सिग्मंड फ्रायड के स्वप्नप्रतीक उभरने लगते हैं।

ब्रोशर के मुताबिक साशा वाल्ज़ की यह कृति तीन प्रस्तुतियों की शृंखला की तीसरी और आख़िरी कड़ी है। पहली कड़ी **कोर्पर** है, जिसमें वह मानवशरीर की

बाह्य आकृति के संघटन का अनुसंधान करने के लिए अपने नर्तकों की देहों की स्थापत्य, विज्ञान और इतिहास के संदर्भ में परीक्षा करती है। **एस** (S) नामक दूसरी प्रस्तुति में वह जीवन की सृष्टि, जिजीविषा और संवेदनाओं की खोज करती है। 'नोबडी' यानी 'विदेह' में उसकी खोज का विषय मानव का अशरीरी अस्तित्व है। क्या मृत्यु के बाद भी मनुष्य का कोई अस्तित्व शेष रह जाता है? वह देह के परे देही के अस्तित्व को खोजना चाहती है। इस तरह यह प्रस्तुति भारतीय आध्यात्मिक चिंतनधारा की ही अभिव्यक्ति करती प्रतीत होती है।

लेकिन मुझे इस प्रस्तुति द्वारा उत्सर्जित अजस्र ऊर्जा ने विशेष रूप से आकर्षित किया। मैं नाट्य में ऊर्जा की स्थिति को नये सिरे से तलाशने के लिए प्रेरित हुआ। मुझे युजेनिओ बार्बा का एक कथन याद आया – "थियेटर की मेरी अवधारणा बड़ी तात्विक है। मेरे लिए नाट्य उन क्षणों में अस्तित्व में आता है, जब कोई व्यक्ति रोज़मर्रा ज़िंदगी के स्तर से अलग हटकर ऊर्जा का विकिरण करने लगता है और फलस्वरूप वह स्वयं आकर्षक और मोहक हो उठता है। मेरे लिए थियेटर का मतलब ऐसी ऊर्जाओं से है, जो आकर्षित करती हैं।"

यह ऊर्जा वस्तुतः है क्या और नाट्यप्रस्तुति में यह किस तरह क्रियाशील होती है। भौतिकविदों ने ब्रह्मांड के दो तत्व बताए थे – पदार्थ और ऊर्जा (मैटर और एनर्जी)। फिर आइंस्टीन ने उन दोनों को एकीकृत करते हुए सिद्ध किया कि ऊर्जा से ही पदार्थ बनता है और पदार्थ ऊर्जा में रूपांतरित हो सकता है। इस तरह मूलतः ब्रह्मांड का आधारभूत तत्व ऊर्जा ही है। भारतीय तत्वचिंतक भी अद्वैत ब्रह्म की अवधारणा प्रस्तुत करते हुए इसी बात को अपने ढंग से कह रहे थे। उनके मतानुसार तो ऊर्जा स्वयं विश्वचेतना से ही उत्सर्जित होती है। इस तरह चेतना (कॉन्शसनेस) भी ऊर्जा का ही एक रूप है। अब, महाब्रह्मांडीय (यूनीवर्सल) और पारमाणविक उपपारमाणविक (एटमिक सबएटमिक) स्तरों पर जो कुछ भी घटित हो रहा है, वह ऊर्जा और चेतना का ही खेल है। नाट्यप्रस्तुति के मूलतत्व पर यदि हम पहुँचना चाहें तो ऊर्जा और चेतना पर ही पहुँचेंगे। ऊर्जा और चेतना ही वे मूलतत्व हैं, जिन्हें नाट्यप्रस्तुति दर्शकों की ओर विकीरित करती है और जो दर्शकों से अपवर्तित होकर रंगमंच के अभिनेताओं को ऊर्जस्वित करती है। इस तरह एक परिपथ, एक सर्किट बनता है। इस सर्किट की सफलता के लिए उसे किसी अवरोध (रेसिसटेंस) से होकर गुज़रना ज़रूरी है, अन्यथा शार्ट सर्किट हो जाएगा। रेसिसटेंस ही ऊर्जा को रूपांतरित कर उसे शक्ति में परिवर्तित करता है और संपूर्ण नाट्यप्रक्रिया में यही शक्ति अंततः दर्शक और अभिनेता की चरम उपलब्धि है। कुशल नाट्यनिर्देशक इस ऊर्जा को अच्छी तरह फोकस करता है और उसे बिखर

कर बरबाद होने से बचा लेता है। नाटक-लेखन से शुरू कर रिहर्सलों से गुज़रते हुए और दूसरी अनेक कलाओं को समायोजित करते हुए कुशल नाट्यप्रयोक्ता प्रायः अवचेतन रूप से इसी ऊर्जा को सही दिशाओं में प्रवाहित करने की कोशिश करता रहता है। सारी दुनिया के पारंपरिक नाटकों की जीवंतता का मुख्य कारण ऊर्जा नियोजन का पारंपरिक अनुरक्षण ही है। नाट्यशास्त्र का रस सिद्धांत और नाट्यप्रयोग का संपूर्ण विधान नाट्य-ऊर्जा के कुशल नियोजन की अत्यंत विचारपूर्ण तकनीक है। यूनानी त्रासदियों और अरस्तू के काव्यशास्त्र के सिद्धांत भी अपने ढंग से नाट्य-ऊर्जा को फोकस करने की कोशिश करते हैं। स्तानिस्लाव्स्की की खोजों का चरम लक्ष्य अभिनेताओं में टटकी ऊर्जा उपजाना ही था। मेइएरहोल्द जैवयांत्रिकी (बायोमेकेनिक्स) के जरिए अभिनेता के ऊर्जास्रोतों की खोज कर रहा था। ग्रोटोव्स्की और बार्वा तो सीधे सीधे अभिनेताओं की ऊर्जा पर ही कार्य कर रहे थे। मुझे लगता है नाट्य के संदर्भ में ऊर्जा के गहन और व्यापक अध्ययन, शोध तथा प्रयोग की आवश्यकता आज बेहद प्रासंगिक हो उठी है।

इस तरह इस भारंगम की पहली प्रस्तुति ने मेरे नाट्यप्रेक्षण का केंद्र नाट्य-ऊर्जा को बना दिया।

इस संदर्भ में कालिदासकृत **विक्रमोर्वशीयम्** के एक अंश की गोपाल वेणु द्वारा कुडियट्टम् में प्रस्तुति मुझे विशेष रूप से महत्वपूर्ण लगी। नाटक देखने के पहले ही मैंने अपना मन बना लिया था कि मैं इसे परंपराओं से नावाकिफ़ आधुनिक अंतर्राष्ट्रीय दर्शक की हैसियत से देखने की कोशिश करूँगा, हालाँकि मेरे लिए कुडियट्टम् के अपने अध्ययन को भुला पाना एक मुश्किल काम था।

रंगशाला में बैठा हुआ मैं मंच पर दक्षिण भारतीय हिंदू अनुष्ठान (रिचुअल) जैसा धीमी गति से चलते हुए कुछ देख रहा था। लगभग एक मीटर ऊँचे चमड़े से मढ़े घड़ों पर लगातार थाप देते कर्मकांडी जैसे व्यक्ति मेरी नज़रों को ख़ास तौर से खींच रहे थे। उनकी एक जैसी लगातार हरकतों को देखते मेरी आँखें कुछ झपकने लगीं और मेरा ध्यान उन विशालकाय घड़ों के पेटों से निकलने वाली गुरुगंभीर ध्वनियों पर केंद्रित होने लगा। अजीब आकर्षण था उन ध्वनियों में। मेरा मन उनमें सिर्फ़ रमने ही नहीं लगा, बल्कि एक ताजगी का भी अहसास हुआ। मेरी आँखें खुल गयीं। सामने एक ख़ास वेशभूषा से सुसज्जित अभिनेत्री के रूप में कपिला खड़ी थी। मेरी आँखें उस पर ठहर गयीं। कुशलता भरी अद्भुत सहजता के साथ वह शास्त्रीय अभिनय कर रही थी। उसके आंगिक अभिनय की ऊर्जा धीरे धीरे सात्विक अभिनय की आभा के रूप में दमकने लगी। चेतस् ऊर्जा के उजास से वह नहा उठी। उसके चतुर्दिक ऊर्जस्वित किरणों का प्रभामंडल बन

गया।

इन सबके दौरान घड़ों की गहराइयों से निकलती ध्वनियों की ऊर्जा भी चेतना को प्रेरित करती जा रही थी। मुझे लगा नादब्रह्म माया के साथ मिलकर भावलोकों की अनोखी सृष्टि कर रहा है।

यहाँ भी वही ऊर्जा और चेतना का खेल चल रहा था। लेकिन जर्मनी की साशा वाल्ज और भारत के गोपाल वेणु के ऊर्जा विनियोग में कितना फ़र्क है! दोनों ही की सर्जनात्मकता अनूठी है। साशा वाल्ज अभिनेता समूह के कुशल ऑर्केस्ट्रेशन द्वारा ऊर्जा की सिंफनी सिरजती है जो मनप्राणों को अपने आगोश में ले लेती है। गोपाल वेणु अभिनेता के चेतस् ऊर्जा को चतुर्विध अभिनय के स्वरों में ढाल कर राग पैदा करते हैं जो आत्मा को आनंदलोक की सैर कराता है।

साशा वाल्ज के ही धरातल पर स्विट्ज़रलैंड की बियेट्रिस जैकार्ड और पीटर शेलिंग की **हेल्स बेल्स एंड फर्टीव फॉली** नामक प्रस्तुति थी। लेकिन इसमें ऊर्जा को प्रयुक्त करने की दिशा बदली हुई थी। यहाँ ऊर्जा स्थिर और गतिशील—दो रूपों में खेल रही थी। जैसे सागर की तरंगें सहसा 'फ्रीज' होकर 'न ययौ न तस्थौ' की स्थिति में आ जाएँ और फिर क्षणमात्र में पूरे वेग के साथ बहने लगें। इस प्रस्तुति में ऊर्जा के स्रोत के रूप में नाट्य की अपनी ख़ास चीज 'विसदृशता' का भी उपयोग किया गया था। कहीं-कहीं ऊर्जा सुंदरता और कुरूपता के तटों के बीच बहने वाली नदी का रूप ले लेती थी। **नोबडी** की तरह यहाँ भी ऊर्जा का प्रवाह बड़ी सहज गति से बह रहा था।

पोलैंड के लेस्ज़ेक बज़्डाइल (Leszek Bzdyl) की प्रस्तुति **सेवेरल विटी ऑब्ज़र्वेशन्स** में मुझे ऊर्जा को अवरोधों (रेसिस्टेंस) के बीच से गुजारने की कोशिश ज़्यादा मुखर दिखाई पड़ी। यहाँ अभिनेता अपनी देहों से फूट पड़ने वाली ऊर्जा को नियंत्रित करने के लिए जूझता नज़र आता है। इस कोशिश में उसके अंग तनावपूर्ण आकृतियाँ ग्रहण करते हैं। कभी-कभी परस्पर गुथी हुई मानव आकृतियाँ ऊर्जा का विकिरण करती हैं। ऊर्जा के परिपथ (सर्किट) के प्रभावी निर्माण के लिए अभिनेता नाट्यशाला के द्वार के बाहर एकत्र दर्शक समूह की भीड़ के बीच से अपना कार्य शुरू करता है। पोलैंड की इस प्रस्तुति में एक पारदर्शी हल्के गद्दे का भी कुशल प्रयोग किया गया है।

जापान के निर्देशक सतोशी मियागी की कृति **मीडिया** मुझे एक दूसरे ही धरातल पर विशेष रूप से रोचक लगी। मुझे यह देखकर थोड़ी हैरानी हुई कि यह जापानी निर्देशक इंग्लैंड के गोर्डन क्रेग का निष्ठापूर्ण एकलव्य कैसे बन गया! आज के कलाकारों पर तो मौलिकता का भूत इस कदर सवार है कि वे अपनी रचना पर

किसी पूर्ववर्ती का ऋण या प्रभाव स्वीकार करना ही नहीं चाहते। और यदि प्रभाव लेते हैं तो भी उसे छद्म कौशल से इस प्रकार ढक देने की कोशिश करते हैं कि पहचान ही ग़ायब हो जाए। लेकिन सतोशी मियागी की पिछले वर्ष की प्रस्तुति और इस प्रस्तुति—दोनों ही में क्रेग का प्रभाव इतनी स्पष्टता से झलक रहा था कि उसकी नाट्य-सौंदर्य की अवधारणाओं से परिचित कोई भी व्यक्ति उसे सहज ही पहचान ले। इस प्रस्तुति की दृश्यसंरचना पर दृष्टि डालते ही मेरी निगाहें लंबे ऊँचे खड़े बुकरैक पर टिक गयीं। यथार्थवादी दृष्टि से बिल्कुल अननुपातिक होने पर भी पूरी सेट डिजाइनिंग के स्ट्रक्चर का वह अनिवार्य हिस्सा प्रतीत हो रहा था और उसके एस्थेटिक्स को रेखांकित कर रहा था। नाट्यक्रियाओं में इसकी कोई ख़ास फंक्शनल ज़रूरत नहीं थी। मेरी चेतना में बरबस क्रेग कौंध गया। वह अपनी डिजाइनिंग में लंबी खड़ी रेखाओं को बहुत महत्व देता था और उनमें प्रतीकात्मक रहस्यात्मक मूल्य स्थापित करता था। सतोशी मियागी ने बड़ी चतुराईपूर्ण कलात्मकता के साथ उसकी इस अवधारणा का इस्तेमाल किया। इस अवधारणा के ऐसे ही एक और इस्तेमाल की याद मुझे आ रही है...

दशकों पहले मैंने सोवियत काल में बनी रूसी फ़िल्म शेक्सपीयर की 'ओथेलो' देखी थी। बहुत ही सुंदर फ़िल्म थी और शेक्सपीयर का अर्थ-निरूपण फ़िल्म कला माध्यम के अत्यंत कुशल उपयोग द्वारा किया गया था। उस फ़िल्म का अंतिम शॉट मुझे अब भी याद है—जहाज का लंगर उठाने की क्रिया में सिनेमा के पर्दे पर रस्सियाँ ही रस्सियाँ छा जातीं है—लगातार ऊपर को उठती रस्सियाँ! क्रेग की लंबी खड़ी रेखाओं का रहस्य-प्रतीकात्मक उपयोग फ़िल्म की सारी घटनाओं को नियंत्रित करने वाली आसमानी ताक़तों की ओर इशारा कर रहा था।

मुझे लगता है जिन दिनों क्रेग स्तानिस्लाव्स्की के साथ 'मास्को आर्ट थियेटर' में काम कर रहा था, उन्हीं दिनों उसकी सौंदर्यशास्त्रीय अवधारणाओं के प्रति रूस के कलाकारों के मन में जिज्ञासा जगी होगी और मार्क्सवावदी कला-दर्शन के कठोर नियंत्रण के बावजूद इस फ़िल्म में चुपचाप उसकी आहट चली आयी।

डिजाइनिंग संबंधी क्रेग के आग्रहों की अनुगूँजों का असर सतोशी की वर्गाकृतियों में भी दिखाई पड़ता है। यहाँ तक कि अभिनेताओं की मानव आकृतियों को भी वेशभूषाओं की ऐसी डिजाइनिंग से कभी-कभी ढंका गया है जिनमें सीधी सहज रेखाएँ समकोणों पर काटती हैं और मनुष्य एक आयत की शक्ल ले लेता है, जिसे कई वर्गों में काटा जा सकता है। रंगों के प्रयोग भी क्रेग की रुचि की याद दिलाते हैं।

लेकिन इन सब के बावजूद सौंदर्यशास्त्र के गहरे अध्ययन अभ्यास से उपजी सतोशी मियागी की मौलिक चाक्षुष संवेदनशीलता और कल्पना का महत्व कम नहीं होता। वस्तुतः 'मीडिया' की प्रस्तुति नाट्यकला के एक ख़ास तरह के सौंदर्यशास्त्र और क्रेग के कलादर्शन की टेक्स्टबुक की तरह है।

कोरिया के ओह ताई सुक की प्रस्तुति **लाइफकॉर्ड** मेरे स्मृतिपट पर अपने खूबसूरत दृश्यबिंबों के कारण अंकित है। इस प्रस्तुति में कोरियाई सांस्कृतिक तत्वों का पश्चिमी एकेडेमिक नाट्यमुहावरों के साथ स्पष्ट सुमेल मुझे रोचक लगा। कोरियाई सामंती राजघरानों के षड्यन्त्रों, हत्याओं, बलिदानों और प्रेतात्माओं से जुड़ी इस नाटक की कहानी में तो ऐसी कोई खासियत नहीं थी लेकिन इसकी प्रस्तुति में संरचनाओं, गतियों, मुद्राओं, कास्ट्यूम, लाइटिंग के चाक्षुष डिजाइनिंग के तत्त्वों में एक एक्ज़ोटिक (exotic) आकर्षण था।

वस्तुतः यह प्रस्तुति अंतर्राष्ट्रीय स्तर पर एक ऐसी मुख्य धारा के नाटकों का प्रतिनिधित्व करती है जो राष्ट्रीय स्तर के नाट्यप्रशिक्षण संस्थानों के मानक के रूप में विकसित हो रही है।

इसी क्रम में चीन के सेंट्रल एकेडेमी ऑफ ड्रामा की ओर से प्रस्तुत ऑगस्टस स्ट्रिंगबर्ग का नाटक **मिस जूली** भी है, जिसका निर्देशन इसी एकेडेमी के ग्रेजुएट झाऊ शेन ने किया है। इसके अभिनेता-अभिनेत्री, स्टेज, कॉस्ट्यूम, लाइटिंग आदि के डिज़ाइनर, मैनेजर तथा अन्य सभी प्रकार के रंगकर्मी भी इसी एकेडेमी की देन हैं। इस प्रस्तुति द्वारा चीन में आधुनिक योरोपीय नाट्य के प्रशिक्षण का अच्छा जायजा मिलता है।

ऐसी ही एक परंपरा भारत में राष्ट्रीय नाट्य विद्यालय से जुड़ी रिपर्टी कंपनी की प्रस्तुतियों और विद्यालय से निकले ज़्यादातर स्नातकों के कामों में दिखाई पड़ती है।

इब्सन के पहले दौर के नाट्यलेखन की संभवतः अंतिम कृति **पियर जिंट** की वी.के. द्वारा की गयी प्रस्तुति मुझे उसमें प्रस्तावना जोड़कर उत्पन्न की गयी नाट्यधर्मिता के कारण उल्लेखनीय लगी। मैंने इसी नाटक की बंसी कौल द्वारा निर्देशित प्रस्तुति भी देख रखी थी। वी.के. की प्रस्तुति में मुझे ज़्यादा एनर्जी दिखाई पड़ी।

रंजीत कपूर की **चेख़व की दुनिया** मुझे प्रेक्षकों और अभिनेताओं के बीच सजीव, सहज और प्रभावी क्रिया प्रतिक्रिया के उदाहरण के रूप में काफ़ी रोचक लगी। चेख़व के लिखे अत्यंत पैने, चुटीले, सारगर्भी, संयत, हास्यव्यंग्यात्मक एपीसोडों की प्रस्तुति भी लेखन के अनुरूप ही थी। हिंदी के कुछ लेखकों की भी ऐसी रचनाओं की नाट्यप्रस्तुतियाँ भी मुझे काफ़ी रोचक लगी थीं, लेकिन उनमें चेख़व की मितव्ययिता और गहराई कहाँ!

प्रसन्ना ने भवभूति का **उत्तररामचरित** हिंदी में प्रस्तुत किया। इसमें मुझे सत्यनारायण कविरत्न के ब्रजभाषा अनुवाद का चुनाव विशेषरूप से महत्वपूर्ण लगा।

इन सबसे भिन्न, लेकिन अत्यंत चित्ताकर्षक जिस प्रस्तुति ने मेरे मन को खींचा, वह थी—सुनील शानबाग की **कॉटन 56, पॉलिएस्टर 84 : द सिटी दैट वॉज़ मुंबई**। बंबई को बंबई बनाने वाली कपड़ा मिलों के रिटायर्ड कामगारों और बिल्कुल नई पीढ़ी के उनके छोकरों की निगाहों से मुंबई के आर्थिक-सामाजिक-सांस्कृतिक इतिहास पर सार्थक टिप्पणी करने वाली यह प्रस्तुति बारीक संवेदना पैदा करती है। मुंबई की धर्मनिरपेक्ष महानगरीय सामासिक संस्कृति वस्तुतः वहाँ के मिल मजदूरों की सृष्टि है – इसे यह प्रस्तुति रेखांकित करती है। लेकिन मुझ जैसे थियेटर के इनसाइडर को जो महत्वपूर्ण लगा, वह इस नाटक की बनावट और कहने का अंदाज़ था। इसमें एक एक अद्भुत सहजता और फॉर्म की सादगी के साथ अत्यंत मनोरंजक रूप में लोकनाटक के तत्वों को लेकर जिस आधुनिक सौंदर्यबोध की सृष्टि की गयी है, वह मुंबई के अपने नाट्य-इतिहास और परंपरा की विभिन्न धातुओं को गलाने की सर्जनात्मक घरिया से इस प्रकार ढल कर निकली है कि उनमें जोड़ों की दरारें कहीं दिखाई नहीं पड़तीं।

उत्तर-आधुनिकतावाद, देहगति और 'परफॉरमेंस'

पिछली सदी के छठे और सातवें दशक के उत्तर आधुनिकतावादी दौर में कला के क्षेत्र में एक नई प्रवृत्ति का विकास हुआ जिसने चित्र और शिल्पकृतियों के रूप में ऐसी भौतिक वस्तुओं, जिनकी कि ख़रीद-फ़रोख़्त की जा सकती हो, के उत्पादन के प्रति गहरा असंतोष जताया। इससे एक ओर तो कॉन्सेप्ट्चुअल आर्ट के आंदोलन की शुरुआत हुई, दूसरी ओर कलाकार रंगमंच की क्षणभंगुर दुनिया की ओर मुखातिब हुआ, जिसके द्वारा वह अपनी संपूर्ण कला चेतना और सर्जनात्मकता की अभिव्यक्ति इस प्रकार कर सकता था जिससे दर्शक अपने साथ कलाकृति को किसी वस्तु के रूप में नहीं, बल्कि मन पर पड़े प्रभावों के रूप में घर ले जा सकें।

इस तरह चित्रकारों, मूर्तिकारों, वास्तुकारों और कला के अध्ययन से गहरे जुड़े लोगों ने रंगमंच की एक नई कला को जन्म दिया, जिसे कला की दुनिया में 'परफॉरमेंस' के नाम से पुकारा गया। 'परफॉरमेंस' की यह कला थियेटर की कला से जुड़ी होने पर भी कई मायनों में उससे काफ़ी अलग थी। इसमें परफॉरमर स्वयं कलाकार भी होता था, जो अभिनेता की तरह किसी दूसरे चरित्र की भूमिका में नहीं अवतरित होता था। 'परफॉरमेंस' की विषयवस्तु में पारंपरिक तरह की कथा

या प्लॉट नहीं होते थे। 'परफॉरमेंस' में बेहद निजी क़िस्म की और गोपनीय क्रियाएँ शामिल हो सकती थीं या फिर बड़े पैमाने पर चाक्षुष थियेटराना दृश्यविधान सजाया जाता था। इसकी कालावधि कुछ मिनटों से लेकर कई घंटों तक की हो सकती थी। इसे एक ही परफॉरमेंस के बाद बंद किया जा सकता था या फिर कई बार दुहराया भी जा सकता था। यह किसी लिखित स्क्रिप्ट के आधार पर या बिना किसी स्क्रिप्ट के स्वतःस्फूर्त रूप से तत्काल इम्प्रोवाइज़ हो सकता था या कई महीनों के रिहर्सलों के बाद प्रस्तुत किया जा सकता था।

चित्र, मूर्ति आदि कई क्षेत्रों के कलाकारों की संवेदनाओं और सूझों से प्रभावित होने के कारण 'परफॉरमेंस' के रूपों और शैलियों में बहुत विविधता आयी। उसमें स्पेस के इस्तेमाल में नये आयाम जुड़ने लगे। चाक्षुष बिंबों के संयोजन में एक नई तरह की बोल्डनेस पैदा हुई, लेकिन सबसे महत्वपूर्ण प्रभाव इसमें नर्तकों के शामिल होने का पड़ा। इन नर्तकों ने बिल्कुल नई तरह की गतियों और नृत्य माध्यम की संभावनाओं का अन्वेषण किया और उन्हें 'परफॉरमेंस' से जोड़ा। इन्होंने देह और स्पेस के संबंधों की नई व्याख्याएँ प्रस्तुत करने की कोशिश की।

यहाँ पर यकायक इस विष्कंभक प्रसंग की ज़रूरत मुझे इसलिए महसूस हुई कि न केवल इस भारंगम की कई प्रस्तुतियों पर 'परफॉरमेंस' के गहरे असर का अहसास हुआ, बल्कि पिछले लगभग एक दशक में दिल्ली में मैंने ऐसी कई-कई प्रस्तुतियाँ देखीं जिन पर कहीं न कहीं 'परफॉरमेंस' की हल्की या गहरी छाया दिखाई पड़ी। आज जब मैं इस मुद्दे को रेखांकित कर रहा हूँ तो इसलिए कि थियेटर की कलाप्रवृत्ति समावेशी होने के बावजूद उसकी मूलप्रकृति पर सोचने की ज़रूरत है।

जुलीखा चौधरी की **अरेबियन नाइट** ने मुझे परफॉर्मेंस आर्ट की याद बहुत क़रीब से दिलाई। उसके संयोजनों में बहुत संवारी त्रिआयामी शिल्पोमता और अद्भुत चित्रात्मकता थी। गहरे मौनमुखर मानव आकृतियों को कुछ ऐसी संवेगात्मक देह-स्थितियों में प्रस्तुत किया जा रहा था, जो अपनी खुद की स्टोरी-लाइन बना रही थीं। इसीलिए तो ब्रोशर में छपे स्टिल्स ऐसी डाक्यूमेंटेशन कला का नमूना पेश करते हैं, जो संप्रेषण के लिए किसी व्याख्या की अपेक्षा नहीं करती।

सेंटॉर्स अनुराधा कपूर की समकालीन सार्विक बौद्धिक नाट्यप्रस्तुति है जिसमें अभिनेताओं के माध्यम से संवेगात्मकता और संवेदना पैदा करने की कोशिश की गयी है। व्यक्ति के बरक्स राज्य, प्रशासन, कानून और दंड, युद्ध के बहाने राज्य का आतंकवाद और धार्मिक या किसी अन्य प्रकार के गुट का आतंकवाद, सुरक्षा के नाम पर राज्य द्वारा व्यक्ति के निजी जीवन पर नियंत्रण जैसी अमूर्त अवधारणाओं

से उलझने के लिए काफ़्का के 'मेटामाफोर्सिस' से लेकर अनेक तरह के चाक्षुष बिंबों का उपयोग किया गया है।

नाटक से गुज़रने के बाद अपने अनुभवों का तारतम्य बैठाने के लिए मुझे ब्रोशर पढ़ना पड़ा।

यहाँ मेरा मन एक ऐसे नाटक का चर्चा करने का कर रहा है जो यद्यपि भारंगम का हिस्सा नहीं था, लेकिन मैंने उसी दौरान देखा था और जो मेरे मानस में उसी के ताने बाने में गुथ गया। अमाल अल्लाना की नाट्यप्रस्तुति **नटी विनोदिनी** ने कई स्तरों पर मुझे अलग तरह से छुआ।

विनोदिनी उन्नीसवीं शती के बाङ्गला थियेटर की प्रारंभिक प्रोफेशनल अभिनेत्रियों में से एक (पाँचवीं) थी। उसने सिर्फ़ बारह साल की उम्र में रंगमंच पर अभिनय शुरू किया और तेईस तक पहुँचते-पहुँचते बाङ्गला रंगाकाश का अत्यंत चमकदार सितारा बन गयी। तरह-तरह के चरित्रों के मर्मस्पर्शी अभिनय से उसने अपने दर्शकों का मन पूरी तरह जीत लिया।

लेकिन उसके जीवन का महत्व उसके स्टारडम के कारण नहीं है, न ही उसकी आज कोई विशेष प्रासंगिकता ही है। उसके जीवन का सबसे बड़ा महत्व शायद अभिनय के क्षेत्र में किसी स्त्री की अनिवार्य नियति, जीवन के उतार चढ़ावों की मार्मिकता और पुरुष अभिनेता के मुक़ाबले उसकी दोयम स्थिति है, जो आज भी अक्सर दुहराई जा रही है। लेकिन उससे भी आगे बढ़कर यह पुरुष समाज द्वारा स्त्री के बेहद चालाकी से भरे बारीक शोषण और उसे मानवीय नियामतों से वंचित रखने का षड्यंत्र है। और जब मैं इस प्रस्तुति को देख रहा था तो बंबई के बार गर्ल्स डांसर्स की समस्या के मानवीय पहलुओं की ओर मेरा ध्यान बार-बार जा रहा था।

इस नाट्यप्रस्तुति में जो चीज मुझे सबसे अलग और प्रभावी लगी – वह वैचारिकता और दृश्यात्मक अर्थ-निरूपण का अद्भुत संतुलन था। ऐसा शायद इसलिए संभव हो सका कि विनोदिनी के ऊपर चितरंजन घोष का नाटक उपलब्ध रहने पर भी इसका आलेख निर्देशिका ने स्वतंत्र रूप से मूल सामग्री के आधार पर तैयार किया था, जिसे यद्यपि मैंने देखा नहीं है, किंतु प्रस्तुति के आधार पर वह मुझे नाट्यलेखन की बँधी हुई परंपरा से अलग प्रतीत हुआ।

वस्तुतः अब मुझे लग रहा है कि किसी भी सृजनशील निर्देशक को अपनी प्रस्तुति की संपूर्ण डिज़ाइनिंग में टेक्स्ट की डिज़ाइनिंग को भी अनिवार्य रूप से शामिल करना चाहिए और इसके लिए किसी लिखित नाटक के फॉर्म से बँधे रहना ज़रूरी नहीं।

नाटक में मनोरंजन के साथ किसी तरह की शिक्षा देने की कोशिश विभिन्न

देशों में और विभिन्न कालों में अपने-अपने ढंग से लेखक और नाट्यकर्मी प्रायः करते आये हैं।

धर्म्यं यशस्यमायुष्यं हितं बुद्धिविवर्धनम्।
लोकोपदेशजननं नाट्यमेतद्भविष्यति॥

भरतमुनि के इस कथन में कलात्कमता का तनिक और समावेश करते हुए काव्यशास्त्रियों ने 'कान्तासम्मित उपदेश' की बात की। आधुनिक युग में मनोरंजन और शिक्षा दोनों को नाट्य में विधिवत् व्यवस्थित रूप से स्थापित करने के लिए ब्रेख्ट ने एक बिल्कुल नया नाट्यशास्त्र ही रच डाला और उसी के अनुसार नाटक लिखता और करता रहा। 'एपिक थियेटर' या 'महाकाव्यात्मक नाट्य' आज विश्वभर में इसीलिए प्रसिद्ध हैं। बेशक उसने इसका इस्तेमाल राजनीतिक उद्देश्यों से क्रांतिकारी परिवर्तन के लिए किया।

पिछली शती के सत्तर के दशक में ऑगुस्तो बोऽल (Augusto Boal) ने सामाजिक परिवर्तन के लिए प्रेक्षकों के साथ प्रत्यक्ष अनुक्रिया-प्रतिक्रियात्मक एक नाट्यरूप का विकास किया, जिसे उसने 'फोरम थियेटर' का नाम दिया। इस तरह के नाट्यरूप में समस्यामूलक कहानी को लेकर एक छोटी सी नाट्यप्रस्तुति की जाती है जो एक ऐसे बिंदु पर रुकती है, जहाँ नाटक का केंद्रीय चरित्र एक तरह के संकट का सामना करता है और अगले क़दम के प्रति बेहद दुविधाग्रस्त हो उठता है। तब इस प्रस्तुति का सूत्रधार दर्शकों के साथ उस समस्या को लेकर विचारविमर्श करता है और अगले क़दम के बारे में उनकी राय लेकर फिर उसी के अनुसार कथानक को मोड़ देता है। समस्या फिर भी नहीं सुलझती तो दर्शकों के साथ पुनः विचारविमर्श होता है और नये रास्तों की तलाश की जाती है, यह क्रम आवश्यकतानुसार तब तक दुहराया जा सकता है जब तक कोई बहुत अनुकूल हल न निकल आये।

श्रीलंका की युवा निर्देशिका रुवंती डी चिकेरा ने अपनी नाट्यप्रस्तुति **चेकप्वाइंट** में इसी फोरम थियेटर के सिद्धांतों का आधार लिया। इसमें मुख्य समस्या यह थी कि एक लड़की जो सिज़ोफ्रेनिया नामक मानसिक रोग को काफ़ी समय तक झेलने के बाद अब स्वस्थ हो चुकी है और उसकी शादी भी तय हो गयी है। लड़की की बहन प्रश्न उठाती है कि भावी पति को सिज़ोफ्रेनिया वाली बात बता देनी चाहिए। माँ डरती है कि कहीं इससे शादी टूट न जाए। लड़की भी दुविधाग्रस्त है। बहुत ऊहापोह के बाद यह तय होता है कि लड़की अपने रोग का इतिहास अपने भावी पति को बता देगी। लेकिन मौके पर वह बता नहीं पाती। फिर दर्शकों से

विचारविमर्श शुरू होता है और उनके सुझाव आते हैं। सुझावों के अनुसार कहानी के मोड़ को बदल-बदल कर इम्प्रोवाइज़ेशन्स किये जाते हैं।

इस तरह उपस्थित दर्शकों के जेहन में यह समस्या गहरे उतर आती है। सचमुच यह मुद्दा बेहद संवेदनशील है और भावी दांपत्य जीवन की सफलता में इसकी बहुत बड़ी भूमिका हो सकती है। सच्चाई यह है कि सिज़ोफ्रेनिया से स्वस्थ होने वाले व्यक्ति में बहुत लंबे अरसे तक रोग के सूक्ष्म अवशेष बचे रह जाते हैं और यदि जीवनसाथी को उसकी जानकारी है तो वह सहानुभूतिपूर्ण रवैया अपनाकर उसे प्रसन्नतापूवर्क झेलते हुए सामान्य स्थिति कायम रख सकता है। अन्यथा रोग के फिर से आक्रमण करने की आशंका बन जाती है।

इस नाटक को देखते हुए मैं लगातार यही सोचता रहा कि विवाह के समय किसी भी पक्ष के ऐसे रोग के इतिहास को बताने का मुद्दा कितना संवेदनशील और दुरूह होता है। लेकिन इसकी ज़रूरत कितनी ज़्यादा है इसे समझाने का सबसे कारगर तरीक़ा इस तरह की प्रस्तुतियों में ही दिखा।

अब तक मैंने जिन नाटकों का जिक्र किया उनके अलावा भी बहुत से महत्वपूर्ण, अनोखे नाटक थे, जिनमें से कुछ तो मैं देख ही नहीं पाया और जितना कुछ देखा उनमें भी ऐसी कई चीजें थीं जिनके विषय में मैं लिखना चाहता था, किंतु बस लिख नहीं सका।

लेखनकाल : 2007 ई.

नाट्य के शुद्ध कलारूप का स्वप्नद्रष्टा : एडवर्ड गोर्डन क्रेग

पिछली शताब्दी (बीसवीं) के आरंभिक दो दशकों में यूरोपीय रंगमंच के क्षितिज पर जितना प्रभावशाली उतना ही विवादास्पद जिस अंग्रेज निर्देशक, डिजाइनर और नाट्यसिद्धांतकार का उदय हुआ, उसका नाम एडवर्ड गोर्डन क्रेग (1872-1966) है। पश्चिम में आज यद्यपि उसे नाट्य इतिहास के मलबे में दफ़ना दिया गया है, लेकिन भारत के नाट्यजगत में जाने अनजाने उसका गहरा असर अब भी बना हुआ है। यहाँ की नाट्यप्रस्तुतियों में निर्देशकों का जितना बड़ा वर्चस्व और जबरदस्त दबदबा है उसकी सैद्धांतिक नींव क्रेग की अवधारणाओं और प्रयोगों पर ही टिकी है। इतना ही नहीं, अभी इसी वर्ष भारंगम 2002 की कुछेक नाट्यप्रस्तुतियों को देखकर ऐसा लगता था मानो निर्देशकों ने क्रेग के ही नाट्य-सौंदर्यशास्त्र को अपना आधार बनाने की कोशिश की हो, हालाँकि उन पर उत्तर आधुनिकतावादी प्रवृत्तियों का भी असर दिखा था।

क्रेग पर अक्सर आरोप लगाया जाता था कि वह अव्यावहारिक है और अवधारणाएँ रोज़मर्रा के थियेटर के लिए किसी काम की नहीं। लेकिन उसने नाट्य के ऐसे आदर्शों और लक्ष्यों को निर्धारित किया जो उस समय के व्यावहारिक नाट्यकर्मी नहीं कर सके। उसने अपने समकालीन नाट्यकर्मियों को विवश किया कि कलारूप में नाट्य की प्रकृति, उसके तत्वों (अलग-अलग और समन्वित रूप में भी) और साथ ही समाज में नाट्य के प्रयोजनों पर पुनर्विचार करें। उसके प्रभाव से मंचसज्जा में सरलीकरण और सादगी की प्रवृत्ति का विकास हुआ तथा सेटों में त्रिआयामिता, लोच और रूपप्रदता लाने की कोशिशें शुरू हुईं। शुरू में बेहद विवादग्रस्त होने के बावजूद प्रथम महायुद्ध के बाद उसके सिद्धांत मुख्यधारा के रंगमंच पर भी अपना असर दिखाने लगे।

क्रेग की माँ विक्टोरियन युग की मूर्धन्य अभिनेत्री एलेन टेरी थी और पिता एडवर्ड विलियम गोडविन एक डिजाइनर और आर्किटेक्ट था। नाट्य क्रेग को घुट्टी में मिला था और थियेटर के ही माहौल में वह पलपुस कर बड़ा हुआ था। शायद

अभिनेत्री माँ के प्रभाव से उसे सोलह साल की उम्र में ही रंगमंच पर अभिनेता के रूप में उतरने का मौक़ा भी मिल गया था।

हेनरी इर्विंग के थियेटर में उसने दस वर्षों तक कई तरह की भूमिकाओं में अभिनय किया। लंदन के ओलंपिक थियेटर में वह कुछ दिनों तक हैमलेट का भी अभिनय करता रहा जिसमें उसे अच्छी सफलता मिली। औसतन वह अच्छा ही अभिनेता था और नाटक-कंपनियों में उसकी माँग भी थी। लेकिन क्रेग पर तो थियेटर में क्रांति लाने का जुनून सवार था, इसलिए उसने अभिनय करना छोड़ दिया।

हेनरी इर्विंग का क्रेग पर पहला महत्वपूर्ण प्रभाव पड़ा। क्रेग ने स्वीकार किया है कि नाट्य में प्रतीकात्मक डिजाइन और उसमें आध्यात्मिक तत्वों के समावेश की ओर प्रेरित करने वालों में इर्विंग भी था। इर्विंग और क्रेग दोनों ही नाट्यलेखक की बजाय निर्देशक, डिजाइनर और अभिनेता की सर्जनात्मकता पर ज़्यादा जोर देते थे और उसे सर्वाधिक महत्वपूर्ण मानते थे।

लगता है क्रेग के मर्मसूत्र अपने पिता से कहीं गहरे जुड़े थे। शायद इसीलिए उसने डिजाइनर बनने का फैसला लिया और बेशक वह बेहद मौलिक, प्रतिभापूर्ण और अनोखा डिजाइनर बना। स्तानिस्लाव्स्की जैसे महान नाट्यव्यक्ति ने भी उसकी नाट्य-डिजाइनों और उसके चित्रों की भूरि भूरि प्रशंसा की।

थियेटर डिजाइनिंग संबंधी उसके रेखांकनों में समकोणों, समानांतरताओं और समतुल्यता के प्रति उसके आग्रह को आसानी से लक्षित किया जा सकता है। उसकी डिजाइनिंग का सबसे प्रमुख लक्षण खड़ी ऊँचाइयाँ हैं जिनसे भव्यता या उत्कर्ष की भावना पैदा होती है।

क्रेग की रेखाओं पर पकड़ अद्भुत थी। वह उनसे मनचाहे असर पैदा कर सकता था। रेखाएँ उसकी मौलिक शक्ति थीं। वर्गाकृतियाँ और ऋजु-सीधी रेखाएँ उसे बेहद पसंद थीं। वक्र रेखाओं का इस्तेमाल वह शायद ही कभी करता हो। वह कपड़े से मंच को एक वर्गाकार चौखटे का रूप देता। फिर इस वर्गाकृति को सीधी खड़ी रेखाओं से इस तरह काटता कि आँखें सहज ही अछोर ऊँचाइयों तक चली जातीं और दृष्टि वहीं जमने लगती। वह रंगमंच पर तरह तरह की वर्गाकार अभिरचनाएँ और रूपबंध प्रस्तुत करता। वह अपने अभिनेताओं का समूहन अनियमित वर्गों में करता और फिर उनसे सीधी रेखाओं में इस तरह गति करवाता जिससे दुहरी संरचनाएँ बन जाएँ।

वह अभिनेताओं की पोशाकों पर चौकोर विन्यास बनाता और उनकी बाँहों से लंबे, ज़मीन छूते रिबन (फीते) लटकाता, इस तरह जब अभिनेता समकोणों पर अपनी बाँहें फैलाता तो उसकी पूरी देहयष्टि वर्गाकृत सी लगने लगती।

क्रेग अभिनेताओं की मुद्रा-भंगिमाओं में भी वक्रता बर्दाश्त नहीं कर पाता था। उसके अनुसार, अभिनेता के हाथ ऊपर सीधे लंबवत् खड़े हों; या सामने सीधे फैले हो; या फिर कंधों की सीध में बाएँ-दाएँ बिल्कुल सीधे फैले हों। वह चाहता था कि अभिनेता झुकते समय भी स्पष्ट कोण बनाए। इत्यादि इत्यादि।

डिजाइनिंग और चित्रकारिता से ज़्यादा जुड़े रहने की वजह से ही शायद थियेटर संबंधी क्रेग की अवधारणाओं में मूलतः चाक्षुष मुहावरे ही प्रधान थे। उसका मानना था कि लोग जब रंगशालाओं में जाते हैं तब उनमें सुनने के बजाय देखने की इच्छा ज़्यादा प्रबल होती है। इसीलिए वह अपनी प्रस्तुतियों के दृश्य तत्वों को बड़ी सावधानी और सूक्ष्मता से संयोजित करता और उनमें ज़्यादा से ज़्यादा अभिव्यंजना भरना चाहता था।

क्रेग के समय नाट्यप्रस्तुतियों में दृश्यसंरचना कुछ इस तरह की जाती थी कि वास्तविक कार्यस्थलों का भ्रम उत्पन्न हो। सचमुच का कमरा, बगीचा या पहाड़। थियेटर के डिजाइनर पर्दों, पखवइयों और लकड़ी के तरह-तरह के फ्रेमों पर जड़े कैनवसों आदि तथा रंगों की मदद से किसी भी स्थान ही हूबहू नकल मंच पर करने में माहिर थे, पूरी तफसीलों के साथ। लेकिन नाटककार ने अपने किसी दृश्य में भावविचार या संवेगों को प्रतिबिंबित किया हो तो उन्हें पूरे प्रभाव के साथ उतारना उनके बस के बाहर की बात थी।

शायद यथार्थ की नकल के इसी ठोसपन की ही वजह से कलाकार का भावजगत उसे पूरी तरह स्वीकार नहीं कर पाता था। इसमें तो जो चीज जितनी दिखाई पड़ती है, वह बस उतनी ही है। क्रेग हमें यथार्थ के परे ले जाना चाहता है। वह वस्तु नहीं, उसका संवेगात्मक दृश्यप्रभाव दिखाना चाहता है। वह सादे कपड़े पर प्रकाश का इस्तेमाल करके उससे 'स्पेस' सर्जित कर सकता है, दीवार के रूप में ढाल सकता है, या फिर किसी तंबू का प्रभाव पैदा कर सकता है। वह अपनी कला से जिन रेखाओं और धरातलों का सृजन करता है, उनमें मन को सुकून मिलता है और भाव-कल्पना सक्रिय हो उठती है।

क्रेग की सबसे प्रिय योजना रंगमंच पर आसानी से चलाए खिसकाए जा सकने वाले चल-सेटों का निर्माण करने की थी। अपने जीवन का सबसे बड़ा हिस्सा उसने उन परदों के साथ प्रयोग करने में बिताया जिनको लेकर, उसे उम्मीद थी, वह ऐसे सेटों का निर्माण कर सकता है जो अदृश्य रूप से अभिनेताओं और मंचप्रकाश के साथ गतिशील हो सकते हैं।

क्रेग की नाट्यकला यथार्थवाद का विरोध है। वह अपने दृश्यबंधों की कल्पना उसी सर्जनात्मकता के साथ करता, जिस तरह कोई कवि काव्य रचता है।

नीत्शे और कालाईल का भक्त क्रेग बेहद कल्पनाशील और स्वप्नदर्शी था और अपने समय के रंगमंच से बहुत असंतुष्ट भी। उसने कुछ पैगंबराना अंदाज़ में घोषणा कर दी कि थियेटर को ज़िंदा रहने के लिए पहले मर जाना पड़ेगा।

क्रेग नाट्य को एक स्वतंत्र कला का दर्जा देता था। उसका कहना था कि नाट्य का सच्चा कलाकार क्रियाओं, शब्दों, रेखाओं, रंगों और लय को लेकर उसी तरह शुद्ध एकान्वित कलाकृति की सर्जना करता है जिस प्रकार कोई चित्रकार, मूर्तिशिल्पी या फिर संगीतरचनाकार (कंपोजर)।

अपने समय के ज़्यादातर निर्देशकों को क्रेग महज दस्तकार (क्रैफ्टमैन) समझता था। उसका कहना था कि ऐसा निर्देशक किसी साहित्यिक कृति को उठाता है और फिर उसका समन्वय और भी कई दस्तकारों के कामों से करके नाट्यप्रस्तुति कर डालता है। लेकिन क्रेग के सपने में उच्चकोटि का कोई ऐसा उस्ताद नाट्यकलाकार था जो किसी साहित्यिक कृति का इस्तेमाल किये बिना भी सर्वांगपूर्ण और सर्वतंत्र स्वतंत्र नाट्यकलाकृति की सर्जना कर सकता है।

नाट्यप्रस्तुति में निर्देशक की भूमिका के निरूपण की शुरुआत स्तानिस्लाव्स्की की सैद्धांतिक रचनाओं और अंतोइन के छिटपुट लेखों से होती है। इसके पहले की नाट्यपरंपराओं में भी निर्देशन जैसा कुछ न कुछ काम होता ही था। सामूहिक सहयोग की कला होने के नाते इसमें किसी क़िस्म के संगठन या नेतृत्व की ज़रूरत पड़ती ही है और विभिन्न नाट्यपरंपराओं में इसकी ज़िम्मेदारी संभालने वाले किसी सूत्रधार या मैनेजर का उदय होता रहा है। लेकिन नाट्यकला की सृष्टि में निर्देशक की अहम् भूमिका की अवधारणा आधुनिक युग की उपज है।

अंतोइन अपनी मूल प्रकृति के अनुसार सबसे पहले अभिनेता था। फिर भी वह अभिनेताओं पर कतई भरोसा नहीं करता था। वह उन्हें इतना जाहिल समझता था कि किसी साहित्यिक कृति का अर्थ या मूल्य समझने की उनसे कोई उम्मीद नहीं रखता था। वह उन्हें लेखक के मनमौजीपन से संचालित होने वाले कठपुतले भर समझता था। इसीलिए उसके शब्दों से यह साफ़ झलकता है कि वह एक ऐसे व्यक्ति की ज़रूरत महसूस कर रहा था जो अभिनेताओं को लेखक के अभिप्राय के अनुसार गतियाँ और अभिनय करना सिखाए। दूसरे शब्दों में वह एक ऐसा अर्थनिरूपक या व्याख्याकार (इंटरप्रिटर) हो, जो नाटक के वास्तविक अर्थ को समझाने में सक्षम हो। हालाँकि उसने कभी स्पष्ट रूप से 'निर्देशक' का उल्लेख नहीं किया।

स्तानिस्लाव्स्की की दृष्टि में निर्देशक की भूमिका अस्थाई है। जैसे ही अभिनेता अपनी ज़रूरत के मुताबिक मनोवैज्ञानिक तकनीक सीख लेते है, निर्देशक

का काम ख़त्म हो जाता है। इस तरह निर्देशक की भूमिका एक शिक्षक जैसी ही होती है। लेकिन निर्देशक का यह शैक्षिक कार्य भी सर्जनात्मक होता है, क्योंकि जब वह अभिनेताओं को मनोवैज्ञानिक और तकनीकी दक्षताएँ सिखा रहा होता है तब वह उन्हें अपने अनुसार ढाल सकने की बेहतर स्थिति में होता है, बनिस्पत उस निर्देशक के जो अभिनय संबंधी सिर्फ़ ऊपरी सुझाव देता है, फिर भले ही वे काफ़ी ब्यौरेवार हों। इतना ही नहीं, स्तानिस्लाव्स्की का निर्देशक अभिनेताओं को नाटक की घटनास्थितियों के छिपे हुए लेकिन महत्वपूर्ण अंशों और पहलुओं से भी वाकिफ़ कराता है। मसलन, जहाँ नाट्यक्रियाएँ रुकती हैं, कहानी उसके आगे कैसा मोड़ ले सकती है, दो अंकों के बीच के अंतराल में कहानी में क्या कुछ घटित हुआ होगा, अपने ऐतिहासिक और सामाजिक संदर्भों में नाटक का औचित्य कहाँ है, आदि आदि। ऐसा निर्देशक अक्सर अभिनेता के बदले स्वयं कल्पना करके उसे किरदार की पूरी ज़िंदगी और उसकी व्यक्तिगत विशिष्टताओं का परिचय देता है।

लेकिन इन सबसे इस सच पर कोई फ़र्क नहीं पड़ता कि स्तानिस्लाव्स्की और अंतोइन दोनों ही के लिए निर्देशक दूसरे दर्जे का व्यक्ति है। स्तानिस्लाव्स्की की दृष्टि में नाट्य अभिनेता में ही पूर्णता पाता है जिसे सामाजिक और प्रोफेशनल प्रतिष्ठा दिलाने में उसने कुछ उठा न रखा। अंतोइन के लिए निर्देशक लेखक का एक कमजोर स्थानापन्न मात्र है।

यथार्थवाद की सांस्कृतिक आबोहवा में न तो निर्देशक का व्यक्तित्व स्पष्टता से निरूपित हो सकता था, न ही नाट्यसर्जन में उसे स्वतंत्र और उचित भागीदारी मिल सकती थी क्योंकि वह उनके आदर्शों के ख़िलाफ़ पड़ता है। उसके लिए उपयुक्त वातावरण तो प्रतीकवादी आंदोलन के कलात्मक आदर्शों के बीच ही बन सका। इस आंदोलन से जुड़े महत्वपूर्ण नाट्यव्यक्तियों– एडोल्फ अप्पिया और गोर्डन क्रेग की कार्यप्रणाली और उनके चिंतनपूर्ण लेखों से निर्देशक को नाट्यप्रस्तुति की प्रक्रिया में केंद्रीय स्थान प्राप्त हुआ। आत्मनिर्भर स्वतंत्र नाट्यकला को रूपाकृति और अंतर्वस्तु प्रदान करने वाला वह सबसे प्रमुख व्यक्ति बन गया। बल्कि वह नाट्यप्रस्तुति का मुख्य सर्जक बन बैठा।

साहित्य और कला के इतिहास में 'प्रतीकवाद' को कोई बहुत सम्मानजनक स्थान प्राप्त नहीं। फिर भी इसकी उपलब्धियों की अनुगूँजे साहित्य और कला की यात्राओं में लगातार सुनाई पड़ती रही हैं। नाट्यकला के क्षेत्र में तो इसका प्रभाव अब तक स्पष्टता से पहचाना जा सकता है : ठीक उसी तरह जैसे प्रकृतयथार्थवाद का, जिसकी प्रतिक्रिया में प्रतीकवाद का विकास हुआ। विज्ञान की तुलना में कला और साहित्य को अधिक महत्वपूर्ण मानने वालों का दावा है कि विज्ञान जहाँ

भौतिक, गोचर तथ्यों और सत्यों तक सीमित रहता है, वहीं कला उच्चतर सत्यों को पाने के लिए इन्द्रियातीत लोक में पहुँचना चाहती है। ऐसा अंतःप्रेरणा और कल्पनात्मक सहजानुभूति द्वारा संभव हो पाता है। एक प्रकार से यह महादेवी जी के शब्दों में, 'स्थूल के प्रति सूक्ष्म का विद्रोह' है।

व्यावहारिक दृष्टि से कुछ करने के लिए कला को निम्नगामी यथार्थ, तुच्छ प्रसंगों और मनोवैज्ञानिक उधेड़बुन को त्याग कर, उनसे ऊपर उठकर कला के शुद्ध रूपों के लोक में प्रवेश करना होगा। प्रतीकवादियों के लिए सर्वोच्च कला का आदर्श संगीत था। कला के ऐसे दर्शन के अनुकूल अपने को ढाल सकना नाट्य के लिए, दूसरे कलारूपों के मुक़ाबले कुछ ज़्यादा ही मुश्किल काम था। अभिनेता की ठोस भौतिक उपस्थिति हमें गोचर विश्व और उसकी रोज़मर्रा फिक्रों की ओर बरबस खींच लाती है। इसीलिए प्रतीकवादी नाट्य का समर्थन करने वाले मलार्मे से लेकर अल्बेयर माकेल और मैतरलिंक ने अपने सिद्धांत-लेखन में रंगमंच पर अभिनेता की ठोस सदेह उपस्थिति की कठोर आलोचना की है। मलार्मे को रंगमंच सम्मोहक लगता था, लेकिन वह उस पर अभिनेताओं को नहीं देखना चाहता था। वह नृत्यांगना की उपस्थिति को मौक़ा दे सकता था क्योंकि वह नृत्य द्वारा अपने शरीर के भौतिक पक्ष को नगण्य कर डालती है। बादलेयर और मैतरलिंक अभिनेता को तभी सह सकते थे, जब वह अपने सजीव शरीर से हमारा ध्यान हटाने के लिए कठपुतला या मूर्ति बनने में सफल हो जाए। नाट्यकला को तो गतियों, अभिनय-मुद्राओं (जेस्चर), रंगों, ध्वनियों की ऐसी लय-संगति (हारमनी) का रूप ग्रहण करना चाहिए जो किसी प्रतीक पर अपने को केंद्रित करे। गोर्डन क्रेग ने इस विचार को आगे बढ़ाते हुए कहा कि यदि सचमुच बात ऐसी ही है तो लय-संगति (हारमनी) नाट्यकला के सर्वोपरि कलाकार, अनोखे सर्जक, निर्देशक के प्रातिभज्ञान – अंतःप्रेरणा की ही उपज हो सकती है। ऐसा निर्देशक न तो चित्रकार होगा, न ही संगीतकार, वह नाटक का अर्थनिरूपक या व्याख्याकार भी नहीं होगा बल्कि वह एक ऐसी कला का प्रयोक्ता होगा जिसके अपने ही नियम कानून हैं, अपने ही मूल्य हैं। यही नाट्यकला है। कला का ऐसा प्रयोक्ता नाट्यकृतियों को अपने मनोमस्तिष्क और कुछ दूर तक अपने हाथों से भी रच सकेगा और वही नाट्य को पुनर्जन्म देने वाला भी होगा।

नाट्यकलाकृतियों के सर्जन को सचमुच बढ़ावा देने के लिए यह आवश्यक है कि थियेटर में शर्तहीन मूल्यों की शर्तहीन स्थापना की जाए और इसकी रुकावटों को जड़ से साफ़ कर दिया जाए। इसके लिए पहली ज़रूरत इस बात की है कि एक ओर तो थियेटर में तुच्छताओं और गोचर, इंद्रियग्राह्य तत्वों को नगण्य किया जाए दूसरी ओर **आकस्मिकता** या **सांयोगिकता** के तत्व को दूर किया जाए। मलार्मे

की ही तरह क्रेग का भी पक्का विश्वास था कि कलात्मक सर्जनात्मकता को आकस्मिकता के विरुद्ध, शर्तहीन रूप से, जो ज़रूरी नहीं है उसके ख़िलाफ़ लगातार लड़ते रहना पड़ता है। मलार्मे तो यह समझ गया था कि इस तरह के संघर्ष का अंत असफलता में ही है। पाँसा फेंकने की क्रिया से आकस्मिकता को कैसे निकाला जा सकता है। क्रेग ने तुच्छता, ऐंद्रिक ठोसपन और आकस्मिकता को अभिनेता के दैहिक व्यक्तित्व में पुंजीभूत देखा। इसीलिए मलार्मे, मैतरलिंक और अल्वेयर माकेल की ही तरह वह भी रंगमंच पर अभिनेता को पुतले से स्थानापन्न करना चाहता था। सच तो यह है कि वह रंगमंच पर मानवपुतला (सुपर मैरियोनेट्टी) चाहता था। इसकी व्याख्या उसने बाद में उस अभिनेता के रूप में की जिसमें स्वार्थीपन कम और ऊर्जा की आग ज़्यादा हो, अपने मूल और सही अर्थों में रोबोट हो जिसके न तो मूड की अस्थिरता का डर हो, न ही जिसकी कोई मौलिक सूझ हो जो निर्देशक की सूझ से भिड़ जाए। बल्कि वह निर्देशक के प्रति विनयी और आज्ञाकारी हो। एक और बात, पुतले तो अपने पूर्वज देवमूर्तियों की याद दिलाते हैं। अतः उन्हें नाट्य के अनुष्ठान (रिचुअल) में केंद्रीय किरदार की महत्वपूर्ण स्थिति प्राप्त हो जाती है।

अनुष्ठान (रिचुअल) शब्द के इस्तेमाल द्वारा क्रेग फ्रांस के प्रतीकवादियों द्वारा व्यक्त अवधारणा को संभवतः अनजाने ही दुहरा रहा था। "नाट्य अनुष्ठान है" यह अवधारणा बाद में बहुत प्रचलित हो गयी और अनेक नाट्य-इतिहासकारों ने इसे स्वयंसिद्ध तर्क के रूप में ग्रहण कर लिया। लेकिन यह एक अलग तरह का अनुष्ठान था। और क्रेग के मतानुसार यह आत्मपूर्ण अनुष्ठान था, जिसमें दर्शकों को भाग लेना मना था। वे मौन श्रद्धा के साथ उसका दर्शन भर कर सकते थे। नाट्य को दर्शकों से अलगाने की रेखा इतनी गहरी पहले कभी नहीं खींची गयी। नाट्यानुष्ठान क्रियाशील होते.ही आत्मनिष्ठ, आत्मपूर्ण सुदूरवर्ती स्वप्न बन जाता है। सचमुच थियेटर एक स्वप्न है, एक विजन है। इस अवधारणा में स्वप्न, ज्ञान और ध्यान सभी अंतर्निहित हैं। यह बिना किसी शोर शराबे की गतियों का स्वप्न है, गतियों की रहस्यात्मकता का उत्सव है। अनुशासन और शुद्धता की अपनी तीव्र कामना के फलस्वरूप क्रेग अपने थियेटर से न सिर्फ़ नाटककार का आलेख बल्कि भाषा के सभी प्रयोगों को भी बाहर निकाल देना चाहता है। और इसीलिए नाट्यकलाकार (इस संदर्भ में उसे निर्देशक कहना उचित न होगा) वही है जो गतियों का शुद्ध स्वप्नलोक सर्जित करता है और फिर उनके अनुष्ठानों का उत्सव इस तरह मनाता है मानो स्वयं जीवन का अनुष्ठान हो।

यद्यपि क्रेग ने 1900 से ही नाट्यनिर्देशन शुरू कर दिया था, लेकिन उसके दीर्घ जीवन की तुलना में उसकी प्रस्तुतियों की संख्या काफ़ी कम है। शुरू के तीन वर्षों में (1903 तक) उसने अपने जीवन की सर्वाधिक आठ प्रस्तुतियाँ कीं। इसके

बाद वह महज चार और प्रस्तुतियाँ कर सका, वह भी बीच बीच में काफ़ी अंतराल देकर (1904, 1906, 1912, 1926)। बाद की इन प्रस्तुतियों में अक्सर कोई न कोई बड़ा और नाट्यकर्मकुशल निर्देशक जुड़ा रहा जो उसकी भव्य लेकिन अस्पष्ट स्वप्न-कल्पनाओं को आकार देने की कोशिश करता। 1904 में उसने जर्मनी के प्रसिद्ध निर्देशक ओट्टो ब्राह्म के एक नाटक के लिए डिजाइनिंग का काम किया, 1906 में उसने प्रसिद्ध अभिनेत्री एलियोनोरा ड्यूज के लिए फ्लोरेंस की एक नाट्यप्रस्तुति में डिजाइनिंग की और 1912 में मास्को आर्ट थियेटर के लिए स्तानिस्लाव्स्की के साथ **हैमलेट** की प्रस्तुति की। यह उसके जीवन की सबसे महत्वपूर्ण नाट्यप्रस्तुति थी, जिसमें उसे अपनी प्रतिभा दिखाने का पूरा मौक़ा मिला था। यहाँ रंगमंच के अत्यंत समृद्ध और अनुशासनपूर्ण परिवेश तथा स्तानिस्लाव्स्की जैसे महान सर्जक और चिंतक के साहचर्य ने उसे काफ़ी परिपक्व बना दिया। स्तानिस्लाव्स्की ने उसका बड़ा रोचक संस्मरण लिखा है :

"(----) हमारे वार्तालापों के बीच अक्सर इजाडोरा डंकन गोर्डन क्रेग का जिक्र करती रहती जिसे वह प्रतिभासंपन्न और अपने समकालीन महानतम नाट्यकर्मियों में गिनती थी।

"वह कहती है, 'क्रेग सिर्फ़ अपने देश तक सीमित नहीं है। वह सारी दुनिया की संपत्ति है और उसे वहीं होना चाहिए जहाँ उसे अपनी प्रतिभा को व्यक्त करने का पूरा अवसर मिले, जहाँ काम करने की परिस्थितियाँ और सामान्य परिवेश ऐसा हो जो उसके व्यक्तित्व की ज़रूरतों के बिल्कुल माफिक बैठे। उसकी सही जगह आपका 'आर्ट थियेटर' है।

"उसने हमारे थियेटर और मेरे बारे में क्रेग को पत्र लिखा और रूस आने का आग्रह किया।

"(----) हमने क्रेग से **हैमलेट** की प्रस्तुति का अनुरोध किया। हम चाहते थे कि वह डिजाइनर और निर्देशक की हैसियत से काम करे, क्योंकि वह दोनों था और युवावस्था में हेनरी इर्विंग की कंपनी में सफल अभिनय भी कर चुका था। महान अभिनेत्री एलेन टेरी का पुत्र होने के नाते उसकी कला विरासत भी बहुत बढ़िया थी।

"(----) जब मैंने क्रेग से परिचय बढ़ाया तो महसूस हुआ कि उसे मैं काफ़ी अर्से से जानता हूँ। हमने कला विमर्श शुरू किया तो लगा यह तो कल से ही चल रही बहस की अगली कड़ी है। उसने बड़े उत्साह के साथ नाट्य के अपने प्रिय मूलभूत सिद्धांतों को समझाया। वह गतियों की एक नई कला शिद्दत से ढूँढ रहा था। उसने मुझे अपनी इस नई कला के स्केचेज दिखाए जिनमें रेखाएँ, बादल और

चट्टानें सतत ऊर्ध्वशील आवेगों की सृष्टि करती हैं। इन्हें देखकर ऐसा लगता है मानो ये अब तक अजानी किसी नई कला को जन्म देंगी। उसने अपने इस अतर्क्य सत्य के बारे में बातें की कि मानवशरीर को कैनवस पर रंगे सपाट पर्दों के साथ प्रस्तुत नहीं किया जा सकता, कि रंगमंच के लिए मूर्तिशिल्प, स्थापत्य और दूसरी तरह की त्रिआयामी सामग्रियों की ज़रूरत है। (----) मेरी तरह वह भी थियेटराना दृश्यावलियों को तिरस्कृत करता था। वह अभिनेता के साथ सादगीपूर्ण पृष्ठभूमि चाहता था ताकि वह रेखाओं और केंद्रित प्रकाश (स्पाट लाइट) की सहायता से मंच पर भावदशाओं की अनवरत सृष्टि का सिलसिला रच सके।

"क्रेग का मानना था कि प्रत्येक कलाकृति का निर्माण पत्थर, संगमरमर, ब्रोंज, कैनवस, कागज़ और रंग जैसे निर्जीव पदार्थों से ही करना चाहिए ताकि उसमें कलारूप स्थाई तौर पर स्थापित हो सके। क्रेग के मतानुसार तो अभिनेता के शरीर जैसी सजीव सामग्री जो लगातार बदलती रहती है और कभी यकसाँ नहीं रहती, कला सर्जन के लिए उपयोगी नहीं। क्रेग ऐसे अभिनेताओं को नापसंद करता था जो स्वयं में कलात्मक सृष्टि न हों, खूबसूरत न हों या उनके व्यक्तित्व में मन पर छाप छोड़ जाने वाली कोई ख़ूबी न हो। वह तो एलियोनोरा ड्यूज या तोम्मासो साल्विनी जैसा अभिनेता चाहता था। (----)

"क्रेग एक ऐसे थियेटर का सपना देखता था जिस पर औरत या मर्द कोई न हो। उनकी जगह वह ऐसे पुतलों को लाना चाहता था जिनमें कोई ख़राब आदतें न हों, ख़राब भावभंगिमाएँ न हों, रंगे चेहरे न हों, अतिरेकपूर्ण वाणी न हो, आत्मा की तुच्छता न हो, और व्यर्थ महत्वाकांक्षाएँ भी न हों। ऐसे पुतलों से थियेटर की आबोहवा साफ़ सुथरी हो जाती और काम में गंभीरता आ जाती। और ये पुतले, चूँकि निर्जीव पदार्थों से बने होते, क्रेग को इस बात का मौक़ा मिलता कि वह अपनी आत्मा, अपनी कल्पना और अपने स्वप्न में बसने वाले आदर्श-अभिनेताओं को उनसे रूपाकार दे सकता।

"लेकिन फिर धीरे धीरे यह भी स्पष्ट हो गया कि सैद्धांतिक रूप से भले ही वह अभिनेताओं को कितना भी नापसंद करता हो, व्यावहारिक रूप से वह स्त्री पुरुषों में नाट्यप्रतिभा का स्पर्श ढूँढ पाने के लिए बेताब रहता। और यदि किसी में इसका इंगित भर मिल जाता तो वह खुशी से फूले हुए बच्चे की तरह अपनी कुर्सी से उछल पड़ता और फूटलाइट्स की ओर दौड़ लगाता, उसकी लंबी जुल्फें अस्त व्यस्त हो जातीं। लेकिन यदि उसे किसी में प्रतिभा का अभाव दिखाई पड़ता तो वह गुस्से से बिफर उठता और फिर से पुतलों के स्वप्न में खो जाता। (----)

"क्रेग के व्यक्तित्व में निहित अंतर्विरोधों के चलते उसके वास्तविक कलात्मक

रुझानों को समझना मुश्किल हो जाता, ख़ासतौर से यह समझना कि अभिनेताओं से आख़िर वह चाहता क्या है!

"जब क्रेग हमारे थियेटर, इससे जुड़े अभिनेताओं और यहाँ काम करने की परिस्थितियों के बारे में अच्छी तरह वाकिफ़ हो गया तो उसने एक साल के लिए स्टेज डाइरेक्टर बनने के करारनामे पर दस्तख़त कर दिया। उसे **हैमलेट** की प्रस्तुति का ज़िम्मा सौंपा गया। वह योजनाएँ तैयार करने के लिए फ्लोरेंस चला गया।

"एक साल बाद जब वह लौटा तो उसके पास प्रस्तुति के लिए पूरी योजना तैयार थी। वह अपने साथ दृश्यावलियों के माडल ले आया था। काम बड़े रोचक ढंग से शुरू हुआ। क्रेग हर काम का निरीक्षण पर्यवेक्षण करता, मैं और सुलेरझित्स्की उसके सहायक के रूप में काम करते। (----) रिहर्सल के कमरों में से एक पूरी तरह क्रेग के हवाले कर दिया गया था। हमलोगों ने वहाँ पुतलीमंच का एक बहुत बड़ा माडल बनाया। क्रेग के कहने पर उसमें बिजली की रोशनी का इंतजाम किया गया और प्रस्तुति के लिए और भी दूसरी दूसरी सुविधाओं से उसे सुसज्जित किया गया।

"(----) क्रेग का सपना था कि पूरी प्रस्तुति बिना मध्यांतर और बिना पर्दे के उपयोग के हो। थियेटर हाल में दर्शकों को कोई रंगमंच नहीं दिखाई पड़ना चाहिए। उसके बनाए स्क्रीन इस तरह लगाए जाएँ कि वे दर्शकमंडप के स्थापत्य का ही संगतिपूर्ण विस्तार लगें, उससे मेल खाएँ और उसमें घुलमिल जाएँ। लेकिन प्रस्तुति के आरंभ में इन स्क्रीनों को शालीनतापूर्वक गतिशील होना था, जिससे उनकी रेखाओं में नये संयोजन हो सकें। अंततः उन्हें बिल्कुल स्थिर हो जाना था। तब कहीं से प्रकाश आता और सबकुछ को एक नई चित्रोपमता प्रदान करता और दर्शकों को सपने की तरह एक बिल्कुल ही नये लोक में पहुँचा देता। लेकिन कलाकार तो इस नये लोक का इंगित भर करता जो दर्शकों की कल्पना में ही साकार होकर यथार्थ बन पाते।"

हैमलेट के लिए क्रेग ने जो दृश्यबंध बनवाया उसमें बहुत ऊँचे ऊँचे चौखटेदार पर्दे थे, जिन्हें पहियों पर जमाया गया था ताकि नाट्यप्रदर्शन के दौरान स्थितियों या भावविचार में तनिक भी परिवर्तन होने पर उन्हें खिसकाया हटाया बढ़ाया जा सके। लेकिन तकनीकी कारणों से ऐसा संभव नहीं हो सका और इनमें परिवर्तन करने के लिए आगे का पर्दा गिराना पड़ता था। दरबार के दृश्यों के लिए सुनहले रंग के पर्दों का प्रयोग किया गया था ताकि राजसी जीवन की भ्रष्ट चकाचौंध की प्रतीकात्मक अभिव्यक्ति की जा सके। लेकिन वहीं जब अकेला **हैमलेट** होता था तो उनका रंग धूसर हो जाता था जो हैमलेट के मन के अवसाद की धूसरता को

संकेतित करता था। नाटक के प्रधान किरदार भी सुनहली पोशाक पहने थे और जिस दृश्य में राजा रानी एक साथ पहली बार मंच पर आते हैं उसमें तो सुनहला रंग समुद्र की तरह लहराने लगा था। इतना ही नहीं, इस ऐश्वर्य के खोखलेपन और उसकी भ्रष्टता को दिखाने के लिए सुनहलेपन को बदरंग (डल) कर दिया गया था मानो वह धुँए के बादल में से दिखाई पड़ रहा हो। रंगों की खुशनुमा बौछार सिर्फ़ उस दृश्य में दिखाई पड़ती है जिसमें हैमलेट नाट्यप्रदर्शन आयोजित करता है। हैमलेट के लिए थियेटर ही एकमात्र प्रसन्नता का स्रोत था।

इस तरह इस प्रस्तुति के जरिये रंगमंच को बेहद साफ़ सुथरा कर दिया गया जिस पर से दृश्य के वर्णनात्मक प्रतिरूपण को बिल्कुल हटा दिया गया। पूरी तरह सपाट पर्दों की एक श्रृंखला भर रह गयी जिन्हें रंगमंच पर तरह तरह से ऐसे सजाया जाता था कि वे किसी ख़ास जगह, नाट्यस्थान को जताने की बजाय ज्यामितिक आकारों द्वारा स्पेस में लय का सर्जन करते थे। इनकी मजबूत लंबवत् खड़ी रेखाएँ इंद्रियग्राह्य यथार्थ जीवन से परे एक ऐसे दूसरे लोक का आभास देती थीं जिसके साथ संवाद कायम कर सकना यों शायद मुश्किल होता।

क्रेग थोड़ा न्यूरोटिक और अस्थिर प्रकृति का व्यक्ति था जिससे नाट्यप्रस्तुति जैसे तत्परतापूर्वक लगकर लगातार किये जाने वाले काम वह उतनी दक्षता से नहीं कर पाता था। इसीलिए दिन ब दिन वह नाट्य संबंधी अपनी मौलिक सूझों को सिद्धांतों के रूप में विकसित करने में अधिकाधिक उलझता चला गया। उसकी स्थिति नाट्य के एक ऐसे पैगंबर या द्रष्टा की होती गयी जो अर्थगर्भित नाट्यसूत्रों की रचना करता जाता है जिसकी नाट्यकर्मी व्याख्या करें और अमल में लाएँ।

इसी दौरान उसने निर्देशन के प्रस्तावों को ठुकराना भी शुरू कर दिया बड़े ही अजीबोग़रीब कारण देकर। मसलन, जब उससे पेरिस थियेटर को सँभालने को कहा गया तो उसने शर्त रखी कि उस थियेटर को दस वर्षों तक बंद रखा जाए जिस बीच उसके नये आरंभ के लिए वह नाटक की तैयारी करेगा।

1905 में क्रेग ने पैम्फ्लेटनुमा अपनी पहली पुस्तक **द आर्ट आव थियेटर** प्रकाशित कराई। इसकी तीखी प्रतिक्रियाएँ हुईं और काफ़ी हो हल्ला मचा। 1911 में उसी का संशोधित परिवर्धित संस्करण **आन द आर्ट आव थियेटर** के नाम से छपा। 1913 में उसने **टुवर्ड्स अ न्यू थियेटर** लिखी और 1919 में **द थियेटर अडवांसिंग**। 1908 से 1929 के बीच अनियमित रूप से प्रकाशित होने वाली पत्रिका **द मास्क** में भी वह लगातार लिखता रहा। उसका लेखन अक्सर उकसाने वाला होता था जिससे रंगमाहौल काफ़ी गरमा जाता था और बहसें छिड़ जाती थीं और नाट्यकर्मियों तथा नाट्यचिंतकों को नये मसाले मिलते थे। 1913 में क्रेग ने

फ्लोरेंस में नाट्यकला का एक विद्यालय भी खोला था जो प्रथम महायुद्ध शुरू हो जाने के कारण बंद हो गया।

क्रेग के विचारों को ठीक से समझने के लिए प्रतीकवाद के अलावा तत्कालीन **फ्रांस** के नये कला आंदोलन से जुड़े मोने, गोगाँ और वानगाग की कलाकृतियों पर भी नज़र दौड़ाना चाहिए। तब भी क्रेग का नाट्यदर्शन एक तरह से कलावादी ही था। लेकिन बीसवीं सदी के आरंभिक दो दशकों के योरोप के नाट्य महारथी भी उससे एक नई ताजगी की उम्मीद लगा बैठे थे। तभी तो क्रेग के सिद्धांतों के बिल्कुल उलटे ध्रुव पर स्थित स्तानिस्लाव्स्की जैसे महान नाट्यकर्मी ने भी न सिर्फ़ उसे अपने 'आर्ट थियेटर' में सम्मानपूर्वक बुलाकर उससे नाट्यप्रस्तुति कराई बल्कि वे उसके सहायक के रूप में भी काम करने को तैयार हो गये।

क्रेग के विचारों का फ्रांसीसी रंगमंच के कुछ पहलुओं पर गहरा असर पड़ा ख़ासतौर से ज्याँ लुई बारोत द्वारा प्रवर्तित 'समग्र नाट्य' (टोटल थियेटर) के तत्वों पर। बारोत ने तो अपनी नाट्यदृष्टि को सँवारने वालों में क्रेग को प्रमुख बताया है। मेइएरहोल्द की 'जैवयांत्रिकी' (बायोमैकेनिक्स) की अवधारणा पर भी कहीं न कहीं क्रेग का भी प्रभाव मौजूद है। मैक्स राइनहार्ट और डब्लू.बी. येट्स ने भी उसकी कुछ अवधारणाओं को आत्मसात किया था।

क्रेग ने एक ऐसे नाट्य की अवधारणा प्रस्तुत की जो काव्यात्मक और सौंदर्यपूर्ण हो, जो ठोस और यथार्थवादी होने के बजाय सांकेतिक और कल्पनामूलक हो; जो नाटककार के शब्द और विचारों पर आश्रित होने के बजाय रंगमंच की अपनी कला पर केंद्रित हो। रंगमंच की अपनी कला से उसका तात्पर्य क्रिया, शब्द, रेखा, रंग और गति लय की उस अनोखी कला से है जो स्थान-काल सातत्य की संभावनाओं का सर्जनात्मक प्रयोग करते हुए ऐसे जादुई दृश्य-श्रव्य बिंबों की सृष्टि कर सके जो शायद और किसी दूसरे कला-माध्यम द्वारा संभव न हो।

संभवतः क्रेग की सबसे बड़ी देन नाट्यप्रस्तुति की एक ऐसी स्वतंत्र, पूरी तरह एकान्वित शुद्ध कलाकृति के रूप में मौलिक अवधारणा है जो किसी लंबी कविता, किसी राग, किसी सिंफनी की ही तरह प्रभावान्विति उत्पन्न करे।

लेखनकाल : 2002 ई.

मेइएरहोल्द के कुछ नाट्यसूत्र

[अलेक्सांद्र ग्लादकोव मेइएरहोल्द से, उन्हीं के नाम पर चलने वाले थियेटर में काम करते हुए, तीन वर्षों तक घनिष्ठापूर्वक जुड़े रहे। उसके बाद भी वे अक्सर उनसे मिलते रहते। वे मेइएरहोल्द के जीवन के आख़िरी दिन थे। उन दिनों वे अपने कई पुराने नाटकों की पुनर्प्रस्तुति और नये नाटकों की तैयारी में लगे थे। उनके साहचर्य में ग्लादकोव ने जो कुछ भी देखा और सुना उसे लिख लिया। मेइएरहोल्द का भाषा पर अधिकार आश्चर्यजनक था। यह तो सच है कि रिहर्सलों में वे लंबी चौड़ी व्याख्या के बजाय प्रभावशाली प्रदर्शन (डिमांस्ट्रेशन) को ज़्यादा पसंद करते थे, फिर भी अभिनय और अभिनेता को लेकर की गयी उनकी टिप्पणियाँ सूक्तियों की तरह पैनी और सूत्रों की तरह सारगर्भित हो जाती थीं। इन्हें ग्लादकोव ने ज़्यादातर उन्हीं के शब्दों में ज्यों का त्यों लिख लिया था। यह सामग्री ग्लादकोव ने 1934 से 1939 के बीच तैयार की थी।]

उस्तादी तब हासिल होती है जब क्या और कैसे साथ साथ चलते हैं।

आत्मसंयम और आशुसर्जन (इंप्रोवाइजेशन) अभिनय के दो मुख्य अवयव हैं। जितने पेंचीदे तरीक़े से ये आपस में गुँथे हुए होंगे, अभिनेता की कला उतनी ही उच्च कोटि की होगी।

निर्देशक केंद्रित प्रस्तुति वस्तुतः अभिनेता केंद्रित प्रस्तुति ही होती है, अलबत्ता उसमें संपूर्ण को सिरजने की कला भी शामिल हो जाती है।

अच्छा अभिनेता ख़राब से इस मायने में अलग होता है कि बृहस्पतिवार को उसका अभिनय मंगलवार से अलग होता है। अभिनेता का आनंद जो कुछ अच्छा उतरा है उसे दुहराने में नहीं बल्कि संपूर्ण के रूपविन्यास की सीमाओं के भीतर आशुसर्जन और विविधता पैदा करने में निहित होता है। सापेक्ष कालस्थान संरचना या सहकर्मियों के साथ समूहकार्य (टीम वर्क) की सीमाओं में अपने को बाँध कर अभिनेता प्रस्तुति की संपूर्णता के प्रति कुर्बानी करता है। निर्देशक ऐसी ही कुर्बानी

अभिनेताओं को आशुसर्जन का अवसर देकर करता है। लेकिन ये कुर्बानियाँ तभी फलदायक होती हैं, जब ये दोतरफ़ा—पारस्परिक होती हैं।

निरीक्षण, जिज्ञासा, अवधान, कल मैंने अपने युवा अभिनेताओं से एक एक करके पूछा कि थियेटर के बाहर की सड़कबत्तियाँ किस तरह की हैं तो उनमें से कोई भी सही जवाब नहीं दे सका। यह भयानक बात है। तुम्हें जिन क्लासिक लेखकों को पढ़ना है उनमें सबसे पहले ऐसे को पढ़ो जो तुम्हें निरीक्षण करना सिखाएँ। ऐसे उत्कृष्ट निरीक्षणकर्ताओं में से एक 'मृत आत्माओं' (डेड सोल्स) का लेखक गोगोल है।

सड़क से गुज़रते हुए जब कभी मेरी निगाह किसी हंगामे या भीड़ पर पड़ जाती है तो मैं देखने के लिए हमेशा रुक जाता हूँ। सड़क पर क्रियेट होने वाले सीनों और हंगामों में मानवीय चरित्र के सभी तरह के अंतरंग ब्योरे तुम्हें देखने को मिल सकते हैं। पुलिस का सिपाही जब तुम्हें हटने को कहे तो उसकी बात मत मानो; भीड़ के दूसरी ओर चले जाओ और वहाँ से निहारो। जवानी में मैं जब इटली पहली बार गया तो इस इच्छा से कि वहाँ बहुत सारे महलों और म्यूजियमों को देखूँगा। लेकिन मुझे अपना यह खयाल जल्दी ही छोड़ देना पड़ा, क्योंकि मिलान के सड़कों बाज़ारों में गुज़रती ज़िंदगी की मार्मिक प्राणशक्ति ने मुझे बरबस खींच लिया। अचरज से मुँह बाये, मस्ती में सड़कों पर मैं फिरता रहा। जब कभी रिहर्सल में पहुँचने में मुझे देर हो और तुम खिड़की से बाहर देखने लगो तो यदि तुम्हें गोर्की स्ट्रीट में किसी वारदात की भीड़ नज़र आये तब समझ लो मैं वहीं मौजूद हूँ।

अभिनेता में इतनी क्षमता होनी ही चाहिए कि वह हमेशा अपने व्यक्तित्व को उसी तरह देख सके जैसे दर्पण में प्रतिबिंब। कुदरती तौर पर यह काबिलियत सभी में कुछ न कुछ होती है लेकिन अभिनेता में तो यह उच्चस्तर तक विकसित होनी चाहिए।

क्या तुमने कभी इस बात पर गौर किया है कि सर्कस में शारीरिक कलाबाजियों के खेल में हर वक़्त संगीत क्यों बजता रहता है? तुम कहोगे प्रस्तुति को कांतिमय परिवेश प्रदान करने के लिए। लेकिन यह बस सतही तौर पर होता है। सर्कस के कलाकारों को संगीत की ज़रूरत लयात्मक आधार पाने के लिए होती है ताकि वे काल गणना कर सकें। उनका काम क्षणांश, पल पल के हिसाब पर चलता है और इसमें रत्तीभर का फ़र्क संकट और दुर्घटना का कारण बन सकता है। पृष्ठभूमि में परिचित संगीत बजते रहने पर कालगणना प्रायः निर्दोष होती है। संगीत के बिना यह मुश्किल तो है, पर असंभव नहीं। लेकिन यदि आर्केस्ट्रा यकायक ऐसी धुन बजाने लग जाए, जिसका कलाबाज (एक्रोबैट) अभ्यस्त नहीं तो वह बर्बाद हो

जाएगा। कुछ दूर तक बिल्कुल यही बात थियेटर पर भी लागू होती है। जब सहारा देने के लिए पृष्ठभूमि में संगीत बजता रहता है, तब अभिनेता के काम में सुनिश्चित अचूकता (प्रेसिजन) आ जाती है। पूर्वी नाट्य में एक मंचकर्मी होता है जो नाटक के चरम क्षणों (क्लाइमेक्स) में किसी तख्ते को खटखटाने लगता है। यह अभिनेता की अचूकता की मदद के लिए किया जाता है। अभिनेता को संगीत की पृष्ठभूमि की ज़रूरत होती है ताकि रंगमंच पर समय के प्रवाह को सुनना सीख सके। एक बार अभिनेता को संगीत की पृष्ठभूमि में काम करने की आदत पड़ जाए फिर संगीत के अभाव में उसका समय का अहसास बिल्कुल दूसरा ही होगा। हमारा घराना, हमारी शैली (स्कूल) इस बात की माँग करती है कि अभिनेता आशुसर्जन की क्षमता के साथ ही अपने में आत्मसंयम का गुण भी विकसित करे। काल सुनियोजित अभिनय के आत्मसंयम को प्रोत्साहित करने के लिए संगीत की पृष्ठभूमि से अच्छी कोई चीज नहीं।

अभिनेता तभी आशुसर्जन कर सकता है, जब वह सहज उमंग में हो। सर्जनात्मक आनंद और कलात्मक उल्लास के परिवेश से वंचित अभिनेता कभी भी अपने को पूरी तरह नहीं खोल सकता। इसी वजह से मैं रिहर्सलों के दौरान अकसर 'खूब', 'बहुत अच्छा' आदि शब्दों से अभिनेताओं को शाबाशी देता रहता हूँ। उसने भले ही अच्छा न किया हो, बल्कि काफ़ी बुरा किया हो; लेकिन अभिनेता आपकी शाबाशी सुनता है और दूसरे ही क्षण वह सचमुच अच्छा अभिनय करने लगता है। उल्लास और आनंद के साथ काम करना ज़रूरी है। जब कभी मैं रिहर्सलों में चिड़चिड़ा और झुँझला उठता हूँ तो घर पहुँचने पर अपने को खूब कोसता हूँ और हुत पछताता हूँ। निर्देशक की चिड़चिड़ाहट अभिनेता को तुरंत जड़ कर देती है। इसकी इज़ाजत किसी हालत में नहीं दी जा सकती। यही बात दंभपूर्ण चुप्पी के बारे में भी है। यदि आप में अभिनेता की उमंगभरी आँखों का अहसास नहीं है तो आप निर्देशक बनने के काबिल नहीं।

हमें अपने थियेटर पर गर्व होना उचित ही है। लेकिन जब कभी मैं विदेश जाता हूँ, वहाँ भी कोई अच्छी चीज पाने की ताक में रहता हूँ, कुछ ऐसी चीज जिसे हथिया सकूँ। बेशक, उनके नाटक बेहद हल्के होते हैं और निर्देशन बासी। लेकिन उनके अभिनेताओं की जो चीजें मुझे हमेशा प्रफुल्ल कर देती हैं, वे उनकी ख़ास मर्दानगी, उनका ऊँचा प्रोफेशनल स्तर, उनका चौकन्नापन और अपनी ज़िम्मेदारी का अहसास हैं। लेकिन एक ही ढर्रे पर चलने वाली प्रस्तुतियों में ये चीजें अब छीजने लगी हैं।

पेरिस के 'थियेत्र द ला मादेलीन' में एक ऐसा अभिनेता था, जिसने मुझे मोह लिया और उससे मिलने खिंचा सा मैं उसके ड्रेसिंग रूम में पहुँच गया। आप सोच

भी सकते हैं, मैंने वहाँ क्या देखा! अपनी बेहद मुश्किल भूमिका अदा करने के बाद वह आराम नहीं कर रहा था। ब्यालू (सपर) कर पाने की जल्दबाज़ी नहीं कर रहा था, स्प्रिटलैंप पर काफ़ी बनाते हुए अपनी भूमिका के एक अंश का रिहर्सल कर रहा था जो उसकी नज़र में उस रात ठीक नहीं उतरा था। उसे कोई ऐसा करने के लिए विवश नहीं कर रहा था, उसे ख़ुद ऐसा करने की ज़रूरत महसूस हुई। हमारा प्रोफेशनल अनुशास कमजोर है। हम रोज़ ब रोज़ और ढीले होते जा रहे हैं। हम परनिर्भर हो गए हैं रिहर्सल और प्रस्तुतियों के लिए हम जाते नहीं, घिसटते रेंगते हैं। हमारी मंडलियों में घुसा आसलीपन हमारा नंबर एक दुश्मन है। हमें अपने काम में हमेशा चौकन्नेपन, आत्मानुशासन, और ऊर्जा की ज़रूरत है। हमारी प्रस्तुतियों में इच्छाशक्ति लबालब भरी होनी चाहिए। संगीत की ही तरह नाट्य का भी मुख्य प्रयोग क्रियाशील जीवन को प्रेरित करना है।

अनुकूल परिस्थितियाँ?

बकवास। 1920 में जब मुझे भरपेट खाना मयस्सर नहीं था और एक कंधे पर तपेदिक का बोझ था, तब भी मैं खुश रहता था और बल्कि मुहब्बत की गिरफ़्त में भी आ गया था।

अभिनेता का असली काम प्रस्तुति की पहली रात के बाद शुरू होता है। मुझे पूरा यकीन है कि कोई भी नाटक प्रस्तुति की पहली रात कभी पूरी तरह तैयार नहीं होता। इसलिए नहीं कि हम उसे 'तैयार करते' नहीं, बल्कि इसलिए कि अंतिम रूप से वह दर्शकों द्वारा ही 'तैयार होता' है। मैंने कोई ऐसा नाटक नहीं देखा जो पहली रात को पूरी तरह तैयार हो। साल्विनी कहा करता था कि दौ सौवीं प्रस्तुति के पहले ओथेलो कभी उसकी समझ में ही नहीं आया। हमारा युग दूसरी गति से चल रहा है, इसलिए दस से भाग देकर हम अपने आलोचकों से कह सकते हैं कि हमारे नाटक का निर्णय दसवीं प्रस्तुति के बाद करें। तभी अभिनेता अपनी भूमिकाओं को सही ढंग से अदा कर पाते हैं।

प्रशिक्षण और सर्जन दो अलग अलग चीजें हैं। कोई ज़रूरी नहीं कि नाट्यविद्यालय में सर्वोच्च अंक पाने वाला विद्यार्थी महान अभिनेता भी बने। दरअसल, मुझे डर है कि शायद ही वह महान अभिनेता बन पाये। हस्तलेखन के प्रशिक्षण का यह तो मतलब नहीं कि हर एक को खुशखती का कातिब बना दिया जाए। खुशखती में लिखने वाले तो बस फौज के क्लर्क होते हैं। लेकिन इसका यह तो मतलब नहीं कि हस्तलेखन का प्रशिक्षण अनावश्यक है। आदमी के हाथ की लिखावट की सर्जना किये बगैर, दूसरी तरह के प्रशिक्षणों की तरह ही खुशखती भी एक सही आधार कायम करता है। लेकिन सेरोव (वालेंतीन सेरोव–एक रूसी चित्रकार

1865-1911) सही कहता था कि शबीह (पोट्रेट, व्यक्तिचित्र) तभी अच्छी बनती है जब उसमें कोई एक जादुई ग़लती घुस जाए। सेरोव द्वारा चित्रों में उतरे कई आदमियों से मैंने बातें की। मुझे फिक्र थी कि यह होता कैसे है। काफ़ी अचरज की बात है कि वे सब यह सोचते थे कि उनके शबीहों में कुछ अजीब और अप्रत्याशित ज़रूर घटित हुआ है। लेकिन चूँकि यह अप्रत्याशित चीज हरेक के साथ घटी, इसलिए ज़रूर यह सेरोव के काम करने का अपना निराला ढंग होगा। पहले तो वह एक अच्छी शबीह चित्रित करने में काफ़ी वक़्त लगाता। उसके ग्राहक प्रसन्न होते। ग्राहक की सास भी खुश हो उठती। तब अचानक एक दिन दौड़ता हुआ वह आता, सफ़ेद कूँची फेर कर सब कुछ मिटा देता और फिर उसी कैनवस पर एक नई शबीह बनाता जिसमें वही जादुई ग़लती होती जिसका वह चर्चा किया करता। इसमें अजीब बात यह कि इस तरह कि शबीह सिरजने के लिए उसे पहले 'सही' शबीह बनानी पड़ती। कितने मजे की बात है, कुछ ग्राहकों को यह 'सही' शबीह ही ज़्यादा भाती।

पुश्किन लेनिन की भूमिका कुछ ख़राब नहीं करता, लेकिन उसके नकलची तो बर्दाश्त के बाहर होंगे, वह लेनिन को थोड़ा भावुक बना देता है, लेकिन नकलची लोग तो उसका काढ़ा ही बना डालेंगे। मैं समझता हूँ स्त्रौख का लेनिन कहीं बेहतर है। ज़्यादा मर्दाना और ज़्यादा बुद्धिमान।

किसी ने एक बार मुझे बताया कि संजीदा सियासी बहसों के दौरान (वह कैसी बहसें कर सकते थे, इसका शायद आपको कुछ अंदाज़ हो) अपने प्रतिपक्षी को सुनते हुए वे मेज के नीचे पड़े अपने कुत्ते को दुलारते रहते। इस ब्योरे को सुनकर पूरी स्पष्टता के साथ मैंने पहली बार लेनिन के आंतरिक संतुलन की ताक़त और आत्मिक धैर्य का अनुभव किया, अभिनेता के लिए ऐसा ब्योरा रत्न की तरह है। आपने इसे सुना और काम बन गया, भूमिका तैयार हो गयी बेशक, यह सिर्फ़ निपुण अभिनेता पर लागू होता है।

पुश्किन के दो नाटकों के अन्तों की समानता पर आपने कभी गौर किया : 'बोरिस गोदुनोव' और 'द फीस्ट एट द टाइम आव द प्लेग'? मौन : "लोग चुप हैं" और "सभापति गहरे सोच में डूबा रहता है"। जाहिर है यह महज एक ठहराव, पॉज, भर नहीं है बल्कि निर्देशक के लिए यह एक संगीतात्मक संकेत है। पुश्किन के समय में तो नाट्यनिर्देशन की कला का अस्तित्व भी नहीं था, लेकिन उसमें इसका भविष्य दर्शन कर लेने की प्रतिभा थी। इसीलिए जब मैं यह कहता हूँ कि पुश्किन के नाटक भविष्य का थियेटर हैं, तो ठीक ही कहता हूँ।

उस्ताद पियानो वादक अपनी अँगुलियों से सोचता हैं; लेकिन वह 'सोचता' है न कि सिर्फ़... बुरा हो इसका... अँगुलियाँ फेरता है।

व्रुबेल (मिखाइल व्रुबेल 1856-1910 विख्यात रूसी चित्रकार) का एक स्केच हैं : 'उनींदापन'। एक सिकुड़न भरा बिस्तर और पिचकी हुई तकिया, बस उसमें और कुछ नहीं बना है। बिस्तर पर सोने वाला नदारत है लेकिन रेखाचित्र आपको पूरी कहानी सुना देता है। वह वहाँ नहीं है, फिर भी वहीं मौजूद है।

हमारे यहाँ दुनिया के सर्वोत्तम दर्शक मौजूद हैं। मैं इसे जोर देकर कह सकता हूँ और हमारे पाठक भी सबसे अच्छे हैं। पश्चिमी देशों या पूर्वकालीन औसत बौद्धिक वर्ग के साथ उनका कोई मुक़ाबला नहीं। आप को यकीन नहीं होगा, लेकिन मेरी जवानी के दिनों में बालजाक के मुक़ाबले बोबोर्यकिन को ज़्यादा 'गंभीर' लेखक समझा जाता था। बालजाक को कुछ कुछ पॉल डि कौक जैसा समझा जाता था। स्टेंथाल की तुलना में स्पियेलहैगेन को ऊँचा माना जाता था। चेखव के बारे में कहा जाता था कि वह शेलर और मिखाइलोव के माडल पर चलता है और उसकी मृत्यु की घड़ी तक, जिसने पूरे रूस को झकझोर दिया था, काफ़ी बड़े समुदाय में उसे पोटापेन्को के बराबर रखा जाता था। कोई अचरज नहीं कि इस सर्वव्यापी कुरुचि के बीच हमलोग पतन के गर्त में गिर गये।

मायकोवस्की ने एक बार कहा था 'हँसने के लिए एक चेहरा तो चाहिए ही।' खूब कहा! बहुत खूब!

तुम लोग जो सिर्फ़ वयोवृद्ध स्तानिस्लाव्स्की को जानते हो, इस बात की कल्पना भी नहीं कर सकते कि कैसा अभिनेता वह था। मैं अगर कुछ बन सका हूँ तो सिर्फ़ इसलिए कि मैंने उसके साथ सालों साल गुजारे हैं। यह बात तुम लोग अपनी खोपड़ियों में धँसा लो। यदि तुम में से कोई भी यह सोचता है कि स्तानिस्लाव्स्की की अवज्ञा या उपेक्षा से मुझे अच्छा लगेगा तो हव ग़लती पर है। हमारे रास्ते अलग हो गये लेकिन मेरे मन में उनके प्रति गहरी श्रद्धा और प्रेम है। वे एक शानदार अभिनेता थे, जिनके पास विस्मयकारी तकनीकें थीं। दरअसल, जिसे हम प्रोफेशनल देन कहते हैं। उससे वे अच्छी तरह संपन्न नहीं थे। वे जरा कुछ ज़्यादा ही लंबे थे, उनकी आवाज़ काफ़ी भर्रायी हुई सी थी और उनके शब्दोच्चारण की खामियाँ साफ़ पता लगती थी और वे अपनी मूछें मुड़ाने के लिए भी तैयार नहीं थे क्योंकि अपनी छवि को लेकर उनके खयाल गँवारू थे। लेकिन जैसे ही वे रंगमंच पर पाँव धरते, ये सारी बातें लोग भूल जाते। जब कभी उनके साथ रंगमंच पर अभिनय या फिर रिहर्सल करके अपने घर, अपनी छोटी सी सँकरी आरामगाह में लौटता तो सारी रात तक सो नहीं पाता। कुछ बड़ी चीज पाने के लिए पहले विस्मय और उल्लास से रोमांचित होना सीखना ज़रूरी है।

मुझे इस बात का बेहद अफसोस है कि शॉ का 'हार्टब्रेक हाउस' कभी मंच पर नहीं उतार सका। इस उत्कृष्ट नाटक के विषय में मैंने काफ़ी सोचा है और

अच्छे अभिनेताओं को लेकर मैं इसे तीन हफ्ते में प्रस्तुत कर सकता हूँ। तुम लोगों ने दाँत क्यों दिखा दिये। इतना वक़्त काफ़ी नहीं? युवा स्तानिस्लाव्स्की इस पर कभी अचरज नहीं करता। हम लोग ढीले पढ़ गये हैं। जमकर काम करने की, कुछ भी कर गुज़रने की हमारी क्षमता ख़त्म हो गयी है; और इसमें मैं भी तो शामिल हूँ।

कलाकार के लिए यह जानना कोई ज़रूरी नहीं कि वह यथार्थवादी (रीयलिस्ट) या रोमांटिक है। इन शब्दों के आशय के बारे में अलग अलग लोगों की अपनी अपनी अवधारणाएँ हैं। हर कलाकार को दुनिया के बारे में अपने ही दृष्टिकोण को, फिर वह कैसा भी क्यों न हो, अपनी कला में उतारना चाहिए। बाद में लोग वादों के किसी ख़ास खाने में आपको फिट कर लेंगे। वे आपको एक से दूसरे खाने में भी डालते रह सकते हैं। हमलोग इन परिभाषाओं का इस्तेमाल व्याख्या करने के लिए उतना नहीं करते जितना प्रशंसा करने के लिए। जब किसी ने यह लिखा कि आख़िरकार मैंने एक यथार्थवादी प्रस्तुति की ही, तो मुझे बहुत खुशी हुई, इसलिए नहीं कि बात सही थी, बल्कि इसलिए कि मुझे लगा कि आलोचक मेरे बारे में कोई अच्छी बात कहना चाहता है। यह कुछ कुछ ऐसा था मानो आपको घुड़सवारों के सेनानायक से तरक्की कर प्रधान सेनापति बना दिया गया हो।

तुम मुझसे पूछते हो कि मास्को आर्ट थियेटर में जो 'सीगल' की प्रस्तुति हुई थी उसमें प्रकृत यथार्थवाद (नैचुरलिज्म) था या नहीं और समझते हो इस प्रश्न में तुमने मुझे फँसा लिया है क्योंकि मैं नैचुरलिज्म को तिरस्कृत करता हूँ और प्रस्तुति में बेहद खुश होकर मैं अपनी प्रिय भूमिका में अभिनय कर रहा था। शायद उस पस्तुति में नैचुरलिज्म के कुछ तत्व थे ज़रूर लेकिन उससे कुछ नहीं होता। मुख्य चीज थी उसकी काव्यात्मक नस, चेखव के गद्य में छिपा काव्य, जिसे स्तानिस्लाव्स्की के उत्कृष्ट निर्देशन ने रंगमंच पर अवतरित कर दिया था। स्तानिस्लाव्स्की के पहले कोई भी चेखव के संविधानक (प्लॉट) को छोड़कर उसकी रचनासृष्टि के अन्य किसी तत्व को रंमंच पर अभिनीत नहीं कर सका था। वे यह भूल जाते थे कि उसके नाटकों में खिड़कियों के बाहर बरसात की रिमझिम, फर्श पर गिर पड़ने वाले टब की धप्प, खिड़की की झिलमिली से झाँकती उषा की किरणें और झील के ऊपर ठहरा कुहासा चरित्रों की क्रियाओं से अविछिन्न रूप से जुड़े हैं। उस वक़्त यह एक नई खोज थी। नैचुरलिज्म तब आया जब यह सब रूढ़ि, क्लीशेज बन चुका था। सभी रूढ़ियाँ क्लीशेज ख़राब हैं; फिर चाहे वह नैचुरलिज्म की क्लीशेज हों या 'मेइएरहोल्द'-क्लीशेज हों।

पुश्किन शेक्सपीयर का उसी की परंपरा में शिष्ट था। सिर्फ़ यही एक बात छद्म क्लासिकीवाद के उत्तराधिकार के बोझ से दबे थियेटर के लिए उसे क्रांतिकारी

का दर्जा दे देती है। लेकिन उसकी कृति 'बोरिस गुदोनोव' का आत्मिक तेज उस नाटक के रूपगत ढाँचे की तुलना में कहीं ज़्यादा क्रांतिकारी है। जब पुश्किन ने सेंसर के आदेश को मान कर जनता के आनंदघोष 'लौंग लिव (चिरायु हों) जार द्मित्रि इवानोविच' को हटा कर उसके स्थान पर 'जनता चुप है' वाला प्रसिद्ध वाक्य लिख दिया तो उसने सेंसर को बुद्धिमत्तापूर्वक पराजित कर दिया क्योंकि इससे जनशक्ति की भावना कमजोर होने के बजाय और प्रबल हो गयी। आख़िर इस या उस जार की दीर्घायु का जयघोष करने और अपनी चुप्पी द्वारा जनसमूह की आत्मभिव्यक्ति के बीच दुनिया भर का फासला आ जाता है। इसके अलावा, इससे पुश्किन ने रूस के भावी थियेटर को एक मोहक और मुश्किल काम सौंप दिया : चुप्पी का अभिनय किस तहर करें कि यह चीख चिल्लाहट से भी ज़्यादा बुलंद आवाज़ बन जाए? मैंने खुद भी इस मसले का अपना एक हल खोज निकाला है और उस बेवकूफ सेंसरशिप का शुक्रिया करता हूँ जिसने पुश्किन को ऐसी खूबसूरत खोज के लिए उकसाया।

किसी नाटक की सबसे ज़्यादा नाटकीय चीज वह दृश्यमान प्रक्रिया है जिसमें नायक कोई निर्णय लेता है द्वंद्व युद्ध करने, गाल पर चाँटा रसीद करने, या चाभी की सुराख से झाँकने वाले थियेटर से यह कहीं उत्कृष्ट नाट्य है। यही वजह है कि **हैमलेट** सभी युगों और सभी देशों का इतना प्रिय नाटक बन गया है। यह 'अप्रत्याशित खोज' से कहीं ज़्यादा ताक़तवर है, हालांकि **हैमलेट** में भी एक अप्रत्याशित खोज' है। हैमलेट में तो सभी चीजें हैं और गँवार-असंस्कृत व्यक्ति के लिए तो यह एक खूबसूरत मेलोड्रामा भी है। 'घोस्ट्स' (प्रेत) भी एक अच्छा नाटक है, लेकिन इसकी तुलना जरा हैमलेट से तो कर देखिए कितना ज़्यादा समृद्ध है हैमलेट!

किसी नाटक का संविधानक (प्लाट) तर्कसंगत अप्रत्याशितताओं की एक व्यवस्था प्रणाली है।

कार्लो गोज्जी ने गोल्डोनी को परास्त कर दिया, सिर्फ़ इसलिए नहीं कि उसने साहित्यिक नाट्य के आघातों से चकनाचूर लोकप्रिय 'कामेदिया देला आर्ते' को पुनरुज्जीवित किया (ज़्यादा समय के लिए नहीं); वह ऐसा इसलिए कर सका कि उसने अपने समय की भाषा इसके पात्रों से बुलावाई। शैलीकरण और पुनरुज्जीवनवाद के प्रयोजन सच्ची कला के लिए विजातीय हैं।

बेलिंस्की को फिर से पढ़ रहा हूँ। '1843 में रूसी साहित्य' शीर्षक लेख में वह लिखता है : "भावनाओं को छूने की कला के मुक़ाबले लोगों को हँसाने की कला कहीं ज़्यादा मुश्किल है..." तुम क्या सोचते हो, यह सच है? हाँ, सभी बातों पर

अच्छी तरह सोचने के बाद मेरा मत है कि यह शायद सच है। गंभीर नाटक की तुलना में शताब्दियों के दौर से गुज़रते हुए कामदी ज़्यादा समय तक ज़िंदा रहती है। कामदी अपने युग की सच्चाइयों को ज़्यादा पूर्णता से अपने में समो लेती हैं। अंतर्विरोधी बात लग रही है? ज़रा सोच कर तो देखो।

मायकोव्स्की मुझसे बीस साल छोटा था, लेकिन पहली ही मुलाक़ात से हम लोगों के बीच उम्र का फ़र्क ख़त्म हो गया। जैसे ही मैंने उसे जाना, उसने अदब सम्मान की औपचारिकताओं को दरकिनार कर मुझसे बरताव शुरू कर दिया। यह बिलकुल सहज था। राजनीतिक मामलों में हम लोगों ने तुरत अपने को एकमत पाया और 1918 में यह एक अहम् और ख़ास बात थी। हम दोनों के लिए बौद्धिक अंधी गली से निकलने का रास्ता अक्तूबर था। और हम लोगों ने जब उसकी कृति 'माइस्तरी बाउफी' पर काम करना शुरू किया तो हम लोगों के बीच ग़लतफ़हमी का एक लम्हा भी नहीं आया। अपनी युवावस्था में ही मायकोव्स्की में विस्मयकारी राजनीतिक परिपक्वता थी; इतनी कि मैंने, उसके 'सीनियर' ने भी उससे सीखा। इसके साथ ही, अपने रूखेपन के लिए मशहूर होने के बावजूद उसमें आश्चर्यजनक सलीका था। एक बहुत उलझी हुई स्थिति में हम लोगों ने सेलविंस्की के नाटक 'आर्मी कमांडर नं. 2' पर काम करना शुरू किया और जब भौंकने वाले साहित्यिक कुत्ते मायकोव्स्की और सेलविंस्की को एक दूसरे का गला पकड़ने के लिए उकसाने लगे तब मैंने कभी-कभी उनमें मौन अमर्ष का अहसास किया, लेकिन वे बेहद संयमपूर्ण बरताव करते थे। हालाँकि वे 'आर्मी कमांडर नं. 2' को ज़्यादा पसंद नहीं करते थे।

एन. डी. वोल्कोव ने मेरा जो ब्योरेवार ज़िंदगीनामा लिखा है वो यों तो ठीक है लेकिन उसमें बीच बीच में सिलसिला टूट गया है, मसलन मेरी विकास यात्रा के एक बहुत महत्वपूर्ण पड़ाव मई 1902 के इटली प्रवास का जिक्र छोड़ दिया गया है, जब मैं लेनिन के रास्क्रा और लेनिन की पुस्तक 'क्या करें' से परिचित हुआ; जो अभी अभी विदेश में प्रकाशित हुई थी। मैं मिलान कैथेड्रल और म्यूजियम देखने गया था, लेकिन सड़कों पर सारा सारा दिन इतावली भीड़ की तारीफ़ें करता घूमता रहता और जब होटल लौटता तो गैरकानूनी अखबारों, पुस्तिकाओं में आँखें गड़ा लेता, मेरा पढ़ना ख़त्म ही न होता। उस वक़्त लेनिन और प्लेखानोव के बीच मतभेदों की ख़बरें पहले से ही हवा में तैर रही थीं और मुझे खूब मालूम था कि प्रवासी विद्यार्थी 'रशियन सोशल डेमोक्रेटिक पार्टी' की चालों को लेकर आपस में कड़वी बहसें कर रहे थे। अगर मैं ग़लती पर नहीं हूँ तो 'बोल्शेविक' और 'मेन्शेविक' जैसे शब्दों का उस समय कोई अस्तित्व नहीं था, लेकिन फर्कों का पूर्वाभास मिल रहा था।

बेशक दोस्तोएवस्की जन्मजात नाटककार था। उसके उपन्यासों में अलिखित त्रासदियों के टुकड़े पहचाने जा सकते हैं। उन सारे लोगों की तमाम ग़लतियों के बावजूद जिन्होंने उसे रंगमंच पर प्रस्तुत करने की कोशिशें की हैं, एक साँस में 'गोगोल थियेटर', 'पुश्किन थियेटर', 'ओस्त्रोवस्की थियेटर', और 'लेर्मोन्तोव थियेटर' के साथ ही 'दोस्तोएवस्की थियेटर' का भी नाम लेने का अपना औचित्य है। मुझे इसका पछतावा है कि मैंने दोस्तोएवस्की की सामग्री का कभी इस्तेमाल नहीं किया, क्योंकि मुझे लगता है कि मैं उसके स्वप्न-कल्पनामय यथार्थवाद (फैंटेस्टिक रियलिज्म) को समझता हूँ।

मायकोव्स्की के नाटकों के चरित्रों में हमेशा स्वयं मायकोव्स्की के व्यक्तित्व का कोई अंश ज़रूर मौजूद रहता है, ठीक वैसे ही जैसे शेक्सपीयर के सभी चरित्रों में शेक्सपीयर का अपना कोई न कोई अंश ज़रूर मौजूद है। अनुश्रुतियों में चले आ रहे शेक्सपीयर के व्यक्तित्व की यदि हम स्वयं कल्पना करना चाहते हैं तो हमें पुराने चर्चों में संग्रहीत पुरावृत्तों या पारिवारिक अभिलेखों की खाक छानने की ज़रूरत नहीं, हमें तो बस उसके चरित्रों का अध्ययन कर लेना चाहिए। मैं तो उसकी आवाज़ की भी कल्पना कर सकता हूँ, जैसे मायकोव्स्की की कामदियों के चरित्रों में मैं हमेशा उसी की आवाज़ सुनता हूँ।

मैंने ही सबसे पहले मायकोव्स्की के तीनों नाटकों की मंच प्रस्तुति की थी। मुझे उनकी पुनर्प्रस्तुति करने को मिले तो बहुत अच्छा लगेगाा। थियेटर के तकनीकी मामलों की कुछ दुर्भाग्यपूर्ण परिस्थितियों के चलते मुझे तीनों मौक़ों पर बहुत जल्दबाज़ी करनी पड़ी थी। इसलिए इन प्रस्तुतियों को मैं प्रथम प्रारूप भर मानता हूँ जैसे 1928 में 'वू टू विट' की मेरी प्रस्तुति थी। अपनी समझ से 'द बाथ हाउस' मैं सबसे अच्छा कर पाया था। यह मेरी बड़ी तमन्ना है कि उन नाटकों को फिर से उठाऊँ और उन पर फुर्सत से काम करूँ।

चेखव को मैं बहुत प्रिय था, सारी ज़िंदगी मैं इस पर गर्व करूँगा और यह मेरी प्रियतम स्मृतियों के रूप में सुरक्षित है। मैं उनसे पत्रव्यवहार करता था। वे मेरे पत्रों को पसंद करते थे। स्वयं लिखना शुरू करने की सलाह वह मुझे बराबर दिया करते थे और उन्होंने कई प्रकाशकों को सिफ़ारसी पत्र भी भेज दिए थे। मेरे पास उनकी कई चिट्ठियाँ थीं—क़रीब सात या आठ। लेकिन एक को छोड़कर जिसे मैंने प्रकाशित करा दिया था बाकी सब गुम हो गयीं। इन चिट्ठियों में ऐसा बहुत कुछ लिखा था जो मुझे अपने लिए प्रशंसोक्तियाँ जैसी लगती थीं इसलिए मैं उन्हें दूसरों को दिखाने में हिचकिचाता था। मैंने जब लेनिनग्राद छोड़ा तो उन्हें एक म्यूजियम में रखवा दिया। वापस लौटने तक उस आदमी की मौत हो चुकी थी जिसे मैंने

इन्हें सौंपा था। इसके लिए मैं अपने को कभी माफ नहीं कर सकता। जिन चीजों की मैंने जरा भी परवाह नहीं की, वे अभी तक मेरे पास हैं और जो बहुत प्रिय थीं वे गुम हो गयीं। ज़िंदगी में अक्सर ऐसा ही होता है।

पहली बार जब मैं चेखव के घर गया तो यह देखकर चकरा गया कि उनके कमरे में सिर्फ़ एक मेज भर है। कागज़ के कुछ पन्नों और एक दावात के सिवा उस पर और कुछ नहीं था। मुझे लगने लगा कि अभी उस पर डिनर परोसा जाएगा तो संकुचित होकर मैंने जल्दी से कह दिया कि मैं खाना खाकर आया हूँ। लेकिन मालूम हुआ कि चेखव परिवार ने भी खाना खा लिया था और मेज को वैसा इसलिए रखा गया था कि चेखव उस पर काम कर सकें; इस तरह से उन्हें चित्त एकाग्र करने में मदद मिलती थी।

दूसरों से कोई कहानी सुनते वक़्त चेखव की आदत अप्रत्याशित मौक़ों पर ठहाका लगाने की थी। इससे पहले तो बड़ी उलझन होती थी। कभी-कभी दूसरों को यह लगता कि कहानी सुनते वक़्त चेखव उसे मन ही मन बदल रहे हैं, उसका पुनर्निर्माण कर रहे हैं, उसे गढ़ रहे हैं, उसमें जोड़ रहे हैं, उसकी हास्यजनक संभावनाएँ ढूँढ रहे हैं, और उसमें मज़ा ले रहे हैं। वे गौर से सुनते, सोचते और अपनी कल्पना का इस्तेमाल उस आदमी से भी कहीं तेज करते जिससे वे बतिया रहे होते। मस्तिष्क की इस समानांतर क्रिया को खुराक उसी बातचीत से मिलती लेकिन यह ज़्यादा तीव्रगामी और प्रभावी होती। गौर से सुनते वक़्त वे उस सब का सर्जनात्मक रूपांतरण कर डालते जो कुछ उनके कानों तक पहुँचता।

मैंने लियो तोलस्तोय को बहुत नज़दीक से तब देखा था, जब मैं मास्क्वा विश्वविद्यालय में पढ़ता था। सभी नौजवानों की तरह मेरे मित्र भी एक से दूसरे सिद्धांतों के बीच छलाँगें लगाते रहते थे और चूँकि सरकार तो तोलस्तोयवादियों पर दमन चक्र चलाया करती, गंभीरता से उस विषय पर कुछ ज़्यादा सोचे बिना ही उनके प्रति सहज सहानुभूतिशील हो उठते। उन दिनों तीन विद्यार्थियों के समूह में से किसी एक का तोलस्तोयवादी होना लगभग तय था। और एक दिन मैं अपने कुछ दोस्तों के साथ तोलस्तोय से मिलने खमोव्निकी स्थिति उनके घर को चल पड़ा। हम लोगों ने घंटी बजाई और अंदर दाखिल हो गये। हम लोगों से बैठक में इंतज़ार करने के लिए कहा गया। उत्सुक उत्तेजनापूर्वक हम वहाँ बैठे रहे। इसके पहले कभी मैंने तोलस्तोय को साक्षात् नहीं देखा था। हम लोगों का उनके प्रति रवैया.... मैं कहने जा रहा था गोर्की जैसा या रोम्या रोलाँ जैसा.... नहीं उनसे कुछ ज़्यादा.... हम लोगों को कुछ ज़्यादा ही इंतज़ार करना पड़ा। मुझे याद आ रहा है मेरी हथेलियाँ पसीजने लगी थीं। हम लोग उस दरवाज़े पर टकटकी लगाए बैठे थे जिसमें से तोलस्तोय को आना था। और फिर दरवाज़ा खुला। तोलस्तोय ने प्रवेश

किया.... पहली चीज जो मुझे करनी पड़ी, वह यह कि मुझे अपनी नज़रें थोड़ी झुकानी पड़ीं। मेरी नज़रें दरवाज़े के ऊपरी सिरे पर जमी हुई थीं। लेकिन वे तो नाटे, छोटे कद के निकले। ....यहाँ तक। जितना मैंने सोचा था उससे क़रीब आधा मीटर नाटे। अपनी वह क्षणिक निराशा मुझे याद है : बस एक नाटा बुजुर्ग.... सादे सलीके वाला – जैसे हमारी यूनिवर्सिटी का चपरासी, बल्कि उससे भी ज़्यादा सादगी वाला। लेकिन फिर जब उन्होंने बातें शुरू कीं तो हर चीज बदल गयी। चौंकाने वाली और भी चीजें थीं। वे उच्चवर्गीय और हाकिमी अंदाज़ में बोलते थे जिसमें 'र' का उच्चारण फ्रांसीसी ढंग का था। आजकल हम अपने नाटकों में बोलने का यह अंदाज़ 'ह्वाइटगार्ड' सेनापतियों को देते हैं। वे हम लोगों से रूखे, बल्कि क़रीब क़रीब गैरदोस्ताना लहजे में बात कर रहे थे। ....लेकिन तुरत हम लोगों को इस बात का अहसास हो गया कि उनके मन में हम लोगों के प्रति आदर-भाव मनोमस्तिष्क के शासक उन बौद्धिक महारथियों से कहीं अधिक है जो विद्यार्थियों से बातें करते वक़्त हरदम पलकें झपकाते ठट्ठेबाजी करते रहते हैं। जो हो, हममें से सबसे ज़िंदादिल जवान ने 'जीवन का अर्थ' और ऐसे ही दूसरे विषयों पर प्रश्न पूछना शुरू कर दिया। मैं मौन था और लगातार यही सोचता जा रहा था कि बस अभी वे 'यह सब बकवास है' कहते हुए हमें बाहर का रास्ता दिखाने के लिए नौकर को बुलाने की घंटी दबाएँगे। लेकिन वे धैर्यपूर्वक प्रश्नों के उत्तर दे रहे थे, फिर भी बेमन से। जब वे बैठे रहते थे तो आपको खयाल नहीं आता कि वे नाटे हैं लेकिन जब वे विदा के लिए उठे तो मुझे ऐसे बुजुर्ग नाटे व्यक्ति को देखकर फिर हैरानी हुई। ....कुछ सालों के बाद मैं फिर तोलस्तोय से मिलने गया। लेकिन प्रथम प्रभाव हमेशा काफ़ी गहरे होते हैं।

पुश्किन ने शेक्सपीयर के अनुकरण की कोशिश की, लेकिन वह शेक्सपीयर से बेहतर है। वह कहीं ज़्यादा दीप्तिमान और सौरभमय है। पुश्किन में सबसे ख़ास बात यह है कि वह सब कुछ बड़े ही अल्प साधनों से पा लेता है। यह बात कारीगरी की सर्वोच्च बुलंदी है।

आलोचक की तो सबसे बड़ी कामना यह होती है कि कलाकार का विकास किसी ऐसी प्रयोगशाला में हो जिसका दरवाज़ा बंद हो और खिड़कियों पर पर्दे लटक रहे हों। लेकिन हमलोग तो दर्शकों के रूबरू, उनके सामने बिल्कुल खुले हुए, बल्कि उनके सहयोग से ही बढ़ते हैं, पकते हैं, खोजते हैं, ग़लतियाँ करते हैं और आविष्कार करते हैं। युद्धभूमि में खून बहाकर भी सेनानायकों को सिखाया जाता है। कलाकरों को तो उन्हीं के खून से सिखाया जाता है। ....और किसी ग़लती का मतलब क्या है? आज की ग़लती कभी कभी कल की सफलता का कारण बन जाती है।

मेरी ज़िंदगी में हर चढ़ाव के पहले एक त्रासद ठहराव आता है, चिंतन और संदेहों से भरपूर, कभी कभी निराशा की सीमा तक पहुँचा हुआ। दो ही निर्णय (बेहद महत्वपूर्ण) ऐसे हैं जिन्हें मैंने बेहिचक ले लिया। एक बार तो तब जब मास्क्वा फिलहार्मोनि सोसाइटी के नाट्यविद्यालय से डिग्री लेने के बाद मैंने बड़े प्रांतीय पूँजीनिवेशकों के बेहद लुभावने और अनुकूल दो प्रस्तावों को ठुकरा कर बहुत कम तनख़्वाह पर मास्को आर्ट थियेटर, जो बस खुल ही रहा था, में काम थाम लिया। दूसरी बार तब जब अक्तूबर आंदोलन के महत्व को भाँपते ही तुरत क्रांति में शामिल होने कूद पड़ा। इन दोनों निर्णयों के लिए मेरे संपूर्ण आंतरिक विकास ने पहले से ही मुझे तैयार कर रखा था और उन तक मैं आसानी और फितरती तौर पर पहुँच गया। लेकिन 1905 के पतझड़ और शुरुआती सर्दी के दिनों में मुझे जिस आत्ममंथन से गुज़रना पड़ा उसे मैं कभी भूल नहीं सकता। देश क्रांति से उबल रहा था और हम लोग पोवर्स्काया स्ट्रीट में एक स्टूडियो खोलने की तैयारी कर रहे थे। तभी स्तानिस्लाव्स्की ने तय किया कि स्टूडियो नहीं खुलेगा और मैं तड़प कर रह गया। तभी मास्क्वा में सशस्त्र उपद्रव शुरू हो गए। मैं एक ऐसे क्षेत्र में रह रहा था जो बैरीकेडों से भरा था। उन दिनों के भयानक अनुभवों को मैं कभी भूल नहीं सकता : मास्क्वा अँधेरे में डूबा, प्रेस्न्या क्षेत्र रक्त से सना, क्षत विक्षत। पराजित क्रांति की इस त्रासदी ने सभी व्यक्तिगत भावनाओं को दबा दिया और थियेटर न खुल पाने का दर्द मैं जल्दी ही भूल गया। फिर अपने सभी पछतावों को भी मैंने ईमानदारी से त्याग दिया।

पतझड़ में जब आप किसी पेड़ से झड़ती हुई पत्तियों को देखते हैं तो आपको लगता है कि पेड़ मर रहा है। लेकिन ऐसा नहीं है। यह अपने नवीकरण और फिर फूलों के रूप में खिल उठने की तैयारी कर रहा होता है। कोई ऐसा पेड़ तो नहीं होता जो पूरे साल लगातार खिलता ही रहे। इसी तरह ऐसा कोई कलाकार भी नहीं होता जो संकट, पतन और संदेहों का कभी अनुभव ही न करे। लेकिन ऐसे बागवाँ को तुम क्या कहोगे जो पतझड़ में अपने पत्ते गिराने वाले सारे पेड़ों को ही काट डाले। क्या यह मुमकिन नहीं कि हम कलाकारों के साथ भी उसी धीरज और देखभाल के साथ बरताव करें जैसे पेड़ों के साथ करते हैं?

जब मैं अपने नये ताज़ा छात्रों को लगातार स्थानांतरण करते और दृश्य बदलते देखता हूँ तो मेरा सिर चकराने लगता है। तब मैं डरकर अपने से पूछता हूँ, "क्या मैंने उन्हें यही सिखाया है?" लेकिन फिर मैं अपने आपको दिलासा देता हूँ, "नहीं, अपनी जवानी और अनुभव की कमी की वजह से मेरी खामियों को बढ़ाचढ़ा कर पेश करने की कला को उन्होंने काफ़ी पूर्णता से सीख लिया है।"

उसके बाद मैं अपनी प्रस्तुतियों में ज़्यादा शांति और संयम लाने की कोशिश करता हूँ। इस तरह मैं अपने शिष्यों से सीखता हूँ।

ऐसा माना जाता है कि मास्क्वा के नाट्यजगत के दो विपरीत ध्रुव हैं : एक मेरा थियेटर और दूसरा आर्ट थियेटर। दो में से कोई एक ध्रुव होने से मुझे कोई एतराज नहीं, लेकिन दूसरा विपरीत ध्रुव यकीनन कामेर्नी थियेटर होगा। कामेर्नी से ज़्यादा कोई दूसरा थियेटर मेरे विपरीत या विजातीय नहीं। कभी आर्ट थियेटर में चार स्टूडियो थे। यदि मैं अपनी कल्पना की लगाम ढीली कर दूँ तो मैं अपने थियेटर को भी आर्ट थियेटर का ही एक स्टूडिया मानूँगा—लेकिन बेशक पाँचवाँ नहीं। हम लोगों के बीच की दूरी के मद्देनज़र मैं उसे दो सौ पचपनवाँ स्टूडियो कहूँगा। आख़िर मैं भी तो स्तानिस्लाव्स्की का ही शिष्य था और इसी 'आल्मा मातेर' से स्नातक बनकर निकला था। मैं अपने थियेटर और आर्ट थियेटर के बीच की कड़ियों को खोज सकता हूँ, मैलाई थियेटर तक संबंध खोज सकता हूँ; लेकिन कामेर्नी और हम लोगों के बीच बहुत बड़ी खाई है। सैर सपाटा करने आने वाले सैलानियों के गाइड ही मेइएरहोल्द और ताइरोव को अगल बगल रख सकते हैं। वे संत वासिल के कैथेड्रल को भी उसी कतार में खड़ा कर सकते हैं। मैं तो ताइरोव के बजाय पवित्र संत वासिल को पड़ोसी होना ज़्यादा पसंद करूँगा।

मुझे आस्कर वाइल्ड प्रिय है, लेकिन मैं उन लोगों को सहन नहीं कर सकता जो यह कहते हैं कि वह उनका प्रीतिपात्र लेखक है।

किसी निर्देशक में अनुभव की कमी नाटक के एक्सपोजीशन की स्पष्टता पर पूरा ध्यान देने की उसकी असफलता के रूप में प्रकट होती है। यदि तुम अपने एक्सपोजीशन को पूरी स्पष्टता से प्रस्तुत नहीं कर पाते तो बाद में जो कुछ होता है उसे दर्शक समझ नहीं पाएँगें या उस वक़्त वह सिर्फ़ अनुमान करते रह जाएँगें जब उन्हें नाटक के साथ बह जाना चाहिए था।

कंडीशनल थियेटर को रियलिस्टिक थियेटर के आमने सामने रखना ग़लत है। हम लोगों का फार्मूला है – कंडीशनल, रियलिस्टिक थियेटर।

1905 में जब स्तानिस्लाव्स्की ने पोवर्स्काया स्ट्रीट थियेटर बंद कर दिया तो यह मेरी व्यक्तिगत त्रासदी थी, लेकिन सारतः वे सही थे। अपनी ख़ास जल्दबाज़ी और दूरदृष्टि की कमी के कारण उसमें मैं बेहद विजातीय और परस्पर विरोधी तत्वों को एक साथ लाना चाहता था : प्रतीकवादी आलेख, शैलीकृत रंगसज्जा (डिकोर) और आरंभिक आर्ट थियेटर के स्कूल में प्रशिक्षित युवा अभिनेतागण। प्रयोजन चाहे जो हों,

इनमें कोई आपसी तालमेल नहीं हो सकता था और इसे जरा भोंडे ढंग से कहना चाहें तो स्थिति उस नीतिकथा जैसी होने वाली थी जिसमें हंस, झींगा मछली

और पाइक मछली तीनों गाड़ी तीन अलग-अलग दिशाओं में खींचते हैं। स्तानिस्लाव्स्की ने अपनी परिष्कृत रुचि और कला संवेदना के चलते इसे तुरंत भाँप लिया। असफलता की कड़ुवाहट से मुक्त होने के बाद मेरे लिए यह एक सबक बन गया। पहले तो प्रशिक्षित कर एक नए तरीक़े का अभिनेता तैयार करना चाहिए और तभी उसे नए तरीक़े का कार्य सौंपना चाहिए। स्तानिस्लाव्स्की ने भी ऐसा ही निष्कर्ष निकाला था जिनके मस्तिष्क में अपनी 'पद्धति' के प्रथम प्रारूप की विशिष्टताएँ परिपक्व हो रही थीं।

नाटककार भी थियेटर की नई तकनीक सुझा सकता है। 'ला मोर्त दे तिंतागाइल्स' (मैतरलिंक) नामक नाटक में दस बारह मिनट के कुछ अंक हैं जो एक मध्यकालीन किले में घटित होते हैं। लेकिन किले की दृश्यसज्जा मंच पर करने के लिए कम से कम उससे दूने वक़्त का अंतराल चाहिए, जितना अंकों के अभिनय में लगता। यह स्थिति तो बहुत हास्यास्पद होती। इसके लिए मूलरूपात्मक (बेसिक फॉर्म) किले का आविष्कार करना पड़ा, भले ही कोई इसे पसंद करे या नहीं। इस तरह नाटककार ने थियेटर को एक नई तकनीक निकालने को प्रेरित किया।

मैं कहाँ पर असफल होता हूँ, इसे हमेशा खुद ही जान लेता हूँ। उदाहरणार्थ चेखव के नाटक 'द प्रपोजल' की प्रस्तुति; यह एक ऐसा प्रयोग (एक्सपेरिमेंट) था जिसे दर्शकों ने पसंद नहीं किया हालाँकि हम लोगों ने इसे बड़े प्यार और मौज से तैयार किया था। लेकिन हम लोगों ने इतनी नई चीजें ईज़ाद कर डालीं कि इसका हास्य व्यंग्य कहीं खो गया। हमें ऐसी चीजों का सामना तो करना ही पड़ेगा—'द प्रपोजल' की किसी शौकिया प्रस्तुति में भी दर्शक उससे कहीं ज़्यादा बार हँसते हैं जितनी बार हमारी प्रस्तुति में हँसे, हालाँकि इसमें इल्यींस्की जैसे अभिनेता ने भूमिका अदा की थी और मेइएरहोल्द ने निर्देशन किया था। चेखव का हल्का फुल्का प्रांजल हास्य हम लोगों की ईज़ादों का बोझ सम्हाल नहीं सका और कहर टूट पड़ा। अपने आपको कभी धोखा नहीं देना चाहिए; आलोचकों के सामने कबूलने की ज़रूरत नहीं, लेकिन अपने आपको तो सब बातें बता ही डालनी चाहिए....

पंडितों-शास्त्रियों से बातें करते समय उपमाओं रूपकों के इस्तेमाल से बचिए। वे हर चीज को शब्दशः ले लेते हैं और फिर उसी से आपको हैरान परेशान कर डालते हैं। एक बार मैंने कह दिया था कि 'शब्द गतियों के तंतुजाल पर की गयी नक्काशी हैं'। अपने अंतेवासियों के साथ बातें करते हुए जो रूपक आप बिखेरते हैं, उन्हीं में से एक। लेकिन पंड़ितों ने इसे शब्दशः ग्रहण कर लिया और क़रीब

बीस वर्षों तक मेरी इस चलताऊ उक्ति के विरुद्ध वैज्ञानिक विश्लेषण करते रहे। इसी तरह पुतलों के साथ अभिनेताओं की तुलना करने के कारण गोर्डन क्रेग के ऊपर भी सभी तरह के लांछन लगाए जाते रहे। गोएथे (प्रसंगवश, जिसे मैं नापसंद करता हूँ) ने एक बार कहा था कि अभिनेताओं को तनी हुई रस्सी पर चलने वाले नटों जैसा होना चाहिए। लेकिन इससे क्या यह मतलब निकलता है कि वह हैमलेट के अभिनेता को तनी हुई रस्सी पर चलने की सलाह दे रहा है? हर्गिज नहीं। वह तो सिर्फ़ यह कह रहा था कि रंगमंच पर हर एक गति में अभिनेता को भी वैसी निर्दोष सटीकता और खरापन ले आना चाहिए।

मैं सर्वतोमुखी अभिनेता था, मैं हास्यपूर्ण और त्रासद दोनों तरह की भूमिकाएँ कर लेता था, नारी भूमिकाओं को छोड़ कर मैं हर तरह की भूमिकाएँ कर लेता था, और उनमें क़रीब-क़रीब कामयाब भी हो जाता था। मैंने संगीत और नृत्य की शिक्षा प्राप्त की, इसके अलावा कानून का अध्ययन किया, अखबारों के लिए लिखा और विदेशी भाषाओं से अनुवाद भी किये। मैं अपने आपको लेखक और अध्यापक समझता हूँ, और मेरे निर्देशन के मेरे काम में इन सबका इस्तेमाल होता है। अगर मैं कोई और धंधा भी जानता तो वह भी निर्देशन के मेरे काम में उपयोगी साबित होता। निर्देशक को बहुत कुछ जानना पड़ता है। कभी-कभी लोग संकीर्ण धंधे की बात करते हैं। निर्देशन तो दुनिया का सबसे विस्तीर्ण धंधा है।

अपने थियेटर की नई इमारत के त्रिकोणीय तोरण पर, मैं किसी से कहूँगा कि, पुश्किन के ये शब्द उत्कीर्ण कर दे : 'युग भावना की माँग है कि नाट्यमंच पर भी महत्वपूर्ण परिवर्तन किये जाएँ।'

निर्देशक में सभी तरह की चीजें रंगमंच पर प्रस्तुत करने की सामर्थ्य होनी चाहिए। उसे उन चिकित्सकों की तरह नहीं होना चाहिए जो सिर्फ़ बच्चों के रोगों के, यौन रोगों के, या फिर कंठनली के रोगों के ही विशेषज्ञ होते हैं। ऐसा निर्देशक जो यह सोचता है कि वह सिर्फ़ त्रासदी ही की प्रस्तुति कर सकता है, कामदी या वाउदेविले की नहीं, वह ज़रूर नाकामयाब होगा। कारण, सच्ची कला में श्रेष्ठ और निकृष्ट, वेदना और हास्य, अंधेरा और रोशनी, सब एक दूसरे से कंधा रगड़ते हुए चलते हैं।

निर्देशक में काल ज्ञान जाकिट की जेब से घड़ी निकाले बगैर होना चाहिए। नाटक गतिविज्ञान और स्थितिविज्ञान का अंतरक्रम होता है, और गतिविज्ञान भी तरह-तरह का। इसीलिए लय की समझ को मैं निर्देशक का सर्वाधिक महत्वपूर्ण गुण मानता हूँ। रंगमंचीय काल की गहरी संवेदना के बिना अच्छी नाट्यप्रस्तुति नामुमकिन है।

मैं समझता हूँ स्क्रियाबिन ने ही लय को 'जादुई वक़्त' कहा था। बहुत खूब! बड़ी सयानी बात कही।

जिस नाटक की वह प्रस्तुति करने जा रहा है, उसे शुद्ध और सही पढ़ने की क्षमता तो निर्देशक में चाहिए लेकिन वह काफ़ी नहीं है; उसे अपनी कल्पना में वह कुछ भी निर्मित कर सकने में समर्थ होना चाहिए जिसे मैं नाटक की ऊपरी मंजिल कहता हूँ। इस बात को तुम चाहे जैसे लो लेकिन मैं तो नाटक को थियेटर के लिए सिर्फ़ कच्चामाल समझता हूँ। उसके एक भी अक्षर को बदले बिना निर्देशन और अभिनय में सिर्फ़ बलाघातों (एम्फैसिस) को बदल कर मैं नाटक को लेखक की मूल मंशा के एक़दम विपरीत प्रस्तुत कर सकता हूँ। इसलिए लेखक की परिकल्पना को बनाए रखकर उसे पुनर्प्रस्तुत करने का संघर्ष नाटक को अक्षरशः प्रस्तुत करने का संघर्ष नहीं है।

अहा! मेरे प्रिय साहचर्य.... साहचर्य की युक्तियों की खोज! साहचर्यगत युक्तियों के साथ किये गये कार्य! थियेटर में बिंबों के साहचर्य की असीम शक्तियों को समझने की मैं कोशिश कर रहा हूँ। अवसरों की पूरी की पूरी अनछुई ज़मीन हमारे सामने खुली पड़ी है।

आप **'क्वीन आव स्पेड्स'** को सुन रहे होते हैं कि यकायक स्टेंथल की एक कृति का कथांश (एपीसोड) आप को याद हो आता है और शायद आप वाकई याद नहीं करते बल्कि एक तैरती हुई सी अर्धस्मृति क्षणांश के लिए आपकी चेतना में कौंध जाती है। हरमन का चरित्र और स्टेंथल के नायक—यही सच्चा साहचर्य है। सच्चा साहचर्य प्रस्तुति को ताक़तवर बनाता है, इसके प्रभाव की शक्ति का बेहद विस्तार कर देता है। लेकिन झूठे साहचर्य इसे नष्ट भी कर डालते हैं। किसी प्रस्तुति की हर चीज नाटक के अक्षरानुसार हो सकती है—उसी तरह के विग (नकली केशविन्यास) पहने जा सकते हैं, नाकों की आकृतियाँ वैसी बनाई जा सकती हैं और प्रत्येक अभिनेता अपना-अपना संवाद ज्यों का त्यों बोलता है, लेकिन दर्शकों को उनसे जो साहचर्यगत अर्थ प्राप्त होता है, वह लेखक की अवधारणा और नाटक की मूल भावना से बिल्कुल अलग क़िस्म का हो जाता है। क्लासिक साहित्य पढ़ने का सही तरीक़ा यह नहीं है कि एक बार में सिर्फ़ एक किताब पढ़ी जाए, उसका एकमात्र उपाय है पुस्तकालय की अलमारी के उस खाने की सारी की सारी किताबें एक साथ ले आयी जाएँ। पुश्किन को शायद ही स्टेंथल के बारे में कुछ जानकारी हो, और बायरन जो व्यक्तिगत रूप से उसे खूब अच्छी तरह जानता था, शायद उसे स्टेंथल के लेखन का आभास भी नहीं था। लेकिन आज आधुनिक पाठक के लिए हरमन, लोर्मोन्तोव की गद्य रचनाओं के नायक, स्टेंथल के नायक और बायरन के नायक, सब के सब एक साथ खड़े हैं और

साहचर्यगत विचार सूत्र से बँधकर सब के सब अनायास उसकी चेतना में उतर आते हैं अगरचे जानबूझकर वह उनके रास्ते में अवरोध नहीं खड़े करता। साहचर्य का इस्तेमाल करके हम कुछ बातें अनकही भी छोड़ सकते हैं—दर्शक उन बातों को ख़ुद ब ख़ुद समझ जाएँगें।

पाठ के अक्षरों की अपेक्षा बिंबों की शक्ति कितनी ताक़तवर है, इसे हम आर्ट थियेटर की नाटकावली से दो नाटकों के उदाहरण लेकर सिद्ध कर सकते हैं—'जनता का दुश्मन' (इब्सन) एक ऐसा नाटक है जिसमें लेखक की मंशा पूरी तरह पुरातनपंथी और समाजविरोधी बनकर समाज से अलग थलग रहने का उपदेश देना है। लेकिन संवेगात्मक रूप से वह एक ऐसी कथावस्तु (थीम) का उद्घाटन करता है जिसमें एक व्यक्ति बहुमतवाले पूरे समुदाय के ख़िलाफ़ संघर्ष करता है। यही नाटक 1905 के रूस के क्रांतिकारी माहौल में क्रांति के जोश से लबालब दर्शकों के बीच बहुत बड़ी क्रांतिकारी सफलता सिद्ध हुआ। दशकों के साहचर्यों ने अर्थ के बलाघातों को बिल्कुल ही बदल दिया। यही बात हैमसुनकृत 'राज्य के प्रवेश द्वार पर' नामक नाटक में भी घटी। दर्शकों ने नाइत्स्खे (नीत्शे) की सीखों भरे कारेनो के एकालाप पर ध्यान ही नहीं दिया और अपने साहचर्यों की शक्ति से बहुमत के ख़िलाफ़ सक्रिय अल्पमत के संघर्ष को क्रांतिकारी सिद्धांतों से जोड़ दिया और इसी दृष्टि से उन्होंने उदारवादियों के विरुद्ध कारेनो के संघर्ष को देखा; जबकि नाटककार ने दक्षिणपंथ की ओर झुकी दृष्टि से इसे क्रांतिकारी संघर्ष का रूप दिया था। अपनी ख़ास क़िस्म की वामपंथी भावनाओं से इसे सजाया था। मुझे यह सब खूब अच्छी तरह याद है क्योंकि मैं खुद कारेनो की भूमिका में अभिनय कर रहा था।

बहुत दिन नहीं गुज़रे जब मैंने एक नाटक देखा था जिसमें निर्देशक ने बड़ी कुशलता से प्रस्तुति को नियोजित किया था—कलाकार ने दृश्यपीठों का विन्यास बड़ा उत्तम किया था, उत्कृष्ट कलाकारों ने भूमिकाएँ निबाही थीं और नाट्यालेख भी कोई बुरा नहीं था लेकिन दर्शकों ने एक नीच और सस्ते ऐसे किरदार की उक्तियों की प्रतिक्रिया में सहानुभूतिपूर्ण ठहाके लगाए जिसकी भूमिका एक अच्छे अभिनेता ने अनैतिक रूप से ग़लत प्रस्तुत की थी; दूसरी ओर वे पॉजिटिव किरदारों के एकालापों (मोनोलाग्स) को निर्विकार भाव से सुनते रहे। मैंने मन में कहा : निर्देशक को गरदनिया देकर थियेटर के बाहर कर देना चाहिए—यह निहायत गैरज़िम्मेदाराना अक्षमता है और यह निर्देशक दुश्मन से भी बदतर ख़तरनाक क़िस्म का बेवकूफ है। आप उस नाटक का नाम जानना चाहते हैं? क्या ऐसे नाटकों की कोई कमी है?

हमारी नाट्य पत्रिकाओं में जो यह विवाद अभी भी चल रहा है कि निर्देशक और लेखक, दोनों में से कौन प्रस्तुति का प्रधान नायक है, अपनी अतिवादिता में मुझे अपरिष्कृत लगता है। मैं कहता हूँ मुख्य चीज सोच हैं फिर इसका ताल्लुक चाहे जिससे हो। इस जोड़ी (लेखक/निर्देशक) में से जिसकी भी सोच ज़्यादा महत्वपूर्ण, ज़्यादा जोशीली और ज़्यादा तीक्ष्ण होगी वही नेतृत्व भी करेगा। फाइको और शायद एर्दमान के भी संदर्भ में नेतृत्व मैंने ही किया था, लेकिन जहाँ तक मायकोव्स्की की बात है मैं ईमानदारी से स्वीकारता हूँ कि तसवीर दूसरी ही थी... लेकिन दोनों ही स्थितियों में नाटककार या निर्देशक, कोई के भी आहत होने का कोई कारण मैं नहीं पाता।

'ला देम आऊ कामिली' की प्रस्तुति की पहली रात के मौके पर मैं बेहद परेशान और उतावला था। और इसके कई कारण मुझे नज़र आ रहे थे : ड्रेस रिहर्सल पाँच घंटों तक खिंच गया था औ प्रबंधकगण आँखों में तबाही की आशंका भर कर मुझे घूर रहे थे। मैंने जल्दीबाज़ी में कुछ काटछाँट ज़रूर की, लेकिन अब भी यह काफ़ी लंबा था। इसमें सबसे हैरानी में डालने वाली बात यह थी कि प्रस्तुति की गुणवत्ता नाटक की शैली से मेल खाती और उसी पर आधारित थी। बेतहाशा छँटाई करने की कोई भी कोशिश इसे उसी तरह मटके में भरा साहित्य के समान बना डालती जैसा अमेरिकी लोग तोलस्तोय के महान नाटकों को निचोड़ कर तैयार करते हैं। असामान्य चिंताओं से घिरा मैं दर्शकों की प्रतीक्षा कर रहा था। क्या वे मेरी मंथर गति से चलने वाली कहानी को सुनने के लिए तैयार होंगे। और प्रस्तुति की उस पहली रात तब मेरी आँखों में आँसू छलक आये (यह कोई काव्यात्मक लेखनशैली नहीं, सच्चाई है) जब मैंने देखा कि दर्शक अनायास ही नाटक देखने सुनने में मग्न हो गये। यह मेरी सबसे बड़ी विजय और उल्लास का क्षण था। तभी मेरे मन में एक विचार उदित हुआ : जल्दबाज़ी से भरे दर्शक नाट्य के दुश्मन हैं। कड़वी दवा तो हम गट्ट से निगल लेते हैं, लेकिन स्वादिष्ट व्यंजन का धीरे-धीरे रस लेते हैं। दर्शकों के धैर्य का दुरुपयोग नहीं करना चाहिए, लेकिन हमेशा जल्दबाज़ी में रहने वाले दर्शकों को और उकसाना बुरी बात है। यदि कोई नाट्य दर्शकों को अपनी जल्दबाज़ी भूलने को विवश नहीं कर पाता तो क्या उसे ज़िंदा रहने का कोई हक़ है?

मैं किस्लोवोद्स्क में था तो जैसे ही मैंने लिवानोव से स्तानिस्लाव्स्की की मौत के बारे में सुना, मुझे लगा कि लोगों से कहीं दूर भाग कर अकेले में उसी तरह रोऊँ जैसे कोई बच्चा अपने बाप के मरने पर रोता है।

मुझे पक्का यकीन है कि यदि कोई अभिनेता रंगमंच पर अपनी बिल्कुल सही जगह पर है तो वह अपना संवाद भी बिल्कुल सही सही ही बोलेगा। लेकिन सही

स्थिति का चुनाव भी एक सचेतन क्रिया है, सर्जनात्मक चिंतन की क्रिया। रंगमंच पर अभिनेता की स्थितियाँ ग़लत हो सकती हैं, लगभग हो सकती हैं, समीप हो सकती हैं, सही के क़रीब हो सकती हैं, अंधाचूक हो सकती हैं, सटीक और अचूक हो सकती हैं, आदि आदि। विकल्प ढेरों हैं। लेकिन जैसे लेखक सही शब्द की तलाश करता है वैसे ही मैं सबसे ज़्यादा सच्ची जगह की तलाश करता हूँ।

माइसे एँसीं किसी भी अर्थ में कोई स्थिर विन्यास नहीं है, यह एक प्रक्रिया है : स्थान पर काल का क्रिया-प्रभाव है (इफेक्ट आव टाइम आन स्पेस)। रूपद त्रिआयामी (प्लास्टिक) तत्वों के साथ इसमें काल (टाइम) का तत्व भी समाहित है। अर्थात् इसमें लयात्मक और संगीतात्मक तत्व भी रहता है।

जब आप किसी पुल पर निगाह डालते हैं तो धातु की उछाल के अंकन, रिकार्ड को देखते हैं यानी प्रक्रिया को देखते हैं, किसी स्थिर चीज को नहीं। पुल में जो कार्ययत्न अभिव्यक्त है वही उसका सारतत्व है न कि उसकी रेलिंग को सजाने वाले अलंकरण। माइसे एँसीं भी ठीक इसी तरह है। एक दूसरी तरह से तुलना करते हुए हम कह सकंते हैं कि अभिनेता का अभिनय राग (मेलोडी) है तो माइसे एँसीं संगति।

मेरे साथियो और अंतेवासियो! मैं कहना चाहूँगा कि निर्देशक के नाट्य की अवधारणा कोरी बकवास है और किसी को इसमें यकीन नहीं करना चाहिए। ऐसे निर्देशक (यदि हम सच्चे निर्देशक की बात करें) का कोई अस्तित्व नहीं जो थियेटर के मुख्य व्यक्ति के रूप में अभिनेता के बजाय अपने ही हितों को सर्वोपरि समझता है। निर्देशन की निपुणता, मंच पर कुछ सजाने का कौशल, संगीत और प्रकाश की व्यवस्था क्रम का निर्धारण यह सब कुछ तो उच्च कोटि के, शानदार प्रोफेशनल अभिनेताओं के लिए ही तो हैं।

पुश्किनकृत 'बोरिस गुदोनोव' के प्राक्कथन ही रूपरेखा आने वाली सदियों के तेजस्वी कार्यक्रम के रूप में हमेशा बनी रहेगी। ह्यूगो के नाटकों के विख्यात प्राक्कथनों की तुलना में ये कितने श्रेष्ठ और गंभीर हैं। पुश्किन की माँग थी कि चरित्रों का चित्रण मुक्त और व्यापक आधारों पर हो। क्या यह माँग अब अप्रासंगिक हो गयी है? मैं इसे बार-बार पढ़ता हूँ और अब भी उसमें ताज़ा गहराइयाँ पाता रहता हूँ।

कला में सादगी बेहद मूल्यवान चीज़ है। लेकिन सादगी की हर कलाकार की अपनी अलग ही परिकल्पना होती है। सादगी पुश्किन में भी है, अपरिष्कृत आदिम कला में भी। सर्वसामान्य की पहुँच की कोई सादगी नहीं और सार्विक रूप से सबकी समझ में आने लायक भी कोई सादगी नहीं। कला में 'स्वर्णिम मध्यमान'

जैसी कोई चीज़ नहीं होती। कलाकार को ख़ास अपनी क़िस्म की सादगी पाने के लिए कोशिश करनी पड़ती है जो उसके सहवर्ती कलाकार की सादगी से भिन्न होती है। कला की उदात्त सादगी कुछ ऐसी चीज है जिसे कलाकार को उपलब्ध करना पड़ता है न कि यह कोई ऐसी चीज है जिसे लेकर लोग कला रचना आरंभ करें।

मेरी श्रद्धा, मेरा ईमान सादगीपूर्ण, सुवाही नाट्यभाषा है जो पेंचीदे साहचर्यों की ओर ले जाती है। बोरिस गोदनोव और हैमलेट को मैं इसी भाषा में प्रस्तुत करना चाहता हूँ।

शायद दुनिया के किसी और निर्देशक ने इतनी बदसलूकी नहीं सही है जितनी मैंने; लेकिन आप चाहे यकीन करें या नहीं, मुझे कोई दूसरा इतनी कठोरता से जाँच परख नहीं सकता जितनी कठोरता से मैं खुद को जाँचता हूँ। यह ठीक है कि लोगों के सामने मैं अपना ही अपमान करना पसंद नहीं करता। मैं समझता हूँ अंततः हम लोग दो हैं—मैं, और एक और मैं, लेकिन आंतरिक आत्मालोचना एक अजीब चीज है। कभी तो ऐसी विजय हासिल होती है जिससे शर्मिंदगी महसूस हो और कभी ऐसी असफलताएँ हाथ लगती हैं जिस पर गर्व हो।

आलोचक मुश्किल से ही मुझ पर सीधे वार कर पाते हैं, इसलिए नहीं कि उनमें अच्छे निशानेबाज नहीं, बल्कि इसलिए कि लक्ष्य के रूप में मैं तुरत तुरत जगह बदलता रहता हूँ।

जिसने कला को अपना सब कुछ नहीं सौंप दिया, उसने मानो उसे कुछ भी नहीं दिया।

कला के बारे में सबसे मजेदार बात यह कि उसके हर नए पड़ाव पर कलाकार को यह महसूस होता है कि वह महज़ शिक्षार्थी है।

किसी सच्चे कलाकार का जीवन एक ऐसे व्यक्ति के जीवन की तरह होता है जो स्वयं के प्रति असंतोष से हमेशा छटपटाता रहता है। सिर्फ़ शौकिया लोग ही हमेशा संतुष्ट रह पाते हैं और उन्हें कभी मानसिक यंत्रणा नहीं होती। उस्ताद तो हमेशा अपने प्रति कठोर रहता है। आत्मसंतुष्टि और डींग मारना उसकी फितरत में नहीं। ज़्यादातर स्थितियों में, जब कोई कलाकार संतुष्ट और आत्मविश्वास से भरा दिखाई पड़ता है तो यह सिर्फ़ आत्मरक्षा का एक तेवर होता है, घाव करने वाले संपर्कों से बचने का बनावटी कवच मात्र। मायकोव्स्की ऐसा ही एक आदमी था। बाहर से वह कभी-कभी आत्मविश्वास से भरपूर दिखाई पड़ता था, लेकिन उसे अच्छी तरह जानने के कारण मैं अनुभव करता था कि उसकी ऊपरी निर्द्वंद्वता और अक्खड़पन महज कवच थे, बहुत पतला कवच। सच्चे कलाकार का जीवन

एक दिन का आनंदोत्सव होता है, उस दिन का जिस दिन वह अपने कैनवस पर रंग की आख़िरी कूँची फेर लेता है। इसके बाद ढेर सारे दिनों की गहरी पीड़ाओं का सिलसिला शुरू होता है जब उसे अपनी ग़लतियाँ ही ग़लतियाँ दिखाई पड़ने लगती हैं।

[ग्लादकोव को मेइएरहोल्द की मेज़ पर बीथोवेन के बारे में रोम्याँ रोलाँ की एक किताब पड़ी मिली। उसके पन्ने पलटते बीथोवेन के एक रेखांकित वाक्य पर उसकी नज़र थम गयी : 'ऐसा कोई नियम नहीं जिसे और अच्छे बारीक नियम के लिए तोड़ा न जा सके...']

लेखनकाल : अस्सी के दशक का पूर्वार्ध।

नाट्यलेखन पर वाइल्डर के विचार

थॉर्नटॉन वाइल्डर (1897-1975) सिर्फ़ तीन बड़े और छह एकांकी नाटकों के बल पर अमेरिका के शीर्षस्थ नाटककारों में गिने जाते हैं। अपने समकालीन जीवन के प्रति अमरीकी विश्वदृष्टि के सफल रूपांतरण और नाट्यलेखन तथा दृश्यसज्जा में अपूर्व सादगी के कारण उनके लेखन में एक अद्‌भुत विलक्षणता दिखाई पड़ती है। स्पेस और नरेशन का उनका इस्तेमाल किन्हीं स्तरों पर संस्कृत रंगमंच की याद दिलाता है। उन्होंने नाटक लिखने के संबंध में एक छोटा सा लेख लिखा है (1941), जो इस मायने में अन्यतम है कि इसमें उन्होंने रंगमंच को नाटककार के लिए एक माध्यम के रूप में पेश किया है, जिसकी खूबियों और कमियों की जानकारी सफल नाटक लिखने के लिए बेहद ज़रूरी है।

लेकिन इसके पहले कि मैं वाइल्डर के नाट्यलेखन संबंधी विचारों का खुलासा आपके सामने पेश करूँ, मैं एक और बड़े रंगकर्मी तथा नाटककार हार्ले ग्रैनविल बार्कर की राय से आपको वाकिफ़ कराना चाहता हूँ जो कि उन्होंने नाटक लिखने पर अपने युवा साथियों को दी है :

नाटक लिखने का आसान और सीधा तरीक़ा है : नकल करना, कोशिश करना और ग़लती करना। कागज़, कई क़लमें और रद्दी की एक बड़ी सी टोकरी लेकर बैठो। अगर तुममें आसमान से टपकी प्रतिभा नहीं है तो नाटक लिखने की कला के बजाय उसकी कारीगरी में ज़्यादा दिलचस्पी लो। दूसरों के जो नाटक तुम्हें सबसे ज़्यादा अच्छे लगे हों, उनकी संधियों, जोड़ों को खोलो और उनके टुकड़े-टुकड़े कर डालो। फिर उन्हीं टुकड़ों को लेकर और उन्हें फिर से जोड़कर कोई बेहतर रचना बनाने की कोशिश करो। लिखो और फाड़ो। फिर-फिर लिखो और फिर-फिर फाड़ो। लेकिन सबसे बड़ी बात यह है कि रंगमंच से गहरा क़रीबी रिश्ता बनाने की कोशिश करो। तरह तरह के काम करने वाले रंगकर्मी बनो, अभिनेता बनो या फिर तन्मय दर्शक बनो। इन जरियों से रंगमंच के साथ अपने रिश्ते को तब तक आगे बढ़ाते चले जाओ, जब तक तुम कलाभ्रम द्वारा रचे गये तिलिस्म को तोड़कर

उसकी प्रक्रियाओं में आलोचनात्मक दृष्टि से पैदा होने वाले आनंद का अनुभव न करने लगो। धीरे धीरे तुममें ऐसी क्षमता विकसित हो जाएगी कि रंगशाला में बैठे हुए तुम्हें सहज ही यह भान होने लगेगा कि नाटककार और अभिनेता अब आगे क्या करने जा रहे हैं।

रंगमंच की कला और नाटक लिखने के नियमों को सीखने का यही सहज और आसान तरीक़ा है। बेशक बहुत सारे नियम हैं, लेकिन क्या हैं ये नियम? लगातार बदलते हुए युगों में दर्शकों के आर्थिक सामाजिक वर्गगत परिवर्तनों, नाटक करने की और देखने की जगहों के आपसी संबंधों, अभिनय और दृश्यसज्जा में हुए परिवर्तनों के बीच से होकर स्काइलस से लेकर इब्सन युग तक रंगमंच ने जो लंबी यात्रा की है और उसके बाद भी अब तक यह यात्रा जारी है तो इस लंबी यात्रा के बीच इन नियमों की क्या स्थिति रही है? वे कौन से नियम हैं जो आजतक ज्यों के त्यों बने हुए हैं और कौन से बदलते चले गये हैं। दूसरे बहुत से नियमों की तरह नाटक लिखने के किन्हीं नियमों का पालन करना आसान है, उनकी व्याख्या करना नहीं। ये उसी प्रकार सीधे सादे हैं, जिस प्रकार चलना और बातचीत करना। बच्चे सीख लेते हैं, लेकिन यह कैसे होता है इसे समझाने के लिए ब्लैकबौर्ड और ऊँचे दर्जे के गणितशास्त्र की ज़रूरत पड़ेगी।

रंगमंच के लिए नाट्यलेखन को दूसरे तरह के साहित्यिक लेखन और अन्य कलाओं से अलगाने के लिए वाइल्डर ने रंगमंच माध्यम की चार बुनियादी विशिष्टताएँ बतलाई हैं।

1. रंगमंच एक ऐसी कला है जो कई सहकर्मियों के सहयोगी कार्यों पर निर्भर है।
2. यह कला सामूहिक मन को संबोधित करती है।
3. यह कला एक तरह के ढोंग या स्वांग को लेकर चलती है और इसकी प्रकृति ही ऐसी है कि वह लगातार ढोंग या स्वांग ही सिरजती है।
4. इसकी क्रियाएँ लगातार वर्तमानकाल में ही घटित होती रहती हैं।

नाटकलेखन रंगसहकर्मियों के कार्यों पर आधारित कला है

जब हम कला की बात करते हैं तो उसे रचनेवाले कलाकार का व्यक्तित्व सामने आ खड़ा होता है। कला किसी कलाकार की आत्माभिव्यक्ति और निजी संरचना है। वह उसकी कल्पनाशीलता और निर्णायक विवेक की देन होती है। सेजाँ द्वारा निर्मित प्रकृतिचित्र ब्रश के उन हज़ारों स्पर्शों से बना है जिनमें से प्रत्येक स्पर्श का नियंत्रण और संचालन एकमात्र सेजाँ की निजी चेतना द्वारा हुआ है। 'गुएर्निका'

सिर्फ़ और एकमात्र पिकासो की कृति है। इसी तरह मिल्टन की 'पैराडाइज़ लॉस्ट' और जेन ऑस्टिन की 'प्राइड एंड प्रेजुडिस' के दसवें एडिशन की फटी पुरानी प्रतियों पर भी उनके रचनाकारों की अपनी निजी कल्पना, मेधा और संदेश की छाप है। यानी चित्रकार और लेखक की रचना रचनाकार की अपनी एकाकी मौलिक कृति होती है। जहाँ तक पश्चिमी संगीत का सवाल है, उसके कंपोज़र की रचना को जब कोई वादक प्रस्तुत करता है तो उसका थोड़ा सा हस्तक्षेप दिखाई पड़ सकता है, लेकिन वह बहुत मामूली है।

इन सब के विपरीत कोई भी नाटकलेखक इस बात से पूरी तरह आश्वस्त नहीं हो सकता कि उसका नाटक नाट्यकर्मी रंगमंच पर बिल्कुल उसकी कल्पना के अनुसार ही, जिसका पूरा ब्यौरा उसने अपनी रचना में दर्ज कर दिया है, प्रस्तुत करेंगे।

वाइल्डर ने शेक्सपीयर के **मर्चेंट ऑफ वेनिस** का उदाहरण देते हुए बताया कि उसके सामने जो सबसे उत्कृष्ट प्रस्तुति हुई थी, उसमें सर हेनरी इर्विंग ने शाइलॉक का अभिनय किया था। इसमें इर्विंग ने शाइलॉक के बिंब को श्रेष्ठ, आहत और क्रोधी व्यक्ति के इतने ऊँचे रूप में प्रस्तुत किया था कि वास्तविक जीवन के वेनिस के सौदागर उसके सामने बेहद हल्के और फीके लगने लगे, कचहरी में उसका सामना जिस पोर्शिया से हुआ, उसका अभिनय मिस एलेन टेरी ने शालीन महारानी की तरह प्रस्तुत किया।

दूसरी ओर पेरिस की ओरियन रंगशाला में अभिनेता जिमिए ने शाइलॉक को बदले की भावना से भरे सनकी विदूषक के रूप में उपस्थित किया, जिसका सामना कचहरी में जिस पोर्शिया से हुआ वह पेरिस की गलियों मे घूमने वाली आवारा लड़की सी थी जो अपने कान पर वकीलों वाली तीन फुट लंबी क़लम खोंसे थी। मुक़दमे के अंतिम दृश्य में चिल्लाते हुए शाइलॉक को रंगशाला में दर्शकों के पीछे तक और फिर वहाँ से वापस मंच तक भगाया गया, मानो निर्देशक एलिजाबेथ युग के फूहड़ आनन्दोत्सव का अहसास दिलाना चाहता हो।

इन सारे फर्कों के बावजूद नाटक की दोनों प्रस्तुतियाँ अपने अपने ढंग से उत्कृष्ट और प्रशंसनीय थीं।

अब एक उदाहरण इब्सन का। यह ऐसा नाटककार था जो अपने पात्रों के यथार्थ जीवंत चरित्रचित्रण के लिए बारीक से बारीक ब्यौरों को भी दर्ज करता था। उसका **हेड्डा गेब्लर** एक ऐसा नाटक है जिसमें मुख्य पात्र के चरित्र को भूमिका में चित्रित करने के लिए लेखक के निर्देशों के प्रति पूरी ईमानदारी बेहद ज़रूरी है क्योंकि यह नाटक मुख्यरूप से नायिका के चरित्र का उद्घाटन ही है। इब्सन ने

मंचनिर्देश में लिखा है – बायीं ओर से हेड्डा गैब्लर प्रवेश करती है, वह उनतीस वर्षीय महिला है, उसका मुखमंडल और आकृति बड़ी नफ़ासत और विशिष्टता व्यक्त करते हैं। उसके शरीर का रंग पीला और अपारदर्शी है। उसकी इस्पात के समान भूरी आँखें अक्षुब्ध शांति व्यक्त करती हैं। उसके केश आकर्षक रूप से दरमियाना ब्राउन हैं, लेकिन कोई ख़ास गझिन नहीं, वह लहराता हुआ ढीला ढाला मॉर्निंग गाउन पहने हुई है।

वाइल्डर ने इस भूमिका में अभिनय करते हुए एक बार इलियोनोरा ड्यूस को देखा था। वह साठ वर्ष की महिला थी और उन्होंने अपनी उम्र छिपाने की जरा भी कोशिश नहीं की थी। उनका रंग पीला और पारदर्शी था। उनके केश सफ़ेद थे और वह ऐसा गाउन पहने थीं जैसा मध्यकालीन महारानी शोक मनाते समय पहनती थी। उनका अभिनय और नाट्यप्रस्तुति उत्कृष्ट कोटि की थी।

वाइल्डर ने नाटककारों की कल्पना के बिंबों और अभिनेताओं द्वारा प्रस्तुत चरित्र-बिंबों के बीच के फर्कों के ये संक्षिप्त उदाहरण दिये हैं। तब से आज तक नाट्यलेखक और नाट्यप्रस्तुतिकर्ताओं की कल्पना के बिंबों के बीच फ़र्क लगातार बढ़ता ही चला गया है। आज नाट्यनिर्देशक नाट्यलेखन में निहित तत्वों की व्याख्या में अपनी मौलिक सृजनशीलता को उजागर करना चाहता है। वह अपने को नाटककार के समानांतर रखकर उसका आधार लेते हुए भी बिल्कुल मौलिक सृजन करने के लिए लगातार प्रयत्नशील है। इतना ही नहीं सेट डिज़ाइनर और लाइट डिज़ाइनर भी अपनी मौलिक सृजनशीलता को प्रमाणित करना चाहते हैं। इसीलिए आज का रंगकर्मी लेखक का सहकर्मी बनने के बजाय उससे मुठभेड़ करने को तत्पर रहता है।

ऐसी स्थिति में वाइल्डर लेखक से प्रश्न करता है कि रंगमंच के लिए लिखा ही क्यों जाय? उपन्यास क्यों न लिखा जाय, जिसमें लेखक के अभीष्ट को उलट पुलट करने वाले किसी बिचौलिए की कोई गुंजाइश ही नहीं। फिर वह स्वयं ही उत्तर देता है कि रंगमंच पर आकर लेखन इतनी गर्माहट, कुछ ऐसी पुरअसर जीवंतता हासिल कर लेता है जिसके लिए लेखक लालायित हो उठता है और रंगकर्मियों द्वारा पैदा किये गये फ़र्क का हरजाना पा लेता है।

एक और बड़ा कारण है जिससे लेखक लगातार नाटक लिखने के लिए प्रेरित होता रहता है। रंगकर्मियों के बीच रहकर लेखनकार्य करते हुए धीर धीरे उसकी समझ में यह बात आने लगती है कि उनकी ख़ास क्षमताओं का इस्तेमाल कैसे किया जा सकता है और अपनी रचना को चमकाने में उनसे क्या फ़ायदा उठाया जा सकता है। सबसे बड़ी बात जो वह सीखता है, वह यह कि अपनी नाट्यरचना

के किस तरीक़े से ऑर्गनाइज़ करे कि नाटक की असली ताक़त रंगकर्मियों के करतबों में निहित न रहकर कथा की घटनाओं के क्रम और विचारतत्व के उद्घाटन में केंद्रित हो।

रंगशाला के जिस अंधेरे हॉल में दर्शक इकट्ठे बैठे रहते हैं, उसमें रोशनी सिर्फ़ रंगमंच वाले सिरे पर होती है। वहाँ दर्शक टकटकी लगाए जो कुछ देखने में मग्न होता है, वह घटनाओं का ऐसा क्रम है जिनके द्वारा विचार और भाव प्रेरित होते रहते हैं। संवादों में सूचनाओं की क्रमिक प्रस्तुति होती है, परिस्थितियों का घात-प्रतिघात दिखाया जाता है, क्रियाओं का प्रवाह और उनका अवरोध होता है, पहले घटी हुई घटनाओं के संदर्भ के क्षणों की प्रस्तुति, आश्चर्य, भय, आनंद की तैयारी – यह सब लेखक की ही कृति है।

प्रबंधकाव्य या उपन्यास की तुलना में रंगमंच द्वारा कही गयी कहानी कहीं ज़्यादा प्रभावोत्पादक होती है। बहुत सारे दर्शकों की सह-उपस्थिति से एक समूह-मन क्रियाशील हो जाता है। इस समूह-मन की प्रत्याशा, रंगमंच द्वारा कथा के कालक्रम का विशिष्ट संयोजन, कथावाचक की अनुपस्थिति और ढोंग या स्वांग जैसे तत्वों के कारण रंगमंच कहानी कहने की कला को कहीं अधिक ऊँची शक्ति तक ले जाता है।

रंगमंच क्रियाओं का उद्घाटन है और घटनाओं की प्रवाह-योजनाओं द्वारा लेखक उनका अनुशासन कुछ इस प्रकार कर सकता है जिससे अभिनेताओं की सशरीर उपस्थिति, डिज़ाइनर की कल्पनाओं और निर्देशक की ग़लतफहमियों के कारण पैदा हुई विकृतियाँ सापेक्ष रूप से महत्वहीन हो सकें, चूँकि रंगमंच अनेक रंगकर्मियों द्वारा संयोजित कला है इसलिए इसमें ग़लत व्याख्या के बड़े ख़तरे हमेशा मौजूद रहते हैं। इसीलिए नाटककार अपना ध्यान कहानी कला के नियमों, इसके तर्कों और घटनाओं के संकलन मात्र तक ही सीमित नहीं रखता, बल्कि वह अपना फोकस किसी ऐसे शक्तिशाली समन्वयक विचार को प्रस्तुत करने पर केंद्रित करता है जो पूरे नाटक को अपने में बाँधे रहते हैं।

क़िस्सागोई या कहानी कहने की कला एक तरह का प्राकृतिक गुण है, जिसके रहस्य को सरलीकरण कर खोलना जरा मुश्किल है। कुछ बहुत महान लेखकों में यह गुण अक्सर बहुत थोड़ी मात्रा में दिखाई पड़ता है। इसके विपरीत कुछ हल्के स्तर के लेखकों में कभी कभी यह गुण इतनी ज़्यादा मात्रा में दिखाई पड़ता है कि कड़े से कड़े आलोचक को भी यह देखकर हैरानी होती है कि किस तरह युगों को पार करते हुए भी ये कृतियाँ जीवित रह गयीं। अलेक्ज़ेंडर ड्यूमा में यह गुण बहुत अधिक मात्रा में था, जबकि अपने सारे भव्य गुणों के बावजूद मेलविले में

क़िस्सागोई का गुण सिर्फ़ इतना ही था कि किसी तरह उसकी कृतियों को कथा-साहित्य में शुमार किया जा सके। कुछ लोगों का मत है कि क़िस्सागोई की ताक़त विचारों के तिरस्कार में निहित है। लेकिन यह सच नहीं है। क़िस्सागोई तो विचारों और उदाहरणों के सहज स्वाभाविक मिकदार में मिलावट से ही पैदा होती है। जन्मजात क़िस्सागो तो विचारों को परिस्थितियों से पैदा होने वाले उदाहरणों के साथ गूंथ कर ही प्रकट कर सकता है। मिथक, नीतिकथा, उपदेश के रूपक इत्यादि से ही तो कथा-साहित्य पैदा हुआ है। इसीलिए कहानी का समाज में आज भी शिक्षात्मक और नीतिपरक उपयोग ही सबसे महत्वपूर्ण समझा जाता है। आधुनिक रुचि कहानी के पीछे छिपे केंद्रीय विचार पर जोर देने से बचना चाहती है। लेकिन वह तो वहाँ किसी न किसी तरह मौजूद ही रहता है और उसी से कथाकार अपनी कल्पना से जो कुछ गढ़ता है उसे एकान्विति और तार्किकता मिलती है। अपनी सारी भव्य बौद्धिक देनों के बावजूद जार्ज मेरेडिथ और जार्ज इलियट जन्मजात क़िस्सागो नहीं थे। उन्होंने अपने चिंतनों को व्यक्त करने का उपयुक्त माध्यम समझ कर ही कहानी की विधा को अपनाया था, लेकिन गुज़रता हुआ वक़्त उनके इस चुनाव की भूलों को लगातार खोलता जा रहा है। जेन ऑस्टिन शुद्धरूप से क़िस्सागो थीं और उनकी कृतियाँ आतंक पैदा करने वाले अपने प्रतिद्वंद्वियों को पछाड़ कर आज भी सजीव बनी हुई हैं। क़िस्सागोई की इस शक्ति के संदर्भ में उपन्यास के बरक्स रंगमंच की माँग कहीं ज़्यादा मुश्किल है। लेकिन इसकी मौजूदगी एक ऐसी ताक़त बनाती है, जो रंगकर्मियों के बिचौलिएपन की वजह से नाट्यकृति में आये स्खलनों के हरजाने के रूप में नाटककार को मिलती है।

नाटक के सहकर्मी रंगकर्मियों में मुख्य स्थान अभिनेताओं का है।

अभिनेता की प्रतिभा उसकी तीन अलग-अलग ऐसी शक्तियों के आपस में मिलने का नतीजा है जो प्राकृतिक रूप से उसे जन्मजात मिल सकती है। किसी एक ही व्यक्ति में इन तीनों की ऊँचे स्तर पर मौजूदगी बेहद दुर्लभ है। हालाँकि इन्हें प्राप्त करने की महत्वाकांक्षा सबमें होती है। जो अभिनेता इस प्रोफेशन की बड़ी ऊँचाइयों को छू पाते हैं, उन्हें इसके लिए बेहद मुश्किल और क्रूर अस्तित्व-संघर्ष से गुज़रना पड़ता है। अभिनय प्रतिभा के निर्माण में जो तीन बेहद महत्वपूर्ण गुण जन्मजात रूप से प्राप्त हो सकते हैं, वे हैं : निरीक्षण, कल्पना और शारीरिक सह-संयोजन।

1. निरीक्षणशील और विश्लेषक आँख अभिनेता का अत्यंत महत्वपूर्ण औज़ार है, जिसके जरिये वह लोगों के रहन-सहन और व्यवहार, पोशाक,

तौर-तरीक़े, अपने और दूसरों के संवेगों और विचारों को व्यक्त करने वाली देहभाषा (बॉडी लैंगवेज) का अध्ययन करता है।

2. अभिनेता अपनी कल्पना और स्मृति की शक्ति से लेखक की पाठ्यसामग्री से प्राप्त संकेतों के आधार पर अपने अनुभव-निरीक्षण के भंडार को टटोलता है और अपनी भूमिका के ब्यौरों का दृश्य रूपायन करता है, अपनी इसी शक्ति के बल पर अभिनेता आनंद, भय, आश्चर्य, शोक, प्रेम और घृणा जैसे संवेगों को गहराई के साथ प्रस्तुत करता है, बल्कि अपनी कल्पनाशक्ति द्वारा वह उन्हें और भी गहरे स्तरों तक ले जा सकता है ताकि चरित्रों की भिन्नता के साथ ही उनकी क़िस्मों में भी फ़र्क पैदा हो सके।
3. अभिनेता का एक बहुत बड़ा गुण मन और शरीर का गहरा पारस्परिक रिश्ता है। यह एक सहज गुण है जो कमोबेश हर आदमी में होता है, लेकिन अभिनेता अपने अभ्यास से इन्हें बहुत व्यापक और बारीक स्तरों तक ले जाता है। जिसके कारण उसके मन में उठने वाले बारीक से बारीक भाव और विचार तथा अंतरंग अनुभूतियाँ उसके पूरे शरीर, स्वर और मुखमंडल द्वारा दृश्यरूप में व्यक्त हो सकें।

अभिनेता की सबसे बड़ी चुनौती अपने सारे ज्ञान, अनुभव और अभ्यासों का इस्तेमाल अपनी भूमिका में इस तरह करना है कि वह पूरी तरह जीवंत और आकर्षक हो उठे। इसके लिए उसे अपनी एकाग्रता की शक्ति को बहुत विकसित करना पड़ता है, ताकि वह अनेक तरह की अड़चनों की स्थितियों में भी अपनी भूमिका को प्रभावशाली बनाए रख सके। अक्सर उसे नेपथ्य की कल्पनाहीन स्थिति से निकल कर मंच के कल्पनालोक में एकबारगी प्रवेश करना पड़ता है।

नाटककार अपनी कृति के व्यक्तित्वों का चरित्र संयोजन कुछ इस तरह करता है कि उसे अभिनेता की प्रतिभा का अधिक से अधिक लाभ मिल सके।

उपन्यास में व्यक्तियों का चरित्र-चित्रण करने के लिए लेखक खुद यह बताता चलता है कि अमुक ऐसा ऐसा है। वह उसके अतीत का हवाला देता हुआ चरित्र का विश्लेषण भी करता चलता है। नाटक में इस बात का मौक़ा नहीं रहता कि हमेशा लेखक हस्तक्षेप कर चरित्र की आंतरिक अनुभूतियों और उसकी प्रकृति का परिचय दे सके। रंगमंच पर तो चरित्र सीधे वास्तविक रूप में मौजूद होते हैं। इसलिए नाटकलेखन में निम्नलिखित बातों का महत्व बहुत बढ़ जाता है :

नाटक का प्रत्येक चरित्र जो कुछ बोलता है उसके भाव, विचार और भाषा सब बेहद वैयक्तिक और निजी होने चाहिए।

नाटक में ऐसी ठोस स्थितियाँ निर्मित करते चलना चाहिए जिनमें की गयी क्रियाओं द्वारा ही चरित्रों का निजी व्यक्तित्व स्पष्टता से उभरता चले।

नाटककार को नाटक की पाठ्यसामग्री समझ-बूझ कर कुछ इस तरह निर्मित करनी चाहिए ताकि उससे प्राप्त संकेतों के आधार पर अभिनेता अपनी क्षमताओं के अनुकूल ही भूमिका का निर्माण कर सके।

नाट्यालेख में चरित्रांकन सादे चेक की तरह होता है, जिसे नाटककार अभिनेता को इच्छानुसार भरने के लिए दे देता है – चेक बिल्कुल सादा तो नहीं होता क्योंकि विशिष्टता के अनेक संकेत वहाँ मौजूद रहते हैं, किंतु उपन्यास की अपेक्षा निश्चितता और पूर्णता की मात्रा बहुत कम होती है।

चूंकि नाटककार की दिलचस्पी मुख्यरूप से कहानी की गति में होती है, अतः अक्सर वह चरित्रांकन के ज़्यादा ब्यौरेवार पहलू अभिनेता पर ही छोड़ देना चाहता है। इसके लिए वह कभी-कभी आशातीत रूप से पुरस्कृत भी होता है।

मैक़बेथ नाटक के नींद में चलने वाले दृश्य में शेक्सपीयर ने शब्दों का चयन बेहद मितव्ययितापूर्ण लेकिन सघनीभूत रूप में किया है। उसके द्वारा निराशा और पश्चाताप अप्रत्यक्ष आत्मस्वीकृति के रूप में सतह पर आते हैं। निरीक्षण, आत्मज्ञान, कल्पना और सादृश्यकौशल के समन्वय द्वारा सारा सिड्डन्स की अभिनय प्रतिभा ने दृश्य में क्या कुछ उड़ेल दिया, इसे देखने के लिए यदि शेक्सपीयर जीवित होता तो शायद वह बोल उठता : 'मुझे भी यह पता नहीं था कि मैं इतना अच्छा लिखता हूँ।'

नाटककार द्वारा चरित्र-चित्रण के संदर्भ में यहाँ मैं इब्सन का एक उद्धरण प्रस्तुत करने के लोभ का संवरण नहीं कर सकता :

''एक भी शब्द लिखने से पहले मैं मन में चरित्र को बिल्कुल ठीक ठीक बैठा लेता हूँ। मुझे उसकी आत्मा की सूक्ष्मतम गहराइयों तक पैठना पड़ता है। मैं सदा व्यक्ति से प्रारंभ करता हूँ। दृश्यसज्जा, नाटकीय समूहन आदि सब स्वाभाविक रूप से आते चले जाते हैं। जैसे ही मैं जीवंत आदमी रचने के हर पहलू से अपने नाटक के व्यक्ति के संबंध में निश्चित हो जाता हूँ, फिर वे मुझे किसी तरह परेशान नहीं करते। लेकिन मुझे उनकी बाहरी रूपरेखा भी अपने मन में रखनी पड़ती है– आपादमस्तक। कैसे वे चलते और खड़े होते हैं, कैसा व्यवहार करते हैं, उनके स्वर कैसे लगते हैं इत्यादि। जब तक मैं उनकी नियति की पूर्णता तक नहीं पहुँच जाता, तब तक मैं उनके बिंबों को अपने पास से खिसकने नहीं देता।

''मैं नियमपूर्वक अपने नाटकों के तीन प्रारूप बनाता हूँ, जो चरित्र-चित्रण में एक दूसरे से बहुत भिन्न होते हैं, किन्तु कार्य में नहीं। जब मैं सामग्री से पहली

रूपरेखा तैयार करता हूँ। तब मुझे अनुभव होता है कि चरित्रों से मेरा परिचय उस स्तर का है जो रेलयात्रा में होता है। मुलाक़ात होती है और हम इस या उस विषय पर हल्की बातचीत करते हैं। दूसरे प्रारूप के साथ ही मैं हर चीज़ को अधिक स्पष्टता से देखने लग जाता हूँ। मैं चरित्रों को उसी तरह जानने लग जाता हूँ, जिस तरह किसी पहाड़ी जगह पर कुछ हफ्ते साथ रहकर कोई उन्हें जान सकता है। उनके चरित्र के आधारभूत लक्षण और साथ ही उनकी छोटी मोटी विशिष्टताएँ भी जान जाता हूँ। फिर भी यह नामुमकिन नहीं कि किसी तात्विक मामले में मैं कोई ग़लती कर बैठूँ। तीसरे प्रारूप में, अंतिम रूप से मैं जानकारी की सीमा पर पहुँचता हूँ। मैं अपने चरित्रों को निकट के और लंबे संपर्कों से जानने लगता हूँ। वे मेरे गहरे दोस्त हो जाते हैं, जो मुझे कभी निराश नहीं करते। अब मैं उन्हें जिस रूप में देखने लगता हूँ, उसी रूप में उन्हें सदा देखता हूँ।"

रंगमंचीय कला समूह-मन को संबोधित करती है

यहाँ वाइल्डर कलाकृतियों से प्रभाव ग्रहण करने वाले ग्राहकों की परिस्थिति के अनुसार विभाजन करता है पुस्तक रूप में प्रकाशित साहित्यिक रचनाएँ– कहानी, उपन्यास, कविता आदि पाठकों का ऐकान्तिक अनुभव हैं, जिसे वे व्यक्तिगत रूप से अकेले पढ़कर प्राप्त करते हैं। चित्र और मूर्तिशिल्प कलाकृतियों का आस्वादन अनुभव दर्शक निजी और ऐकान्तिक स्तर पर ही करता है, भले ही वह प्रदर्शनी में अन्य बहुत सारे लोगों के साथ घूम रहा हो। संगीत सभाओं के भीड़ भरे हॉल में भी श्रोता संगीत का आनंद अधिकांशतः वैयक्तिक स्तर पर ही ग्रहण करता है।

लेकिन नाट्यप्रस्तुति में दर्शकों की भीड़ एक आवश्यक कलात्मक शर्त है। दरअसल भीड़ की ज़रूरत नाटक में इसलिए भी है कि उसकी प्रस्तुति पर होने वाला खर्च मुनाफ़े के साथ वसूल हो सके। लेकिन यहाँ हम सामूहिक उपस्थिति की बात उसकी कलात्मक ज़रूरतों को लेकर ही करेंगे।

भीड़ की उपस्थिति अभिनेताओं की ऊर्जाओं को उन्मुक्त करने का महत्वपूर्ण प्रेरक होता है, न सिर्फ़ सामूहिक उपस्थिति बल्कि सामूहिक अवधान यानी पूरे दर्शक समूह का एक होकर अपने ध्यान को रंगमंच पर पूरी तरह से केंद्रित करना अभिनेताओं को अपना सर्वोत्तम प्रस्तुत करने के लिए आमंत्रित करता है।

लेकिन इससे भी महत्वपूर्ण बात यह है कि नाटक एक ऐसी काल्पनिक नकली दुनिया पेश करता है जिसका अस्तित्व दर्शकों की स्वीकृति पर ही निर्भर होता है। नाटक की दुनिया एक झूठी दुनिया है जिसको दर्शकों का समूह अपने अविश्वास को जानबूझ कर दबा कर सच्ची दुनिया में रूपांतरित कर देता है। इस

तरह के रूपांतरण के लिए सामूहिक भागीदारी आवश्यक है। जरा उस राजा की कल्पना करिए जो जादुई कपड़े के भ्रम में नंगा ही जुलूस में चल रहा है और पूरा दर्शक समूह चुपचाप तब तक इस झूठे जादुई कपड़े को जानबूझ कर स्वीकृति दिए हुए है, जब तक एक बच्चा सहसा चिल्ला नहीं पड़ता कि अरे! राजा तो नंगा है। हॉल में बहुत थोड़े छिटपुट दर्शकों की उपस्थिति में खाली कुर्सियाँ अभिनेताओं के लिए और दर्शकों के लिए भी उस छोटे बच्चे की स्पष्ट स्वीकारोक्ति की तरह रंगमंच की काल्पनिक दुनिया को ध्वस्त करके रख देती हैं।

किसी अनुकरणात्मक क्रिया की प्रस्तुति को रंगमंच ने अपने आनुष्ठानिक (रिचुअलिस्टिक) अतीत से प्राप्त किया है। दरअसल जीवन के एक टुकड़े का छलावा उपस्थित करने में उत्तेजना का इतना उद्वेग होता है कि उसका रूप उत्सव या धार्मिक अनुष्ठान जैसा बन जाता है और जनसमूह की उपस्थिति आवश्यक हो उठती है।

रंगमंच की प्रकृति ही उत्सवपरक होती है। रंगमंच पर जिस जीवन को प्रस्तुत किया जाता है, वह बहुत ऊँची शक्तियों तक उठाया गया कद्दावर जीवन बन जाता है। जब प्रहसन प्रस्तुत किया जाता है तो उसमें छलपूर्ण आश्चर्यों, धोखों और अप्रत्याशित दुर्घटनाओं की शक्तियाँ इतनी अधिक जीवंत और विशाल हो उठती हैं कि कोई अकेला आदमी या फिर समूह में रहकर भी अपने को अकेला अनुभव करने वाला दर्शक उसे संभाल नहीं पायेगा और यह पूरा ढाँचा उसे बेहद बनावटी तथा प्रस्तुति की ये सारी कोशिशें उसे खोखली और अनुचित लगने लगेंगी। त्रांसदी की प्रस्तुति में पीड़ा और आशंकाएँ इतनी अधिक घनीभूत हो उठती हैं कि अकेले आदमी को उस पर यकीन नहीं हो पायेगा।

जरा अभिनेताओं से उनके ड्रेस-रिहर्सल के अनुभवों के बारे में पूछिए। मुट्ठीभर दर्शकों के सामने अभिनय करना कितनी परेशानियों से भरा होता है। अभिनेता बड़ी मुश्किल से अपनी सारी कोशिशों को तकनीकों और कारीगरी तक ही सीमित रखकर अभिनय कर पाते हैं।

आख़िरी रिहर्सलों में अक्सर लोग यह कहते हुए सुने जाते हैं – 'यह नाटक अब प्रेक्षक-समुदाय का भूखा है'।

समूह-मन को संबोधित करने की रंगमंच की विशिष्टता के और भी कुछ निहितार्थ हैं। जाहिर है कि रंगशाला में उपस्थित भीड़ के व्यक्तियों की रुचियाँ और स्तर एक जैसे नहीं हो सकते। उनमें काफ़ी विविधता हो सकती है। ऐसी स्थिति में नाटककार को या तो अपनी रचना के स्तर को इतना नीचा रखना होगा कि वह सब तक पहुँच सके अथवा नाटक में प्रस्तुत रुचियों के क्षेत्रों का विस्तार

करना पड़ेगा। शायद यही कारण है कि ज़्यादातर पुराने नाटककार मनुष्य के प्रेम, घृणा, ईर्ष्या, करुणा और युयुत्सा जैसे मूलभूत मानसिक विकारों को तीव्र भावावेग के साथ प्रस्तुत करते रहे हैं। दर्शक-समुदाय को अपनी पकड़ में लेने के लिए नाटककार को विशिष्ट की तुलना में सामान्य का अधिक चतुराई के साथ चयन करना पड़ता है। उसको बराबर इस बात का ध्यान रखना ज़रूरी है कि वह कोई ऐसा विषय नाटक के लिए न चुन बैठे, जिसे समझने के लिए दर्शकों को किसी विशिष्ट क्षेत्र के विशेष ज्ञान की अपेक्षा हो। हिंदी में बहुत से नाटककारों ने इतिहास की अपनी ख़ास खोजों और मान्यताओं को व्यक्त करने के लिए बड़े बड़े नाटक लिखे। लेकिन उनमें दर्शकों की रुचि जाग्रत न हो पाई। समूह-मन नाटककार पर ज़िम्मेदारी डालता है कि वह बहुसंख्यक समुदाय की समझ-सीमा के भीतर की सामग्री और शैली का ही प्रयोग करे।

समूह-मन की उपस्थिति रंगमंच की कला में एक और आवश्यकता को जन्म देती है – **अग्रगामी गति।**

समूह-मन में निहित कुछ ऐसी ख़ास चीज होती है, जो लगातार एक दबाव बनाए रखती है। यह दबाव आगे बढ़ते जाने का है। अभिनेता जब काल्पनिक भूमिका ग्रहण करता है और उसी के अनुसार मेकप कराता और पोशाक पहनता है तो उसमें एक ऐसी प्रत्याशा जन्म लेती है, जिसके कारण अग्रगामी क्रियाशीलता अत्यंत आवश्यक हो उठती है – ऐसी क्रियाशीलता जो तर्क या बहस के आगे बढ़ने भर से कहीं ज़्यादा हो।

मैं समझता हूँ कि नाटकीय संवाद की पिरांदेलो द्वारा दी गयी सटीक परिभाषा – 'बोली गयीं क्रियाएँ' अपने पाठकों के जेहन में लाने का यही मौक़ा है : 'आजकल ज़्यादातर नाट्यरचनाएँ मूलतः कथावर्णन जैसी हैं, जो अपनी अंतर्वस्तु उपन्यासों और कहानियों से चुनती हैं। यह एक ग़लती है। सबसे पहले तो इसलिए कि पूरे तौर पर कथावर्णन को नाट्य की ज़रूरतों के मुताबिक अनुकूलित या छोटा आसानी से नहीं किया जा सकता। दूसरे इसलिए भी की आधुनिक तकनीकों के बहुत ज़्यादा और ग़लत इस्तेमाल से यह अनुपात और भी संकरा हो जाता है। बेशक, शेक्सपीयर ने अपने कुछ नाटकों के कथानक इतालवी उपन्यासिकाओं से लिये हैं, लेकिन उसके सिवा और किस दूसरे नाटककार ने कथानक को क्रियाओं में इतनी संगतिपूर्णता के साथ रूपांतरित किया है, और वह भी उन बेवकूफीभरी तकनीकी ज़रूरतों के लिए कुछ भी बलिदान किये बिना ही, जो किसी कृति के बस ऊपरी सतह भर का नियंत्रण करती हैं। सभी तरह की कथात्मक और वर्णनात्मक नाट्यसामग्री रंगमंच से निकाल फेंकनी चाहिए।

'कलात्मक चमत्कार तभी घटित होता है, जब नाटककार ऐसे शब्दों को पा लेता है, जो बोली गयी क्रियाएँ हों, ऐसे सजीव शब्द जो गतिशील हों, ऐसी तात्कालिक अभिव्यक्तियाँ जो क्रियाओं से अविभाज्य हों, ऐसी विशिष्ट पदावली और मुहावरे, जिन्हें बदला न जा सके और जो किसी निश्चित स्थिति में निश्चित चरित्र के साथ जुड़े हों। मतलब यह कि ऐसे शब्द, अभिव्यक्तियाँ, वाक्यखंड जिन्हें गढ़ना तो असंभव है, लेकिन तब अपने आप पैदा हो जाते हैं, जब लेखक का अपने रचे चरित्रों के साथ, इस हद तक तादात्म्य हो जाता है कि वह उन्हें ठीक वैसे ही देखने लगता है, जैसे वे अपने आपको देखते हैं।

'नाटकीय संवाद के बारे में बात करते वक़्त मैं अपने नाटककारों के सतही फार्मूलों की आलोचना नहीं करना चाहता। वे ग़लतियों से भरे होते हैं, क्योंकि उनके पूरे नजरिए में बुनियादी ग़लती होती है। आज का नाटककार अगरचे कुछ देखता भी है, तो वह बस फैक्ट (तथ्य) और सिचुएशन (स्थिति) भर देखता है। उसे लगता है कि उसने किसी घटना या भावानुभूति का मौलिक निरीक्षण किया है, और फिर उसके आधार पर नाटक बना लेने का उसे यकीन हो जाता है। वह समझता है कि नाटक तो बस वैचारिक प्रक्रिया की तार्किक शृंखला से ही बन जाता है। बेशक उसमें चतुराई भरे हुनर के साथ कुछ थोड़े से अलंकरणों की सजावट और कर दी गयी हो। नाट्य-स्थितियों को स्थापित कर लेने के बाद ही, वह चरित्र-चित्रण की ओर मुड़ता है और ऐसे चरित्रों की खोज करता है, जो इन स्थितियों को खूब अच्छी तरह समझाकर चित्रित कर सकें। कितने चरित्रों की ज़रूरत होगी – तीन, पाँच या दस? इसके बाद किन रूढ़ चरित्रों को लिया जाय? आवश्यक संवादों का उनके बीच वितरण कैसे किया जाय? कौन-कौन अभिनेता उपलब्ध हैं? उनकी विशिष्ट प्रतिभाओं के अनुसार क्या भूमिकाओं में कुछ काँट-छाँट की जा सकती है? नाटककार बस यही सारे सवाल सोचता है। लेकिन वह यह सोचना नहीं शुरू करता कि इसका ठीक उलटा करे कि कला जीवन है, न कि विचारों का एक सिलसिला।'

मैतरलिंक ने कहा था : जनता के सामने जो बहुत से नाटक उपस्थित किये जाते हैं, उनसे कहीं अधिक नाटकीयता मेज के पास बैठे हुए बूढ़े आदमी के दृश्य में होती है। अपनी इस उक्ति में मैतरलिंक 'नाटक' शब्द में निहित अर्थों की विविधता से उलझ रहा था। यदि नाटक की परिभाषा जीवन की विविधता तथा महत्व, गहराई और सघनीकृत रूप में प्रस्तुति के अर्थ में की जाय तो शायद उसकी बात में औचित्य हो सकता है, लेकिन अगर हम नाटक का अर्थ दर्शक-समूह की प्रत्यक्ष मौजूदगी में तात्कालिक प्रस्तुति के रूप में लें तो वह ग़लती पर था। रंगमंच पर नाटक अग्रगामी गति या क्रियाशीलता से विच्छेद्य है।

रंगमंच छलावा की दुनिया है

वाइल्डर कहता है कि यह कला एक तरह के ढोंग या स्वांग को लेकर चलती है और इसकी प्रकृति ही ऐसी है कि वह लगातार ढोंग या स्वांग ही सिरजती है। इसे हम यों भी कह सकते हैं कि नाट्यप्रस्तुति एक तरह का **सच्चा झूठ** है। बल्कि दृश्यरूप में सच का और गहरा अहसास कराने के लिए नाट्यप्रक्रिया उसे पहले एक झूठ में बदलती है। झूठ का एक काल्पनिक संसार रचती है, जिसके जरिये जीवन की सच्चाइयों को उकेरा जाता है। इस रंगझूठ को नाट्यरूढ़ियों के रूप में परिभाषित किया गया है और यह दुनिया भर के रंगमंच पर हमेशा ही उपस्थित रहा है। रूढ़ियाँ सहमतियुक्त धोखा हैं, दर्शकों द्वारा स्वीकृत झूठ हैं। प्राचीन यूनान में **मीडिया** नामक नाटक की प्रस्तुति के उस स्थल पर विचार कीजिए, जिसमें मीडिया अपने बच्चों की हत्या की बात सोचती है। प्राचीन काल की एक अनुश्रुति से पता लगता है कि प्रेक्षकगण इस प्रसंग से इतने अधिक मर्माहत हुए कि अच्छी ख़ासी गड़बड़ फैल गयी। यहाँ जरा इस बात पर गौर कीजिए कि दर्शकों को इतना अधिक भावोद्वेलित कर देने वाली प्रस्तुति में कितना बनावटीपन अर्थात रंगरूढ़ियाँ निहित थीं :

मीडिया का अभिनय पुरुष ने किया था।

वह अपने चेहरे पर एक बड़ा मुखौटा लगाए था।

मुखौटे के होंठों में स्वरों को तीव्र करने के लिए ध्वनि प्रणाली बनी थी। पैरों में वह आधा फुट ऊँचे तल्ले वाले जूते पहने था।

उसके वस्त्राभूषण इस प्रकार परिकल्पित किये गये थे कि रूढ़ि की सहायता से वे पूरब के किसी शाही परिवार की रमणी का संकेत देते थे।

संवाद छंदों में बँधे थे। संवाद के प्रसंग में कविता सहमतियुक्त झूठ है।

पंक्तियाँ गाने के ढंग से पढ़ी जा रही थीं। गीतिनाट्य में भी यही स्वीकृत झूठ निहित रहता है।

आधुनिक रुचि कहेगी : यह प्रसंग और भी अधिक कारुणिक प्रभाव संप्रेषित कर सकता, यदि मीडिया की तरह की ही किसी स्त्री ने इस भूमिका में अभिनय किया होता और अपना चेहरा खुला रखा होता, जिससे उसके अनुभूत संवेग प्रदर्शित हो पाते। लेकिन यूनानियों को इस बात में कुछ भी झूठा नज़र नहीं आता था कि मंच पर मीडिया मुखातिब है। मुखौटा, वस्त्राभूषण और रंगभाषण की शैली, सब कुछ प्रतीकों का क्रम था, जिसके अर्थ को समझकर दर्शक अपने मन में उनका पुनर्संयोजन कर लेते थे। प्रत्येक दर्शक के कल्पना-जगत में मीडिया की पुनर्सर्जना होती थी।

भरतमुनि के **नाट्यशास्त्र** में तमाम तरह की रंगरूढ़ियों के लिए एक सौंदर्यशास्त्रीय पारिभाषिक शब्द दिया गया है – **नाट्यधर्मिता**, यानि वे युक्तियाँ जो जीवन को नाट्यकला में रूपांतरित करती हैं। हम किसी ऐसे नाटक की कल्पना नहीं कर सकते जिसमें नाट्यधर्मिता, यानि किसी न किसी प्रकार की रंगरूढ़ियाँ मौजूद न हों। फिर वह भले ही एमली ज़ोला और आंद्रे अन्तोइन का फ्रांसीसी प्रकृत-यथार्थवादी रंगमंच हो या फिर रूस के स्तानिस्लाव्स्की द्वारा स्थापित मास्को आर्ट थियेटर की यथार्थवादी प्रस्तुतियाँ, जिनमें रंगरूढ़ियों को पूरी तरह तिरस्कृत करने की कोशिश की जाती थी।

रंगरूढ़ियाँ या नाट्यधर्मिता का स्वरूप विभिन्न देशों और भिन्न भिन्न कालों में अक्सर बदलता रहा है। इस बदलाव का संबंध दर्शकों की कल्पनाशीलता की उर्वरता, तकनीकी और सौंदर्यशास्त्रीय परिवर्तनों और नाट्य-अवधारणाओं के परिवर्तन से जुड़ा है। संस्कृत नाट्य का चित्राभिनय, नियतश्राव्य – जनान्तिक तथा अपवारित, कक्ष्याविभाग आदि प्राचीन नाट्यरूढ़ियाँ उतनी ही कलापूर्ण हैं, जितने आधुनिक नाट्य के शैलीकरण तथा रंगमंच पर रचे गये तमाम तरह के कलापूर्ण दृश्यविधान और स्पॉट लाइट और तरह तरह के प्रकाशयंत्रों द्वारा रंगमंच की लाइट-डिजाइनिंग की नाट्यधर्मिता।

नाट्यधर्मिता या रंगरूढ़ियाँ प्रेक्षकों की कल्पना की जीवंतता तथा इस सहज बोध पर आधारित हैं कि नाट्य में कौन तत्व मूलभूत और कौन अमूलभूत हैं।

रंगरूढ़ि के दो कार्य हैं :

यह प्रेक्षकों की कल्पना को प्रेरित करती है कि वह भी अपनी सर्जनात्मकता के द्वारा बिंबों और अनुभूतियों में रंग भरें।

यह रंगक्रिया को विशिष्टता के धरातल से उठा कर सामान्य स्तर पर ले आती है।

यह दूसरा पहलू पहले की अपेक्षा कहीं अधिक महत्व का है।

यदि जूलियट की भूमिका बिल्कुल जूलियट जैसी ही कोई लड़की अभिनीत करती है जो संगमरमर की सीढ़ियों, कालीनों, शमादानों और फर्नीचर वाले सचमुच के महल में विचरण करती है, तो अनिवार्यतः यह प्रभाव भी पड़ता है कि ये घटनाएँ इस एक विशिष्ट लड़की के जीवन में, एक विशिष्ट स्थान पर और एक विशिष्ट कालखंड में घटित हुईं। लेकिन सोलहवीं सदी के ऐलिजाबेथ युग में जब इसकी भूमिका किसी लड़के को दी जाती थी, तो प्रश्न महज आधुनिक रुचि से अंतर का नहीं था। जब यह नाटक शेक्सपीयर के अभीष्ट रंगमंच पर खेला जाता है, तो रंगमंच का रीतापन घटनाओं को विशिष्टता से मुक्त कर देता है। और

जूलियट की रंग-अनुभूति प्रेममग्ना ऐसी सामान्य लड़की जैसी हो जाती है, जो प्रत्येक देश, काल और भाषा की होती है।

रंगमंच निरंतर इसी सामान्यीकृत सत्य को कहने का प्रयत्न करता रहा है और रंगधर्मिता का तत्व इसे पुनर्शक्तिकृत करता रहता है। रंगमंच के झूठ, उसके छलावा से एक ऐसा सच निकलता है, जो उपन्यास की अपेक्षा कहीं अधिक प्रभावकारी होता है, क्योंकि उपन्यास अपने ही नियमों के अनुशासन से उसी क्रिया के संबंध में कहने तक सीमित रहता है, जो कभी हो चुकी है – 'एक समय की बात है', 'किसी समय'।

नाट्यसर्जन की प्रक्रिया में नाट्यधर्मिता की अवधारणा बेहद महत्वपूर्ण है। पिछले लगभग सौ-सवा सौ सालों में आधुनिक नाट्यलेखन और नाट्यप्रस्तुति के क्षेत्रों में जो उत्कृष्ट, मौलिक और सर्जनात्मक कार्य हुए हैं, उनमें नाट्यधर्मिता की गहरी समझ का बहुत बड़ा हाथ है।

रंगमंच पर क्रियाएँ लगातार वर्तमान काल में घटित होती रहती हैं

वाइल्डर ने उपन्यास से नाटक को अलगाने के लिए और उसकी एक महत्वपूर्ण विशेषता को बताने के लिए उपर्युक्त तथ्य को रेखांकित किया है। उसके अनुसार उपन्यास भूतकालिक क्रिया में लिखे जाते हैं, लेकिन उनके पात्र इस प्रकार चित्रित किये जाते हैं मानो वे अपने वर्तमान के पल पल को जी रहे हैं। फिर भी उपन्यासकार का लगातार आँखोंदेखा विवरण (जैसे, 'टेस धीरे धीरे घाटी में उतरी'; 'अन्ना कारेनिना हँस पड़ी') पाठकों को अनिवार्य रूप से इस तथ्य के प्रति सचेत रखता है कि ये घटनाएँ बहुत पहले घटी हैं और अब अतीत की हो चुकी हैं।

उपन्यास वर्तमान में दी गयी अतीत की सूचना है। रंगमंच में हमेशा **अभी की स्थिति** रहती है, जिससे क्रिया को अतिरिक्त जीवंतता प्राप्त होती है। इस बात को उपन्यासकार अपनी कृति में नियोजित करने की व्यर्थ कामना किया करता है।

रंगमंच की यह स्थिति अपने साथ एक और महत्वपूर्ण तत्व ले आती है।

रंगशाला में हम क़िस्सागो के हस्तक्षेप का अनुभव नहीं करते। ऐसा लगता है मानो पात्र आपस में अनायास अपने आप बातें कर रहे हैं।

नाटक घटित हो रही घटना है।

उपन्यास घटित घटना का किसी व्यक्ति द्वारा पेश किया गया विवरण है। यह सर्वज्ञ होने के दावा करने वाले व्यक्ति की स्थापना है कि ऐसा हो चुका है।

नाटक होते रहने की क्रिया का दृश्य उपस्थितिकरण है।

मेरी[1] दृष्टि में रंगमंच की तात्कालिकता का एक और आयाम है। यह कथा या चरित्र से जुड़ा न होकर सीधे अभिनेता से जुड़ा हुआ है। रंगमंच पर अभिनेता की क्रिया नितांत तात्कालिक होती है और दर्शकों की प्रतिक्रिया से काफ़ी हद तक जुड़ी होती है। वस्तुतः रंगमंच पर अभिनेता और प्रेक्षागृह में दर्शक के बीच एक ऊर्जाचक्र बनता है जो सतत और तात्कालिक होता है। रंगमंच की मौलिक शक्ति का यह सबसे महत्वपूर्ण बिंदु है।

आगे वाइल्डर इस बात को नोट करता है कि बहुत से नाटककारों ने रंगमंच पर पुरानी परंपरा के उस उद्घोषक, सूत्रधार, रंगा, विदूषक या रेज़ेन्योर की अनुपस्थिति के प्रति दुख और असंतोष व्यक्त किया है, जिसका अपना दृष्टिकोण होता है, जिसमें चरित्रों के व्यवहारों के विश्लेषण की क्षमता होती है, जिसे हस्तक्षेप करने और अतीत की अथवा रंगमंच पर न दिखाई जाने वाली किन्हीं अन्य क्रियाओं के संबंध में कुछ और बताने का मौक़ा रहता है। सबसे बड़ी बात तो यह कि वह क्रियाओं के महत्व पर बल देता है और उससे नैतिक निष्कर्ष निकालने का काम करता है। रंगमंच के इतिहास के कुछ युगों में यह काम कोरस, प्रोलोग अथवा एपिलोग जैसी युक्तियों से भी होता रहा है।

लेकिन निश्चय ही यह अनुपस्थिति नाट्यविधा को एक अतिरिक्त शक्ति प्रदान करती है, साथ ही नाटककार के कौशल पर अधिक ज़िम्मेदारी भी डाल देती है। नाटककार का यह दायित्व हो जाता है कि कथाप्रवाह और संवादों के चुनाव द्वारा नाटक को इस प्रकार संयोजित करे कि वह स्वयं भले ही न दिखाई पड़े लेकिन उसका दृष्टिकोण और उसकी रचना को अनुशासित करने वाला उद्देश्य— दर्शकों के जेहन पर छा जाय – किसी नारे या सैद्धांतिक स्थापना के रूप में नहीं, बल्कि स्वयंसिद्ध सत्य और अनिवार्य निष्पत्ति के रूप में।

नाटक में काल्पनिक कहानी का इस्तेमाल विवादास्पद हो सकता है, लेकिन इसका औचित्य इस सच्चाई में निहित है कि एक मन से दूसरे मन तक विचारों का संप्रेषण अनिवार्यतः एक ऐसे बिन्दु पर पहुँच जाता है, जहाँ विचारों की प्रस्तुति उदाहरण में, नीतिकथा में, रूपक में, साध्यावसानकता में अथवा मिथक में बदल जाती है।

यह कोई आकस्मिक घटना नहीं है कि जब अफलातून अपने विचार-विवर्तन की ऊँचाइयों पर पहुँचा और ज्ञान और मानवप्रकृति के संघटन के सिद्धांतों को संप्रेषित करने की कोशिश करने लगा तो वह क़िस्सागोई के दौर से गुज़रने लगा और 'गुहा तथा सारथी' के मिथक द्वारा अपनी बात कहने लगा। सभी महान

---

1. कुँवरजी अग्रवाल की।

धर्मगुरु अपनी गहनतम अंतःप्रेरणाओं को संप्रेषित करने के साधन के रूप में लगातार नीतिकथाओं का सहारा लेते रहे हैं।

कल्पनाशील कथावर्णन को रंगमंच उसकी उच्चतम संभावनाएँ प्रदान करता है। इसमें बहुत सी कमियाँ भी हैं और इसकी जीवंतता अक्सर उपयोग की स्थिति में केंद्रभ्रष्टता तथा महत्वहीन चीजों के विस्तार में भटक जाती है। लेकिन इस बात को याद रखना अच्छा होगा कि जिन युगों को बाद में महान युग कहा गया, उनमें रंगमंच ही सर्वाधिक ऊँचाइयों तक उठ सका था, कि पेरिक्लिज का एथेंस तथा एलिजाबेथ, फिलिप द्वितीय एवं लुई चौदहवें के राज्यकाल के युग, वे युग भी थे जिन्होंने विश्व को अब तक के महानतम नाटक भी दिये।

लेखनकाल : 2011 ई.।

अभिनय का कलादर्शन

कला समीक्षकों के बीच आमतौर से अभिनयकला के विषय में जो बुनियादी अवधारणाएँ प्रचलित हैं, वे कला की वस्तु और उसके रूप ('कंटेंट' और 'फार्म') के बीच सामान्य संबंधों की अवधारणाओं से पैदा हुई हैं।

कलाकार किसी निश्चित और अनुभवगम्य यथार्थ या जगत की तात्विकता से वस्तु (कंटेंट) लेकर उसे कलात्मक रूप प्रदान करता है। इस तरह कलाकार कलाकृति का सर्जन उसे यथार्थ से परे ले जाकर करता है।

लेकिन जहाँ काव्य, संगीत, चित्र आदि अन्य सभी कलाओं में कलाकार यथार्थ जगत को रूपांतरित कर स्वतंत्र कलाकृति का निर्माण करता है जो जीवन से भिन्न होती है, वहीं अभिनेता के संबंध में लोगों की धारणा है कि वह इसका ठीक उलटा करता है। इसका कारण यह है कि अभिनेता को अपने कार्य के लिए सामग्री के रूप में जो नाट्यालेख मिलता है वह पहले से ही अपने आप में एक स्वतंत्र कलाकृति है।[1] ऐसी स्थिति में अब अभिनेता का कार्य यह हो जाता है कि वह नाटक की पूर्ण रूप से अभौतिक और वैचारिक सत्ता को फिर से रूपांतरित कर यथार्थ जगत में वापस ले आये।

यह बात तो बिल्कुल सच है कि लिखित नाटक अपने आपमें एक पूर्ण कला रूप है। तब क्या अभिनेता इसे लेकर और भी शक्तियों से भर देता है और कला की उच्चतर सीमाओं की ओर ले जाता है?

और अगर उपर्युक्त बात से कोई ख़ास मतलब नहीं निकलता तब क्या अभिनेता अपनी शारीरिक उपस्थिति और जीवंत व्यवहारों द्वारा नाटक के चरित्रों में फिर से ऐसी यथार्थता भर देता है कि उनमें विश्वसनीयता उपजती है। अगर ऐसा ही है, तब फिर हम क्यों यह कहते हैं कि अमुक अभिनेता ने अपनी 'कला' से हमें बेहद प्रभावित किया? अभिनेता के संदर्भ में हम 'कला' शब्द का इस्तेमाल

---

1. इस संकलन के आगे के लेखों में ऐसी स्थापनाएँ हैं जो लिखित नाट्य को स्वतंत्र कलाकृति का दर्जा देने के पक्ष में नहीं हैं। कृपया इस दुहरी मान्यता के संबंध में विमर्श के लिए देखें : प्रासांगिकी, पृ...

क्यों करते हैं, सिर्फ़ 'यथार्थ' या 'स्वाभाविक' जैसे शब्दों से ही क्यों नहीं संतुष्ट रहते?

यह एक ऐसा अंतर्विरोध है, जिसका हल ढूँढने के लिए हमें अभिनेता की दार्शनिक समस्याओं में जरा गहरे उतरना पड़ेगा।

लिखित नाटक में जो रंगचरित्र रहता है वह कोई सचमुच का पूर्ण मनुष्य नहीं होता; वह तो संपूर्ण मनुष्य के बदले भाषिक सूत्रों का एक जटिल पुंज भर होता है। उसमें न तो आवाज़ रहती है, नहीं काकु, बोलने की तेजी या धीमापन भी नहीं रहता; नाटककार सचमुच के ज़िंदा आदमी के रक्तमांस की महक या उसकी मुद्राभंगी को भी प्रस्तुत नहीं कर सकता – वह तो सिर्फ़ कुछ इशारे भर कर सकता है। बल्कि वह अपने चरित्र की पहचान की नियति को, उसके बाहरी और भीतरी रूपों को, अमूर्त निचोड़ों के भाषिक सूत्रों से इस कदर बाँध देता है कि चरित्र सिर्फ़ एक आयामी बनकर रह जाता है। साहित्यिक पाठ्य के रूप में नाटक अपने में परिपूर्ण एक संपूर्ण सत्ता के रूप में दिखाई पड़ता है। मूलस्रोत की दृष्टि से बेशक नाट्यालेख उन घटनाओं की संपूर्णता का प्रतीक है जिन्हें लेकर उसकी रचना हुई है। लेकिन कोई भी ऐसा तर्कसंगत फार्मूला उपलब्ध नहीं, जिसके सहारे मूलस्रोत की नाट्याभिनय में पुनर्प्रस्तुति की जा सके।

अभिनेता सिर्फ़ अपने ही तरीक़ों से पाठ्य के इस एक आयामी उत्पाद को पूरी तरह दृश्य और श्रव्य यथार्थों के त्रिआयामी सर्जन में रूपांतरित कर सकता है।

अभिनेता की इस ख़ास प्रक्रिया ने ही अभिनयकला को यथार्थवाद के क्षेत्र में निर्वासित कर देने के लिए आलोचकों को प्रेरित किया। अमूर्त विषयवस्तु को प्रस्तुति के लिए किन्हीं यथार्थवादी रूपों में ढालने की प्रक्रिया के बारे में ग़लतफ़हमी के कारण ही ऐसा होता है।

शिलर ने तमाम तरह के कलाकारों के बारे में एक आम बात कही थी कि उनका उत्तरदायित्व दुहरा है : यथार्थ की दुनिया से अपने को ऊपर उठाना और फिर भी यथार्थ की पकड़ में पूरी तौर से बने रहना। यथार्थ कुछ ऐसी चीज है जो चीजों की प्रत्यक्षता से निचोड़ी जाती है; यह ज्ञानेन्द्रियों पर पड़ने वाले असरों का एक रहस्यमय संयोजन है। यथार्थ, सचमुच, कुछ आध्यात्मिक चीज है जिसे इंद्रियों द्वारा नहीं जाना जा सकता, और शायद इसीलिए उसका कला के साथ ताल्लुक नहीं है, क्योंकि कला तो प्रत्यक्षों की दुनिया में ही रहती है। तब फिर दूसरी तरह के कलाकारों की ही तरह अभिनेता भी हमें ऐंद्रिक प्रत्यक्षीकरण की दुनिया से परे के यथार्थ में ज़्यादा दूर तक नहीं ले जा सकता और इसलिए सिर्फ़ इसी वजह से कि अभिनेता हमारे सामने सचमुच के एक ज़िंदा आदमी के रूप में ही खड़ा रहता

है, यह ग़लतफ़हमी पैदा होती है कि चूँकि लिखित नाटक हमारी आँखों के सामने प्रत्यक्ष हो रहा है इसलिए इसका यथार्थ में रूपांतरण होता जाता है।

एक ज़िंदा आदमी के रूप में अभिनेता का संबंध नाट्यकला से उतना ही न कुछ है जितना रंगे हुए कैनवास (भौतिक पदार्थ के रूप में) का चित्रकला से। विषयवस्तु को रंगमंच के ख़ास तरह के व्यक्तिचित्र (पोट्रेचर) में रूपांतरित करना पड़ता है, किसी सचमुच की दुनिया में नहीं। कला के रूप में रंगमंच पर जिस चरित्र की सृष्टि की जाती है, उसमें वास्तविक मनुष्य के रूप में अभिनेता की सत्ता उसी प्रकार नगण्य रहती है, जिस प्रकार व्यक्तिचित्र में रंगसामग्री। सचमुच की ज़िंदगी में धूर्त और पाखंडी सच्चे आदमी का सच्चा स्वांग रचते हैं। वे ऐसा यथार्थ आचरण करते हैं कि लोग उन्हें सच्चे आदमियों की तरह ग्रहण करें। यानी वे जो नहीं हैं वो होने का धोखा देते हैं। यदि कोई आदमी सचमुच की ज़िंदगी में वास्तविक रूप से तारत्यूफ बनना चाहता है तो उसे अपना रूप-व्यवहार सब कुछ सचमुच के पवित्र संन्यासी जैसा बनाना पड़ेगा जिससे लोग उसे संन्यासी की तरह ही ग्रहण करें। लेकिन जब कोई अभिनेता रंगमंच पर तारत्यूफ का अभिनय करता है तो वह ऐसा होने देना बिल्कुल नहीं चाहता। बेशक मोलियर की साहित्यिक चरित्र-सृष्टि उजागर होनी चाहिए; लेकिन इस साहित्यिक सीमा के ऐकांतिक यथार्थ से परे चरित्र-व्यक्ति का सचमुच का यथार्थ अभिनेता के क्षेत्र से बाहर है। इसका अर्थ अभिनेता के आशुसर्जन और नाट्यचरित्र के तफसीलों की रंगत को उभार कर उसे जीवंत बनाने के प्रयासों पर अंकुश लगाना नहीं है। अभिनेता का कार्य मूलचरित्र के कलात्मक रूपांतरण या बिंब को प्रस्तुत करना है, मूलचरित्र में अपने निजी व्यक्तित्व को समाप्त कर देना नहीं। इसलिए तारत्यूफ की पवित्रता या अपवित्रता का भागीदार अभिनेता का निजी व्यक्तित्व नहीं होता। दर्शक भी यह जानते हैं कि अभिनेता नाट्य-चरित्र को पूरी विश्वसनीयता के साथ रूपायित करते हुए भी उससे पृथक् है। इसलिए तारत्यूफ की भूमिका में अभिनेता की पवित्रता-अपवित्रता का प्रश्न ही नहीं उठता। अभिनेता के निजी जीवन का यथार्थ उसके द्वारा रूपायित नाट्यचरित्रों के यथार्थ से भिन्न होता है। दूसरी ओर सचमुच के साधू-संन्यासी से तारत्यूफ की भूमिका रंगमंच पर नहीं करायी जा सकती। सचमुच के यथार्थ का रंगमंच पर कोई स्थान नहीं।

यह तथ्य कि जो अभिनेता रंगमंच पर बादशाह का अभिनय कर रहा है, वह अपनी निजी ज़िंदगी में सिर्फ़ एक बेहद साधारण ग़रीब आदमी है, अभिनय को धोखा का पयार्य नहीं बना देता। कलाकार के रूप में उसका वास्तविक कार्य बादशाह का आचरण करना ही है – सचमुच के बादशाह जैसा। लेकिन इससे वह

वास्तविक रूप से बादशाह नहीं बन जाता। दर्शकों में धोखा खाने की भावना तब पैदा होती है जब कोई ख़राब अभिनेता अपना निजी चरित्र – दुष्टता या फिर कोई अन्य दुर्बलता – बादशाह की अपनी भूमिका में प्रक्षिप्त कर देता है। अथवा वह अपनी भूमिका को इतनी अधिक सच्चाई के साथ जीता है कि हममें सचमुच की ज़िंदगी का भ्रम पैदा कर देता है। इस तरह जब अभिनेता कमजोर होता है तो दो अलग तरह के धोखे एक ही स्तर पर सामने आने के लिए मचलने लगते हैं। सामान्यतया इस तरह की दुर्घटनाएँ इसलिए नहीं घटतीं कि अभिनेता अपनी भूमिका द्वारा हमें यथार्थ की दुनिया से परे हटा कर कला की दुनिया में ले आता है। इससे यह बात स्पष्ट हो जाती है कि वह आम धारणा कितनी ग़लत है जो यह स्वीकारती है कि अभिनेता नाटककार की कलाकृति का यथार्थीकरण करता है। सच तो यह है कि वह नाटककार के भाषिक सूत्रों का इस्तेमाल एक ऐसी ख़ास और विलक्षण कला के संदर्भ में करता है जो नाट्यालेख से उतनी ही दूर है जितनी यथार्थ जगत से। इससे यह समझना आसान हो जाता है कि एक अच्छा अनुकरणकर्त्ता – नकलची – अच्छा अभिनेता क्यों नहीं है, कि दूसरों की अच्छी नकल करने की प्रतिभा का अभिनेता की कलात्मक, सर्जनात्मक प्रतिभा से कोई ताल्लुक नहीं। अनुकर्त्ता का उद्देश्य तो अपने अनुकार्य का भ्रम पैदा करना है। अभिनेता की कला का ताल्लुक यथार्थ जगत के अनुकरण से उसी तरह का नहीं है जिस तरह का व्यक्तिचित्र बनाने वाले चित्रकार का होता है। वह तो कुछ ऐसा नवसर्जन करना चाहता है जो यथार्थ जगत से जुड़ा तो बेशक होता है लेकिन सिर्फ़ इस अर्थ में कि यथार्थ जगत और कलासृष्टि, दोनों ही अस्तित्व की संपूर्णता के विविध रूपों से उपजती है। इसलिए यह कहना बिल्कुल ग़लत है कि सभी कलाएँ, ख़ासतौर से अभिनयकला, मूलतः प्रातिभासिक रूप से ही अपनी सत्ता रखती हैं। हालाँकि हमारे कुछ क्लासिकी लेखकों ने ऐसा ही कहा है सभी प्रातिभासिकताएँ एक तरह के यथार्थ की पूर्वकल्पना पर आश्रित हैं। फिर भी यह यथार्थ चाहे किसी प्रकार की उस अंतर्निहित उपसंघटना के रूप में जिससे प्रातिभासिकता बनी है, या फिर अपने आप की एंटीथीसिस के रूप में हो जो उसे किसी तरह मिसरिप्रेजेंट करती है। कला इस तरह की परस्पर विरोधी स्थिति से बिल्कुल अलग है और अपने निजी स्वसंचालित राज्य में रहती है। इसमें कोई किसी तरह का यथार्थ खोजने नहीं जाता, इसीलिए उसे प्रातिभासिकताएँ भी नहीं मिलतीं।

नाट्य की कलात्मक स्वायत्तता सौंदर्यशास्त्र के सामने सर्वाधिक कठिन समस्या प्रस्तुत करती है। यह सिर्फ़ उन संयमों नियंत्रणों को दूर रखने भर का प्रश्न नहीं है जो प्रकृतिवाद को अपने पूरे कच्चेपन के साथ नाट्य में लागू करने पर

लगाया जाता है : इसके अनुसार मानो आदर्श अभिनेता वह होगा जो हैमलेट को अपने ऊपर इतना ज़्यादा आरोपित करे कि स्वयं ही हैमलेट बन जाए। एक बहुत भ्रामक विचारधारा यह है कि किसी भूमिका को अभिनीत करने का कोई एक आदर्श तरीक़ा होता है और वह आदर्श भूमिका से बिल्कुल एक रूप होता है और उसी में निहित रहता है। इस आदर्श तक पहुँचने की पहली सीढ़ी हैमलेट के नाट्यालेख के पृष्ठों का गहन, सटीक और दीर्घकालीन अध्ययन करना है जिससे नाट्यप्रस्तुति के लिए संपूर्ण रूप से सही उस एकमात्र 'शैली' को निर्धारित किया जा सके, जिसके क़रीब तक पहुँचने की कोशिश विभिन्न नाट्यप्रस्तुतियों के विभिन्न अभिनेता कर सकें, इस भ्रामक धारणा का खंडन सिर्फ़ इस तथ्य से आसानी से किया जा सकता है कि यदि तीन महान अभिनेताओं को एक ही भूमिका अभिनीत करने को दी जाए तो वे एक दूसरे से बिल्कुल अलग तीन भिन्न-भिन्न अभिनय व्याख्याएँ प्रस्तुत करेंगे जो एक दूसरे की तुलना में किसी से कम श्रेष्ठ नहीं होगी और यह भी निश्चित किया जा सकेगा कि उनमें से ज़्यादा सही कौन है। सच तो यह है कि किसी एक निश्चित आत्यंतिक मानदंड से उनका ताल्लुक नहीं के बराबर होगा; नतीजन एक अभिनेता जिस टुकड़े के अभिनय में गजब का कमाल दिखाकर भूमिका को निजी तरीक़े से पूर्णता प्रदान करता है, दूसरे अभिनेता उस टुकड़े को बिल्कुल छोड़ दे सकते हैं और उससे भूमिका की कलात्मकता या पूर्णता पर कोई ग़लत असर नहीं भी पड़ सकता। हैमलेट की भूमिका को यथार्थवादी तरीक़े से अभिनीत कर सकना ठीक उसी तरह नितांत असंभव है जिस तरह नाट्यालेख के सिर्फ़ पाठ द्वारा नाट्य प्रस्तुत कर सकना।

यह चालू सिद्धांत कि किसी भूमिका को अभिनीत करने के सारे सूत्र एकमात्र नाट्यालेख में निहित हैं, साहित्यिक आदर्श को व्यक्त करता है, नाट्य या रंगमंच के आदर्श को नहीं। अभिनेता भूमिका की कठपुतली नहीं है। अभिनेता की कला एक ओर न तो कच्चे यथार्थ की प्रस्तुति से जुड़ी है, दूसरी ओर, न ही यह साहित्य से वह कुछ निचोड़ निकालने की कोशिश करती है जिसे साहित्य स्वयं न ही प्रस्तुत कर सकता। अभिनय कला इन दोनों से अलग अपना बिल्कुल स्वतंत्र अस्तित्व रखती है। न तो यह नाटक में छिपे यथार्थ को बाहर निकालती है नहीं यह किसी तरह का संश्लेषण करती है। चित्र को कोई यथार्थ के स्थानापन्न की तरह नहीं कल्पित कर सकता। यह भी नहीं कि चित्र किसी कल्पना को पुनर्प्रस्तुत करने का माध्यम भर है। चित्रकला का अपना लक्ष्य और कार्य है जिससे कुछ दूर तक यथार्थ भी जुड़ा रहता है। लेकिन यह स्वयं अपने को यथार्थ में लिप्त नहीं करती। उसी तरह रंगमंच पर हैमलेट का अभिनय किसी सचमुच के हैमलेट या उसकी साहित्यिक कल्पना को पुनर्प्रस्तुत करने का माध्यम नहीं है। कला की परिभाषा के

अनुसार अभिनेता का अभिनय अपने आप में एक उद्देश्य है, एक मंजिल है, किसी सुदूरवर्ती मंजिल तक पहुँचने का पुल नहीं।

जिस तरह जीवन चित्रकार या कवि को रचना के लिए सीधे प्रेरित करता है, ठीक उसी तरह अभिनेता की तात्त्विक नाट्य-अभिवृत्ति, उसकी विलक्षण सर्जनात्मक प्रक्रिया भी सीधे जीवन से ही अनुप्रेरित होती है। यह कोई अपने आप में परिपूर्ण बिल्कुल स्वतंत्र प्रक्रिया भी नहीं है। यह रोज़मर्रा ज़िंदगी की बहुविध अनुभूतियों और प्रक्रियाओं से जुड़ी हुई है। किसी भूमिका का अभिनय इस तरह करना चाहिए कि वह पाखंड या धोखा न बन जाए बल्कि एक ख़ास अभिव्यंजनात्मक रूप में व्यक्ति की निजी ज़िंदगी की संलग्नता व्यक्त करे। इस तरह कि जिस भूमिका में अभिनेता प्रवेश करता है वह पूर्व निश्चित रहती है, पहले से ही अस्तित्व में आयी हुई रहती है, हमारी रोज़मर्रा की ज़िंदगी में भी यही कुछ घटित होता रहता है, हम कभी पिता की भूमिका करते हैं तो कभी पति की, कभी अपने अफसर के सामने गिड़गिड़ाते हैं तो कभी अपने मातहतों को अफसर की तरह डाँटते भी हैं, इत्यादि इत्यादि। इस तरह की भूमिका हमारे निजी व्यक्तित्व के उपयुक्त तो हो सकती है, लेकिन फिर भी यह हमारे निजी व्यक्तित्व से अलग भी होती है और हमारे निजीपन का जो एक ऐकांतिक अंतर्तम रूप है उसका ये भूमिकाएँ कभी अविभाज्य हिस्सा नहीं बन सकतीं। पुरोहित या अफसर होना अथवा प्राध्यापक या क्लर्क होना अपनी ख़ास निजी ज़िंदगी से हटकर एक दूसरे ही स्तर पर कार्य करना है। इसका मतलब यह नहीं है कि सभ्य समाज और हमारी क़िस्मत हमें जो भूमिका सौंपती है, उसका हम सतही-दिखावटी तौर पर निर्वाह करते हैं, बल्कि असलियत यह है कि हमें अनिवार्यतः वह कुछ करना-दिखाना पड़ता है जो हम मूलतः होते नहीं। इसका यह भी मतलब नहीं कि हम हमेशा कोई न कोई असर पैदा करने की फिराक में रहते हैं। यह कोई झूठा दिखावा नहीं होता; व्यक्ति उस भूमिका में सचमुच लिप्त हो जाता है, जिसे नियति उसे सौंपती है। वह उसके लिए सचमुच का यथार्थ बन जाता है। तब भी वह सचमुच 'यह' या 'वह' नहीं बन जाता; इसे यह उसे प्रतिरूपित भर करता है, छोटे या बड़े, स्थायी या बिल्कुल तात्कालिक–ऐसे बहुत से मौके हमारे ज़िंदगी में आते रहते हैं जब हमें अपनी असलियत को छिपा कर, ढँककर किसी तरह का आदर्श ओढ़ लेना पड़ता है। आदमी की ज़िंदगी में ऐसा मौक़ा शायद ही कभी आता हो, जब वह अपने अंतर्तम, बिल्कुल निजी आत्म के अनुसार आचरण कर पाता हो। ज़्यादातर तो यही होता है कि किसी पूर्वनिर्धारित, पहले से बने बनाए साँचे में हमें अपने आत्म को ढाल देना पड़ता है। सचमुच की ज़िंदगी जीने की कला एक ख़ास मानवीय अनुभाव के साँचे से ढल कर निकलती

है, एक व्यक्ति का जीवन किसी 'दूसरे' व्यक्ति के निर्धारित जीवन-साँचे से संदर्भित रहता है, जिसे नियति उस पर थोपती है या वह स्वयं चुनता है। व्यक्ति इसी 'दूसरे' के जीवन साँचे को स्वीकार कर उसमें अपनापन ढालता है, उसे विकसित करता है। लेकिन इस तरह वह अपने निजीपन को, अपने आत्म को छोड़ नहीं देता बल्कि उसके कुछ अंशों को 'दूसरे' के साँचें में ढाल देता है। उसके जीवन की मुख्य धारा कई विभिन्न वाहिकाओं से होकर बहती है। तब भी उनमें से प्रत्येक उपधारा, पूर्वनिश्चित, पहले से बने बनाये मार्ग से बहती हुई भी, अपने संपूर्ण अंतरात्म की कुछ झलक देती ही है।

अभिनय इस अर्थ में कला है कि यह निचोड़ी तो यथार्थ, सचमुच की ज़िंदगी से जाती है, लेकिन फिर इसे रोज़मर्रा के जीवन से अलगा कर आत्मचालित, आत्मानुशासित इकाई में ढाल दिया जाता है जो यथार्थ का रूपांतरण कर देता है। जाहिर है, इसे ऐतिहासिक या सचेतन प्रक्रिया के रूप में नहीं समझा जा सकता। इसे तो सिर्फ़ उस मोड़-बिंदु के रूप में समझा जा सकता है जहाँ अभिनेता की कला रोज़मर्रा की ज़िंदगी के यथार्थ से अपने को अलगा लेती है और पूरी तरह स्वतंत्र रूपों में दिखाई पड़ती है।

एक तरह से हम सब – चाहे कितने ही टुकड़ों में – कुछ दूर तक ठीक उसी तरह अभिनेता हैं जिस तरह हम सभी विभिन्न अनुपातों में कुछ दूर तक कवि और चित्रकार होते हैं। हम लोग अपने चतुर्दिक विश्व को उस वैज्ञानिक की तरह वस्तुनिष्ठ रूप (ऑब्जेक्टिव) में नहीं देखते जो इसे शाश्वत गति और तत्वों की संरचना के रूप में देखता है। हमारी आँखें चारों तरफ़ कुछ खंड और टुकड़े चुनती हैं, उन पर कुछ परस्पर संबंध आरोपित करती हैं और फिर उन्हें बनी बनाई, पूर्णतायुक्त चीजों के रूप में ग्रहण करती हैं, हम चीजों को पृष्ठभूमि और अग्रभूमि के संयोजनों के रूप में देखते हैं, उन पर आकारों और रंगतों को आरोपित करते हैं – संक्षेप में कहें तो – हम प्रत्यक्षीकरण की अपनी प्रक्रिया में वे ही सारे कार्य करते हैं जिन्हें रोज़मर्रा के व्यावहारिक उपयोगों से मुक्त कर, उन्हें एक स्वतंत्र संपूर्ण इकाई के रूप में समन्वित कर, चित्रकार चित्रकला के सर्जन के समय करता है। इसी तरह हम सभी लोग कवि भी हो जाया करते हैं, सिर्फ़ उसी वक़्त नहीं जब हम तारघरों में इस्तेमाल की जाने वाली भाषा से ऊपर उठकर शैलीबद्ध उक्तियों का प्रयोग करते हैं और लयकारिता और सुरीलेपन के जादुई असर में खो जाते हैं, बल्कि उस वक़्त भी जब हम ऐसी अंतर्दृष्टि का अनुभव करते हैं, जिसमें हमें अस्तित्व, नियति और स्वानुभूतियों तथा परानुभूतियों का साक्षात्कार होता है। काव्य की रचनाप्रक्रिया भी कुछ ऐसी ही है। वह ऐसी सत्ताओं और रूपों –

शैलीबद्ध और सरलीकृत रूपों द्वारा क्रियान्वित होती है जिसमें वास्तविक रोज़मर्रा का जीवन ऐसे बिंबों में रूपांतरित हो जाता है, जो दैनंदिन विषयवस्तु से मुक्त होता है।

इसी तरह उसी अर्थ में, जिसमें हम सभी कवि और चित्रकार हैं, हम लोग नाटक के अभिनेता भी हैं। हमारी संस्कृति हमारे जीवन के हर पहलू को अभिनेता की मुख्य विशिष्टताओं से समन्वित कर देती है। किसी भी मायने में कपटी या मिथ्याचारी हुए बिना ही व्यक्ति का निजी अस्तित्व किसी पूर्वनिर्धारित वेष में परकायांतरित हो जाता है। हालाँकि बेशक वह उसकी अपनी ही ज़िंदगी के स्रोतों से उपजा होता है, लेकिन फिर भी वह उसके निजी जीवन की सीधी अभिव्यक्ति नहीं है। इस तरह की संभावनाएँ मौजूद रहती हैं कि हम अलग क़िस्म की रूप प्रतीतियाँ ग्रहण कर सकें—बिल्कुल अजानी क़िस्म की भी – और तब भी अपनी बिल्कुल निजी फितरत को सही सलामत कायम रख सकें। इस तरह के अंतर्विरोधों के साथ हम शाश्वत रूप से जुड़े हुए है। और यही हमारी नाट्यात्मिका मूल-प्रकृति का आद्य रूप है। मानव व्यक्तित्व की यह विशिष्टता तब कला में रूपांतरित हो उठती है जब रोज़मर्रा की ज़िंदगी के एक अनिवार्य हिस्से के रूप में काम में न लाई जाकर इसका इस्तेमाल खुद अपने आप के लिए किया जाता है। इस बात पर सबसे ज़्यादा बल दिये जाने की ज़रूरत है; क्योंकि यही वे स्थापनाएँ हैं जिनके कारण रंगमंच पर किया गया अभिनय चित्र और काव्य की ही तरह आत्मानुशासित स्वतंत्र कला बन सकता है।

अभिनय कला का ताल्लुक किसी चीज की पुनर्प्रस्तुति से नहीं है, क्योंकि ऐसा कुछ नहीं है जिसकी नाट्यकला पुनर्प्रस्तुति करती हो, नाटककार जो कुछ देता है वह सिर्फ़ एक साहित्यिक कृति भर है। अभिनेता के काम को पुनर्प्रस्तुति तभी कहा जा सकता है, जब वह किसी दूसरे अभिनेता के काम की नकल करता है।

मुझे अपनी फाइलों में मिली यह सामग्री दो तीन दशक पूर्व की है, जो संभवतः किसी अंग्रेजी लेख को सामने रख कर तैयार की गयी थी। उस लेख का अता पता अब बिलकुल विस्मृत हो चुका है। सामग्री के महत्व को देखते हुए मूल लेखक के प्रति क्षमायाचना के साथ इसे प्रकाशित करना उचित समझता हूँ।

लेखनकाल : अस्सी के दशक का पूर्वार्ध

माध्यम फ़िल्म

जिस प्रकार आधुनिक युग की परिस्थितियों ने नवीन साहित्यरूप उपन्यास को जन्म दिया, उसी प्रकार उन्होंने विज्ञान के विकास के साथ बीसवीं शताब्दी में कला के एक अत्यंत लोकप्रिय रूप फ़िल्म को जन्म दिया। आज फ़िल्म विश्वव्यापी कलारूप है जो प्रतिदिन लाखों व्यक्तियों का मनोरंजन करते हुए उन्हें कलास्वादन की संतुष्टि प्रदान करता है। फ़िल्म इतना लोकप्रिय और सर्वजन सुलभ कलारूप है कि इसका प्रचार दिन पर दिन बढ़ता ही जा रहा है। फ़िल्म की व्यापकता का सबसे बड़ा कारण यह है कि यह शिक्षित-अशिक्षित, धनी-ग़रीब, प्रौढ़-युवा सबकी पहुँच और समझसीमा के अंदर आ सकने वाला कलारूप है। व्यापकता के साथ ही फ़िल्म का प्रभाव अन्य कलारूपों की अपेक्षा कहीं अधिक गहरा पड़ रहा है। विशेष रूप से किशोरों और युवकों पर तो फ़िल्मों द्वारा उपस्थित जीवनमूल्य और सौंदर्यबोध बहुत ही गहरा प्रभाव डाल रहे हैं और उनके मानस का संघटन करने में फ़िल्म महत्वपूर्ण भूमिका अदा कर रही है। ऐसी स्थिति में हिंदी फ़िल्म को अध्ययन के क्षेत्र से बाहर रखना उचित नहीं।

प्रश्न यह उठता है कि फ़िल्मकला का अध्ययन किस क्षेत्र के अंतर्गत किया जाय। यों तो फ़िल्म इतनी जटिल और अपने आप में पूर्ण तथा अत्यंत विशिष्ट कलारूप है कि इसे किसी दूसरे कलावर्ग के अंतर्गत नहीं रखा जा सकता। इसे तो स्वतंत्र रूप से ही अध्ययन का विषय बनाया जा सकता है। किंतु फ़िल्म द्वारा प्रस्तुत किया जाने वाला जीवनरूप साहित्य की उपन्यास विधा द्वारा प्रस्तुत जीवन रूप से कुछ इतना मिलता जुलता है कि साहित्य के अध्येता के लिए फ़िल्म का विश्लेषण, मूल्यांकन अन्य कलाओं के अध्येता की अपेक्षा कहीं अधिक सुगम होगा। दूसरे, बहुत पहले से साहित्य में इसी प्रकार की एक दूसरी जाति की कला का अध्ययन होता चला आया है। रंगमंच माध्यम द्वारा रूपायित होने वाले नाटक का कुछ सीमा तक साहित्य के साथ प्रायः उतनी ही दूरी का संबंध है, जितनी दूरी का फ़िल्म और साहित्य का संबंध माना जा सकता है। यह ठीक है कि रंगमंच

माध्यम द्वारा प्रस्तुत कलारूप का एक अंश भाषिक निर्मिति के रूप में साहित्य का अंग माना जाता रहा है, और उस भाषिक निर्मिति से ही अक्सर बिना रंगमंच-माध्यम का उपयोग किये ही संप्रेषण का काम भी लिया जाता रहा है। इस प्रकार का कोई भाषिक स्वरूप फ़िल्मकला के संदर्भ में अभी लोकप्रिय नहीं हो सका है। जिस प्रकार रंगमंच-माध्यम ने नाटकों के रूप में साहित्य को संपत्ति दी, उस प्रकार फ़िल्मों ने अभी पटकथाओं के रूप में वैसी संपत्ति नहीं दी है। किंतु नाटक की ही भाँति पटकथाओं के पढ़े जा सकने वाले भाषिक रूप के प्रकाशन और प्रचलन की संभावना से पूरी तरह इनकार नहीं किया जा सकता। वैसे हिंदी में रामकुमार वर्मा और भगवतीचरण वर्मा जैसे लेखकों ने एक एक चित्रालेख या पटकथा प्रस्तुत भी कर दी है। सामान्य लेखकों की दो एक कृतियाँ भी इस क्षेत्र में हिंदी में देखने को मिली हैं। किंतु अभी पटकथाओं का हिंदी में अधिक प्रचलन होने में भले ही कुछ समय लगे, पटकथाओं की शैली का उपयोग बड़ी सफलता के साथ श्रेष्ठ कथाकारों द्वारा आरंभ हो गया है। रेणु के उपन्यास 'परती परिकथा' में यह बात अच्छी तरह से देखी जा सकती है।

एक और तथ्य साहित्य और फ़िल्म को निकट ला देता है। साहित्य के उत्कृष्ट उपन्यास, कहानी अक्सर फ़िल्म माध्यम द्वारा रूपांतरित होते रहते हैं और श्रेष्ठ फ़िल्म के लिए पटकथाओं का निर्माण भी कभी कभी वे ही साहित्यकार करते हैं जो उपन्यास, कहानियाँ रचते हैं। प्रेमचंद, भगवतीचरण वर्मा और उपेंद्रनाथ अश्क जैसे साहित्कारों ने भी फ़िल्म के लिए लिखने का प्रयास किया है और अब तो अधिकांश नवीन लेखकों की महत्वाकांक्षा ही फ़िल्म बन गयी है। ऐसी स्थिति में साहित्य की सीमा के अंतर्गत फ़िल्म का अध्ययन न केवल उचित और उपादेय है, बल्कि इससे समीक्षा के अनुशासन द्वारा फ़िल्म के विकास की दिशाओं के नियमन में सहायता मिलेगी और साथ ही फ़िल्म के दर्शकों का बोधस्तर भी ऊँचा उठाया जा सकेगा। प्राचीन भारत में जब नाट्ययशास्त्र जैसे उत्कृष्ट ग्रंथ में रंगमंचीय प्रस्तुतिकरणों के सभी रूपों को समेटते हुए रूपकों और उपरूपकों की सीमा के अंतर्गत ऐसी विधाओं को भी स्वीकार कर लिया गया जिनमें साहित्यिक तत्व इतना कम था कि उदाहरण के रूप में उनका कोई एक भी लिखित रूप आज हमें उपलब्ध नहीं है, तब फ़िल्म जैसी शक्तिशाली कला का अध्ययन साहित्य की सीमा में करने में क्या आपत्ति हो सकती है। किंतु इस संबंध में यह बात ध्यान में रखने योग्य है कि एक तो फ़िल्म की तकनीक और यांत्रिक जटिलताओं के कारण उसका पूरा अध्ययन मात्र भाषा के सहारे नहीं हो सकता और दूसरी, साहित्य की सीमा में फ़िल्म का अध्ययन करते हुए उसके व्यावहारिक पक्ष की उपेक्षा करके

उसे अयथार्थ सिद्धांतों में उलझा न दिया जाय। ये तथ्य रंगमंच के साहित्य की सीमा में किये जाने वाले अध्ययन पर भी लागू होते हैं।

नाटक का रूप पूर्णतः उसके माध्यम रंगमंच की प्रकृति द्वारा निर्धारित होता है। रंगमंच के तत्वों की विशिष्टताएँ मिलकर ही नाटक के रूपनिर्माण में योग देती हैं। इसी प्रकार फ़िल्म द्वारा प्रतिरूपित होने वाला जीवन का रूप भी पूर्णतया फ़िल्म-माध्यम की शक्तियों, सीमाओं और संभावनाओं द्वारा रूपायित होता है। फ़िल्म-माध्यम क्या है? जिस प्रकार उपन्यास का स्थूल भौतिक आधार भाषा है और नाटक का स्थूल भौतिक आधार रंगमंच है, उसी तरह फ़िल्म का स्थूल भौतिक आधार रासायनिक पदार्थों से लिपटी हुई सेल्यूलाइड की वे पट्टियाँ हैं जिन पर कैमरे द्वारा यथार्थ जीवन के चित्र अंकित होते जाते हैं जो एक विशेष यंत्र द्वारा सिनेमा के पर्दे पर प्रक्षेपित किये जाने पर चलते फिरते, बातें करते मानवों के बिंब उपस्थित करते हैं। जीवनकार्यों में लगे हुए सजीव मानवों के सचल सवाक बिंबों को प्रस्तुत करने वाली इन फ़िल्मपट्टियों के विशेष संयोजन से ही फ़िल्म का रूप बनता है। ये फ़िल्मपट्टियाँ या तो वास्तविक जीवन की छवियों के अंकन द्वारा तैयार की जाती हैं या अभिनेताओं, अभिनेत्रियों द्वारा अभिनय करा कर उनके छवि अंकन द्वारा। इस प्रकार फ़िल्मकला का आधार जीवन के सचल और सवाक छायांकित बिंब हैं। शुद्ध साहित्य में पाठकों के मन में शब्द काल्पनिक बिंबों का निर्माण करते हैं। नाटक में रंगमंच की भौतिक वस्तुओं, अभिनेता के रूप में सचमुच के मनुष्य और उनके द्वारा प्रयुक्त भाषा द्वारा दर्शकों के मन में बिंबों का निर्माण होता है। फ़िल्म में सिनेमा के परदे पर जीवन के सचल, सवाक छायाचित्रों द्वारा दर्शकों के मन में जीवन-छवियों के बिंब बनते हैं। इस प्रकार मूल बात तो ग्राहकों के मन में जीवन के बिंब का सर्जन ही है। किंतु इन बिंबों की प्रकृति और शक्ति तथा उनके संयोजन, माध्यम की क्षमताओं की विशिष्टताओं द्वारा ही अनुशासित होते हैं। अतः इन कलाओं के स्वरूप को समझने के लिए इनके माध्यमों की अधिक से अधिक सूक्ष्म जानकारी आवश्यक है।

जिस प्रकार उपन्यास में जीवन के चित्रण के लिए भाषा का उपयोग किया जाता है, उसी प्रकार फ़िल्म में जीवन के चित्रण के लिए जीवन के सचल और सवाक बिंबों का उपयोग किया जाता है जो फ़िल्म के कैमरे द्वारा अंकित होते हैं और प्रक्षेपण यंत्र द्वारा सिनेमा के पर्दे पर हमारे सामने प्रस्तुत होते हैं। जिस प्रकार भाषा की अर्थ की दृष्टि से सबसे महत्वपूर्ण इकाई वाक्य है उसी प्रकार फ़िल्म की सबसे महत्वपूर्ण प्राथमिक इकाई शॉट है। शॉट का अर्थ है किसी स्थिति का बिना किसी व्यवधान के और बिना कैमरे का स्थान बदले लगातार किया गया छायांकन।

एक शॉट किसी स्थिति का ध्वनि और गतिमय चित्र है। इसके द्वारा चित्रात्मक बिंबों की एक इकाई उसी प्रकार पूरी होती है जिस प्रकार भाषा में एक वाक्य द्वारा। जिस प्रकार वाक्य छोटे बड़े हो सकते हैं उसी प्रकार शॉट भी छोटे बड़े हो सकते हैं और जिस प्रकार एक वाक्य दूसरे वाक्यों से जुड़ा होता है उसी तरह शॉट भी एक दूसरे से जुड़े हुए होते हैं। फ़िल्म में जीवनकथा इन शॉटों के एक लंबे क्रम द्वारा प्रस्तुत होती है। यहाँ पर फ़िल्म की तुलना पुरानी चित्रकथाओं से कुछ दूर तक की जा सकती है। अजंता की गुफाओं में जातक की कथाओं को चित्रों द्वारा प्रस्तुत किया गया था। किसी कथा को उसकी महत्वपूर्ण घटनाओं के क्रम के रूप में चित्रकार सोचता था और प्रत्येक घटना को एक एक स्थिर चित्र के रूप में उपस्थित कर देता था। इन चित्रों के क्रम से कहानी की रूपरेखा और उसमें निहित जीवन के महत्वपूर्ण पहलू साकार हो उठते हैं। एक दृष्टि से फ़िल्म भी उसी प्रकार का प्रयास है, किंतु जहाँ पुराने चित्र स्थिर और मूक होते थे, फ़िल्म के चित्र गतिशील और ध्वनियुक्त होते हैं और जहाँ पुराने चित्रों का निर्माण चित्रकार की कल्पना द्वारा होता था, वहाँ फ़िल्मों में कैमरे की यांत्रिक प्रक्रिया द्वारा चित्र अंकित किये जाते हैं। इन नवीन स्थितियों ने फ़िल्म को जीवनचित्रण की अपार शक्ति दे दी है और बहुत सी जटिलताएँ भी उत्पन्न कर दी हैं।

जीवन-स्थितियों का चित्रण शॉटों द्वारा किस प्रकार होता है, इसे एक ठोस उदाहरण द्वारा समझें तो अधिक अच्छा होगा। मान लीजिए फ़िल्म में हमें यह दिखाना है कि नायक गाड़ी में बैठकर कहीं के लिए रवाना हो जाता है। इस बात को फ़िल्म में शॉटों के द्वारा उपस्थित किया जाएगा। यदि इस घटना पर कोई बल नहीं देना है तो एक शॉट में नायक को स्टेशन में घुसते और दूसरे शॉट में डब्बे में चढ़ते हुए तथा तीसरे शॉट में गाड़ी को स्टेशन छोड़ कर आगे बढ़ते हुए दिखाकर फ़िल्म द्वारा इसे अच्छी तरह व्यक्त किया जा सकता है। और भी कम करने के लिए इसे केवल एक ही शॉट द्वारा भी प्रस्तुत किया जा सकता है—चलती हुई गाड़ी की खिड़की से उसके अंदर बैठे हुए नायक का एक शॉट लेकर। इस घटना पर बल देने के लिए इसे बहुत बढ़ाया भी जा सकता है – पचीसों शॉट द्वारा। यह सब कुछ इस बात पर निर्भर करता है कि इन शॉटों के द्वारा किस प्रकार का प्रभाव उत्पन्न करना है। हर हालत में घटना का प्रस्तुतिकरण शॉट द्वारा ही होगा। चाहे वह शॉट दूर पर जाती हुई रेलगाड़ी का हो या टिकटघर की खिड़की के अंदर नायक की हथेली पर रखे हुए टिकट का हो। प्रत्येक शॉट में जीवनखंड का बिंब कैसा बनेगा, यह कई बातों पर निर्भर है। इनमें पहली बात तो कैमरे की दूरी है।

किसी वस्तु का चित्र कैमरे को बहुत पास रखकर लिया जा सकता है अथवा कैमरे को बहुत दूर रखकर। किसी व्यक्ति के संदर्भ में कैमरे की दूरी के अनुसार बदलते हुए चित्रों को हम इस प्रकार स्पष्ट कर सकते हैं – कैमरा बहुत समीप रखकर व्यक्ति की आँखों मात्र का ही चित्र लिया जा सकता है। ऐसी स्थिति में सिनेमा के पूरे पर्दे पर फैली हुई दो बड़ी बड़ी आँखों का बिंब दर्शकों के सामने प्रस्तुत होगा। कैमरे को कुछ पीछे करके पूरे मुखमंडल को उसकी सीमा में लाया जा सकता है। ऐसी स्थिति में दर्शकों को पर्दे पर एक व्यक्ति का पूरा चेहरा मात्र दिखाई पड़ेगा। कैमरे को और पीछे करके उसकी कमर तक के हिस्से को तथा इसी प्रकार और दूरी बढ़ाकर सर से पाँव तक का चित्र उपस्थित किया जा सकता है। दूरी और बढ़ाने पर उस व्यक्ति को उसके आस पास की सारी वस्तुओं से संबद्ध करके दिखाया जा सकता है। बहुत दूर से लिया गया चित्र किसी पहाड़ पर चढ़ते हुए व्यक्ति को एक चींटी के आकार में प्रस्तुत कर सकता है और अत्यंत समीप से लिया हुआ चित्र उस व्यक्ति द्वारा किसी पत्थर की चट्टान को पकड़कर अपना संतुलन ठीक करते समय उसकी उँगलियों के तनाव मात्र को ही सूचित कर सकता है। इस प्रकार केवल दूरी की दृष्टि से ही शॉट की अनेक स्थितियाँ हो सकती हैं। इसी प्रकार कैमरे के कोण से भी शॉट में प्रस्तुत जीवनबिंब का स्वरूप बदल जाता है। किसी वस्तु के संदर्भ में कैमरे को अनेक कोणों में रखा जा सकता है और प्रत्येक कोण अलग अलग प्रकार का बिंब प्रस्तुत करेगा और उसका प्रभाव भी अलग अलग होगा। दूरी और कोण दोनों को मिलाकर तो बिंब की असंख्य संभावनाएँ प्रस्तुत हो जाती हैं। दूरी और कोण के अतिरिक्त कैमरे को गतिशील रखकर भी शॉट लिये जा सकते हैं। जैसे चलते हुए आदमी के साथ साथ कैमरे को भी चलाया जाए या उस आदमी की कमरे में घूमती हुई दृष्टि के साथ कैमरे को भी घुमाया जाए। कभी कभी कैमरे को बड़ी तीव्र गति से दौड़ाते हुए चित्रांकन किया जा सकता है, जैसे उसे मोटरगाड़ी में रखकर या ट्रेन, हवाईजहाज आदि में रखकर।

कैमरे का लेंस भी छायांकन से बनने वाले बिंब को प्रभावित करता है। लेंस अपनी शक्ति के अनुसार बिंब के कम या अधिक विवरणों को अंकित कर सकता है। एक और प्रकार से फ़िल्म पर बनने वाले बिंब के स्वरूप में परिवर्तन हो सकता है और वह है फ़िल्म घूमने की गति में परिवर्तन करके। यदि कैमरे में फ़िल्म को बड़ी तीव्र गति से घुमाया जाय तो वह गतिशील वस्तु का छायांकन इस प्रकार करेगा कि परदे पर गति बहुत धीमी मालूम पड़ेगी और गति की विभिन्न स्थितियों का बिंब भी दर्शकों के सामने उपस्थित हो सकेगा। जैसे पिस्तौल से छूटी हुई गोली

दौड़ती हुई तथा किसी वस्तु से टकराती हुई और उस वस्तु को क्षतिग्रस्त करती हुई स्थितियों के विवरण के साथ इस प्रकार छायांकित की जा सकती है। इसी प्रकार फ़िल्म घूमने की गति को सामान्य से कम करके भी फ़िल्म के बिंब का स्वरूप बदला जा सकता है।

कैमरे के संचालन के अतिरिक्त और भी दूसरे तत्व फ़िल्म-निर्देशक के नियंत्रण में होते हैं, जिनके द्वारा फ़िल्म के बिंबों का प्रभाव बदला जा सकता है। इनमें से एक महत्वपूर्ण उपकरण प्रकाश है। फ़िल्म पर वस्तुओं के चित्र प्रकाशकिरणों द्वारा ही अंकित होते हैं, अतः प्रकाश की मात्रा को कम या अधिक करके, विभिन्न वस्तुओं पर पड़ने वाले प्रकाश के कोणों को बदल कर या ऐसे ही प्रकाश-वितरण में दूसरे परिवर्तन कर फ़िल्म के बिंब को बदला जा सकता है।

कैमरे द्वारा छायांकित किया जाने वाला जीवनखंड बिल्कुल स्वाभाविक जीवन का हो सकता है अथवा उसी प्रकार अभिनीत प्रतिरूपित जीवन का, जिस प्रकार नाटक में होता है। यदि स्वाभाविक जीवन से चित्रांकन किया जा रहा है, तब तो चित्रांकन की वस्तु में परिवर्तन की कोई गुंजाइश फ़िल्म कलाकार के पास नहीं रहती, सिवाय उन साधनों के जिनका ऊपर उल्लेख किया गया है। किंतु यदि अभिनीत प्रतिरूपित जीवन का चित्रांकन किया जा रहा है तो उस प्रतिरूप में एकत्र विवरणों में इच्छानुकूल परिवर्तन द्वारा भी बिंब के स्वरूप को बदला जा सकता है, जैसे चित्रांकन के लिए बनाए गये सेट, कमरा, बगीचा या गली आदि के स्वरूप में काल्पनिकता के समावेश द्वारा या अभिनेता के अभिनय, उसके वेश विन्यास में परिवर्तन द्वारा।

इस प्रकार हमने देखा कि कैमरे द्वारा बिंब निर्माण की प्रक्रिया में फ़िल्म के कलाकार के सामने हज़ारों हज़ार विकल्प रहते हैं और अपनी कला-संवेदना द्वारा वह उन विकल्पों में से चुनकर मनोनुकूल बिंबों का निर्माण करता है। किंतु ये बिंब केवल चित्र तक ही नहीं सीमित रहते, इनमें ध्वनि के बिंब भी सम्मिलित होते हैं और ये ध्वानियाँ भी उसी प्रकार विकल्पों से युक्त हैं जिस प्रकार चित्रबिंब। फ़िल्म में प्रयुक्त ध्वनियों को मोटे रूप से हम तीन भागों में बाँट सकते हैं – अभिनेताओं द्वारा बोले गये संवाद, संगीतकार द्वारा निर्मित पार्श्वसंगीत तथा वातावरण की ध्वनियाँ जैसे प्राकृतिक घटनाओं की आवाज़, बादल की गड़गड़ाहट, चिड़ियों की चहचहाहट, जानवरों की बोलियाँ आदि या मोटर आदि चलने की आवाज़ या किसी चीज के टकराने, गिरने, टूटने आदि की आवाज़ इत्यादि। अभिनेताओं द्वारा बोले गये संवादों को फ़िल्मबिंब में संयुक्त करते हुए फ़िल्म का कलाकार साहित्य के समीप पहुँच जाता है और एक सीमा तक भाषा-माध्यम का उपयोग करता है।

इस तरह फ़िल्म के बिंबों में साहित्य के बिंबों के तत्व भी कुछ दूर तक सम्मिलित हो जाते हैं। इसी प्रकार पार्श्वसंगीत का उपयोग करके फ़िल्म कलाकार अपने फ़िल्मबिंबों को संगीत के शक्तिशाली व्यंजक बिंबों से भी संयुक्त कर देता है और उसके प्रभाव तथा अर्थबोध के आयाम विस्तृत हो जाते हैं। वातावरण की ध्वनियाँ भी न केवल स्वाभाविकता की सृष्टि करती हैं बल्कि अनेक स्थानों पर मूल्यवान प्रतीक-व्यंजना का कार्य भी करती हैं।

इस प्रकार हमने देखा कि फ़िल्म की प्राथमिक इकाई--शॉट जिस बिंब का निर्माण करता है, वह प्रभाव के अनेक स्रोतों का उपयोग करती है और एक जटिल बिंब रचना बनाती है जो दर्शक-श्रोता के मन पर गहरा प्रभाव डालकर शक्तिशाली प्रतिक्रिया को जन्म देती है।

प्रश्न यह उठता है कि फ़िल्मबिंब-निर्माण के इन विकल्पों का कलात्मक मूल्य क्या है और उनसे ग्राहकों के प्रभावित होने की प्रक्रिया क्या है। फ़िल्मबिंब-निर्माण के ये विकल्प माध्यम को अभूतपूर्व तरलता और व्यंजनात्मक शक्ति प्रदान करते हैं। चित्र, मूर्ति, स्थापत्य, संगीत, नृत्य, नाटक और रेडियो नाटक में भी इस प्रकार की तरलता नहीं। क्योंकि इन समस्त माध्यमों में तमाम संभावनाओं के बावजूद कुछ बड़ी कठोर सीमाएँ हैं जिनका अतिक्रमण ये कलाएँ नहीं कर सकतीं। इस दिशा में फ़िल्म-माध्यम की तुलना केवल भाषा के माध्यम से ही की जा सकती है। भाषा तो सर्वाधिक तरल माध्यम है और उसमें बिंबों के निर्माण के असंख्य विकल्प तथा विस्तृत आयाम हैं और वह उन अमूर्त बिंबों का भी निर्माण कर सकती है जो कैमरे और माइक्रोफोन की सीमा में किसी प्रकार नहीं आते। किंतु भाषा के द्वारा निर्मित बिंबों में कुछ ऐसी सीमाएँ हैं जो उसके प्रभाव को सीमित कर देती हैं। जैसे भाषा से अर्थ ग्रहण कर मन में बिंबों के पुनर्निर्माण के लिए भाषा की अर्थशक्ति का पूरा परिचय आवश्यक है। और भाषाज्ञान व्यक्तियों में अलग अलग मात्रा में होता है तथा शब्द-प्रतीक से मन में बनने वाले बिंबों के विवरण भी अलग अलग व्यक्तियों में अलग अलग प्रकार के होते हैं। अतः भाषा द्वारा संप्रेषण में एक प्रकार की अनिश्चितता और अस्पष्टता भी रहती है। किंतु फ़िल्मबिंबों में यह बात नहीं। ये अत्यंत ठोस तथा निश्चित होते हैं। और वही तथा उतना ही प्रभाव उत्पन्न करते हैं जितना फ़िल्म निर्देशक को अभीष्ट होता है।

फ़िल्मबिंब-निर्माण की प्रक्रिया जटिल अवश्य है और उसमें अनेक तत्वों का समन्वय भी है, किंतु यह जटिलता फ़िल्म-दर्शकों के लिए प्रभाव को कभी अस्पष्ट नहीं करती, क्योंकि इसकी एक अत्यंत प्रमुख विशेषता यह है कि फ़िल्म दर्शकों की चेतना उसी बिंदु पर केंद्रित कर सकती है जिस पर फ़िल्म-निर्देशक चाहता है। यदि कहीं अभिव्यक्ति का प्रमुख आधार चेहरे की किसी माँसपेशी की सिकुड़न है

तो दर्शक उस समय फ़िल्म में केवल वही देखेंगे, दूसरी ओर उनका ध्यान जा नहीं सकता। इसी प्रकार यदि किन्हीं क्षणों में अभिव्यक्ति का बोझ संगीत या संवाद के किसी टुकड़े पर आ पड़ता है तो उस समय फ़िल्म का चित्रांकन और संपादन इस प्रकार किया जाता है कि दर्शक केवल वही सुन सकें। दर्शकों के ध्यान पर यह नियंत्रण फ़िल्मकला की अद्भुत शक्ति है जो दूसरी कला में संभव नहीं। नाटक में दर्शकों के सामने पूरा रंगमंच सदा बना रहता है और उस रंगमंच पर दर्शकों की दृष्टि और ध्यान-संचालन के लिए निर्देशक तथा अभिनेताओं को बड़ा परिश्रम करना पड़ता है और तब भी सभी दर्शकों की ठीक प्रतिक्रिया की गारंटी नहीं ही होती है। इसके साथ ही रंगमंच पर अभिनेताओं की सूक्ष्म क्रिया या पृष्ठभूमि में किसी सूक्ष्म अंश द्वारा तो अभिव्यक्ति का प्रयास असंभव ही हो जाता है।

फ़िल्मबिंबों का क्षेत्र अत्यंत व्यापक है। उनकी सीमा की परिधि में समस्त दृश्यजगत तो आ ही जाता है, ऐसा अदृश्य जगत भी आ जाता है जिनकी दृश्यात्मक व्याख्या किसी भी प्रकार संभव हो सकती है। जगत की समस्त घटनाओं, प्रक्रियाओं और वस्तुओं का बिंब प्रस्तुत करने में फ़िल्म समर्थ है। इस दृष्टि से भाषा के अतिरिक्त अन्य माध्यमों से बनने वाले दूसरे कलारूप फ़िल्म की तुलना में अत्यंत सीमित हैं। फ़िल्म-कैमरे के लेंस की तुलना मनुष्य की आँख से की गयी है। मनुष्य की आँखें जो कुछ भी देख सकती हैं, उन सबको फ़िल्म दिखा सकती है। हम सामान्यतया संसार को जिस ढंग से प्रायः देखते रहते हैं, उस ढंग से तो फ़िल्मबिंब हमें दिखा ही सकते हैं। साथ ही फ़िल्म हमें जीवन और जगत को उन कोणों और पहलुओं से भी दिखाते हैं जिनसे हम सामान्यतया वंचित रहते हैं। इस प्रकार फ़िल्म हमें देखने की नयी दृष्टि प्रदान करती है और संसार को हम नवीन दृष्टि से भी देख सकते हैं, साथ ही यथार्थ जगत के कुछ ऐसे भी पहलू हैं जिन्हें हमारी आँखें अपनी प्राकृतिक सीमाओं के कारण नहीं देख सकतीं और उन्हें देखने के लिए वैज्ञानिक उपकरणों की आवश्यकता होती है। जैसे सूक्ष्म कीटाणुओं का संसार या सुदूर आकाश में ग्रह-नक्षत्रों का संसार या मनुष्य के शरीर के अंदर के अवयवों का संसार। इन्हें देखने के लिए मनुष्य की आँखों को माइक्रोस्कोप, टेलीस्कोप या एक्सकिरणों की सहायता अपेक्षित होती है। फ़िल्म इन संसारों को देखना सहज सुलभ बना देती है। इसके अलावा जैसा हम पहले संकेत कर चुके हैं, फ़िल्म घूमने की गति और लेंस की शक्ति में अत्यधिक वृद्धि कर हमें जगत को कुछ ऐसी गतियों का दृश्य भी दिखा सकती है जो अन्य किसी साधन द्वारा असंभव है, जैसे बल्ब पर बंदूक से छूटी हुई गोली का आघात लगने पर उसके टूटने के पहले चिटखने की स्थिति का चित्र।

यथार्थ जीवन की छवियों के अतिरिक्त फ़िल्म अलौकिक, असंभव कल्पनाओं और मिथकों को भी दृश्य और विश्वसनीय रूप में प्रस्तुत कर सकती है। जैसे हनुमान जी का समुद्र लांघना या रावण का दस मस्तक होना या गुलीवर का छह इंच के आदमियों की दुनिया में पहुँच जाना।

फ़िल्म चित्र और संगीत की ही भाँति अमूर्त रूपाकारों और उनके प्रभावों के बिंब भी प्रस्तुत कर सकती है।

अभी तक हमने फ़िल्म की प्राथमिक इकाई शॉट और उससे रूपायित होने वाले बिंबों की प्रकृति की चर्चा की। पूरी फ़िल्म ऐसे बहुत से शॉटों या बिंबों को एक साथ संयुक्त करने से बनती है। अतः फ़िल्म-निर्माण में एक ओर तो यह निर्णय करना होता है कि किन किन बिंबों को चुना जाए जिन्हें अलग अलग शॉट द्वारा प्रस्तुत करना है तथा इन्हें किस प्रकार एक दूसरे से संयुक्त किया जाए जिससे दर्शकों के मन पर पूरे फ़िल्म की समन्वित इकाई चित्रित हो और प्रभाव में अन्विति आ सके। दूसरे शब्दों में, पहले पूरी फ़िल्म की कल्पना की जाती है। यह कल्पना बिल्कुल स्पष्ट नहीं होती। एक प्रकार से बनने वाली फ़िल्म की एक झलक भर होती है। इसे और भी स्पष्ट करने के लिए तथा निर्माण की सुविधा के लिए इसकी कल्पना एक एक टुकड़े में की जाती है और उसकी प्राथमिक इकाई शॉट है। इसकी चर्चा हम अभी कर चुके हैं। किंतु अलग अलग शॉटों के रूप में बिंब निर्मित हो जाने के बाद उन्हें कलात्मक रूप से संयुक्त करने की समस्या इसलिए खड़ी होती है कि एक ओर तो शॉटों के रूप में बिंब एक बड़ी सीमा तक स्वतंत्र हो जाते हैं और उन्हें एक दूसरे से कुशलतापूर्वक संयुक्त किये बिना बिंबों का परस्पर गुंथा हुआ अविच्छिन्न सार्थक प्रवाह नहीं बन सकता। दूसरी ओर प्रत्यक्षीकरण की मनोवैज्ञानिक प्रकृति, कल्पनाशीलता, लयनिर्माण की आवश्यकताएँ आदि बिंबों को आपस में जोड़ने की क्रिया को बहुत अधिक संभावनाओं से भरपूर कर देते हैं और इसका उचित दोहन कर कलात्मक मितव्ययिता और श्रेष्ठ प्रभाव उपलब्ध किये जा सकते हैं। इसीलिए फ़िल्म में शॉटों को आपस में जोड़ने के कार्य को बहुत अधिक महत्व दिया गया और फ़िल्म-निर्माण की प्रक्रिया में इसे संपादन का नाम देकर इसके लिए विशेष तकनीकी और कलात्मक प्रतिभा की आवश्यकता समझी गयी। फ़िल्म-निर्माण-प्रक्रिया की इस समस्या पर रूस के एइजेन्श्तेइन ने बहुत गंभीरता से विचार किया है और महत्वपूर्ण सिद्धांत अन्वेषित कर डाला है। उन्होंने इस क्रिया के लिए फ्रांसीसी शब्द मोंताज का प्रयोग किया जो फ़िल्म की पारिभाषिक शब्दावली में अत्यंत प्रसिद्ध हो उठा और इसकी अनेक प्रकार से व्याख्याएँ की जाने लगीं।

फ़िल्म बिंबों को आपस में संयुक्त करने या शॉटों के संपादन की समस्या की हम दो स्तरों पर परीक्षा कर सकते हैं। प्रथम स्तर पर तो यह समस्या बिंबों की परस्पर संबद्धता और प्रवाह बनाए रखने की है। दर्शकों के मन पर यह प्रभाव न पड़े कि वह अलग अलग बिंबों के टुकड़े देख रहा है बल्कि एक संपूर्ण कलाकृति का आदर्शन कर रहा है और ये सभी बिंब उस संपूर्णता की भावना और अपेक्षा से परस्पर घनिष्ठतापूर्वक गुंथे हुए हैं। इसके लिए यह आवश्यक है कि प्रत्येक शॉट में कुछ ऐसे दृष्टिगत या तर्कसंगत संदर्भ हों जो अगले बिंब की प्रत्याशा मन में जगा दें। दूसरी ओर प्रत्येक शॉट में पिछले शॉट के संदर्भ से जोड़ने वाले तत्व हों और वे अपने पूर्व के शॉटों की अपेक्षाओं की पूर्ति करते से जान पड़ें। इसका एक तरीक़ा तो यह है कि पहले शॉट के कुछ दृश्यतत्वों को दूसरे शॉट में भी जारी रखा जाए और फिर तीसरे शॉट में दूसरे शॉट के तत्वों को। इसी प्रकार क्रमशः कड़ी जुड़ती चली जाए जैसे यदि किसी वनप्रदेश की पृष्ठभूमि पर कोई क्रिया हो रही है तो प्रत्येक शॉट में उस परिवेश के किसी न किसी तत्व की उपस्थिति सभी शॉटों को एक सूत्र में बाँधे रहेगी। इसका दूसरा तरीक़ा संबंधों की तर्कसंगत परिणति स्थापित करना है जैसे यदि पहले शॉट में किसी ऐसे मुखमंडल का बिंब उपस्थित किया गया है जो किसी एक दिशा में देख रहा है तो दूसरे शॉट में देखी जाने वाली वस्तु या दृश्य का बिंब उपस्थित करने पर दोनों शॉटों में सहज सहसंबंध स्थापित हो जाएगा क्योंकि किसी एक दिशा में देखने की मुद्रा दर्शकों के मन में उस वस्तु को देखने की इच्छा जगा देती है और फिर किसी वस्तु या दृश्य का बिंब दर्शकों के मन को सहज ही इस तर्कसंगत परिणति पर पहुँचा देता है कि यही वह वस्तु है जिसकी ओर पहले शॉट का व्यक्ति देख रहा था।

एक शॉट को दूसरे शॉट से जोड़ने का कार्य वातावरण की ध्वनियों, बोले गये संवादों या पृष्ठभूमि-संगीत द्वारा भी किया जा सकता है। इस तरह से शॉट के बिंबों को कुछ इस प्रकार भी जोड़ा जा सकता है कि यथार्थ रूप से बिल्कुल अलग स्थान, काल, व्यक्ति या वस्तु के बिंब होने पर भी उनमें ऐसा पारस्परिक संबंध बन जाए कि वे एक समन्वित प्रभाव उत्पन्न करने लगें। प्रसिद्ध फ़िल्मशास्त्री पुडोव्किन ने एक प्रयोग का उदाहरण दिया है। नीचे लिखे शॉट आपस में जोड़े गये–

1. एक युवक बाँयीं ओर से दाहिनी ओर बढ़ता है।
2. एक स्त्री दाहिनी ओर से बाँयीं ओर बढ़ती है।
3. वे मिलते हैं और हाथ मिलाते हैं। युवक संकेत करता है।
4. एक विशाल श्वेत इमारत दिखाई पड़ती है जिसमें चौड़ी सीढ़ियों की कतार है।

5. दोनों सीढ़ियों पर चढ़ते हैं।

इन्हें जोड़कर प्रदर्शित किये जाने पर ये सारे टुकड़े एक अनपेक्षित स्पष्ट क्रिया सूचित करने लगे। किंतु इनमें से प्रत्येक टुकड़ा अलग अलग स्थान पर चित्रांकित किया गया था। युवक जी यू एम बिल्डिंग के पास चित्रांकित किया गया था और स्त्री गोगोल स्मारक के पास। हाथ मिलाने की क्रिया बोलशायी थियेटर के पास हुई थी और सफ़ेद इमारत का शॉट अमेरिकी फ़िल्म से लिया गया था। सीढ़ी चढ़ने की क्रिया संत सेवायर के गिरजाघर की सीढ़ियों पर चित्रांकित की गयी थी। इस प्रकार वास्तव में हज़ारों मील की दूरियों पर स्थित स्थान आपस में जुड़ कर एक ही स्थान का बोध कराने लगे और जिन अभिनेताओं को अमेरिका के व्हाइट हाउस में प्रवेश करते हुए दिखाया गया, वे कभी मास्को से बाहर निकले ही नहीं। इस प्रयोग में न केवल स्थानगत नये संबंध स्थापित हुए बल्कि कालगत नये संबंधों की भी सृष्टि हुई क्योंकि जुड़ी हुई स्थिति में ये टुकड़े निरंतरता की अनुभूति कराते हैं जबकि वास्तव में इनमें से प्रत्येक शॉट अलग अलग समय पर अलग क्रम से लिया गया था। इसी तरह फ़िल्म के बिंबों को आपस में जोड़कर ऐसी अनुभूतियों का प्रभाव भी उत्पन्न किया जा सकता है, वास्तव में जिनका अस्तित्व नहीं था। पुडोव्किन के ही एक और प्रयोग का विवरण इसे प्रमाणित करता है। पुडोव्किन लिखता है—"मैंने और कूलेशोव ने मिलकर एक रोचक प्रयोग किया। हम लोगों ने कुछ फ़िल्मों से प्रसिद्ध रूसी अभिनेता मोस्जुखीन के क्लोजप शॉट के कई टुकड़े इकट्ठे किये। हम लोगों ने उनमें से ऐसे शॉटों को चुना जिनमें उसका मुखमंडल बिल्कुल शांत और स्थिर था और उनसे किसी भाव की अभिव्यक्ति नहीं होती थी। हम लोगों ने क्लोजप के इन शॉटों को जो बिल्कुल एक समान थे, फ़िल्म के दूसरे तीन टुकड़ों के साथ जोड़ा जो अलग अलग प्रकार के थे। पहले जोड़ में मोस्जुखीन के क्लोजप के तुरंत बाद मेज पर रखे सूप के प्लेट का शॉट उपस्थित किया गया। यह बिल्कुल निश्चित और स्पष्ट था कि मोस्जुखीन इस सूप की ओर देखता हुआ प्रतीत हुआ। दूसरी सहस्थिति में मोस्जुखीन के चेहरे को ऐसे शॉटों के साथ जोड़ा गया जिनमें ताबूत में रखी गयी किसी स्त्री का मृत शरीर दिखलाया गया था। तीसरे जोड़ में क्लोजप के बाद एक ऐसा शॉट रखा गया था जिसमें एक छोटी लड़की मजेदार खिलौना भालू के साथ खेल रही थी। जब हम लोगों ने इन तीनों सहस्थितियों को ऐसे दर्शक-समूह को दिखलाया जिसे इस रहस्य का पता नहीं था तो उसका परिणाम बड़ा आश्चर्यजनक निकला। जनता मोस्जुखीन की अभिनयकला पर लट्टू हो गयी। उन लोगों ने बतलाया कि किस प्रकार गंभीर चिंतन की मनोदशा में वह सूप भूल गया था, गहरे दुख के साथ मृत स्त्री की ओर

उसे देखते पाकर दर्शक कितने मर्माहत हुए थे और जिस हल्की प्रसन्न मुस्कराहट के साथ वह लड़की को खेलते हुए देख रहा था, उसकी दर्शकों ने प्रशंसा की। किंतु हम लोग जानते थे कि इन तीनों स्थितियों में चेहरा बिल्कुल एक जैसा था।"

कूलेशोव ने एक ऐसे प्रयोग का भी विवरण दिया है जिसमें अस्तित्वहीन व्यक्ति का अस्तित्व उपस्थित किया जाता है। उस प्रयोग में अलग अलग स्त्रियों के हाथ, पैर, आँख और सिर की गतियों के चित्र अलग अलग शॉटों में चित्रांकित कर जब उन्हें आपस में जोड़ दिया गया तो वे एक ही स्त्री के गतिशील अंगों का प्रभाव उत्पन्न करने लगे।

इसी प्रकार गतिहीन वस्तुओं के शॉटों को विशेष ढंग से आपस में जोड़कर उनमें गतिशीलता के भ्रम की भी सृष्टि की जा सकती है जिसका क्लासिकी उदाहरण 'बैटलशीप पोटेम्कीन' नामक फ़िल्म में मिलता है। इसमें लिवादिया राजमहल के बाहर पत्थर के तीन शेरों का चित्रांकन किया गया है। ये शेर आराम से लेटे रहने और उठकर गरजने की स्थिति के बीच तीन मुद्राओं के हैं। इन शॉटों को आपस में जोड़ देने के बाद ऐसा लगता है मानो एक ही शेर ने क्रोध से उठकर गरजने के लिए मुँह खोला हो।

इन प्रयोगों का उद्देश्य फ़िल्म के टुकड़े के जुड़े हुए बिंबों की प्रकृति और शक्ति के आयामों का अनुसंधान करना था और इन्होंने फ़िल्म-संपादन की संभावनाओं का उद्घाटन किया। इन प्रयोगों से पता लगता है कि न केवल प्रत्येक शॉट में फ़िल्म के बिंबों का निर्माण करते हुए बल्कि उन बिंबों को जोड़ते हुए भी फ़िल्म-कलाकार के सामने विकल्पों और संभावनाओं की अनेक स्थितियाँ रहती हैं जिनमें से अपनी कलाक्षमता के अनुसार उसे चयन करना होता है। फ़िल्म-संपादन के दूसरे स्तर का संबंध इन्हीं कलात्मक संभावनाओं से है। इस स्तर पर संपादक का कार्य मुख्य रूप से फ़िल्म की लंबाई में मितव्ययिता लाना, दर्शकों की कल्पना को अधिक से अधिक सक्रिय करना और उसकी शक्ति का अधिकतम उपयोग करना तथा उन प्रभावों की सृष्टि करना है जो यथार्थ के ज्यों के त्यों बिंब-निर्माण द्वारा नहीं किया जा सकता।

शॉटों को आपस में जोड़ने से जो एक क्रम तैयार होता है, वह एक दूसरी दृष्टि से भी महत्वपूर्ण है। यह लय की संभावना है। लय या छंद कलात्मक रचना का एक विशिष्ट गुण है जो किसी न किसी रूप में प्रत्येक कला में वर्तमान रहता है और संगीत में वह अपने चरम तथा स्पष्ट रूप में व्यक्त होता है। इसीलिए संगीत की लयात्मकता की उपलब्धि सभी कलाओं का लक्ष्य किसी न किसी स्तर पर रहा है। फ़िल्म में भी इस लय-निर्माण की गहरी क्षमता है। लय का अर्थ है

गतियों का एक विशेष ढंग या पैटर्न में नियोजन, जिसमें गतियों की सभी इकाइयाँ एक दूसरे से घनिष्ठ रूप से जुड़कर सभी के प्रभावों में वृद्धि करती हुई समन्वित प्रभाव की सृष्टि करती हैं। अतः फ़िल्म के लय-निर्माण के स्रोतों का पता लगाने के लिए हमें उसकी गति के विभिन्न रूपों की जानकारी पाना चाहिए।

मोटे रूप से हम फ़िल्म की गतियों को तीन भागों में बाँट सकते हैं–1. दृश्य गति, 2. श्रव्य गति, 3. कथात्मक गति। दृश्य गति का पहला आधार प्रत्येक शॉट में चित्रांकित की जाने वाली सामग्री की गति है। यह गति तीव्र या धीमी हो सकती है, साधारण या जटिल हो सकती है। लय-निर्माण की दृष्टि से गति का दूसरा आधार शॉटों की लंबाई है। शॉट छोटे बड़े अनेक आकार में हो सकते हैं। छोटे आकार का शॉट पर्दे पर कम देर के लिए रुकेगा और बड़े आकार का अधिक देर के लिए। फ़िल्म की लय-निर्माण में इस बात का महत्व है कि आकार के अनुपात से शॉटों को किस क्रम में संयोजित किया गया है। लगातार लंबे लंबे शॉट एक साथ संयोजित करने से फ़िल्म की लय शिथिल होगी और छोटे छोटे शॉटों को एक साथ संयुक्त करने से फ़िल्म की लय द्रुत बनेगी। इसी प्रकार इनके और भी अनेक मिश्रण किये जा सकते हैं।

फ़िल्म की लय पर प्रभाव डालने वाली गति का एक अन्य स्रोत कैमरे की गति है। हम पहले जान चुके हैं कि चित्रांकन के समय चित्रांकन की वस्तु के संदर्भ में कैमरे की अनेक स्थितियाँ हो सकती हैं। चित्रांकन सामग्री से विभिन्न दूरियों पर रखा हुआ स्थिर कैमरा अथवा अपनी ही जगह पर अगल बगल, ऊपर नीचे घूमता हुआ कैमरा या चलता दौड़ता उड़ता हुआ कैमरा। एक ही प्रकार की कैमरा-स्थितियों से लिये गये शॉटों को संयुक्त करने से एक प्रकार की लय बनेगी और विभिन्न कैमरा-स्थितियों के शॉटों को आपस में मिलाकर विशिष्ट क्रमों में सजाने से दूसरे प्रकार की लय बनेगी।

लय निर्माण पर शॉटों को आपस में जोड़ने के ढंग का भी प्रभाव पड़ता है। अलग अलग शॉटों को आपस में कई प्रकार से जोड़ा जा सकता है। इसका एक सीधा तरीक़ा तो यह है कि एक शॉट के समाप्त होते ही दूसरा शॉट शुरू कर दिया जाए। इसे फ़िल्म की पारिभाषिक शब्दावली में 'कट' कहते। इसमें दर्शकों के ऊपर यह प्रभाव पड़ता है कि एक दृश्य ग़ायब होकर उसके स्थान पर दूसरा दृश्य आ गया। शॉटों के जोड़ने का दूसरा तरीक़ा 'फेड आउट' और 'फेड इन' कहलाता है। इसमें पहला शॉट धीरे धीरे धूमिल होता हुआ अंधकार में विलीन हो जाता है और अगला शॉट उस अंधकार से प्रकट होता है। तीसरा तरीक़ा 'डिजाल्व' कहलाता है। इसमें पहले शॉट की सामग्री क्रमशः सिमटती हुई प्रकाश में घुल

जाती है और उसकी जगह नये शॉट का दृश्य आ जाता है। चौथा तरीक़ा 'सुपरइंपोजीशन' कहलाता है। इसमें पहले शॉट के दृश्य के ऊपर ही अगले शॉट का दृश्य भी पारदर्शी छाया के रूप में अंकित हो जाता है। फिर पहला दृश्य ग़ायब हो जाता है और उसके स्थान पर दूसरा दृश्य पूरी तरह व्यक्त हो जाता है। कहानी की दृष्टि से इस प्रकार के अलग अलग जोड़ों का अलग अलग महत्व है और वे समय के अंतराल तथा अन्य प्रकार के अलग अलग प्रभावों का सृजन करते हैं। किंतु फ़िल्म की लय-निर्माण के दृष्टिकोण से भी इनका अपना महत्व है और इनके विभिन्न संयोजन लय-निर्माण को विभिन्न प्रकार से प्रभावित करते हैं।

संपादन के समय संपादक की कैंची भी लय-निर्माण को प्रभावित करती है। वह किसी शॉट को कहाँ पर से काटता है, यह बात भी इस दृष्टि से महत्वपूर्ण है। वह किसी क्रिया की किसी इकाई की पूर्णता पर उसे काट सकता है या पूर्ण होने के पहले ही। अपूर्ण क्रिया की स्थिति में शॉट के काटने को तीखी काट कहा जा सकता है। वास्तव में, फ़िल्म की लय के निर्माण का सबसे अधिक उत्तरदायित्व फ़िल्म-संपादक पर ही होता है, क्योंकि फ़िल्म के शॉटों को आपस में संयोजित करने की स्वतंत्रता और ज़िम्मेदारी उसी की होती है।

फ़िल्म की ध्वनियों का संयोजन भी विभिन्न प्रकार से फ़िल्म की लय को प्रभावित कर सकता है। विशेष रूप से पार्श्वसंगीत का तो इसके साथ घनिष्ठ संबंध है। पार्श्वसंगीत फ़िल्म की अपनी लय को तीव्र और अधिक शक्तिशाली करने का कार्य तो करता ही है, साथ ही यह अपनी ओर से भी लय को बदलने का कार्य कर सकता है।

फ़िल्म में व्यक्त की गयी कहानी के तनावों और शैथिल्यों, संवेग के प्रकारों और उनकी तीव्रता के क्रम भी फ़िल्म की लय-निर्माण के अत्यंत महत्वपूर्ण साधन हैं। वास्तव में, फ़िल्म की कथावस्तु की यह लय ही मूलाधार का कार्य करती है और कुशल निर्देशकालय के अन्य स्रोतों का उपयोग इसे ही प्रगाढ़ और शक्तिशाली बनाने के लिए करता है।

अब तक हमने फ़िल्म-माध्यम की उन विशिष्टताओं और तकनीकों का संक्षिप्त परिचय प्राप्त किया, जिनके द्वारा यह जीवन और जगत का चित्रण करती है। प्रश्न यह उठता है कि फ़िल्म-माध्यम की इन शक्तियों को ध्यान में रखते हुए जीवन के जिस रूप का कलात्मक निरूपण करना है उसकी कल्पना कौन करता है और किस रूप में करता है। दूसरे शब्दों में, फ़िल्म का कलाकार कौन है? कविता, कहानी, उपन्यास आदि के सृजन का पूरा उत्तरदायित्व लेखक पर है। नाटक में भी एक स्तर पर लेखक मुख्य भूमिका अदा करता है और दूसरे स्तर पर

निर्देशक तथा उसके अन्य सहयोगी कलाकार, अभिनेता, दृश्यपरिकल्पक, वेशविन्यासकार आदि। नाटक सामूहिक कला है, किंतु उसमें कलात्मक प्रभाव के सृजन के मुख्य क्षेत्रों का दायित्व अलग अलग कलाकारों के साथ पहचाना जा सकता है और पूरे नाटक की कल्पना को लेखक और निर्देशक दो व्यक्तियों के सृजनात्मक सहयोग का परिणाम समझा जा सकता है। फ़िल्म की स्थिति इस दृष्टि ये कहीं अधिक जटिल है। उसमें कलाकारों, तकनीशियनों और कारीगरों तथा श्रमिकों का एक बड़ा समूह मिलकर कार्य करता है। पूरे फ़िल्म का निर्माण अनेक टुकड़ों में होता है और वह बहुत सी कलात्मक तथा यांत्रिक तकनीकी प्रक्रियाओं से होकर गुज़रता है। ऐसी स्थिति में फ़िल्म द्वारा बनने वाले कलारूप के सृजन का श्रेय मुख्य रूप से किसी एक व्यक्ति को देना सरल नहीं, उसके निर्माण में अनेक व्यक्तियों का न केवल योग होता है बल्कि उनकी सर्जनात्मक कल्पना का भी उपयोग होता है और उसके अनुसार फ़िल्मकृति महत्वपूर्ण रूप से प्रभावित होती है। तब भी फ़िल्म द्वारा रूपायित होने वाली कलाकृति की मूल परिकल्पना करने वाले व्यक्ति और उस परिकल्पना को अपनी सर्जनशील क्षमताओं के साथ मूर्त रूप देने में नेतृत्व करने वाले व्यक्ति को अलग कर फ़िल्म के मुख्य कलानिर्माताओं के रूप में पहचाना जा सकता है। नाटक की तरह ही इन दोनों व्यक्तियों का नाम लेखक और निर्देशक है, किंतु नाटक की तुलना में फ़िल्म में लेखक और निर्देशक की भूमिकाएँ अलग क़िस्म की हैं। नाटक में नाटककार का कृतित्व अधिक अपरिवर्तनीय और महत्वपूर्ण है। अच्छा नाटककार लिखित रूप में नाटक का जो नक्शा तैयार करता है निर्देशक उसी के अनुसार रंगमंच पर अभिनीत नाटक की सृष्टि करता है और उसके प्रस्तुतिकरण के समय निर्देशक तथा अभिनेताओं आदि का सर्जनकार्य मात्रा तथा महत्व में कितना ही अधिक क्यों न हो जाए, उससे लेखक का कृतित्व न तो कम होता है और न ही उसने भाषा की जिन शक्तियों द्वारा तथा घटनाक्रम के जिस विन्यास द्वारा अपनी बात कहने का प्रयत्न किया है वह बदलता है। दूसरे शब्दों में, नाटक का निर्देशक नाटककार के कृतित्व को अक्षुण्ण रखते हुए अपने सर्जनकार्य द्वारा उसे और अधिक समृद्ध तथा प्रभावशाली बनाता है। फ़िल्म के लेखक को इतनी सुविधा, अधिकार और महत्व प्राप्त नहीं। साथ ही नाटक की तरह फ़िल्म में लेखक की भूमिका एक ही तरह की नहीं रहती, वह कई प्रकार की हो सकती है। एक स्थिति तो यह होती है कि लेखक केवल भाषा-माध्यम का ही उपयोग करते हुए पढ़े जाने के लिए उपन्यास या कहानी के रूप में कथाकृति तैयार करता है और निर्देशक उसके आधार पर फ़िल्म बनाता है। इस स्थिति में लेखक फ़िल्मकला-निर्माण में सर्जनात्मक रूप से नहीं संबद्ध होता।

उसने तो एक दूसरे ही प्रकार की कलासृष्टि की है। निर्देशक उस कलासृष्टि का उपयोग एक और कलासृष्टि के लिए करता है। उपन्यासकार ने वास्तविक जगत की अपनी अनुभूतियों के आधार पर भाषा के माध्यम से एक अपनी दुनिया खड़ी की है। फ़िल्म-निर्देशक उस दुनिया के आधार पर एक और नयी दुनिया का निर्माण करता है। यहाँ फ़िल्म-निर्देशक का उपन्यास के साथ उसी प्रकार का संबंध स्थापित होता है जिस प्रकार उपन्यासकार का वास्तविक जीवन के साथ। उपन्यासकार के लिए वास्तविक जीवन कच्चा माल है और फ़िल्म-निर्देशक के लिए उपन्यास कच्चा माल बन जाता है। जिस प्रकार उपन्यासकार की कृति में जीवन की वास्तविकता के प्रति प्रामाणिकता आवश्यक है, उसी प्रकार फ़िल्म-निर्देशक की कृति में उपन्यास के प्रति भी प्रामाणिकता आवश्यक है। उपन्यासकार और फ़िल्म निर्देशक दोनों ही अपने कच्चे मालों को अपनी अपनी कला के अनुशासन में बाँधने के लिए आवश्यक परिवर्तन करने को स्वतंत्र हैं। इस स्थिति में फ़िल्म निर्माण का पूरा दायित्व और श्रेय निश्चित रूप से निर्देशक को ही प्राप्त होता है।

किंतु फ़िल्म-निर्माण में लेखक की भूमिका दूसरे प्रकार की भी हो सकती है। वह फ़िल्म-माध्यम की शक्तियों, सीमाओं, उसके दर्शकों की आवश्यकताओं तथा फ़िल्म की अन्य समस्याओं को ध्यान में रखते हुए ऐसी कहानी लिखे जो इस माध्यम द्वारा रूपांतरित होकर पूरी तरह फ़िल्म कलाकृति में परिवर्तित हो सके। इस स्थिति में फ़िल्म-लेखक का लेख निश्चय ही मात्रा और महत्व में कुछ अधिक होगा। किंतु इसमें भी लेखक की कहानी केवल रूपरेखा और आधार भर ही प्रस्तुत करेगी। उसके प्रत्येक बिंब का निर्माण और उनका संयोजन निर्देशक का दायित्व होगा और कलाकृति मुख्य रूप से निर्देशक की ही होगी। फ़िल्म में लेखक की एक तीसरी तथा और भी ऊँची स्थिति हो सकती है। लेखक यदि न केवल फ़िल्म-माध्यम की समस्त संभावनाओं, शक्तियों से ही परिचित है बल्कि वह उसकी निर्माण-प्रक्रिया, तकनीकों तथा कैमरा-कार्य आदि पर भी पूरा अधिकार रखता है और फ़िल्म-निर्माण के प्रत्येक बिंदु को सटीकता के साथ अपनी कल्पना में साकार कर सकता है। तब वह फ़िल्म कलाकृति का ऐसा विवरणयुक्त आलेख तैयार करेगा जिसमें प्रत्येक शॉट में रूपायित होने वाले बिंब का स्पष्ट उल्लेख रहेगा और निर्देशक को उसी के अनुसार चलना होगा। ऐसे विवरणयुक्त आलेख को पटकथा या सिनेरियो या शूटिंग स्क्रिप्ट कह सकते हैं। फ़िल्म-लेखन की यही आदर्श स्थिति है और यहीं पर फ़िल्म-लेखक नाटककार के समान सृजनकार्य का साझीदार हो सकता है। इस स्थिति में फ़िल्म-लेखक फ़िल्म कलाकृति के सर्जन में निर्देशक के समान ही श्रेय का अधिकारी माना जा सकता है।

किंतु हर स्थिति में निर्देशक का महत्व ही सर्वाधिक होता है। यही फ़िल्म के जटिल सृजनकार्य का मुख्य स्रष्टा होता है और अपनी सर्जनात्मक कल्पना को सतत जागरुक रखते हुए फ़िल्म को निर्माण की समस्त रूखी यांत्रिक जटिल प्रक्रियाओं से पार करते हुए कलात्मक कृति का निर्माण करने में नेतृत्व करता है। पूरी प्रक्रिया में उसी का स्वर अंतिम रूप से निर्णायक होता है, इसीलिए वही फ़िल्म का प्रधान कलाकार स्वीकार किया जाता है।

उत्तरदायित्व का बोझ लेखक या निर्देशक चाहे जिसके कंधे पर अधिक हो यह बात निश्चित है कि कथा-फ़िल्म के निर्माण का पहला चरण निर्मिति की पूर्व रूपरेखा या सिनेरियो या पटकथा तैयार करना है। प्रश्न यह उठता है कि इस पटकथा का स्वरूप साहित्य की अन्य विधाओं की तुलना में किस प्रकार विशिष्ट है। दूसरे शब्दों, में जीवन के प्रतिरूपण में उपन्यास, कहानी, महाकाव्य या नाटक की तुलना में फ़िल्म की अपनी विशिष्टताएँ क्या हैं?

भाषा सर्वाधिक लचीला माध्यम होने के कारण संभवतः जीवन को सर्वाधिक विस्तृत आयामों में प्रस्तुत कर सकती है और उसकी तुलना में अन्य सारे माध्यम कम शक्तिशाली प्रतीत होते हैं। किंतु भाषा की भी एक ऐसी विशिष्ट सीमा है जो यथार्थ के प्रतिरूपण की उसकी शक्ति को एक दिशा में कम कर देती है।

भाषा वाणी के क्षेत्र से परे के अनुभवों को संप्रेषित नहीं कर सकती; क्रमागत और रेखीय होने के कारण यह समानांतर अनुभवों को भी अभिव्यक्त नहीं कर सकती; अलग अलग और विभाजनीय इकाइयों से निर्मित होने के कारण यह जीवन-प्रक्रिया के अखंड प्रवाह को भी प्रकट करने में असमर्थ है। यथार्थ अभिव्यक्त या संप्रेषित नहीं हो सकता। केवल उसके भ्रम या आभास को ही अभिव्यक्त या संप्रेषित किया जा सकता है।

भाषा की इस सीमा का अतिक्रमण फ़िल्म कुछ दूर तक कर लेती है। वह यथार्थ की दृश्य प्रतिकृति होने के कारण अपने चौखटे की सीमा में आने वाले जीवन की समानांतरता और अखंड प्रवाह को भी निरूपित कर सकती है। किंतु इसके विपरीत भाषा की रूपकात्मक अभिव्यक्ति की शक्ति फ़िल्म के पास नहीं। रूपक द्वारा कह सकने की क्षमता भाषा को अनुभव के बिल्कुल अलग अलग क्षेत्रों को एक साथ संयुक्त करने की शक्ति प्रदान करती है। यहाँ फ़िल्म बिल्कुल असहाय हो जाती है।

भाषा और फ़िल्म माध्यमों की विशिष्टताओं और उनके अंतरों की ओर यह इंगित केवल यह प्रमाणित करने के लिए किया गया कि फ़िल्म के लिए जीवन के प्रतिरूपण की रूपरेखा बनाते समय परिकल्पक को भाषिक अभिव्यक्ति की आदतों से मुक्त होकर ही कार्य करना है।

फ़िल्म के प्रतिरूपण के लिए जीवन का अंश चुनते समय नाटक की ही तरह इसमें भी प्रस्तुतिकरण की समय-सीमा का ध्यान रखना पड़ता है। नाटक दो ढाई घंटे में समाप्त हो जाना चाहिए। भारत में फ़िल्मों की समय सीमा भी लगभग इतनी ही है। यद्यपि पश्चिमी देशों में अधिकांश फ़िल्में डेढ़ घंटे से अधिक की नहीं होतीं। लंबाई की दृष्टि से भारत में प्रायः बारह तेरह हज़ार से लेकर पंद्रह सोलह हज़ार फीट तक की फ़िल्में बनती हैं। जबकि विदेशों में सात हज़ार से लेकर नौ हज़ार फीट तक की। यह सीमा अँधेरे में पर्दे पर आँखें जमाए बैठे रहने की दर्शकों की सामर्थ्य तथा मनोरंजन के लिए समय की एक औसत इकाई आदि के कारण बन गयी है और यद्यपि विशिष्ट स्थितियों में इसमें अपवाद हो सकते हैं, तथापि सामान्य रूप से यही परंपरा बन गयी है। अतः फ़िल्म के लिए जीवनकथा चुनते समय लेखक या निर्देशक को इस समय-सीमा का ध्यान अवश्य रखना होगा। इतनी अवधि में आसानी से संप्रेषित हो सकने वाला जीवनानुभव ही फ़िल्म के लिए स्वीकार किया जाना चाहिए। यह समय-सीमा यद्यपि नाटक की भाँति ही बड़ी कठोर तथा जीवनचित्र को अत्यंत सीमित कर देने वाली प्रतीत होती है, किंतु वास्तव में इतनी है नहीं। क्योंकि स्थान और काल में गति की स्वतंत्रता फ़िल्म को नाटक की तुलना में बहुत बड़ी पटभूमि प्रदान कर देती है और नाटक की तुलना में फ़िल्म जीवन का बहुत विशाल रूप प्रस्तुत कर सकती है। इस दृष्टि से उपन्यास की तुलना में अवश्य फ़िल्म को विस्तार की कम सुविधाएँ प्राप्त हैं। उपन्यास के आकार पर किसी प्रकार का नियंत्रण नहीं है और वह चाहे जितने विशाल आकार का हो सकता है। क्योंकि उसे एक ही बैठक में समाप्त करने की समस्या नहीं रहती। तब भी कुछ विशाल आकार के उपन्यासों का फ़िल्म में सफल रूपातंरण यह प्रमाणित करता है कि भाषा द्वारा कथा की अभिव्यक्ति को, विस्तार को फ़िल्म काफ़ी मितव्ययिता के साथ प्रस्तुत कर सकती है। इसका एक निष्कर्ष यह भी निकाला जा सकता है कि भाषा की तुलना में फ़िल्म-बिंबों को अधिक कह सकने की शक्ति प्राप्त है। इसीलिए फ़िल्म की आकारगत सीमा उसमें प्रस्तुत जीवन के आकार को बहुत अधिक परिसीमित नहीं करती।

नाटक जीवन के प्रस्तुतिकरण में रंगमंच की सीमाओं के कारण स्थान और काल की बड़ी छोटी सीमा से बँधा होता है और नाटककार को उसमें ही सघन रूप से अभिव्यक्ति करनी पड़ती है। इसी सीमा के कारण नाटक में संकलन-त्रय के सिद्धांत का जन्म हुआ। किंतु फ़िल्म में इस तरह का कोई बंधन नहीं है। फ़िल्म उपन्यास की ही भाँति स्थान और काल के किसी भी आयाम में सुविधापूर्वक संचरण कर सकती है। फ़िल्म में कथा का स्थान कहीं भी चुना जा सकता है—

पृथ्वी की सतह पर, समुद्र की गहराई में, पहाड़ों की गुफाओं में, आकाश में, अंतरिक्ष में अथवा चंद्रलोक, मंगललोक कहीं भी। जहाँ कहीं मनुष्य कैमरा लेकर पहुँच सकता है, वह स्थान तो फ़िल्म में दिखाया ही जा सकता है। किंतु जहाँ वास्तविक रूप में मनुष्य नहीं भी पहुँच सकता, उस स्थान का भी प्रतिरूप स्टूडियो में बनाकर इस प्रकार चित्रांकित किया जा सकता है कि दर्शकों को वहाँ भी पहुँचने का भ्रम हो। इसके साथ ही फ़िल्म को यह भी सुविधा प्राप्त है कि वह क्षण मात्र में एक स्थान से दूसरे स्थान पर, जिसके बीच की दूरी चाहे भी जितनी हो, सरलता से कथा की घटना को ले जा सकती है। इसीलिए फ़िल्म में स्थान की समस्या से लेखक या निर्देशक को नहीं जूझना पड़ता।

इसी प्रकार कालगत सीमा भी फ़िल्म द्वारा प्रतिरूपित जीवन को परिसीमित नहीं करती। फ़िल्म बड़ी सुविधा के साथ वर्तमान, अतीत और भविष्य में घूम सकती है। फ़िल्म के पास ऐसे प्रभावी साधन हैं कि वह क्षणमात्र में कालगत अंतर का बिंब विश्वसनीय रूप से उपस्थित कर सकती है। फ़िल्म हमें दृश्य साधनों की सहायता से लाखों करोड़ों वर्ष पीछे ले जा सकती है और भावी दुनिया में भी हज़ारों वर्ष आगे की ओर खींच सकती है। इस दृष्टि से फ़िल्म की तुलना यदि हम एच.जी. वेल्स द्वारा कल्पित कालयंत्र (टाइम मशीन) से करें तो कोई अत्युक्ति न होगी। कालगत यात्रा की तरलता भी फ़िल्म-परिकल्पक को अपूर्व स्वतंत्रता प्रदान करती है, बिल्कुल भाषा की ही भाँति।

काल पर फ़िल्म का नियंत्रण एक और दृष्टि से भी बहुत महत्वपूर्ण है। यह वास्तविक कालसीमा को इच्छानुकूल घटा बढ़ा सकती है। अर्थात् किसी घटना को घटित होने में लगने वाले वास्तविक समय को इच्छानुसार संकुचित कर या विस्तृत कर प्रस्तुत कर सकती है, एक मिनट में घटित होने वाली घटना को 10 सेकेंड में प्रस्तुत कर सकती है और 3 मिनट में भी। समय पर फ़िल्म का यह अधिकार अन्य कलाओं के लिए अजाना है।

स्थान और काल में संचरण की तथा तुरत परिवर्तन की फ़िल्म-माध्यम को प्राप्त शक्ति का उपयोग करके फ़िल्म-निर्देशक या लेखक प्रतिरूपित जीवन की संरचना या बिंबों की बुनावट का मनचाहा पैटर्न अपना सकता है। इस क्षमता के उपयोग का कुछ फ़िल्मों में बड़ा ही प्रभावशाली उपयोग किया गया है जिससे अभूतपूर्व अनुभूति का सृजन हो सका है। फ़िल्म-निर्माण के आरंभकाल में ही अमेरिका के ग्रिफिथ ने अपनी 'इनटालरेंस' नामक फ़िल्म में इसका बहुचर्चित उपयोग किया है।

फ़िल्म द्वारा जीवन का प्रतिरूप उपस्थित करते समय इस बात का ध्यान रखना होता है कि उसका सर्वाधिक भाग दृश्यात्मक हो अर्थात् भाषा पर कम से

कम निर्भर रहा जाए। अन्य सभी साहित्य रूपों में भाषा ही मुख्य माध्यम होती है जिससे जीवन का बिंब बनता है। नाटक में भी भाषा को पर्याप्त रूप से महत्वपूर्ण स्थान प्राप्त है, किंतु फ़िल्म में ध्वनि की संभावना हो जाने पर भी संवादों द्वारा अधिक बातें कहने की कोशिश करने पर फ़िल्म का प्रभाव क्षीण हो जाता है। फ़िल्म में भाषा एक़दम स्वाभाविक रूप में, जैसी हम जीवन में उपयोग करते हैं, वैसी ही होनी चाहिए। सवाक फ़िल्म के पहले मूक फ़िल्मों का ही आविष्कार हुआ था और जीवन का चित्रण बिना संवादों के ही सफलतापूर्वक कर लिया जाता था। कहीं कहीं कुछ शीर्षकों मात्र का उपयोग होता था। एक लंबे समय तक फ़िल्म के मूक बनी रहने के कारण फ़िल्म-निर्देशकों को दृश्यबिंबों की संभावनाओं और उनकी तकनीकों के अन्वेषण का बड़ा अवसर मिला और उन्होंने अच्छी तरह इस पर अधिकार प्राप्त कर लिया। इसीलिए जब पहली बार फ़िल्म के साथ ध्वनि को भी संयुक्त कर सकने की संभावना का आविष्कार हुआ तो जहाँ बहुत से निर्देशक और व्यवसायी इस नवीनता की ओर बड़ी तेजी से भागे वहीं चार्ली चैपलीन जैसे श्रेष्ठ फ़िल्म-कलाकार ने संवादों का उपयोग फ़िल्मकला के लिए हानिकर समझा और बहुत दिनों तक इस नवीनता का उपयोग किये बिना ही अच्छी फ़िल्में बनाते रहे। आज बहुत से सामान्य फ़िल्म कथाकार और निर्देशक संवादों का बहुत अधिक और ग़लत उपयोग करते हैं, इसलिए फ़िल्में उतनी प्रभावशाली नहीं हो पातीं जितनी होनी चाहिए। हिंदी और दूसरी भारतीय भाषाओं में यह दुर्बलता बहुत व्यापक है। कुछ थोड़े से श्रेष्ठ कलाकार इससे बच पाये हैं जिनमें बंगला के सत्यजीत राय का नाम विशेष रूप से उल्लेखनीय है।

फ़िल्म-माध्यम की यह दृश्यात्मकता फ़िल्म-कलाकार को दृश्यबिंबों की भाषा में सोचने और कल्पना करने के लिए विवश करती है। साहित्य की भाषा भी मूलतः बिंब प्रधान होती है और साहित्यकार भाषा द्वारा अधिक से अधिक सजीव बिंबों के निर्माण का प्रयत्न करता है। किंतु फ़िल्म-कलाकार को ठोस बिंबों, ऐसे बिंबों के रूप में कल्पना करनी पड़ती है जो कैमरे की यांत्रिक प्रक्रिया द्वारा रूपायित हो सके।

उपन्यास और कहानी में जीवन का चित्रण करने के लिए साहित्यकार जिन साधनों का उपयोग करता है उन्हें कथावस्तु, चरित्रचित्रण, संवाद, परिवेशचित्रण, शैली और उद्देश्य के रूप में विश्लेषित किया गया है। चूँकि फ़िल्म भी उपन्यास कहानी की भाँति ही जीवन का चित्र उपस्थित करती है इसलिए, स्वभावतः यह प्रश्न उठता है कि इन तत्वों का स्वरूप फ़िल्म में आकर किस प्रकार परिवर्तित हो जाता है।

कथावस्तु के रूप में किसी भी विषय को चुन लेने की स्वतंत्रता फ़िल्म को है और फ़िल्म-माध्यम की संभावनाएँ सभी प्रकार की कथावस्तुओं को पूरी तरह रूपायित कर सकने में सक्षम है, किंतु तब भी काल्पनिक या मिथकीय कथा की अपेक्षा यथार्थ जीवन फ़िल्म-माध्यम के अधिक अनुकूल है, क्योंकि कैमरा मूलतः वस्तुगत सत्य (ऑब्जेक्टिव ट्रूथ) के चित्रांकन का साधन है। फ़िल्म में घटनाओं के सघनीकरण की उतनी आवश्यकता नहीं। घटनाओं का विस्तार चाहे जितना भी हो फ़िल्म उसे सुविधापूर्वक अपने में समेट सकती है।

चरित्रचित्रण की दृष्टि से फ़िल्म-माध्यम अत्यंत विशिष्ट है। पहली बात तो यह कि फ़िल्म द्वारा दिखलाए गये व्यक्तियों का प्रभाव अत्यंत गहरा पड़ता है। उपन्यास द्वारा प्रस्तुत व्यक्तियों के शब्दबिंब मन पर उतने ठोस रूप में नहीं छा पाते। दूसरी ओर रंगमंच पर उपस्थित अभिनेता दर्शकों से दूरी के कारण तथा रंगमंच की कृत्रिमता की उनकी अनुभूति के कारण अपनी समस्त सजीवता के बावजूद उस प्रकार दर्शकों पर नहीं छा पाते, किंतु फ़िल्म में प्रस्तुत व्यक्तियों के स्वरूप आकार की विशालता तथा सूक्ष्म विवरणों को भी दर्शकों तक पहुँचाने की अपनी क्षमता के कारण अत्यंत गहरा प्रभाव डालते हैं। फ़िल्म में व्यक्ति का बिंब अत्यंत स्वाभाविक होता है, अतः उसमें स्वाभाविकता लाने के लिए फ़िल्म के लेखक को विशेष श्रम नहीं करना पड़ता। किंतु यदि लेखन में चरित्रचित्रण संबंधी कोई ग़लती या अस्वाभाविकता होगी तो वह भी अधिक स्पष्टता से उभर कर आ जाएगी। जिस प्रकार नाटक में चरित्रों के संबंध में नाटककार अपनी ओर से कुछ नहीं कह सकता, उसी प्रकार फ़िल्म में भी। इस दृष्टि से उपन्यासकार को अधिक सुविधाएँ हैं। फ़िल्म में चरित्रों का विकास उनकी क्रियाओं के ही द्वारा होता है। संवादों के द्वारा भी चरित्र के अनेक पहलुओं को उद्‌घाटित किया जा सकता है किंतु उस पर कम से कम निर्भरता ही उपयोगी है।

परिवेशचित्रण की दृष्टि से भी फ़िल्म नाटक और उपन्यास दोनों की अपेक्षा बहुत अधिक शक्तिशाली है। परिवेश के प्रभाव को शक्तिशाली रूप से उत्पन्न करने के लिए उपन्यासकार जहाँ पृष्ठ पर पृष्ठ रंगता चला जाता है और घटना-क्रम में उलझे पाठकों की खीज का कारण बनता है, वहाँ फ़िल्मकार कुछ ही क्षणों में परिवेश को इतनी पूर्णता और कुशलता के साथ प्रस्तुत कर देता है कि फ़िल्म के प्रवाह में तनिक भी व्यवधान डाले बिना ही परिवेश का पूरा अर्थ दर्शकों तक पहुँच जाता है। नाटक तो इस दृष्टि से अत्यंत अकिंचन है। रंगमंच की सीमाएँ परिवेश चित्रण को बहुत अधिक परिसीमित कर देती हैं। फ़िल्म अत्यंत व्यापक परिवेश से लेकर उसकी लघुतम इकाई तक की विशिष्टताओं को प्रभावशाली

ढंग से चित्रित कर सकती है। इतना ही नहीं, परिवेश चित्रण द्वारा फ़िल्म कुछ दूर तक भाषा के विशिष्ट अलंकारों – रूपक और उपमा का प्रभाव भी उत्पन्न करने का प्रयास करती है। किसी तीव्र अनुभूति के समय कैमरे की आँख जब कथानायकों के ऊपर से हटकर उसके निकट परिवेश के किसी तत्व को ढूँढ कर उस पर बल देती हुई प्रस्तुत करती है तो उस वस्तु तथा पूर्ववर्ती क्रिया के प्रभावों के बीच एक नया संबंध स्थापित होता है और परिवेश की वह वस्तु एक तरह का प्रतीकात्मक अथवा उपमाधर्मी अर्थ देने लगती है। निकट परिवेश के इस प्रकार के उपयोग द्वारा एक ओर तो वातावरण का निर्माण होता है, दूसरी ओर फ़िल्म को काव्यात्मकता भी प्राप्त होती है। बहुत सी अच्छी फ़िल्मों में परिवेश का ऐसा उपयोग अत्यंत कलात्मकता के साथ किया गया है और उसने ऐसी कृतियों में महत्वपूर्ण गरिमा भर दी है। परिवेशचित्रण की दृष्टि से फ़िल्म की सबसे बड़ी शक्ति वास्तविक स्थानों की अत्यंत यथार्थ प्रतिकृति प्रस्तुत करना है। फ़िल्म कुछ ही मिनटों में अपने दर्शकों को प्रमाणिक रूप से संसार भर की यात्रा करा सकती है। इस प्रकार वह दर्शकों को सरलतापूर्वक उनके व्यापक जीवन-परिवेश के बिंबों से आत्मीयतापूर्ण परिचित कराती रहती है और दर्शक अपनी सारी सीमाओं के बावजूद विश्व से अधिकाधिक परिचित हो उठता है।

वातावरण का निर्माण भी फ़िल्म की विशिष्टता है। कथाप्रवाह में आने वाले विविध भावरंगों के अनुकूल वातावरण का सरलतापूर्वक सृजन करते जाना फ़िल्म-माध्यम की मौलिक विशिष्टता है। इसके लिए फ़िल्म मुख्य रूप से प्रकाश की विविधता, पार्श्वसंगीत, परिवेश के विशिष्ट तत्वों पर बल तथा शॉटों की विविधता और फ़िल्म की लय का उपयोग करती है।

संवादों के संबंध में हम पहले ही कह आये हैं कि फ़िल्म की दृष्टि से यह प्रभाव का महत्वपूर्ण साधन नहीं है। फ़िल्म में संवादों का उपयोग मुख्य रूप से न करके गौण रूप से विशिष्ट प्रभावों की सृष्टि के लिए ही करना चाहिए। किंतु जहाँ भी संवाद आयेँ, वे अत्यंत स्वाभाविक हों, क्योंकि फ़िल्म की गहरी यथार्थवादी प्रकृति संवादों में छिपी थोड़ी सी अस्वाभाविकता को भी बड़े रूप में खोल देगी और प्रभाव बिखर जाएगा। फ़िल्म में संवाद का उपयोग चाहे कितना भी कम क्यों न हो, उसे जितने अधिक प्रभावी रूप में इसमें उपस्थित किया जा सकता है, उतना संभवतः किसी अन्य माध्यम में नहीं। कैमरे की गतिशीलता संवाद को अनेक प्रकार के प्रभावों की पृष्ठभूमि में रखकर प्रस्तुत कर सकती है। जिस समय कोई व्यक्ति बोल रहा हो, उस समय कैमरा घूमता हुआ अनेक प्रकार के दृश्यबिंबों से वाणी को संयुक्त करता हुआ शब्दों को निरंतर नये अर्थ देते रह सकता है। जिस

समय कोई बोल रहा है, उस समय कैमरा सुनने वाले की प्रतिक्रियाओं को अंकित कर सकता है, किसी कोने में खड़े तटस्थ दर्शक की मुद्राओं के संग रख सकता है, स्वयं बोलने वाले के मुख का या मात्र होंठों का बिंब उपस्थित कर सकता है अथवा उसके हाथों की क्रियाओं को अंकित कर सकता है अथवा परिवेश के विभिन्न तत्वों को दृष्टि में ला सकता है। इस प्रकार शब्दों के साथ साथ चलने वाले दृश्यबिंब शब्दों के अर्थों पर टीकाटिप्पणी, व्याख्या, संशोधन, विद्रूपण, व्यंग्य, गहराई आदि अनेक उपप्रभाव युगपत् प्रस्तुत कर सकते हैं। यह भी फ़िल्म माध्यम की मौलिक विशिष्टता है।

लेखनकाल : साठ के दशक का उत्तरार्ध

रंगमंच : एक माध्यम

प्रत्येक कला अपने माध्यम की सीमाओं से बँधी रहती है। कला का रूपनिर्माण उसके माध्यम की आधारशिला पर ही होता है। माध्यम ही सौंदर्यसृष्टि का मूर्त आधार है और वही कलाकार की भावनाओं को आकार देता है। कला की उत्कृष्टता का एक प्रमुख प्रमाण उसके माध्यम की संभावनाओं का पूर्ण और सफल उपयोग है। किसी भी कला की प्रकृति को समझने के लिए उसके माध्यम की सीमाओं और शक्तियों से पूर्ण परिचय आवश्यक है। चित्रकला को समझने के लिए रंगों, रेखाओं और आकारों के ऐंद्रिक और अभिव्यंजनात्मक प्रभाव को जानना आवश्यक है; संगीत के रसास्वादन के लिए ध्वनि की संभावनाओं से परिचय आवश्यक है; और मूर्तिकला को परखने के लिए प्रस्तर, मिट्टी, धातु आदि की सीमाओं और शक्तियों का ज्ञान आवश्यक है। प्रत्येक वर्ग का कलाकार अपनी सर्जनात्मक कल्पना की अभिव्यक्ति के लिए अपने माध्यम के साथ घनिष्ठता स्थापित करता है, उसमें डूबता है, उसका अन्वेषण करता है और उसकी संभावनाओं के नये द्वार खोलता है। इस प्रकार वह अपने माध्यम के प्रति अत्यधिक संवेदनशील हो उठता है और उसमें पत्थर जैसे कठोर माध्यम के द्वारा भी कोमलतम भावनाओं को अभिव्यक्त करने की क्षमता उत्पन्न हो जाती है।

नाटक भी सर्जनात्मक कला है। यहाँ नाटक से मेरा तात्पर्य केवल उसके छपे हुए शाब्दिक रूप से नहीं, बल्कि उसके अभिनीत रूप से है। अतः इस कला की प्रकृति और विशेषताओं को समझने के लिए इसके माध्यम के स्वरूप और उसकी सीमाओं को समझना आवश्यक है। उपन्यास और महाकाव्य की भाँति नाटक को भी साहित्य की एक विधा के रूप में स्वीकार कर उसी परंपरा में उसका विवेचन होने के कारण नाटक और रंगमंच के संबंध में बहुत सी भ्रांतियाँ उत्पन्न हो गयी हैं।

इस सबका एक बहुत बड़ा कारण यह है कि नाट्यकला की उचित मीमांसा नहीं की गयी और माध्यम के रूप में रंगमंच का विश्लेषण नहीं किया गया।

लिखित नाटक अपने आप में स्वतंत्र कृति नहीं है, पर भ्रमवश अधिकांश नाटककार ऐसा ही समझ बैठे हैं। वे समझते हैं कि उनका काम नाटक लिखना है और प्रयोक्ता का काम यथासंभव उसका हूबहू चित्रण (Illustration) करना है। किंतु हेराल्ड क्लरमैन के मतानुसार रंगमंच पुस्तक पढ़ने का दीपक नहीं है (Theatre is not a lamp by which a text may be read)। वे कहते हैं कि 'अनुकूल परिस्थितियों में नाटक सर्जनात्मक कला है।' किंतु नाटक एक जटिल कला है। इसकी जटिलता ही इसके वास्तविक स्वरूप को समझने में बाधा डालती है। अन्य कलाओं में स्वयं कलाकार अपने माध्यम पर काम करता है और अपनी कल्पना को मूर्त स्वरूप प्रदान करता है। चित्रकार के मन में सर्जनात्मक प्रेरणा के फलस्वरूप किसी बिंब का उदय हुआ और उसने तुरत अपने माध्यम रंगों-रेखाओं और आकारों के रूप में उसकी अभिव्यक्ति कर डाली। वस्तुतः मानसिक प्रक्रिया तो यह होती है कि उसकी कल्पना का बिंब अपने माध्यम से संपृक्त होता है। माध्यम से स्वतंत्र उसकी कल्पना सामान्यतया की जाती ही नहीं। किंतु नाटक के साथ यह बात नहीं। नाटक में कई कलाओं का उपयोग होता है। किंतु यह उनका समन्वय है, संग्रह नहीं। यह समन्वय उसे मौलिकता और स्वतंत्र कला की सत्ता प्रदान करता है। किंतु साथ ही यही समन्वय उसके कलाकारों के सामने एक जटिल समस्या भी उत्पन्न कर देता है। नाटक के प्रत्येक कलाकार को दो दो माध्यमों पर काम करना पड़ता है। एक ओर तो उसे अपनी विशिष्ट कला के माध्यम से आत्माभिव्यक्ति-करनी होती है तो दूसरी ओर उसे नाटक की स्वतंत्र कला को समझ कर उसके साथ अपनी कला का समन्वय करना होता है। नाटककार, अभिनेता, संगीतज्ञ, नर्तक, दृश्यसज्जाकार, प्रकाशक (लाइट्समैन)— सबके साथ यही समस्या है। नाट्य-प्रयोगों की असफलता का एक बहुत बड़ा कारण यह भी है कि बहुत से कलाकार अपने इस दुहरे दायित्व को सँभाल नहीं पाते। कितनी बार यह देखने में आता है कि प्रथम श्रेणी के संगीतकार भी रंगमंच पर असफल हो जाते हैं। दूसरे कलाकारों के साथ भी प्रायः ऐसी ही घटना देखते में आती है। ये कलाकार अपने माध्यम के तो विशेषज्ञ होते हैं, किंतु नाटक के माध्यम को ठीक से समझ नहीं पाते।

नाटक का माध्यम रंगमंच है। नाटककार को इसी रंगमंच के आधार पर अपने नाटक की रूपरेखा बनानी पड़ती है। उसकी चेतना में रंगमंच की संभावनाओं और शक्तियों का स्पष्ट रूप रहना आवश्यक है, अन्यथा वह भाषा को ही अपना माध्यम समझकर प्रस्तुतीकरण की दृष्टि से शक्तिहीन रचना कर बैठेगा। रंगमंच की स्पष्ट परिकल्पना के अभाव में लिखे गये नाटक को रंगमंच पर प्रस्तुत करने का प्रयास वैसा ही है, जैसे किसी गद्यखंड को सुमधुर लय में गाने का प्रयत्न करना।

किंतु इसका यह अर्थ नहीं कि रंगमंच नाटककार का निरंकुश नियंता है और उसकी कल्पनाशक्ति को एक कठघरे में डाल देना चाहता है। वस्तुतः नाटककार

नाट्यकलाकारों की सर्वोच्च सत्ता है और नाटकीय अनुभूति का मूलसूत्र उसकी कल्पना की स्वच्छंदता में ही निहित है। वह रंगमंच की परिकल्पना में परिवर्तन, परिवर्धन और विकास कर सकता है। विश्व-रंगमंच के इतिहास पर दृष्टि डालने से यह स्पष्ट हो जाता है कि रंगमंच के अद्यतन विकास में नाटककारों की नवनवोन्मेषशालिनी कल्पना का बहुत बड़ा हाथ रहा है।

फिर भी रंगमंच नाटककार का अनिवार्य साधन है। वह उसकी तनिक भी उपेक्षा नहीं कर सकता। वास्तव में, भ्रम का मुख्य कारण रंगमंच के अर्थ के विषय में अस्पष्टता तथा भ्रामकता है। प्रायः रंगमंच का अर्थ बहुत संकीर्ण रूप में लगाया जाता है। इसका तात्पर्य केवल दृश्यबंध की किसी विशिष्ट शैली के रूप में लिया जाता है। इस अर्थ में रंगमंच निश्चय ही नाटककार के लिए अनिवार्य नहीं होना चाहिए, अन्यथा वह सर्जनशील कलाकार न रह कर मात्र कारीगर हो जाएगा। अनिवार्य रूप में रंगमंच का अर्थ नाटककार के लिए वह शक्ति और तत्व है, जिनके द्वारा नाटक मूर्त और जीवंत रूप धारण करता है और जो रंगमंच की सभी शैलियों में निश्चित रूप से वर्तमान रहता है। इस अर्थ में रंगमंच नाटककार के लिए उतना ही आवश्यक है जितना चित्रकार के लिए रंग और रेखाएँ तथा शिल्पी के लिए त्रिआयामात्मक सामग्री जैसे प्रस्तर, धातु या मिट्टी आदि।

माध्यम के रूप में रंगमंच का अर्थ अत्यंत विस्तृत है। इसमें नाटक के प्रस्तुतीकरण से संबंध रखनेवाले सभी तत्व सम्मिलित हैं जैसे अभिनेता, वेशभूषा, दृश्यबंध, संगीत, प्रकाश, मंचस्थापत्य तथा दर्शक।

नाटककार को इन सबकी शक्तियों से घनिष्ठ परिचय रखना पड़ता है। इन सभी तत्वों का सम्यक विश्लेषण करने के लिए इनका वैज्ञानिक वर्गीकरण कर लेना आवश्यक है। रंगमंच की परिकल्पना को हम इस प्रकार उपस्थित कर सकते हैं :

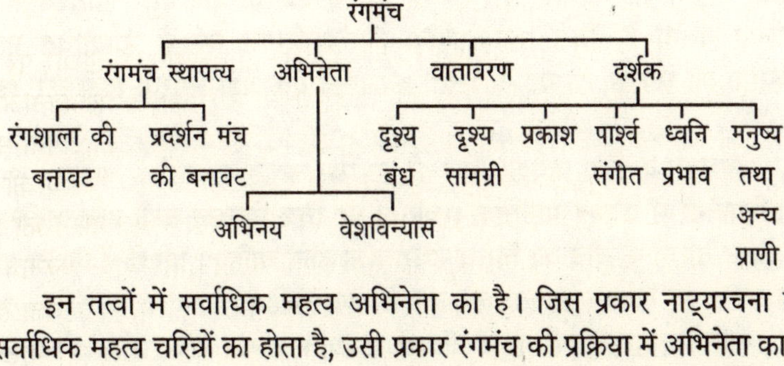

इन तत्वों में सर्वाधिक महत्व अभिनेता का है। जिस प्रकार नाट्यरचना में सर्वाधिक महत्व चरित्रों का होता है, उसी प्रकार रंगमंच की प्रक्रिया में अभिनेता का।

अभिनेता रंगमंच का प्राण है। नाटककार के लिए माध्यम के रूप में अभिनय की प्रकृति, शैलियाँ तथा तकनीकों को अच्छी तरह से समझना आवश्यक है, क्योंकि उन्हीं के अनुसार उसे अपने चरित्रों की रूपरेखा तथा विकास निर्धारित करना पड़ता है। किंतु यह आवश्यक नहीं है कि वह सदैव अभिनेता की सुविधा का ध्यान रखते हुए परंपरित मार्ग पर ही चले। बर्नार्ड शॉ ने अपने नाट्य-रचना-कौशल के संबंध में बताते हुए एक स्थान पर लिखा है–

'अभिनेता के संबंध में मैं अधिक उदार रहा हूँ। उसे अपनी तकनीकी पद्धतियों का सफलतम उपयोग करने में सक्षम बनाने के लिए मैंने अपना समस्त कौशल-चातुर्य लगा दिया है। लेकिन कभी कभी उसकी बुद्धि की कठोरतापूर्वक परीक्षा लेने में भी हिचकिचाया नहीं हूँ....'

नाट्यरचयिता के लिए अपने माध्यम के रूप में अभिनय की प्रकृति और आवश्यकताओं को समझना सरल नहीं है। इसके लिए उसे वर्षों तक प्रतिभावान अभिनेताओं की कला को परखना और उसका विश्लेषण करना पड़ता है। स्वयं शॉ नाटक लिखने से पहले अभिनीत नाटकों के आलोचक का कार्य किया करते थे।

माध्यम के रूप में अभिनेता की एक मुख्य समस्या यह है – नाटक में व्यक्तियों के चरित्र को उनके जीवन की कुछ विशिष्ट घटनाओं के द्वारा ही व्यक्त किया जाता है। नाटककार उनके जीवन के कुछ टुकड़े उपस्थित करता है। अभिनेता को उन टुकड़ों के ही माध्यम से संपूर्ण चरित्र की अनुभूति और अभिव्यक्ति करनी पड़ती है। यह एक अत्यंत कठिन कार्य है। इसके लिए नाटककार को विशेष ध्यान रखना पड़ता है। उसे जीवन के उन टुकड़ों का चयन करते समय तार्किक और मनोवैज्ञानिक विकाससरणि के साथ साथ अभिनेता की क्षमता और आवश्यकताओं का भी ध्यान रखना आवश्यक है। यदि नाटककार अपने नायक को मनमाने और कृत्रिम ढंग से एक के बाद दूसरी परिस्थिति में डालता चलता है, जिसे मनोवैज्ञानिक और तर्कसंगत रूप से न्यायोचित नहीं ठहराया जा सकता, तो वह अभिनेता के सामने एक बड़ी समस्या खड़ी कर देता है।

अभिनय के लिए प्रत्येक चरित्र की रूपरेखा अत्यंत स्पष्ट होनी चाहिए। सभी परिस्थितियों में उसकी मानसिक स्थितियों का चित्र बिल्कुल साफ़ होना चाहिए। विभिन्न चरित्रों के बीच का विरोध उभरा हुआ होना चाहिए। चरित्रों में निहित द्वंद्व या संघर्ष का विकास शक्तिशाली ढंग से होना चाहिए।

अभिनेता अपने चरित्र के संवादों के प्रति अत्यंत संवेदनशील होता है। अभिनेता की दृष्टि से संवाद के सबसे बड़े दुर्गुण उसकी निर्वैयक्तिकता तथा

संवेगहीनता हैं।

अभिनेता और प्रभावपूर्ण अभिनय से संबंध रखने वाले अन्य महत्वपूर्ण तत्व हैं – संयोजन, गति और क्रियाएँ। संयोजन का अर्थ है रंगमंच पर अभिनेताओं को अर्थपूर्ण और कलात्मक रूप से उपस्थित करना। रंगमंच पर अभिनेता इस ढंग से संघटित किये जाएँ कि वे सब मिलकर चित्रात्मक सौंदर्य की सृष्टि करें और साथ ही उससे नाटकीय अर्थ और उसके संवेगात्मक प्रभाव में अभिवृद्धि हो। नाटक इस प्रकार के कलापूर्ण चित्रों का सतत प्रवाह है।

नाटक में एक संयोजन से दूसरे संयोजन के बीच की स्थिति को गति कहते हैं। इस स्थिति में एक या अनेक अभिनेता प्रवेश या प्रस्थान करते हैं या मंच पर अपना स्थान बदलते हैं। इस गति का भी सौंदर्यात्मक और मनोवैज्ञानिक प्रभाव पड़ता है। यह दर्शकों के ध्यान-परिचालन पर प्रत्यक्ष प्रभाव डालती है, इससे पात्रों के चरित्र पर प्रकाश पड़ता है, यह संवादों को प्रभावित करती है, तथा इसी प्रकार के अन्य कई कार्य करती है। अतः अभिनय में गति का महत्वपूर्ण स्थान है और इसका प्रयोग सोद्देश्य और सुनियोजित रूप से होना चाहिए।

रंगमंचीय कार्य-व्यापार के अंतर्गत अभिनेता की वे सब दृश्य क्रियाएँ आती हैं, जिन्हें वह अपने स्थान पर बना रह कर संपादित करता है। ये कार्य-व्यापार कई उद्देश्यों से संकलित किये जाते हैं। कुछ का उद्देश्य चरित्रचित्रण होता है, कुछ कथा को आगे बढ़ाते हैं, कुछ नाटक के किसी खंड पर जोर देने के लिए संकलित किये जाते हैं; और कुछ केवल वास्तविकता का भ्रम उत्पन्न करते हैं। नाटक में कार्य-व्यापार का बहुत बड़ा महत्व है। इससे नाटक में सजीवता और स्वाभाविकता आती है। ऐसे नाटक बड़े निर्बल होते हैं जिनमें पात्र अपने अपने संवादों को कहने के अलावा कठपुतली की तरह खड़े रहते हैं।

यद्यपि संयोजन, गति और क्रियाओं को प्रभावपूर्ण रूप से सर्जित करने का उत्तरदायित्व निर्देशक पर है, फिर भी यदि नाटककार इनके प्रति संवदेनशील रहता है तो इनके लिए अनुकूल पृष्ठभूमि तैयार कर सकता है। असावधान रहने पर वह अनेक कठिनाइयों का कारण भी बन सकता है।

अभिनय के संबंध में माध्यम के रूप में नाटककार के सामने सबसे बड़ी समस्या यह है कि चरित्र-निर्माण में अभिनेता की शक्तियाँ तथा सीमाएँ क्या हैं और उसका अपना उत्तरदायित्व कितना है, किन प्रभावों का निर्माण उसे करना है और किनके लिए उसे अभिनेताओं पर निर्भर रहना है। इस प्रसंग में अठारहवीं शताब्दी के प्रसिद्ध फ्रांसीसी विद्वान दिदरो का मत विचारोत्तेजक है। उसके मतानुसार 'नाटक के तात्विक भाग का सर्जन नाटककार द्वारा न होकर अभिनेता

द्वारा ही होता है। रंगशाला में जो चीजें हमें वास्तव में प्रभावित करती हैं, वे हैं– भावभंगिमाएँ, मुद्राएँ, अस्पष्ट चीत्कार, मुखमंडल की अभिव्यंजनाएँ, शारीरिक गतियाँ तथा ओठों से सहसा निकल पड़ने वाली एकस्वरी ध्वनियाँ।' वह कहता है कि 'यह बात इतनी अधिक सत्य है कि वास्तव में नाटककार का काम केवल सिनेरियो लिखना भर रह जाता है; उसे दृश्य, शब्द, बल्कि विचारतत्व तक को अभिनेता पर छोड़ देना चाहिए; वह जैसे चाहे उन्हें घटाए बढ़ाए अथवा बदले।'

माध्यम के रूप में रंगमंच का दूसरा महत्वपूर्ण पहलू वातावरण है। मनुष्य की क्रियाएँ नितांत शून्य में नहीं संपन्न हो सकतीं। उसके लिए स्पष्ट स्थान या वातावरण की आवश्यकता पड़ती है। नाटक का निर्माण करते समय प्रत्येक नाटककार को अपने चरित्रों और उनकी क्रियाओं के लिए विशिष्ट वातावरण की योजना करनी पड़ती है। अतः उसके मन में इस बात की स्पष्ट धारणा होनी चाहिए कि वातावरण-निर्माण के लिए रंगमंच की क्षमता कितनी है।

वातावरण-निर्माण की रंगमंचीय क्षमता में निरंतर परिवर्तन होता रहा है। इसके साथ ही वातावरण की धारणा में भी निरंतर परिवर्तन होता रहा है। रंगमंच के इतिहास को सर्वाधिक मोड़ देने वाला तत्व यही वातावरण है।

वातावरण का निर्माण करने के लिए आधुनिक रंगमंच में मुख्यतया छह सांधनों का प्रयोग किया जाता है–1. दृश्यबंध, 2. दृश्यसामग्री, 3. मनुष्य तथा अन्य प्राणी, 4. ध्वनियाँ 5. प्रकाश और, 6. पार्श्वसंगीत।

वातावरण के प्रयोग के अनेक उद्देश्य होते हैं। कहीं तो इसका उपयोग केवल पृष्ठभूमि के रूप में किया जाता है और कहीं यह अभिनय के लिए भौतिक आधार प्रस्तुत करता है। कभी तो वातावरण नाटक से व्यंजित भावों की अभिवृद्धि करता है और कभी चरित्रों और नाटक के मूल उद्देश्यों की व्याख्या। कभी वातावरण नाटकीय क्रिया का अनिवार्य अंग बन कर उसे आगे बढ़ाता है और कभी अभिनय के केंद्रीकरण का काम देता है। नाटक की रचना करते समय लेखक के मन में इस बात की स्पष्ट धारणा होनी चाहिए कि वह वातावरण का उपयोग किन उद्देश्यों के लिए कर रहा है।

नाटक और रंगमंच में आधुनिकता का सूत्रपात वातावरण के महत्व की स्वीकृति के साथ साथ हुआ। सन् 1873 ई. में ही प्रकृतिवाद के महान उन्नायक एमिल ज़ोला ने घोषणा की थी कि आधुनिक नाटक को वातावरण और चरित्र के जीवन की दुहरी गहराइयों में प्रवेश करना पड़ेगा। इस घोषणा के साथ वातावरण की वैज्ञानिक धारणा का विकास हुआ और चरित्र को उसका परिणाम माना गया। नाटकों में वातावरण को एक ऐसे नियंत्रक तत्व के रूप में उपस्थित किया जाने

लगा, जिसके साथ व्यक्ति समन्वय करता हो या जिसका विरोध करता हो या जिसे बदल डालता हो। वातावरण को संघर्ष के स्रोत के रूप में उपस्थित किया गया और उसे प्रतिनायक का स्थान प्राप्त हुआ।

वातावरण की इस वैज्ञानिक धारणा ने रंगमंच पर यथार्थवाद को आमंत्रित किया और उस पर स्थान और परिस्थिति के सूक्ष्मतम विवरण उपस्थित किये जाने लगे। पूर्ण स्थानिकता की अभिव्यक्ति नाट्यप्रयोगों का चरम लक्ष्य बन गया।

किंतु वस्तुतः रंगमंच की सामग्री इस प्रकार के विवरणयुक्त यथार्थ के अनुकूल नहीं है। यह अत्यंत व्ययसाध्य और अपरिवर्तनशील है तथा इससे नाटककार और नाट्यप्रयोक्ता की कल्पना अवांछनीय रूप से नियंत्रित हो जाती है। रंगमंच के सौंदर्यशास्त्र की प्रकृति भी इस प्रकार के बाह्य यथार्थ के प्रतिकूल है।

यथार्थवाद की इन असफलताओं ने रंगमंच पर संकेतात्मक वातावरण-निर्माण की पद्धतियों का विकास किया। प्रतीकवाद, अभिव्यंजनावाद, रूपवाद, निर्माणवाद और नाटकीयतावाद जैसी शैलियाँ रंगमंच पर अवतीर्ण हुईं। इन शैलियों ने रंगमंच माध्यम की नयी नयी शक्तियों का अन्वेषण किया और नाटक-रचना को नया आयाम प्राप्त हुआ।

रंगमंच पर वातावरण-निर्माण की मुख्य समस्या उसे परिवर्तनशीलता, नमनीयता तथा तरलता प्रदान करना है और इसीलिए आज इन गुणों से संपन्न वातावरण निर्माण के साधनों प्रकाश, संगीत और ध्वनियों की शक्तियों का अन्वेषण और अधिकतम प्रयोग हो रहा है।

रंगमंच और रंगशाला के स्थापत्य का भी संबंध नाट्यरचना के साथ है, इस संभावना पर अभी बहुत कम विचार किया गया है। किंतु विभिन्न प्रकार के स्थापत्यों वाले रंगमंचों के लिए अलग अलग प्रकार के नाटकों की आवश्यकता का अनुभव आज योरोप और अमेरिका में गंभीरता से किया जा रहा है। इस तथ्य का महत्व उस समय सामने आया जब अन्य परिस्थितियाँ समान होने पर भी एक नाटक एक विशेष प्रकार के स्थापत्य से युक्त रंगमंच पर सफल और दूसरे पर असफल पाया गया। उदाहरण के लिए शेक्सपीयर के नाटक चबूतरे वाले रंगमंच पर जितने सफल हो सकते हैं, चौखटेवाले रंगमंच पर उतने नहीं; किंतु इब्सन के नाटक चबूतरेवाले रंगमंच पर कभी सफलतापूर्वक नहीं खेले जा सकते। इसी प्रकार खुले रंगमंच, एरेना रंगमंच और केंद्रीय रंगमंच की भी अपनी अपनी विशेषताएँ हैं, जिनका प्रभाव नाट्यरचना पर पड़ता है। इस संबंध में भरत द्वारा वर्णित रंगशाला के रूपों जैसे विकृष्ट, चतुस्त्र तथा त्र्यस्त्र पर भी गंभीर अनुसंधान

करने की आवश्यकता है।

अपने महत्वपूर्ण ग्रंथ 'ललित-कला-दर्शन' में हीगेल ने लिखा है – 'कवि जनता के लिए, विशेष रूप से अपने राष्ट्र और अपने युग की जनता के लिए सर्जना करता है। अतः कलाकृति ऐसी होनी चाहिए कि वे उसे बुद्धिमत्तापूर्वक समझ सकें और उसमें अपनापन अनुभव कर सकें।' उसका यह कथन नाटक पर सर्वाधिक लागू होता है। नाटक निश्चित रूप से दर्शकों के लिए लिखा जाता है। सामान्यतया सफल नाटक की दर्शक-संख्या पाठक-संख्या से कई गुनी अधिक होती है और प्रत्येक दर्शक नाटक देखने का मूल्य पुस्तक के मूल्य से अधिक देता है। उस मूल्य के बदले दर्शक कोई भौतिक वस्तु नहीं पाता, पाता है केवल एक अनुभूति। अतः दर्शकों में अनुभूति की सृष्टि करना ही नाटककार का उद्देश्य है। किंतु यही उद्देश्य उसके माध्यम का एक अनिवार्य अंग भी बन जाता है। माध्यम के रूप में दर्शकों की अपनी समस्याएँ, शक्तियाँ और सीमाएँ हैं जो नाटककार की रचना प्रक्रिया को अत्यधिक प्रभावित करती हैं। चित्रकार, प्रगीतकार भले ही ग्राहकों की उपेक्षा करते हुए नितांत वैयक्तिक कृतियों का निर्माण कर दें, किंतु यदि नाटककार यह प्रवृत्ति अपनाता है तो मानो वह उसी माध्यम को अस्वीकार करता है जिसमें वह काम करना चाहता है। अतः सफल नाट्यरचना के लिए यह आवश्यक है कि नाटककार अपने माध्यम के इस तत्व का भी विश्लेषण करे।

इस संबंध में पहली आवश्यकता दर्शकों की अनुभूतिप्रक्रिया का विश्लेषण है। नाटककार को इस बात का स्पष्ट ज्ञान होना चाहिए कि नाटक किस प्रकार दर्शकों के मन में उन प्रिय अनुभूतियों को जगा देता है जिनके लिए दर्शक अपनी गाढ़ी कमाई का अंश त्याग करने के लिए तैयार हो जाता है। इस अनुभूति-प्रक्रिया का विश्लेषण संसार के अनेक कला एवं साहित्य मनीषियों ने किया है और इस संबंध में अनेक धारणाएँ प्रस्तुत की गयी हैं। रस और साधारणीकरण, विरेचन (कैथार्सिस), तदाकार-परिणति (एम्पैथी), रसान्तर्य (एस्थेटिक डिस्टेंस) एवं तादात्मीकरण (आइडेंटीफिकेशन) की धारणाएँ इस दिशा की महत्वपूर्ण उपलब्धियाँ हैं। हीगेल ने सामान्य मानवता के उस नित्य तत्व को जिसके प्रति दर्शक प्रतिक्रिया करता है और जो अनिवार्य रूप से नाटक में उपस्थित रहता है, 'इच्छा' कहा है। सुश्री गैलावे ने दर्शकों की अनुभूतिप्रक्रिया के क्रमिक चरणों का बड़ा सरल विवेचन प्रस्तुत किया है – दर्शकों के मन में सर्वप्रथम नाटक के किसी एक या अनेक चरित्रों के प्रति 'दिलचस्पी' पैदा होती है। फिर यह दिलचस्पी सहानुभूति में बदल जाती है, संभवतः उन क्षणों में जिनमें नायक किसी गहरी इच्छा या आवश्यकता की अभिव्यक्ति शक्तिशाली ढंग से करता है। जब इस इच्छा की पूर्ति बाधित

होती है तो रंगप्रक्रिया में एक तनाव आ जाता है, जो क्रमशः बढ़ता जाता है। इसी बीच दर्शकों की व्यक्तिगत इच्छाओं का 'सब्लिमेशन' होता है अर्थात् अपने उद्देश्य को पाने की नायक की इच्छा में दर्शकों की इच्छाओं की परिणति और उसका केंद्रीकरण होता है। इस प्रकार दर्शकों का नायक के साथ या कम से कम उसकी इच्छा के साथ तादात्मीकरण हो जाता है और अंत में जब नायक अपने उद्देश्यों को पाने में सफल या असफल होता है, दर्शकों को 'क्लाइमेक्स' जनित संतोष की गहरी अनुभूति होती है। अनुभूति की इस प्रक्रिया के साथ 'आरंभ, प्रयत्न, प्राप्त्याशा, नियताप्ति और फलागम' के रूप में भरत द्वारा प्रस्तुत कार्यावस्थाओं के विश्लेषण की तुलना महत्वपूर्ण है। निष्कर्ष के रूप में गैलावे ने दर्शकों के दृष्टिकोण से नाटक के तीन अनिवार्य तत्व बतलाये हैं – रंगस्थल में दर्शकों को अभिभूत कर देने वाली पहली वस्तु विचार नहीं है, उद्देश्यहीन क्रियाएँ नहीं है, संवेगों और भावों की उमड़न-घुमड़न मात्र भी नहीं है, वह है 'इच्छा', अपने व्यक्तित्व को प्रतिष्ठापित करने के लिए व्यक्ति का प्रयत्न और इस प्रतिष्ठापन द्वारा अपने परिवेश में अपने संगतिपूर्ण स्थान की प्राप्ति। दूसरी वस्तु, इसे करने के लिए वह जिन क्रियाओं को अपनाता है, वह नाटकीय क्रिया है। तीसरी वस्तु जो नाटककार की उद्दिष्ट कृति है, 'नाटकीय क्लाइमेक्स' है। यह नाटकीय क्लाइमेक्स अभिनय के मध्य भंग की गयी संगति के रंगमंच पर पुनर्स्थापन द्वारा दर्शकों के मन में उत्पन्न संतोष की गहरी अनुभूति है।

दर्शकों से संबंध रखने वाली दूसरी समस्या सामूहिक आदर्शन की है। नाटक को दर्शकों का एक समूह देखता है। यह समूह एक नियत समय के लिए एक समान उद्देश्य को लेकर संघटित होता है। अतः दर्शकों की प्रतिक्रिया व्यक्तिगत न होकर सामूहिक रूप से होती है। व्यक्तिगत की अपेक्षा समूह के सदस्य के रूप में दर्शकों की मनःस्थिति बहुत अलग हो जाती है। समूह के सदस्य के रूप में व्यक्ति अपेक्षाकृत बौद्धिक कम और संवेगात्मक अधिक हो उठता है। दर्शसमूह की ग्रहणशीलता, उत्सुकता, सहनशीलता और निर्देश-ग्रहण करने की क्षमता बहुत बढ़ जाती है। उसके सदस्यों का सामान्यीकरण भी होता है अर्थात् दर्शकों की व्यक्तिगत विभिन्नताओं की मात्रा कम और समानताओं की मात्रा अधिक हो जाती है। समाज द्वारा मान्य स्थापनाओं का दबाव बढ़ जाता है। ऐसी स्थिति में दर्शक उन तत्वों का विरोध कर सकता है जिन्हें व्यक्तिशः वह पसंद करता है। किंतु साथ ही व्यक्ति जब किसी समूह का अंग बनता है, तब उसकी व्यक्तिगत सत्ता का अधिकांश लुप्त हो जाता है। उसके अवचेतन में यह धारणा बन जाती है कि कोई उसे अकेले नहीं देख सकता। फलस्वरूप समूह की प्रतिक्रियाएँ अधिक तीव्र

हो उठती हैं। समूह में व्यक्ति की सामाजिक गुमनामी का नतीजा यह होता है कि समूह यदि किसी निषेध-क्रिया में संलग्न होता है तो फिर होता चला जाता है, बिना किसी हिचकिचाहट या भय के। सामूहिक आदर्शन की प्रक्रिया का नाटक की रचना पर काफ़ी प्रभाव पड़ता है। जो नाटककार इस तत्व की उपेक्षा करता है, वह यह नहीं समझ पाता कि कभी कभी पढ़ने पर बहुत अच्छा लगने वाला नाटक भी दर्शकों के बीच इतना असफल क्यों हो जाता है। सामूहिक आदर्शन की समस्याओं पर सामाजिक मनोविज्ञान के क्षेत्र में बहुत से अनुसंधान किये गये हैं।

दर्शकों से संबंध रखने वाली तीसरी समस्या युग-रुचि की है। जैसा पहले संकेत किया जा चुका है, नाटक का निर्माण मुख्य रूप से देश और युग विशेष की जनता के लिए किया जाता है। यह जनता दर्शकों के रूप में उसी नाटक के लिए प्रत्यक्ष मूल्य देना चाहती है जो उसकी रुचियों और माँगों को संतुष्ट कर सके। और चूँकि सामान्यतया नाटक अभिनीत करने में काफ़ी बड़ी रकम खर्च होती है तथा इसीलिए इसने व्यवसाय का रूप ग्रहण कर लिया है, पूँजी लगानेवाला स्वाभाविक ही ज़्यादा से ज़्यादा मुनाफ़ा वसूल करना चाहता है। फलतः नाटककार के ऊपर इन माँगों का गहरा दबाव पड़ता है और उसे कुछ निश्चित फार्मूलों के अनुसार रचना करने के लिए विवश होना पड़ता है। फार्मूलों का यह जाल इतना जटिल और कुटिल होता है कि साधारणतया अच्छे अच्छे नाटककारों की प्रतिभा भी उसी में उलझकर रह जाती है। यही कारण है कि साहित्य की अन्य विधाओं की अपेक्षा नाटक के क्षेत्र में संसार भर में महान प्रतिभाओं की बड़ी कमी रही है। किंतु शेक्सपीयर जैसा विलक्षण प्रतिभाशाली नाटककार तो इन फार्मूलों को भी अपनी प्रतिभा के स्पर्श से महान कला के रूप में परिणत कर देता है। आज हिंदी में व्यावसायिक रंगमंच के विकास की बड़ी चिंता की जा रही है, किंतु इस बात पर गंभीरता से विचार करना होगा कि क्या इससे हमारे रंगमंच का अपेक्षित स्वस्थ विकास हो सकेगा। पारसी रंगमंच और वर्तमान हिंदी फिल्मों की गवाही हमारे समाने है।

रंगमंच के विभिन्न तत्वों की विशेषताओं का संक्षिप्त विश्लेषण अलग अलग कर लेने के बाद यह देखना भी आवश्यक है कि अपने समग्र रूप में इस माध्यम की मूल प्रकृति क्या है। नाटक की ही भाँति रंगप्रक्रिया का भी मूलाधार द्वंद्व है। किंतु यह द्वंद्व कथातत्वप्रसूत न होकर सौंदर्यशास्त्रीय है। यह द्वंद्व लोकधर्मिता या भ्रमवाद (Illusionism) और नाट्यधर्मिता या नाटकीयतावाद (Theatricalism) का है, यथार्थ (Reality) और शैलीकरण (Stylisation) का है। रंगप्रक्रिया में एक ओर तो यथार्थ लाने का, वास्तविकता का भ्रम पैदा करने का प्रयत्न किया

जाता है। दर्शक यह बिल्कुल भूल जाएँ कि वे रंगशाला में बैठे हुए हैं और कोई नाटक देख रहे हैं। जैसा प्रकृतिवादियों ने कहा है, नाटक नाटक न होकर जीवन का एक टुकड़ा (A slice of life) हो। दूसरी ओर रंगमंच दर्शकों के मन में यह विश्वास पैदा करना चाहता है कि यह उसे धोखा देना नहीं चाहता, कि जीवन जीवन है और रंगमंच रंगमंच, कि फिर भी रंगमंच अपनी क्षमताओं का उपयोग करके जीवन की झलक देना चाहता है, जिससे दर्शकों के मन में वांछित संवेग और विचार उत्पन्न हो जाएँ। रंगमंच चाहता है कि दर्शक संवेगों की अनुभूति करने के साथ ही कलाकारों के अस्तित्व की भी अनुभूति करते रहें, कि लेखक, निर्देशक, अभिनेता, दृश्यकार, संगीतज्ञ आदि उसके समक्ष, अपनी प्रतिभा और कौशल-क्षमताओं की अभिव्यक्ति कर रहे हैं और अपनी स्वीकृति चाहते रहे हैं।

भ्रमवाद और नाटकीयतावाद का यह द्वंद्व रंगमंच की प्रक्रिया में सदा से रहा है। यह नाट्यरूढ़ियों से बोझिल 18वीं शताब्दी तक की रंगमंचीय परंपरा में भी रहा है और 19वीं शताब्दी में ज़ोला, अंतोइन और स्तानिस्लावस्की द्वारा विकसित चतुर्थ दीवार की धारणा से युक्त प्रकृतिवादी-यथार्थवादी परंपरा में भी रहा है। क्रेग, अप्पिया, मेइएरहोल्द, वख्तानगाव, पिस्केटर तथा ब्रेख्त आदि द्वारा विकसित प्रतीकवादी, अभिव्यंजनावादी, निर्माणवादी, महाकाव्यवादी आदि अनेक शैलियों में भी यही द्वंद्व प्रतिफलित हो रहा है। वस्तुतः सत्य तो यह है कि रंगमंच कभी इस द्वंद्व से मुक्त नहीं हो सकता। उसे मुक्त करना वांछनीय भी नहीं है, हालाँकि प्रकृतिवादी यथार्थवादी आंदोलन के पीछे यही प्रवृत्ति काम कर रही थी। दूसरे छोर पर क्रेग भी कुछ ऐसा ही करना चाहता था। किंतु रंगमंच चाहे जितना प्रकृतिवादी हो जाए, उससे नाटकीयता का निष्कासन पूर्णरूप से कभी नहीं किया जा सकता, क्योंकि चाहे जितने सूक्ष्म रूप में ही क्यों न हो, उसमें कुछ न कुछ नाट्यरूढ़ियाँ जरूर मौजूद रह जायँगी। उसी प्रकार नाटक से यथार्थवद का भी पूर्ण वहिष्कार नहीं किया जा सकता क्योंकि अन्य सभी तत्वों को चाहे जितना भी कृत्रिम क्यों न कर दिया जाय, अभिनेता के त्रिआयामात्मक शरीर और उसकी मानवीय वाणी को कृत्रिम नहीं बनाया जा सकता। संभवतः यही कारण था कि क्रेग रंगमंच पर अभिनेताओं के रूप में मनुष्यों के बदले पुतलों को प्रतिष्ठापित करना चाहता था।

रंगमंच की इस द्वैधता का एक मनोवैज्ञानिक कारण भी है। दर्शक रंगशाला में दुहरी चेतना लेकर जाता है। एक ओर तो वह नाटकीय अनुभूति के प्रति अपने आपको समर्पित करना चाहता है, किंतु दूसरी ओर वह उसमें पूर्ण निमग्नता से बचना भी चाहता है। वह अपने को कुछ दूरी पर रखना चाहता है जिससे उसकी आलोचनात्मक शक्ति, भौतिक सुरक्षा और आत्मसम्मान की भावना नष्ट न हो

जाएँ। इसीलिए जहाँ वह क्षण भर के लिए अभिनेता में वास्तविक जीवन की क्रियाओं में संलग्न वास्तविक व्यक्ति का भ्रम करके तुष्टि पाता है, वहीं उसे इस अनुभूति से भी कलात्मक आनन्द प्राप्त होता है कि मंच पर कुछ अभिनेता उसके समक्ष अपने अभिनय-कौशल का प्रदर्शन कर रहे हैं। रंगशाला में अनुभूति की प्रक्रिया की तुलना करघे की ढरकी से की गयी है जो वास्तविकता और नाटकीयता के तानेबाने के बीच निरंतर आगे पीछे घूमती रहती है।

रंगप्रक्रिया में इस द्वैधता को स्वीकार कर लेने के पश्चात् इसके कलाकारों के समक्ष सर्जन करते समय इनके सफल समन्वय की समस्या खड़ी होती है, ऐसा समन्वय जिससे दोनों बिना एक दूसरे को शक्तिहीन या अस्तव्यस्त किये नाटकीय अनुभूति की पूर्णता और प्रगाढ़ता में योग दे सकें। नाट्यलेखन और अभिनय में जब इस सफल समन्वय की उपलब्धि होती है, तभी ऐसी रंग-अनुभूति का जन्म होता है जिसमें सर्वाधिक नाटकीयता तब प्राप्त होती है जब सर्वाधिक वास्तविकता हो और सर्वाधिक वास्तविकता तब प्राप्त होती है जब सर्वाधिक नाटकीयता हो। सोफोक्लीज, शेक्सपीयर, इब्सन, स्ट्रिंडवर्ग, शॉ और चेखव जैसे महान नाटककारों की कृतियाँ इस समन्वय के सफल उदाहरण हैं।

इस द्वैधता के फलस्वरूप रंगप्रक्रिया में एक और नियम क्रियाशील हो उठता है। यह परिवर्तन का नियम है। कभी कभी जिन साधनों द्वारा अत्यंत यथार्थवादी या प्रकृतिवादी प्रभाव उत्पन्न करने की चेष्टा की जाती है, वे प्रतीकात्मक या प्रहसनात्मक रूप में अपने से विपरीत प्रभाव उत्पन्न करने लग जाते हैं। इसी प्रकार प्रतीकात्मक या अयथार्थवादी प्रभाव बदल कर यथार्थ या प्रकृतिवादी प्रभाव उत्पन्न करने लग जाते हैं। वस्तुतः रंगप्रक्रिया में आत्यांतिक प्रभावों की प्रकृति अपने विरोधी प्रभावों के रूप में बदल जाने की होती है। अमेरिका के रंगमंच के केंद्र ब्रॉडवे में एलमर राइस का नाटक 'स्ट्रीट सीन' खेला गया। इसमें दृश्य गंदी बस्ती के एक ऐसे मकान का था जिसकी कोठरियों को किराये पर दिया जाता था। इस दृश्य को रंगमंच पर यथार्थ और सूक्ष्म विवरणों से युक्त करके प्रकृतिवादी ढंग से उपस्थित किया गया। किंतु आदर्शनप्रक्रिया में उसका प्रभाव बदल गया। जान गेसनर ने इस परिवर्तन की प्रक्रिया का विश्लेषण इस प्रकार किया है—1. दृश्यबंध पर पहली दृष्टि पड़ने पर हम यह अनुभव करते हैं कि कैनवस और चौखटों की सहायता से इस कृत्रिम दृश्यबंध का निर्माण हुआ है, जिसका उद्देश्य भूरे पत्थर से बने हुए किराये के मकान का भ्रम उत्पन्न करना है। 2. इसका पहला प्रभाव यह पड़ता है कि क्षण भर के लिए हममें मकान का प्रकृतिवादी भ्रम उत्पन्न होता है, गंदे तथ्य की रूखी समानता का। 3. किंतु फिर पुनः हम इस दृश्यात्मक निर्माण

की अनुभूति वास्तविक तथ्य के रूप में करने की अपेक्षा उसे प्रतीक और नाटकीय कौशल के रूप में समझने लगते हैं। गोरेलिक ने इसे इस प्रकार प्रस्तुत किया है, 'यद्यपि प्रथम दृष्टिपात में 'स्ट्रीट सीन' का दृश्यपीठ बेलास्को की शैली का प्रतीत होता है, पर तुरंत ही यह बात स्पष्ट हो जाती है कि मकान का यह प्रतिरूप एक रंगमंचीय रूढ़ि है जिसका उद्देश्य नाटक को नवीन और आकर्षक रूप से उपस्थित करना है। जितनी ही अधिक देर तक दृश्यबंध रंगमंच पर रहता है उतना ही कम दर्शक उसमें वास्तविकता के भ्रम की अनुभूति करते हैं। (इस नाटक में यह शुरू से अंत तक रहता है।) दर्शक इसे मात्र रंगमंचीय कौशल के रूप में देखते और स्वीकार करते हैं।'

नाटककार की कल्पना में रंगमंच का एक न एक स्वरूप अवश्य विद्यमान रहता है। उन नाटककारों की कल्पना में भी, जिनके नाटक बिल्कुल अनभिनेय और मात्र पाठ्य (closet) करार दे दिये जाते हैं, रंगमंच का एक रूप रहता ही है जिसके लिए उन्होंने नाटक की रचना की होती है। कुछ नाटककारों की कल्पना में रंगमंच के उन मूलभूत तत्वों का प्रत्यय रहता है जिसके अनुसार रचना करने के कारण उनके नाटक युग युग के लिए अनेक रंगमंचीय शैलियों में अभिनेय बन जाते हैं। कुछ नाटककार युग विशेष और रंगमंच की शैली विशेष से इतनी कठोरता से बँधे रहते हैं कि अन्य युगों के लिए उनके नाटक नितांत अनभिनेय बन जाते हैं। कुछ ऐसे नाटककारों की रचनाएँ भी अनभिनेय मानी जाने लगती हैं जिनकी रंगमंचीय कल्पना परंपरा से विच्छिन्न, मौलिक और नितांत वैयक्तिक होती है। लेकिन ऐसे नाटककार भी काफ़ी बड़ी संख्या में होते हैं जिनकी रंगमंचीय कल्पना अस्पष्ट, अधूरी, अविकसित और ग़लत होती है।

किसी नाटक को अभिनेयता अथवा अनभिनेयता का फतवा देने के पहले इस तथ्य पर भलीभाँति विचार कर लेना चाहिए और इस बात का स्पष्ट उल्लेख कर देना चाहिए कि यदि कोई नाटक अभिनेय अथवा अनभिनेय है तो किस दृष्टि से? इसके लिए रंगमंच के इतिहास और उसकी विविध शैलियों से भी घनिष्ठ परिचय आवश्यक है। हिंदी आलोचना के क्षेत्र में अभिनेयता और अनभिनेयता का जो विवाद खड़ा किया गया है वह मनमाना, आधाररहित और अवैज्ञानिक है। एक ही नाटक को कोई अभिनेय कहता है, कोई अनभिनेय और कोई तो उसे नाटक मानने को ही तैयार नहीं है। प्रायः नाटक की भाषा, गीतों के प्रयोग, नाटक की लंबाई, अंकों, दृश्यों तथा पात्रों की संख्या आदि के आधार पर ही अभिनेयता का निर्णय किया जाता है जब कि रंगमंचीय प्रक्रिया के साथ इनका संबंध नगण्य हैं।

रंगमंचीय प्रत्यय के विकास में वैयक्तिक भेद के मूल कारण रंगमंच के प्रति

नाटककार की संवेदनशीलता, रंगमंचीय परिवेश और रंगविश्लेषण की सुविधाएँ हैं।

कुछ नाटककार रंगमंच के प्रति बहुत संवेदनशील होते हैं। उसके मूल तत्वों और उसकी बारीकियों को वे स्वाभाविक और प्रायः अवचेतनरूप से आत्मसात कर लेते हैं। कुछ लोगों में यह संवेदनशीलता अल्पमात्रा में होती है। रंगमंचीय संवेदलनशीलता विकासशील है। इसका विकास रंगमंचीय वातावरण और रंगविश्लेषण की सुविधाओं के ऊपर निर्भर करता है। रंगमंचीय कल्पना के विकास में रंगमंचीय परिवेश का अत्यंत महत्वपूर्ण स्थान है। जिन नाटककारों को विभिन्न प्रकार के बहुत से नाटक अनेक शैलियों के रंगमंच पर अभिनीत देखने का, रंगमंचीय प्रक्रिया में क्रियात्मक सहयोग देने का तथा अपने ही नाटकों को विभिन्न शैलियों में और विभिन्न संस्थानों द्वारा अभिनीत देखने का अवसर मिलता है उनकी कल्पना उन नाटककारों की अपेक्षा अधिक संपन्न हो सकती है, जिनको पुराने और समकालीन नाटकों को पढ़कर ही उनके अनुकरण पर ही लिखना पड़ता है। किंतु रंगमंचीय वातावरण से सही और पूरा लाभ उठाने के लिए रंगविश्लेषण बहुत आवश्यक है। रंगविश्लेषण में रंगमंच के उन विभिन्न पहलुओं, तकनीकों और सौंदर्यशास्त्र का अध्ययन वैज्ञानिक ढंग से किया जाता है, जिनका प्रभाव प्रत्यक्ष अथवा अप्रत्यक्ष रूप से नाट्यरचना पर पड़ता है। वस्तुतः रंग-विश्लेषण माध्यम-अन्वेषण है।

हिंदी नाटककारों को रंगमंचीय वातावरण और रंगविश्लेषण की सुविधा नहीं के बराबर प्राप्त हुई और इसीलिए उनकी रंगमंचीय संवेदनशीलता का अपेक्षित स्वाभाविक विकास न हो सका। फिर भी हिंदी नाटककारों के लिए यह गौरव की बात है कि इस प्रकार की प्रतिकूल परिस्थितियों में भी कुछ ऐसे नाटकों की रचना हो सकी जो रंगमंचीय कल्पना की समृद्धि से परिपूर्ण हैं।

इस निबंध में माध्यम के रूप में रंगमंच का जो स्वरूप सामने रखा गया है, वह नाटक में अभिनेयता लाने का कोई नुस्खा नहीं है। यह रंगप्रक्रिया का विवरणयुक्त पूर्ण चित्र भी नहीं है। इस निबंध का उद्देश्य उन आयामों की ओर संकेत भर करना है जिन्हें दृष्टिपथ में रखने से रंगविश्लेषण में सुविधा हो सकती है और जिनके सहारे रंगचेतना का विकास किया जा सकता है।

लेखनकाल : 1964 ई.

नाट्यसमीक्षा के मानदंड : परिसंवाद की फलश्रुति

शुभारंभ

नटरंग के तीसरे अंक में नाट्यसमीक्षा के मानदंड खोजने के लिए आयोजित परिचर्चा किसी निष्कर्ष तक पहुँचने अथवा किन्हीं नवीन तथ्यों के उद्घाटन की असमर्थता के बावजूद इस अर्थ में महत्वपूर्ण है कि इसमें हिंदी क्षेत्र में प्रचलित नाट्यसमीक्षा संबंधी विभिन्न विचारों का प्रायः काफ़ी पूर्णता के साथ प्रतिनिधित्व हो सका। कतिपय उलझनों के बावजूद खोज की सही दिशा हमें अपनी झलक देने लगी है और यह शुभ है कि हिंदी नाटक की प्रौढ़ता के आरंभ में ही हम समीक्षा के प्रति इतने सजग हो उठे हैं, वर्ना विकास की सामान्य गति में यह बाद का चरण है।

नाटक की स्थिति कहाँ

जैसाकि स्वाभाविक ही है, पूरी परिचर्चा में जो प्रश्न सबसे ज्यादा उभर कर आया, उसका संबंध नाटक की स्थिति से है। नाटक की स्थिति कहाँ है? साहित्य में, रंगमंच में या ऐसे विवाद की स्वाभाविक समझौतावादी परिणति – दोनों के समन्वय में? स्थिति की यह खोज न केवल नाट्यसमीक्षा के मानदंड की आधारभूत नियामक है, बल्कि नाट्यालेखन और नाट्यप्रदर्शन के सौंदर्यशास्त्रीय दृष्टिकोण को भी प्रभावित करती है।

नाट्यकला साहित्य-देवता का अभिन्न अंग

नाटक को मूलतः साहित्य मानने की परंपरा काफ़ी पुरानी और व्यापक है। इसीलिए जब डा. दशरथ ओझा ने नाटक की पूर्णता साहित्य-देवता के साथ उसकी अभिन्नता में देखी तो उन्होंने उसी परंपरा का प्रतिनिधित्व किया। उस परंपरा की कुछ कड़ियों के रूप में उन्होंने स्वयं ही अरस्तू, ड्राइडेन, डैशिए और वाल्तेयर के उद्धरणों की साक्षी भी प्रस्तुत की। इस परंपरा के अनुसार अभिनेयता नाटक का अनिवार्य तत्व नहीं बल्कि अतिरिक्त सजावट है (विलियम आर्चर, प्ले-मेकिंग की

भूमिका)। निश्चय ही इस मत का पोषक समीक्षक नाटक की साहित्यिकता के मूल्य पर अभिनेयता के सौदे को काफ़ी महँगा समझेगा और अर्थशास्त्र के नियमानुसार कभी नहीं ख़रीदेगा। लेकिन इसके लिए समीक्षक को पहले साहित्यिकता और अभिनेयता के अर्थ को तथा उनके अंतर को साफ़ साफ़ समझना होगा।

दृश्य, काव्य और दृश्यकाव्य

इस अंतर को समझाने के लिए संस्कृत साहित्यशास्त्र का पुराना शब्द 'दृश्यकाव्य' उपयोग में लाया जाता है। डॉ. हजारी प्रसाद द्विवेदी ने इसे इस प्रकार स्पष्ट किया है – 'नाटक विशुद्ध साहित्य नहीं है। विशुद्ध साहित्य शब्द और अर्थ पद और पदार्थ के सहित सहित (साथ-साथ) रहने वाली चीज है। वह श्रव्य है। नाटक में शब्द होते हैं और भी बहुत सी बातें होती हैं। पुराने लोगों ने उसे दृश्यकाव्य कहा है। उसमें आँखों का और कानों का भी योग रहता है, चक्षुग्राह्य होने के कारण वह दृश्य है और श्रुतिग्राह्य होने के कारण काव्य।' इस व्याख्या के विश्लेषण से स्पष्ट होता है कि नाटक की साहित्यिकता उसके श्रव्यत्व में है और अभिनेयता दृश्यत्व में। किंतु यदि श्रुतिग्राह्य होने मात्र से कोई वस्तु काव्य कही जा सकती है तो संगीत काव्य क्यों नहीं कहा जा सकता। स्पष्ट ही काव्य और संगीत को हम एक नहीं मान सकते। काव्य के एक अनिवार्य घटक के रूप में नाद को– उसके सूक्ष्मतम रूप में ही सही, स्वीकार कर लेने पर भी काव्य का काव्यत्व उसके श्रव्य होने में नहीं, कहीं और है। अतः नाटक भी श्रव्य होने मात्र से काव्य नहीं हो सकता, काव्य होने के लिए उसमें कुछ और चाहिए। इसी प्रकार दृश्य शब्द भी अभिनेयता या नाटकत्व की स्पष्ट व्याख्या करने में पूर्णतया असमर्थ है। दृश्य तो चित्र, मूर्ति, स्थापत्य, नृत्य आदि अनेक कलाएँ, और बहुत सारी चीजें हैं। फिर इन सबका भेदकतत्व क्या रह जायगा? अतः नाटक का नाटकत्व भी हमें दृश्यतत्व के विशिष्ट नाटकीय विनियोग में ढूँढना होगा।

नाटक में साहित्यिकता की खोज

नाटक के साहित्यिक पक्ष की प्रतिष्ठा करते हुए डॉ. सुरेश अवस्थी ने लिखा, 'इसमें संदेह नहीं कि नाटक की प्रकृति साहित्यिक ही है, और वह मूलतः एक साहित्यिक विधा है। नाटक भी अन्य साहित्यिक कृतियों के समान विशिष्ट शब्द योजना, कथानक, चरित्र और क्रिया-व्यापार का एक संगठित रूप प्रस्तुत करता है और यही साहित्यिक अंश नाटककार के कल्पनापोषित अनुभव को संप्रेषित करने का प्रमुख माध्यम होता है।

साहित्य की यह व्याख्या बहुत विस्तृत है और इसके अनुसार, फिल्म, बैले आपेरा, तथा यदि शब्द योजना को छोड़ दें तो चित्रकला के कुछ रूप भी साहित्य की परिधि में आसानी से घिर जाते हैं। स्पष्ट ही साहित्य की ऐसी उदार व्याख्या विश्लेषण संबंधी अनेक सौंदर्यशास्त्रीय समस्याएँ तथा उलझनें खड़ी कर देगी। वास्तव में कथानक, चरित्र और क्रियाव्यापार साहित्य की एकांत संपत्ति नहीं हैं। किसी न किसी मात्रा और रूप में इनका उपयोग अनेक कलाएँ करती हैं। साहित्य की साहित्यिकता और नाटक की साहित्यिकता की खोज करने का सर्वोत्तम और एकमात्र सूत्र शब्दयोजना ही है। इस सूत्र का आश्रय प्रकारांतर से श्री नेमिचंद्र जैन ने लिया है, "एक और अर्थ में भी नाटक साहित्य के बहुत समीप है। और वह यह कि नाटक का एक मूलभूत तत्व काव्य भी है। वह काव्य का ही एक प्रकार है। श्रेष्ठ नाटक कविता के समान ही भाषा की व्यंजना शक्ति का, बिंबमयता का, सघनता और तीव्रता का, संगीत और लय का, शब्द और अभिव्यक्ति की अनिवार्यता का उपयोग करता है। किसी न किसी रूप में और मात्रा में इन तत्वों के बिना श्रेष्ठ नाटक हो ही नहीं सकता।" किंतु इस बात की परीक्षा करनी होगी कि क्या काव्य और नाटक की भाषा में ये समानताएँ मौजूद हैं।

साहित्य का माध्यम भाषा

वास्तव में साहित्य को मूर्ति, स्थापत्य, चित्र, नृत्य आदि अन्य ललित कलाओं से पृथक करने वाला तत्व उसका खास माध्यम भाषा है जो धातु, पत्थर, रंगों आदि से इस अर्थ में पृथक है कि ये स्थूल और चक्षुग्राह्य रूप में मूल प्रतिरूप्य की कुछ न कुछ झलक देते ही हैं, जबकि भाषा में ऐसी शक्ति नहीं। भाषा तो अमूर्त प्रतीकों के सहारे केवल कल्पना में ही प्रतिकृति का निर्माण कर सकती है। भाषा के माध्यम से आकार पानेवाला साहित्य, भाषा में ही लिखे जाने वाले शास्त्र, विज्ञान आदि वाङ्.मय के अन्य रूपों से शास्त्र, विज्ञान आदि, अन्य भाषिक अभिव्यक्तियों से पृथक इसलिए है कि शास्त्र, विज्ञान आदि में भाषा जगत के काल्पनिक पुनर्निर्माण का काम नहीं करती, वह कल्पना में जगत की प्रतिकृति उद्‌बोधित नहीं करती। इसके अतिरिक्त शास्त्र, विज्ञानादि के प्रतिकूल साहित्य अपने माध्यम भाषा को अलंकृत करके, सजाकर, उससे उसी प्रकार सौंदर्य उत्पन्न करता है जिस प्रकार विशिष्ट रंगयोजना, तूलिकाभंगिमा आदि के द्वारा चित्रकार। कविता, कहानी, उपन्यास आदि साहित्य की सभी विधाएँ भाषा का यही द्विविध (अभिव्यक्ति और अलंकरण) उपयोग करती हैं और केवल भाषा द्वारा ही ग्राहकों के मानस में जगत के स्वनिर्मित कलात्मक बिंबों को उद्‌बोधित करती हैं। साहित्य को अपने ग्राहकों को प्रभावित करने के लिए केवल भाषा चाहिए और कुछ नहीं।

नाटक की भाषा

नाटक में भाषा की क्या स्थिति है? नाटक अपने वास्तविक रूप में चित्र और मूर्ति जैसी स्थूल प्रतिरूपात्मक कलाओं के सदृश है। यह विभिन्न कार्यव्यापार में लगे हुए मनुष्यों की उनके परिवेश के साथ अनुकृति है और यह अनुकृति साहित्य की भाँति सिर्फ़ भाषा के माध्यम से नहीं होती, बल्कि स्वयं मनुष्य और लकड़ी, कपड़े, रंग एवं और बहुत सारी स्थूल चीजों के द्वारा तैयार होती है। नाटक इन उपकरणों की सहायता से उसी प्रकार वास्तविकता का स्थूल प्रतिरूपात्मक कलात्मक बिंब उपस्थित करता है, जिस प्रकार चित्र और शिल्प कलाएँ। नाटक में प्रयुक्त भाषा, अर्थात् संवाद, भी उसी प्रकार प्रतिकृति मात्र है जिस प्रकार वास्तविक मनुष्य का प्रतिरूप अभिनेता है। प्रतिरूपात्मक स्थिति में भाषा का यह उपयोग साहित्य की उस भाषा से नितांत भिन्न है, जिसमें भाषा का उपयोग माध्यम के रूप में प्रतिरूपों के काल्पनिक उद्‌बोधन के लिए किया जाता है। यह बात अलग है कि कभी साहित्य भी संवादों का प्रतिरूपात्मक उपयोग करता है और नाटक भाषा से बिंबों के काल्पनिक उद्‌बोधन का काम लेता है।

यहाँ प्रश्न उठता है – क्या नाटक के संवाद वास्तविक जीवन की बातचीत को ज्यों का त्यों उद्धृत करते हैं? ऐसा किसी अच्छे नाटक में नहीं हुआ। घोर यथार्थवादी-प्रकृतिवादी नाटकों में भी नहीं। वस्तुतः कला में वास्तविक जीवन ज्यों का त्यों आता ही नहीं। आता है उसका कलात्मक बिंब – कलाकार द्वारा पुनर्निर्मित होकर। फिर चाहे वह यथार्थ का हूबहू प्रतिबिंब प्रतीत हो, चाहे प्रभाववादी, अभिव्यंजनावादी आदि रूपों में कलाकार द्वारा विकारग्रस्त प्रतिभासित हो। तब नाटक के संवादों की भाषा में जो कलात्मक परिवर्तन होता है, वह साहित्य या काव्यधर्मी नहीं? नाटक और साहित्य की भाषा के बीच भ्रम का कारण दोनों की भाषा का कलात्मक होना है। किंतु भाषा के इन दोनों रूपों को अनुशासित करने वाले सौंदर्य नियम और उनकी तकनीक अलग अलग हैं। साधारणतया हम इस पर ध्यान नहीं देते। नाटक की सही समीक्षा करने के लिए इन सौंदर्य-नियमों को ढूँढ निकालना होगा।

लेकिन एक बात रह जाती है। क्या नाटककार केवल भाषा के ही माध्यम से उसी प्रकार अपनी अभिव्यक्ति नहीं करता जिस प्रकार कवि या उपन्यासकार? नहीं। पहली बात तो यह कि नाटककार अपने ग्राहकों को उसी प्रकार सीधे नहीं संबोधित करता, जिस प्रकार कवि और उपन्यासकार करते हैं। वह रंगकलाकारों को संबोधित करता है जो वास्तव में कला को रूपायित करेंगे और ग्राहकों के समक्ष निवेदित करेंगे। नाटककार स्थापत्य के उस परिकल्पक के समान है जो

काग़ज़ पर भवन की रूपरेखा, नक्शा बनाता है। यह नक्शा स्थपतियों के लिए होता है जो उसे देखकर अपने मानस में भवन का स्पष्ट चित्र बना लेते हैं और फिर तदनुसार अपने कुशल कलापूर्ण हाथों से स्थापत्यकला को रूपायित करते हैं जो ग्राहकों को कलानुभूति प्रदान करता है। यह बात अलग है कि ऐसे दूसरे लोग भी जो स्थापत्य-कला की तकनीकी जानकारी रखते हैं, नक्शे को देखकर निर्मिति का मानस-प्रत्यक्ष कर सकें और कुछ कलानुभूति पा सकें। किंतु निश्चय ही वह अनुभूति उस प्रकार की न होगी जिस प्रकार की स्वयं भवन को देख कर प्राप्त होती है।

दूसरी बात यह कि नाटककार केवल भाषा द्वारा ही अपने कल्पना-पोषित अनुभव को संप्रेषित नहीं करता बल्कि वह उन रंग-साधनों के द्वारा भी करता है जिसे स्तानिस्लावस्की ने 'अंतनिर्हित पाठ' कहा है, जिसे पढ़ना रंगकलाकारों को आयासपूर्वक सीखना पड़ता है। वास्तव में, यह अंतर्निहित पाठ नाटककार की रंगचेतना की उपज है जो उसकी अभिव्यक्ति का एक प्रधान आधार बनता है। साहित्यकार जिन बहुत सी गूढ़ भावनाओं की अभिव्यक्ति के लिए केवल भाषा की शक्ति पर निर्भर रहता है, नाटककार उनकी अभिव्यक्ति रंगव्यापार द्वारा भी करता है[1]। नाटककार अपनी थीम को अभिनीत नाटकीय बिंबों के रूप में अपनी कल्पना में साकार करता है किंतु लिखता है वह केवल संवाद। शेष रंगव्यापार-विवरण अंतर्निहित पाठ का रूप धारण करते हैं। कभी कभी नाटककार रंगव्यापार के कुछ अंशों को मंचनिर्देश के रूप में लिखता भी है। किंतु उसमें भाषा का बिल्कुल सामान्य उपयोग होता है। वह सूचना मात्र होती है और उसका साहित्यिक मूल्य कुछ नहीं। यहाँ मैं उन पठ्यनाटक (क्लोजेट ड्रामा) रचयिताओं के संदर्भ में चर्चा नहीं कर रहा हूँ जो नाटक को पठनीय बनाने के लिए मंचनिर्देश को साहित्यिक स्वरूप प्रदान करते हैं।

नाटक को साहित्य के क्षेत्र में खींचने का इतना आग्रह क्यों

विलक्षण बात है कि परिसंवाद के सभी वार्ताकारों ने किसी न किसी रूप में नाटक के साहित्यिक पक्ष के प्रति आग्रह किया ही। साहित्य-देवता का अभिन्न अंग से

---

1. इस संदर्भ में प्रसिद्ध फ्रांसीसी नाटककार ज्याँ एनुई के संबंध में पीटर ब्रूक की उक्ति उल्लेखनीय है : "वे अपने नाटकों की कल्पना बैले के रूप में, गतियों की संयोजना के रूप में और अभिनेता की अभिनय-योजना के रूप में करते हैं। साहित्यिक वर्ग के आजकल के उन बहुत से नाटककारों के विपरीत, जिनके नाटक गतिशील उपन्यास मात्र हैं, एनुइ कोमेदिया दे ल आर्ते की परंपरा में हैं। उनके नाटक आशु-अभिनय के अभिलेख हैं। शापाँ की भाँति ही वे एक्सिडेंटल्स की पूर्वकल्पना कर लेते हैं और उन्हें इंप्राप्चू के नाम से पुकारते हैं। वे कवि हैं किंतु शब्दों के कवि नहीं; वे अभिनीत शब्दों के कवि हैं, सजे हुए दृश्यों और अभिनय करते हुए अभिनेताओं के कवि हैं।"

लेकर रंगमंच को ही निकष मानने तक में नाटक की साहित्यिकता की अनुगूँज ही है। ऐसा लगता है कि रंगमंच से ज़्यादा संबंध रखने वाले लोग इसे कुछ निम्नस्तरीय समझकर एक प्रकार की आत्महीनता का अनुभव करते हों और साहित्यिकता के अभिजात्य में अपनी निष्कृति ढूँढते हों या कि काव्य को सर्वोच्च कला मानकर नाटक को भी उस दशा तक पहुँचाना आवश्यक सकझते हों[2]। किंतु हीगेल के ढंग का कलाओं के वर्गीकरण का सिद्धांत पुराना हो चुका है और अब कोई कला अपने आप में ऊँची या नीची नहीं मानी जा सकती। स्तरीयता का संबंध कलावर्ग से नहीं, कलाकार के कृतित्व से है। दूसरी ओर साहित्य के आलोचक नाटक को साहित्य के क्षेत्र से इसलिए अलग होने नहीं देना चाहते कि इससे उन्हें अपने नाट्याचार्यत्व को ठेस पहुँचने की आशंका होती है। परिणाम यह है कि आज नाटक की समीक्षा साहित्यिकता और मंचीयता की रस्साकशी के बीच फँसी हुई है और नाटक की वास्तविक स्वरूप की ओर लोगों की दृष्टि ही नहीं जा पाती। इस संदर्भ में गोर्डन क्रेग का एक विस्तृत उद्धरण दृष्टव्य है :

"वे सारे लोग जो हमेशा ही 'साहित्यिक रंगमंच' की सृष्टि करने में लगे रहते हैं, अच्छा हो, उन ख़तरों को भी ध्यान में रखें जो ऐसे अस्वाभाविक प्रयासों में निहित हैं। ऐसे सभी प्रयासों का अंत दुर्भाग्यपूर्ण रहा है।

प्रायः तीस वर्षों तक शिलर के सहयोग से गेटे ने जर्मनीवालों के लिए एक 'नवीन रंगमंच' सर्जित करने के लिए संघर्ष किया। हालाँकि गेटे कवि से अधिक कुछ था; फिर भी सबसे पहले वह कवि था, और उसके अंदर की हर चीज उन शब्दों की लय से बँधी रहती थी, जिन्हें वह गाया करता था। उसने साहित्यिक रंगमंच बनाने का बीड़ा उठाया। वह यह नहीं चाहता था कि रंगमंच 'मनोरंजक दर्पण में सहज जीवन का प्रतिबिंब' हो। यह रंगमंच को उसी के द्वारा दी गयी दुर्बल परिभाषा है। और इसलिए उसने शब्दों की अपनी सेना बढ़ा दी – रंगमंच पर आक्रमण करने के लिए; बीच में वह खड़ा रहा और अपने तीस वर्षीय सच्चे युद्ध को, दृश्यों के विरुद्ध शब्दों की अपनी लड़ाई को देखता रहा; रंचमंच को उजाड़ डाला, उसे धूल में मिला दिया, और फिर क्षितिज का सर्वेक्षण करते हुए यह देख कर आश्चर्य में डूब गया कि रंगमंच तो कहीं दिखाई ही नहीं पड़ता। वास्तव

---

2. नाटक को काव्य कहने का दो अर्थ हो सकता है। एक तो यह कि नाटक मूलतः काव्यधर्मी होता है और उत्कृष्ट नाटक में काव्यतत्व अपने मूलरूप में प्रचुरता से विद्यमान रहता है। दूसरे अर्थ में, नाटक काव्य यों है कि वह भी उसी प्रकार सजीव कल्पना की कृति है, जिस प्रकार काव्य। इस अर्थ में कल्पना की सृष्टि कलाएँ – चित्र, संगीत, मूर्ति आदि भी काव्य कही जा सकती हैं और कही जाती हैं। पीटर ब्रूक ने इसी अर्थ में ज्याँ एनुई को कवि कहा है।

में, उसके जैसा आदमी भी जो अपने युग का सबसे बड़ा आदमी था, यह समझने में असमर्थ रहा कि रंगमंच की कला क्या है।

और अब दूसरे लोग आये हैं, ये हालाँकि अपने युग में महानतम व्यक्ति नहीं है, फिर भी काफ़ी प्रतिभाशील हैं। ये भी उसी खयाली और असंभव कार्य को करने की कोशिश कर असफलता को गले लगा रहे हैं।

मैं सोचता रहा हूँ कि कलाकार उस मोहक अलगाव को समझेंगे जो विभिन्न कलाओं के बीच अपना अस्तित्व रखता ही है। मुझे रंगमंच के लिए कोई भय नहीं है। मैं इस बात में विश्वास नहीं करता कि गेटे जैसा आक्रमण भी रंगमंच को नुकसान पहुँचा सकता है। किंतु रंगमंच की कला क्या है और क्या नहीं है, इसे लेकर लोगों के मन में कम गड़बड़ी देखने की अपनी कामना के कारण इस अनावश्यक धोखे का विरोध मुझे करते ही रहना होगा। मेरे लिए यह अत्यंत महत्वपूर्ण बात है। जब साहित्य-जगत के लोग इतने संतुष्ट और धैर्यवान हो चुकेंगे कि रंगमंचीय कला को साहित्यिक कला से पृथक मानकर उसका अध्ययन कर सकें, तब रंगशाला में उनका स्वागत करने से रोकने के लिए कोई कारण हमारे पास नहीं रहेगा।"

नाटक की निजी सत्ता की खोज

नाट्यसमीक्षा की सबसे बड़ी समस्या नाटक की निजी सत्ता की खोज है और इस खोज की ओर हम क़दम उठा चुके हैं। डॉ. सुरेश अवस्थी लिखते हैं – 'नयी नाट्यसमीक्षा के स्वरूप और उसके सिद्धांत निर्धारित करने में वास्तव में हमको नाटक के साहित्यिक अंश और उसकी अभिनेयता के सापेक्षिक महत्व के संबंध में निर्णय नहीं लेना है, बल्कि यह स्थापना करनी है कि नाटक में इन दोनों तत्वों का अन्योन्याश्रित और अटूट संबंध है और इसी संबंध की विशिष्टता नाटक को तथा नाट्यानुभव को अन्य विधाओं की साहित्यिक कृतियों और उनके रसानुभव से भिन्न बनाती है। अतः स्थिति यह नहीं है कि नया नाट्यसमीक्षक रंग उपकरणों का विशेषज्ञ बन गया और वह नाटक के साहित्यिक तत्वों और गुणों के प्रति उदासीन और अनभिज्ञ है। वह तो वास्तव में इन दोनों के उस अत्यंत मौलिक और प्रकृत संबंध की खोज में लगा हुआ है, जो संबंध नाट्यकृति को ढाई हज़ार वर्षों से अन्य साहित्यिक कृतियों की अपेक्षा विशिष्टता प्रदान कर रहा है।'

इस संबंध में मेरा निवेदन है कि नाट्यकृतियों और नाट्यानुभव की विशिष्टता की इस खोज का आधार साहित्यिकता और अभिनेयता के पारस्परिक अंतःसंबंध या अन्योन्याश्रितता को न बनाया जाय, बल्कि स्वयं नाट्यकला की मूलप्रकृति को

बनाया जाय। मेरा सुझाव तो यह है कि हमें साहित्यिकता और अभिनेयता इन दोनों शब्दों को बिल्कुल ही छोड़ देना चाहिए और इनके स्थान पर समीक्षा में केवल नाटक या नाट्यकला जैसे पूर्णताद्योतक शब्दों का ही व्यवहार करना चाहिए। साहित्यिक और रंगमंचीय दोनों दृष्टियाँ नाटक के खंडचित्र को ही देखती हैं। इनके समन्वय के प्रयत्न नाट्यकला के मूलस्वरूप को पहचानने में तो कोई मदद करेंगे नहीं, बल्कि इस या उस पहलू की प्रधानता के विवाद को कायम रखे रहेंगे। संश्लेषणात्मक कलारूप नाटक अनेक कलाओं के तत्वों को लेकर अपना रूपायन करता है। अभिनय, नृत्य, संगीत, चित्र, स्थापत्य, शिल्प और साहित्य, सभी अपनी स्वतंत्र सत्ता खो कर नाटक के आविर्भाव में योग देते हैं। जब हम इनमें से अन्य किसी कला के स्वतंत्र सौंदर्य-नियम के आधार पर नाटक का मूल्यांकन नहीं करते तो साहित्य को ही यह विशिष्टता क्यों प्रदान की जाय। नाट्यकला के विश्लेषण का अर्थ है—इन सभी कलाओं के संश्लेषण-नियमों और नाटक की अन्य विशिष्ट स्थितियों की खोज और नाटक के मूल्यांकन का आधार है कि वह 'अन्य कलात्मक सर्जनात्मक अभिव्यक्तियों की भाँति, किसी न किसी तीव्र, गहरी और महत्वपूर्ण अनुभूति, भाव, विचार, जीवनदृष्टि या परिस्थिति को प्रस्तुत करता' (श्री नेमिचंद्र जैन) है या नहीं।

जब तक हम नाटक को उसी प्रकार स्वतंत्र और पूर्ण कला नहीं स्वीकार करते जिस प्रकार संगीत, चित्र, शिल्प, स्थापत्य, साहित्य, नृत्य और फिल्म को करते हैं, तब तक हम न तो उसकी वास्तविक प्रकृति ही ढूँढ सकते हैं और न दिन प्रतिदिन उसके रूप (फार्म) और वस्तु (कंटेंट) में होने वाले विविध परिवर्तनों की सुसंगत व्याख्या ही कर सकते हैं।[3]

अपने विश्वव्यापी दीर्घकालीन इतिहास, और विधाओं की विविधता के मध्य नाटक ने अनेक बार काव्यतत्वों का प्रचुर प्रयोग किया है – कभी नाटकीय नियमों से पूर्णतया अनुशासित कर और कभी नाटक को महज काव्यश्रवण का बहाना बना कर। यही बात नाटक के अन्य तत्वों के साथ भी लागू है। नाटक की निजी सत्ता ढूँढ निकालने के बाद ही हम उसमें काव्यस्थिति की सार्थकता के आधारों को भी ढूँढ सकेंगे।

हम नाट्यसमीक्षा के किसी मानदंड का पूर्वनिर्धारण नहीं कर सकते। यह क्रमशः विकसित होगी। नाट्यानुभूति के प्रति हमारी सतत जागरुक विकासमान संवेदनशीलता, अपनी नाट्यानुभूतियों का विश्लेषण, प्रभाव और बाधा के उत्तरदायी

3. "पढ़ने के लिए भाषिक निर्मिति, कम से कम आधुनिक उपन्यास, मंच पर देखे गये नाटक से इतना भिन्न है कि एक ही कला की दो उपजातियाँ मानने के बजाय इन्हें दो अलग अलग कलाएँ मानने के लिए विवश होना पड़ता है।" रोनाल्ड पीकॉक, **द आर्ट ऑफ ड्रामा** (1960); पृ. 104।

कारणों की खोज और सबसे बड़ी बात – श्रेष्ठ से श्रेष्ठतर नाट्यकृतियों का सर्जन – ये ही नाट्यसमीक्षा के मानदंड का विकास करेंगी। पूर्व और पश्चिम के रंगमंच-नाटक संबंधी सिद्धांतों को हमें बंधन और रूढ़ि के रूप में नहीं लेना है। उसकी सार्थकता दिशानिर्देश भर में है। वे नाट्यकला के विकास की विभिन्न सरणियों और स्तरों का विश्लेषण और प्रतिनिधित्व करते हैं। किंतु यह सजीव कला तो निरंतर आगे बढ़ती जा रही है। पुराने सिद्धांतों के अध्ययन-मनन से हम अनावश्यक आवृत्तियों से बच सकते हैं और हमारी चिंतनशीलता की बुनियाद गहरी हो सकती है।

लेखनकाल : 1965 ई.

भारत की नाट्यसंस्कृति : कुछ बुनियादी सवाल

भारत को स्वतंत्र हुए पचास साल हो गये। अभी कुछ ही समय बाद उसके प्रजातंत्र के भी पचास साल पूरे हो जाएँगे और इसी के साथ बीसवीं सदी का अंत हो जाएगा। हम इक्कीसवीं सदी के प्रवेशद्वार पर खड़े होंगे। दूरगामी परिणामों की संभावनाओं से युक्त महत्वपूर्ण घटनाओं को अपने में समेटे बेहद उत्तेजक नये परिदृश्य का आगमन हमें अभी से अपनी आहट देने लगा है। इन सबका हमारी विविध कलाओं – खास तौर से हमारी नाट्यसंस्कृति – के लिए क्या कुछ ऐसे खास निहितार्थ हैं जिनका चिंतन कुछ फर्क पैदा कर सकता है। लगभग ढाई हज़ार वर्षों की हमारी पारंपरिक नाट्यसंस्कृति और करीब डेढ़ सौ सालों का हमारा आधुनिक थियेटर क्या ऐसे मुकाम पर पहुँच गया है कि आगे की दुश्वारियों और आशंकाओं को लेकर हम फ़िक्रमंद हों?

हमारी पारंपरिक नाट्यसंस्कृति कभी जड़ता या ठहराव से ग्रस्त नहीं हुई थी। वह निरंतर समयानुकूल परिवर्तित और विकसित होती रही जिसके स्रोत अनेक बाहरी संस्कृतियों के साथ संपर्क प्रभाव और अपनी आंतरिक ज़रूरतों में निहित थे। लेकिन यह क्रम उन्नीसवीं शताब्दी में ब्रितानी औपनिवेशिक युग के आरंभ के साथ धराशायी होने लगा। नयी अंग्रेजी हुकूमत के साथ भारत की सामाजिक, आर्थिक और सांस्कृतिक स्थितियों में जिस तरह के परिवर्तन के दौर शुरू हुए उसमें पारंपरिक साहित्य और विविध कलाओं में ठहराव और छीजन की प्रक्रिया शुरू हुई। आयात, अनुकरण और प्रभाव के तहत हमने जिस योरोपीय साहित्य और कला-संस्कृति को प्रश्रय देना शुरू किया, वह हमारे पारंपरिक साहित्य और कला-अनुभव के साथ न तो एकरस हुई, नहीं उसके विस्तार और विकास का कारण बन सकी, बल्कि उससे कट कर अलग थलग अपना ही एक प्रभाव-क्षेत्र कायम करना शुरू कर दिया, जो काफ़ी ताक़तवर होता चला गया। इसका रास्ता समन्वय का नहीं अध्यारोपण का था। इसकी पृष्ठभूमि के रूप में कलकत्ता, बंबई, मद्रास और दूसरे कई नये नगरकेंद्रों का विकास हुआ, जहाँ पाश्चात्य शिक्षा से

विभूषित उच्च और मध्यम वर्ग के ऐसे भारतीयों की जनसंख्या लगातार बढ़ती चली गयी जो न सिर्फ़ उद्योग-व्यापार, विज्ञान-टेक्नोलोजी, शासन-प्रशासन में ही पश्चिमी श्रेष्ठता के कायल थे बल्कि धर्म-नैतिकता और कला-संस्कृति के अनेक क्षेत्रों में भी कमोबेश उसी का अनुसरण करना चाहते थे। सैनिक, प्रशासनिक और मिशनरी कारणों से भारत में उपस्थित अंग्रेज़ों की खासी आबादी की अपनी कला-सांस्कृतिक जरूरतें तो थीं ही। इन सबने मिलकर ऐसी आधारभूत सुविधाओं (इन्फ्रास्ट्रक्चर) का निर्माण किया जिसमें औपनिवेशिक युग की इस आधुनिक कला-संस्कृति का विकास जोर शोर से शुरू हो गया और जिसके संवाहक मुट्ठीभर तथाकथित 'आधुनिक' भारतीय थे। विशाल भारत के हज़ारों हज़ार गाँवों, क़स्बों में बसी करोड़ों करोड़ जनता इस आधुनिकता से रिश्ता बना नहीं पा रही थी और इस मुठभेड़ से छीजती जा रही अपनी पारंपरिक कला संस्कृति को लेकर संतुष्ट थी।

ऐसा नहीं कि इस आधुनिक कला संस्कृति को भारतीय परंपरा से जोड़ने की कोशिशें नहीं हुईं। औपनिवेशिक युग से ही समय समय पर अनेक तरह से, भिन्न भिन्न स्तरों पर, ऐसी कोशिशें लगातार होती रहीं। लेकिन ये ज़्यादातर कलाशास्त्रीय क़िस्म की (ऐस्थेटिक) थीं और इसका लब्बोलबाब यह था–'हमें पश्चिम का अनुकरण करने वाला कोरा आधुनिक कलाकार मत समझो। हम अपनी भारतीय परंपरा को बखूब पहचानते हैं। देखो कितनी बारीकी से हमने कला-तत्वों को अपनी कृतियों में संजोया है। हमें स्वीकारो और परंपरा का उत्तराधिकारी मानो।' इन लोगों ने शायद इस बात को नज़रअंदाज़ किया कि **कला-संस्कृति सिर्फ सौंदर्यशास्त्रीय समस्याओं तक ही सिमटी नहीं रहती। विविध कलाओं का किसी मानव-समुदाय की बहुविध आर्थिक सामाजिक सांस्कृतिक संरचनाओं के साथ बहुस्तरीय ज़रूरतों से जुड़ा घनिष्ठ प्रकार्यात्मक संबंध होता है। कला संस्कृति की परंपरा ऐसे ही संबंधों के जटिल स्नायविक तंतुजालों के क्रमिक ऐतिहासिक विकास से बनती है।**

भारतीय कला-संस्कृति की परंपरा के संदर्भ में आधुनिकता के आंदोलन का फलितार्थ बड़े रोचक ढंग से अलग अलग कलाओं में अलग अलग घटित हुआ। अपनी पारंपरिक विरासत को संभाले हुए आधुनिकता के युग में प्रवेश करने में शायद सर्वाधिक सफलता साहित्य को मिली, जिसकी एक वजह भाषिक परंपरा की अपनी खूबी है। भारत की आधुनिक भाषाएँ अपने तमाम विकास परिवर्तनों के बावजूद एक ओर तो वैदिक युग से लेकर पूरी ऐतिहासिक यात्रा के जीवंत तत्वों को अपने में संचित किये हुए हैं तो दूसरी ओर समकालीन एकदम ताजा सूक्ष्मतम अनुभूतियों को भी अभिव्यक्त करने में सक्षम हैं। भारतीय संगीत और

नृत्य में इस आधुनिकता का प्रवेश किंचित्मात्र ही हुआ। ये दोनों कलाएँ लगातार अपने पारंपरिक सौंदर्यशास्त्रीय स्वरूपों के अनुसंधान और पुनर्निर्माण में ही जुटी रहीं। समकालीन भावधारा से जुड़ने के जो थोड़े से महत्वपूर्ण प्रयोग हुए भी, वे हाशिये पर ही रह गये। अभी इनमें आधुनिकता मुख्यतः वर्तमान प्रदर्शन-स्थितियों के अनुकूल समायोजन में ही दिखाई पड़ती है। यह तो इधर कुछ वर्षों से भारत में बड़ी तेजी से पश्चिमी संगीत का बोलबाला शुरू हुआ है।

चित्र और मूर्तिशिल्प के आधुनिकीकरण का दौर और भी दिलचस्प है। आधुनिकता और परंपरा को लेकर तीखी झड़पों, गंभीर बहसों, कला-आंदोलनों और उकसाने वाली चालों का यह क्षेत्र अखाड़ा बनता रहा है, जिसमें कला-समीक्षक, कला-संरक्षक, कलाकार और कुछ दूसरे तबके के लोग भी शिरकत करते रहे हैं। इन सबके बीच रचनात्मक स्तर पर पश्चिम की आधुनिक कला-प्रवृत्तियों को अनेक स्तरों पर जज्ब करने की कोशिशें कलाकार लगातार करते रहे, साथ ही कुछ हद तक पारंपरिक भारतीय कला के कुछ ऐसे तत्वों को भी आत्मसात करने की कोशिश करते रहे जो उन प्रवृत्तियों के साथ तालमेल बैठा सकते। इन सबका एक सुखद नतीजा तीसरी चौथी पीढ़ी पहुँचते पहुँचते एक ऐसी साझा आधुनिक चित्रभाषा की संभावना के रूप में सामने आया, जिसे कलाकार अपनी नितांत निजी अनुभूतियों और संवेदनाओं के अनुसार ढाल सकें। लेकिन ये सारी कोशिशें सौंदर्यशास्त्रीय धरातल पर ही घटित होती रहीं (विद्रोही और विरोधी भी अवाँगार्द की सीमा में बँधे रहे) और व्यापक समाज से दूर, आधुनिक भारतीय जनमानस के साथ भी कोई प्रकार्यात्मक रिश्ता कायम न कर सकीं और भारत की पारंपरिक कला-संस्कृति की मुख्य धारा से कटकर अलग थलग ही रह गयीं। कलाकारों, कलादीर्घाओं, कलाक्रेताओं और कलासमीक्षकों के पारस्परिक गुथे हुए चक्रव्यूह (क्लोज सर्किट) में यह सिमटती ही चली गयी। लेकिन कला-सर्जन की वास्तविक सार्थकता बृहत्तर जनसमुदाय की संवेदनाओं को छूने में ही तो निहित है, जिसके कारण समाज उसे अपने अतिविशिष्ट सदस्य का दर्जा देता है।

इन सबके बीच नाट्य (थियेटर) की स्थिति सबसे विलक्षण साबित हुई, जिसकी वजह इसकी अपनी खास फितरत है।

जिस वक़्त यूरोपीय ढंग के थियेटर ने भारत में अपने पाँव जमाने शुरू किये उस समय यहाँ नाट्कलेखन और नाट्यप्रस्तुतियों की अत्यंत समृद्ध, कम से कम ढाई हज़ार सालों की एक ऐसी जीवंत और विकासनशील परंपरा मौजूद थी जो विभिन्न क्षेत्रों, भाषा-बोलियों, वर्गों और स्तरों में सक्रिय थी। लेकिन योरोपीय थियेटर अपनी जिस कलात्मक अवधारणा, व्यवहार और समाज के साथ अपने

प्रकार्यात्मक संबंधों को लेकर सामने आया, उसका भारत के पारंपरिक नाट्य के साथ कोई तालमेल नहीं था और वे काफ़ी हद तक एक दूसरे को खारिज करती थीं। जाहिर है, उस औपनिवेशिक माहौल में पारंपरिक भारतीय नाट्य को ही खारिज होना था। और यह इस हद तक हुआ कि औपनिवेशिक युग के एक प्रारंभिक नाटककार ने तो यह घोषणा कर डाली कि इस देश के लोग, नाटक किस चिड़िया का नाम है, यह तक नहीं जानते।

फिर भी, अनिवार्यतः, इन दोनों के बीच आवाजाही का रिश्ता कायम हुआ ही, लेकिन यह रिश्ता परस्पर समृद्धि का उतना नहीं बना जितना एक दूसरे को तोड़ने वाला साबित हुआ। इसके बहुत से कारण खोजे जा सकते हैं। लेकिन एक बहुत अहम वजह बिल्कुल साफ़ नज़र आती है। वह है, भारत के लिए तब तक बिल्कुल अजाना, बाज़ार की माँगों के मुताबिक चलने वाला, पश्चिमी थियेटर का तिजारती स्वरूप, इसके भारतीय संस्करण को भी मुनाफ़े के लिए लोकमोहक (पापुलिस्ट) बनना ही था। इसलिए उसने भारतीय पारंपरिक नाट्य के कुछ तत्वों को नोच-नोच कर अपने थियेटर में उसके पैबंद लगाने शुरू किये, क्योंकि किसी सांस्कृतिक समुदाय की मनोरंजन की जमी-जमायी आदतों को एक बारगी तो नहीं बदला जा सकता। इसने योरोपीय थियेटर के चौखठे के भीतर कलात्मक अराजकता भर दी और उसने एक अजीब संकर किस्म के योरो-भारतीय तिजारती थियेटर को स्थापित किया जो आगे चलकर तिजारती सिनेमा में रूपांतरित होकर पुनर्जीवन पा गया और आज भी किसी न किसी रूप में हमारे बीच मौजूद है। इसी से जब बोलती फ़िल्मों के आगमन के साथ इस थियेटर का जगमगाता संसार धराशायी हो गया तो जनता ने किसी रिक्तता का अनुभव नहीं किया।

पश्चिमी थियेटर को आत्मसात करने की एक समांतर संजीदा कोशिश भी औपनिवेशिक भारत में ही शुरू हुई जो साहित्यिक और शौकिया थी और जिसमें सामाजिक सुधार तथा राष्ट्रीय मुक्ति की भावना प्रबल थी। ऐतिहासिक दृष्टि से देखने पर अनेक बड़ी उपलब्धियों और अनेक महत्वपूर्ण नामों के बावजूद यह नवनाट्यांदोलन अन्य कई सांस्कृतिक क्षेत्रों के मुक़ाबले पिछड़ा ही रहा। पश्चिमी प्रभाव से ही अस्तित्व में आयीं अनेक नयी साहित्यिक विधाओं – उपन्यास, कहानी, निबंध और नये ढंग की कविता आदि ने भारतीय भाषाओं में लगातार विकास की जितनी मंजिलें पार कीं, नाटकलेखन उतनी दूर नहीं जा सका। प्रस्तुतियों के तकनीकी शिल्प और कलात्मकता के स्तर में अपेक्षित सुघड़ता सामान्यतः नहीं आ सकी, न ही पारंपरिक नाट्य के साथ सातत्य का कोई रिश्ता ही कायम हो सका।

स्वतंत्रता के बाद थियेटर के लिए भी एक नया जोश उभरा। औपनिवेशिक

काल में शिथिल पड़ गये अनेक पुराने रंगकर्मियों ने अँगड़ाइयाँ लीं, व्यापारिक औद्योगिक घरानों ने कुछ फंड जुटाए और स्वतंत्र भारत की सरकार ने भी कला-संरक्षण की अपनी जबावदेही के मद्देनजर कुछ अनुदान देना शुरू किया। फिर केंद्र और कुछ राज्यों में संगीत नाटक अकादमियाँ भी बनीं। इस तरह थियेटर का माहौल एक बार फिर गर्माया और शहरी थियेटर नये सिरे से अपने पैर जमाने के लिए ज़मीन खोजने लगा। इसी बीच कुछ गंभीर नाट्यकर्मी इस नतीजे पर पहुँचे कि भारत में आधुनिक थियेटर तब तक अच्छी तरह नहीं पनप सकता, जब तक ऐसे पूर्णकालिक, अपने अपने फन में माहिर, नाट्यकर्मी, निर्देशक, अभिनेता, डिजाइनर, तकनीशियन तैयार न हों जो अपनी जीविका के लिए भी थियेटर पर ही निर्भर रह सकें (प्रोफेशनल्स)। सरकार ने उनके सुझाव पर राष्ट्रीय नाट्य विद्यालय की स्थापना कर दी। इस तरह पश्चिमी ढंग के थियेटर को अपनाने की जो प्रक्रिया औपनिवेशिक भारत में शुरू हुई थी, वह भारत की स्वतंत्रता के लगभग दस-बारह बरस बाद अपनी तार्किक परिणति पर पहुँची। स्वाभाविक था कि जल्दी ही थियेटर के विद्वानों और कुछेक नाट्यकर्मियों का ध्यान एक बार फिर भारत के पारंपरिक नाट्य की ओर जाता। इस बार पारंपरिक नाट्य और नाट्यकर्मियों को फोकस में लाने और उन्हें कुछ आर्थिक संबल देकर जिलाये रखने की सरकारी कोशिशें शुरू हुईं तो दूसरी ओर नाट्यनिर्देशकों और नाटकलेखकों ने भी पारंपरिक नाट्यरूपों को इसलिए टटोलना शुरू किया कि सौंदर्यशास्त्रीय स्तर पर उनमें कौन से ऐसे तत्व मौजूद हैं जिन्हें लेकर आधुनिक संवेदना वाले पश्चिमी नाटकों को भारतीय स्वरूप भी दिया जा सकता है। इस सिलसिले में एक शब्द खूब प्रचलन में आया 'शैलीकरण' (स्टाइलाइजेशन)।

राष्ट्रीय नाट्य विद्यालय ने पांरपरिक नाट्य से जुड़ने की कोशिश को विधिवत अपनी पाठ्यचर्या का अनिवार्य अंग बना दिया। इसके साथ ही पश्चिमी नाट्यजगत के धुरंधर नाट्यविशेषज्ञ निर्देशकों को प्रशिक्षण-निर्देशन के लिए वह प्रायः आमंत्रित करता रहता है। इससे लगता है कि राष्ट्रीय नाट्य विद्यालय का स्वप्न ऐसा आधुनिक भारतीय नाट्यरूप विकसित करना है जो विश्व स्तर का हो। लेकिन नाट्य की अपनी विशिष्ट प्रकृति में ऐसे किसी सपने की गुंजाइश किसी हद तक है? और क्या इसका कोई आसार अभी तक नजर में आया है?

स्वातंत्र्योत्तर भारत के पिछले पचास सालों में आधुनिक गंभीर थियेटर को स्थापित करने के लिए प्रतिबद्ध नाट्यकर्मियों को कड़ी मुश्किलों से जूझना पड़ता रहा है ख़ासतौर से अपेक्षाकृत छोटे शहरों के रंगकर्मियों को। जनता अभी भी इस

थियेटर को स्वीकार करने के लिए तैयार नहीं हो पायी है और नाट्यकर्मियों को जीविका तथा प्रस्तुतियों के ख़र्च के लिए लगातार सरकार का मुँह जोड़ना पड़ रहा है। इससे प्रस्तुतियों का स्तर और भी नीचे गिरता जा रहा है और दर्शक दूर भाग रहे हैं। राष्ट्रीय नाट्य विद्यालय अपने प्रशिक्षित नाट्यकर्मियों को कई तरह से काम देकर स्थिति को कुछ संभालने की कोशिश कर रहा है, लेकिन वह बेहद नाकाफी है।

थियेटर के लिए एक और संकट की स्थिति यह पैदा हो गयी है कि प्रशिक्षित या अप्रशिक्षित, प्रतिभावान तेजस्वी अभिनेता-अभिनेत्रियों का सिनेमा और टी.वी. की ओर पलायन बड़ी तेजी से बढ़ रहा है। थियेटर में काम करते जो लोग दिखाई पड़ते हैं, वे या तो मौके की प्रतीक्षा कर रहे हैं या किन्हीं मजबूरियों के कारण नाटक में ही बने रहने को विवश हैं। सिनेमा की सुनिश्चित संभावना को लात मारकर थियेटर में जीवन खपा देने के लिए प्रतिबद्ध नाट्यकर्मी शायद बिरले ही हैं। आज का युवावर्ग यदि थियेटर की ओर आकर्षित हो भी रहा है तो उसे सिर्फ़ सीढ़ी समझकर। यह स्थिति कुछ अस्वाभाविक नहीं, क्योंकि इस क्षेत्र में आने की प्रेरणा के रूप में मुख्यतः प्रसिद्धि और पैसे का ग्लैमर ही जाने अनजाने काम कर रहा होता है और इन दोनों के लिए सिनेमा और टी.वी. के सामने थियेटर नगण्य है। कलात्मक सर्जन का आनंद जरूर थियेटर में ज़्यादा है, लेकिन इन दोनों की तुलना में उसकी परवाह किसे है। इस स्थिति को किसी प्रतिबंध के सहारे रोका नहीं जा सकता। रोकना मुनासिब भी नहीं। फिर इस समस्या का हल क्या है?

इस बात से थियेटर को लेकर सोचने का एक और आयाम बनता है। दुनिया की अलग अलग जगहों में वक्त की माँगों के मुताबिक थियेटर लगातार बदलता गया है, उसका आमूलचूल रूपांतरण भी होता रहा है। योरोप के थियेटर का काफ़ी पुराना विस्तारपूर्ण और बारीक ब्यौरों से भरापूरा इतिहास इसकी बड़ी प्रामाणिक गवाही दे रहा है। इसी योरोप में जब बोलती फ़िल्म अस्तित्व में आयी तो उसने बड़ी तेजी से थियेटर की जमीन हड़पनी शुरू कर दी। इससे वहाँ का थियेटर एक बार हतप्रभ ज़रूर हुआ, लेकिन अपने अस्तित्व की तीव्र जिजीविषा ने वहाँ के थियेटर को नयी नयी जमीनों की लगातार तलाश के लिए प्रेरित कर दिया। वह अपनी प्राथमिकताओं का फोकस बदलते हुए अपने अस्तित्व का संघर्ष करता रहा। इस संदर्भक्रम में ढेर सारी तकनीकों, शैलियों, रूपसंरचनाओं, विषय-वस्तुओं, जीवन और कला के दर्शनों आदि के आधुनिकतावादी और आधुनिकोत्तर (पोस्टमाडर्निस्ट) प्रवृत्तियों का वहाँ के नाट्यक्षेत्र में अंबार लग गया।

हमारी अपनी नाट्यपरंपरा का विकास उन्नीसवीं शती में ही रुककर धीरे धीरे मुर्झाने लगा। योरोपीय थियेटर की कलम भारत की जिस जमीन पर लगी थी, वह भी योरोपीय खाद, मिट्टी और आबोहवा से थोड़ी उर्वरा बन सकी थी। इसी लगातार बढ़ती हुई जमीन से सिनेमा ने उस योरोपीय थियेटर को विस्थापित कर दिया। सिनेमा ने अपने को भारतीय जमीन के माफिक बदलने में ज़्यादा सफलता पायी और उसकी जड़ें गहरे उतरने लगीं, शाखाएँ प्रशाखाएँ फैलती ही गयीं। इस सिनेमा के समानांतर आधुनिक थियेटर को स्थापित करने की कोशिशों में हमने अपनी वास्तविक ज़रूरतों की मुश्किल खोजों की जहमत उठाए बग़ैर फिर से योरोप के आधुनिक नाट्य की प्रवृत्तियों की कलमें भारत में लगानी शुरू कीं। योरोप की तरह के क्रमिक विकास का कोई अनुभव-सिलसिला न होने के कारण अब वे यहाँ पनप नहीं पा रही हैं तो इसमें अचरज क्या!

इसी बीच भारत में भी सिने-माध्यम की तकनीकी और कलात्मक क्षमता निरंतर परवान चढ़ती गयी और कोरी तिजारती फ़िल्मों के समानांतर गंभीर, कलात्मक, सामाजिक-राजनीतिक सोद्देश्यता सी परिपूर्ण फिल्मों की छोटी, लेकिन प्रखर धारा बह चली, जो एक और तरह से आधुनिक भारतीय थियेटर की जमीन का अतिक्रमण करती है।

अब तो सिनेमा की तकनीकी क्षमताएँ छलाँगें मार रही हैं। पर्दे पर उभरने वाली तस्वीर स्वाभाविक रंगों से भरपूर न सिर्फ़ सूक्ष्मतम ब्यौरों के साथ बेहद स्पष्ट और जीवंत बनी है, बल्कि जल्दी ही वह पूरी तरह त्रिआयामी और सिनेमाघर में दृश्य के अनुरूप गंध का अहसास देने में भी सक्षम हो जाएगी। आवाज की गुणवत्ता में भी बेहद निखार आता जा रहा है।

इधर भारतीय घरों में तेजी से अपनी जगह निश्चित करता टी.वी. का संजाल दुनिया भर का मनोरंजन, ज्ञान-विज्ञान, सूचनाएँ और बाजार भी बैठक में ही परोस रहा है। इसके अलावा टी.वी. अपने माध्यम की बिल्कुल निजी कलात्मक संभावनाओं की तलाश में भी सफलता पाने लगा है, जिसका एक बड़ा चमत्कृत कर देने वाला नमूना अभी अभी देखने को मिला। ब्रिटेन की राजकुमारी डायना के अंतिम संस्कार की घटना का विश्वव्यापी टी.वी. संजाल द्वारा सजीव टेली-प्रसारण किया गया। सैकड़ों कैमरों द्वारा अनेक कोणों से लिये गये बिंबों के आशु-संपादन, सटीक कमेंटरी और संकलित संगीत तथा अन्य ध्वनि प्रभावों द्वारा घटित होती वास्तविकता अन्वित होकर कलात्मक आकार ग्रहण करने लगी। जीवंत तात्कालिक यथार्थ महाकाव्यात्मक पैमाने पर जाकर परीकथा बुनने लगा। अभी अभी हमारे बीच जिंदा डायना को हमारे देखते देखते टी.वी. माध्यम ने मिथक बना डाला। तत्काल घटित होती हुई घटना के समानांतर टेली-प्रसारण द्वारा निस्संगता और आसंगता

के मिश्रित अनुभव को संवेदना के धरातल पर उतारना ही शायद टी.वी. माध्यम की अपनी निजी कलात्मक संभावना है जो संभवतः किसी दूसरी कला के वश की बात नहीं।

इसके अलावा डी.टी.एच., साइबरस्पेस, मल्टीमीडिया, इंटरनेट और वर्चुअल रीयलिटी को लेकर हम जिस इक्कीसवीं सदी में प्रवेश करने जा रहे हैं, उसमें हमारे वर्तमान थियेटर की कोई सार्थक भूमिका या प्रासांगिकता रह पायेगी? क्या थियेटर अतीत के खंडहर की तरह ही बचा रहेगा या जैव-विविधता की एक विलुप्त होती प्रजाति की तरह मानवसंस्कृति की इस म्रियमाण कला को भी जीवित बनाये रखने के लिए विशेष यत्नों द्वारा थियेटर के ज़िंदा अजायबघरों की रचना करनी पड़ेगी? क्या हम थियेटर को लेकर अभी जो उधेड़बुन कर रहे हैं, उसमें ऐसा ही कुछ भाव आता जा रहा है?

मेरी आस्था, मेरा विवेक इस पराजित मनोवृत्ति को स्वीकार नहीं करना चाहता। मुझे तो लगता है तकनीकीविदों द्वारा पूर्णतः नियंत्रित जिस मानवसंस्कृति की ओर हम बढ़ रहे हैं, उसमें नाट्य न सिर्फ़ फिर से प्रासंगिक हो उठेगा, बल्कि मानव-मुक्ति का वह एकमात्र केंद्र होगा। क्योंकि नाट्य ही एकमात्र ऐसी कला है जो वैज्ञानिक तकनीकी को पूर्णतया नकार सकती है। उसे यह ताकत अपनी प्रकृति में निहित तीन मूलभूत विशेषताओं से मिलती है। एक : यह कला सीधे मनुष्य द्वारा मनुष्य को संबोधित होती है। उनके बीच किसी दूसरी चीज, कोई माध्यम, अन्य कुछ भी अनिवार्य नहीं। दो : इस कला के सर्जक और उपभोक्ता के बीच की सीमारेखा बड़ी पतली है। एक तरह से दोनों मिलकर इसकी रचना करते हैं। नाट्य पैदा ही उन क्षणों में होता है जब दोनों के बीच एक वेवलेंथ पर संवाद स्थापित होता है। यह संवाद जितना सूक्ष्म और गहरा होगा नाट्यसृष्टि भी उतनी श्रेष्ठ होगी। ठीक वैसे ही जैसे रतिक्रीड़ा में नर नारी दोनों आनंदशिखर पर पहुँच कर ही बीजवपन द्वारा जीवनबिंदु की श्रेष्ठ सृष्टि करते हैं। तीन : नाट्यसृष्टि को किसी माध्यम—फ़िल्म, इलेक्ट्रॉनिकी, लेजर या किसी भी तकनीक द्वारा रिकार्ड कर उसे दुहाराया नहीं जा सकता।

नाट्य की इन तीनों विशिष्टताओं के बहुविध, बहुस्तरीय, गहरे निहितार्थ हैं। नयी प्रासंगिकताओं वाले नये सार्थक नाट्य को सिरजने के लिए हमें इन विशिष्टताओं का गहरा पुनरान्वेषण करना होगा। क्या हम इसके लिए तैयार हैं?

लेखनकाल : 1998 ई.

आधुनिक हिंदी की नाट्यभाषा के प्रथम अन्वेषक

भारतेंदु का लेखन आरंभ होने से भी पहले सन् 1863 ई. में राजा लक्ष्मण सिंह द्वारा कालिदास के **अभिज्ञानशाकुतलनम्** के आधार पर **शकुंतला** नाम से आधुनिक हिंदी भाषा में नाटक की रचना कई दृष्टियों से महत्वपूर्ण है।

आधुनिक हिंदी का प्रथम नाटक

भारतेंदु ने अपने **नाटक** नामक निबंध में लिखा है :

"हिंदी भाषा में दूसरा ग्रंथ वास्तविक नाटककार राजा लक्ष्मणसिंह का **शकुंतला** नाटक है। भाषा के माधुर्य आदि गुणों से यह नाटक उत्तम ग्रंथों की गिनती में है।"

इस उद्धरण में महत्वपूर्ण बात यह भी है कि भारतेंदु ने राजा लक्ष्मणसिंह को 'वास्तविक नाटककार' कहा है। एक अनुवादक को वास्तविक नाटककार कहना भारतेंदु की भूल नहीं, **शकुंतला** को सर्जनात्मकता के आयामों की सही पहचान का सबूत है। अन्यत्र उन्होंने भाषा की दृष्टि से **शकुंतला** को हिंदी का प्रथम नाटक घोषित भी कर दिया : "इससे हिंदी भाषा में नाटकों की गणना की जाय तो महाराज रघुराजसिंह[1] का **आनंद रघुनंदन** और मेरे पिता का **नहुष** नाटक यही दो प्राचीन ग्रंथ भाषा में वास्तविक नाटकाकार मिलते हैं यो नाम को तो **देवमाया प्रपंच**, **समयसार** इत्यादि कई भाषा-ग्रन्थों के पीछे नाटक शब्द लगा दिया है। इनके पीछे **शकुंतला** का अनुवाद राजा लक्ष्मणसिंह ने किया है। यदि पूर्वोक्त दोनों ग्रंथों को ब्रजभाषा मिश्र होने के कारण हिंदी का न मानें तो **विद्यासुन्दर** नाटक गुणों में अद्वितीय न होने पर भी द्वितीय है।"[2]

यहाँ भारतेंदु ने नाटकों की पूर्वापरता को तनिक पहेली के अंदाज में प्रस्तुत किया है। वे मानते हैं कि हिंदी का पहला नाटक **आनंद रघुनंदन** है, दूसरा **नहुष**,

1. आनन्द रघुनन्दन वस्तुतः महाराज विश्वनाथ सिंह का लिखा है। भारतेन्दु ने भ्रमवश उसे रघुराज सिंह का लिखा माना है।
2. भूमिका, **विद्यासुंदर**, द्वितीय संस्करण, चैत्र 1939 वि.।

तीसरा **शकुंतला** तथा चौथा उन्हीं का **विद्यासुंदर** है। किंतु प्रथम दो यदि ब्रजभाषा में लिखे होने के कारण हिंदी के न माने जाएँ, तो शकुंतला प्रथम और विद्यासुंदर द्वितीय प्रमाणित होगा।

तत्कालीन नाट्यपरिवेश में **अभिज्ञान शाकुन्तलम्** का यह अनुवाद वस्तुतः शकुंतला की सर्जनात्मक रचना है। राजा लक्ष्मणसिंह की चेतना में अपने समकालीन नाट्य-परिवेश के प्रति सजगता थी और उसी के तहत उन्होंने इस अनुवाद में अनुकूलन कर इसे सर्जनात्मकता का आयाम दिया।

अनुकूलन का पहला प्रमाण हमें अनुवाद में प्रस्तावना की उपेक्षा से मिलता है। तत्कालीन अंग्रेजी नाटकों में संस्कृत नाटकों के लिए बहुत महत्त्वपूर्ण 'प्रस्तावना' जैसी चीज नहीं थी। अतः राजा लक्ष्मणसिंह ने समय की माँग के अनुसार ही अनुवाद में उसे छोड़ दिया।

संस्कृत नाट्यविधान और नाटकलेखन में नाट्यकथा के घटनास्थलों का निरूपण अंग्रेजी नाटकों से सर्वथा भिन्न और मौलिक है। अंग्रेजी नाटकों में एक दृश्य में एक ही निश्चित स्थान की घटनाओं का विवरण रहता है जिससे रंगमंच पर उस स्थान की दृश्य-प्रतिकृति प्रस्तुत की जा सके। इसीलिए अंग्रेजी नाटकलेखन में दृश्यारंभ होने पर सबसे ऊपर दृश्य-संख्या के बाद दृश्य-स्थान का उल्लेख रहता है। अंग्रेजी नाटक लेखन और नाट्यप्रस्तुति की यह विशेषता उन्नीसवीं शती के भारतीय नाट्यजगत में इस तरह प्रबल हो उठी थी कि उस समय के लोग इससे भिन्न कल्पना भी नहीं कर सकते थे।

इसीलिए जब वे संस्कृत नाटकों में न तो 'स्थान' का उल्लेख पाते थे, न ही अंकों का दृश्यों में विभाजन तो परेशान हो उठते थे। यही वह कारण है जिससे राजा लक्ष्मणसिंह ने अपने अनुवाद में **शकुंतला** के प्रत्येक अंक के आरंभ में स्थान निर्देश किया है। इसके अलावा उन्होंने 'स्थान' की दृष्टि से एकाध प्रसंग में कुछ फेर बदल भी किये हैं।

शकुंतला का अनुवाद पूरी तरह गद्य में किया जाना भी तत्कालीन नाट्य-परिवेश का ही प्रभाव है। अठारहवीं उन्नीसवीं शती के जिस अंग्रेजी नाटक-साहित्य से तत्कालीन भारतीय परिचित हुए वह अपने रूपविधान में गद्यात्मक और यथार्थाभासी था।

वस्तुतः **शकुतला** की रचना के पीछे राजा लक्ष्मणसिंह का मूल उद्देश्य **अभिज्ञानशाकुन्तलम्** का आधुनिक संस्करण तैयार करना था।

आधुनिक हिंदी में साहित्य की सर्जनात्मक भाषा का प्रथम महत्वपूर्ण प्रयोग

यों तो आधुनिक हिंदी की प्रारंभिक गद्यकृतियाँ जैसे गंगकवि की **चंद छंद बरनेन की महिमा**, रामप्रसाद निरंजनी की कृति **भाषा योगवासिष्ठ**, पं. दौलतराम शर्मा की कृति **पद्मपुराण** का भाषानुवाद आदि मध्यकाल में रची जा चुकी थीं और उन्नीसवीं शती के बिल्कुल आरंभ में ही मुंशी सदासुखलाल नियाज ने **बिष्णुपुराण** के कुछ उपदेशात्मक प्रसंगों पर आधारित अपनी पुस्तक में उसी परंपरा को पुष्ट किया। इसके अलावा इसी समय इंशाअल्ला खाँ ने **रानी केतकी की कहानी** में एक ऐसी भाषा का नमूना प्रस्तुत करने की कोशिश की, जिसमें 'हिंदवी छुट और किसी बोली का पुट न मिले', 'बाहर की बोली और गँवारी कुछ उसके बीच में न हो', 'बस जैसे अच्छे भले लोग – अच्छों से अच्छे – आपस में बोलते चालते हैं ज्यों का त्यों वही डौल रहे और छाँव किसी की न हो।'

...आधुनिक हिंदी आंदोलन की नींव तब पड़ी जब 1800 ई. के आस पास अंग्रेजों ने फोर्ट विलियम कालेज में उर्दू और हिंदी में अलग अलग गद्य पुस्तकें लिखाना आरम्भ किया। यहाँ लल्लूजी लाल ने **प्रेमसागर** और सदल मिश्र ने **नासिकेतोपाख्यान** लिख कर आधुनिक हिंदी के अलग अलग नमूने पेश किये। फिर इन नमूनों से फ़ायदा उठाकर इसाई धर्मप्रचारकों ने प्रचारवाङ्मय छापना शुरू किया; हिंदी में पत्र-पत्रिकाओं का प्रकाशन आरंभ हुआ और नवोदित पाठशालाओं के लिए पाठ्यपुस्तकें तैयार होने लगीं। इस प्रकार आधुनिक हिंदी का प्रसार क्षेत्र व्यापक होने लगा।

इसी बीच मुख्यतः शब्दभंडार के आधार पर आधुनिक हिंदी भाषा के स्वरूप को लेकर अंतर्विरोध खड़ा हो गया। ऊपर जिस वाङ्मय की ओर संकेत किया गया है उसमें मुख्यतः संस्कृत के तत्सम, तद्भव और देशी के ऐसे शब्दों की प्रधानता थी जो परंपरा सिद्ध थे। लेकिन उन्नीसवीं शती के मध्य में कई कारणों से राजा शिवप्रसाद 'सितारेहिंद' आधुनिक हिंदी के नाम पर एक ऐसी भाषा चलाना चाहते थे जिसमें अरबी-फारसी के शब्दों की बहुतायद हो। 'सितारेहिंद' के व्यक्तित्व की बुलंदी और तत्कालीन राजनीतिक परिवेश के चलते इस बात की पूरी संभावना थी कि उनकी भाषानीति चल निकलती यदि समय रहते ही राजा लक्ष्मणसिंह ने **शकुंतला** की रचना द्वारा उसका ऐसा करारा जवाब न दिया होता जो **'सितारे हिंद'** के व्यक्तित्व से भी भारी पड़ गया। बाद में राजा लक्ष्मणसिंह ने अपनी भाषानीति इस प्रकार स्पष्ट की :

"हमारे मत में हिंदी और उर्दू दो बोली न्यारी न्यारी हैं। हिंदी इस देश के हिंदू बोलते हैं और उर्दू यहाँ के मुसलमानों और पारसी पढ़े हुए हिंदुओं की बोलचाल है। हिंदी में संस्कृत के पद बहुत आते हैं, उर्दू में अरबी पारसी के। परंतु कुछ अवश्य नहीं है कि अरबी पारसी के शब्दों के बिना हिंदी न बोली जाए और न हम उस भाषा को हिंदी कहते हैं जिसमें अरबी पारसी के शब्द भरे हों।"

किंतु आधुनिक हिंदी के विकास के संदर्भ में राजा लक्ष्मणसिंह का महत्व सिर्फ़ इसलिए ही नहीं है कि उन्होंने एक बार फिर से आधुनिक हिंदी को रामप्रसाद निरंजनी, मुंशी सदासुखलाल नियाज और सदल मिश्र द्वारा प्रवाहित भाषा से जोड़ दिया। बल्कि इसलिए कहीं अधिक है कि आधुनिक हिंदी के इतिहास में उन्होंने पहली बार उसे सर्जनात्मक साहित्यिक लेखन का सफल माध्यम बनाया और इस प्रकार आधुनिक हिंदी के साहित्यिक लेखन का श्रीगणेश किया।

राजा लक्ष्मणसिंह के पहले किसी ने आधुनिक हिंदी गद्य का उपयोग उच्चकोटि की साहित्यिक अभिव्यक्ति के लिए इतनी सफलता से नहीं किया था। कालिदास के **अभिज्ञानशाकुन्तलम्** जैसे अत्युत्कृष्ट काव्य का रूपांतर करके उन्होंने आधुनिक हिंदी की साहित्यिक समर्थता और नाट्यभाषा के रूप में उसके प्रयोग का मार्ग इतना प्रशस्त कर दिया कि भारतेंदु अपने मंडल के साथ अनायास उस पर तेजी से चल पड़े क्योंकि उन्होंने अपने नाटकलेखन के बिल्कुल आरंभ सन् 1868 ई. में ही लक्ष्मणसिंह की भाषाशक्ति को पहचान लिया था :

"विशेष करके नाटक तो (कुंवर लक्ष्मणसिंह के शकुंतला के सिवाय) कोई भी ऐसे नहीं बने हैं जिनको पढ़ के कुछ चित्त को आनंद और इस भाषा का बल प्रकट हो।"

संस्कृत साहित्य से आधुनिक हिंदी में प्रथम अनुवाद

संस्कृत के महान साहित्य का आधुनिक हिंदी में सरस, साहित्यिक, सर्जनात्मक अनुवाद न केवल हिंदी साहित्य के विकास को दृढ़ आधारभूमि प्रदान करने वाला है बल्कि राष्ट्रभाषा की सही सार्थकता सिद्ध करने के लिए भी आवश्यक है। राजा लक्ष्मणसिंह ने इसका सूत्रपात आधुनिक काल के आरंभ में ही कर दिया, जिसकी परंपरा भारतेंदु, मोहन राकेश आदि से होती हुई आज तक चल रही है और आगे भी चलती रहेगी।

राजा साहब का अनुवादादर्श उन्हीं के शब्दों में :

"यह नियम रखा गया है कि अनुवाद में मूल के आशय से कुछ न्यूनाधिक न हो जाय अर्थात् मूल के अक्षरों (शब्दों) के अर्थ न तो कुछ छूटने पावें और न बाहर से नया आशय लाया जाए।"

यद्यपि राजा साहब ने इस प्रतिज्ञा को निभाने की पूरी कोशिश की और अधिकांश में ऊँची सफलता भी प्राप्त की, फिर भी कहीं कहीं कुछ कारणों से त्रुटियाँ रह गयीं। एक कारण की ओर तो स्वयं राजा साहब ने संकेत किया है :

"उन दिनों इटावे में कोई पुस्तकालय न था.........इसलिए जो कहीं कुछ संदेह मूलपाठ का अर्थ समझने में हुआ, पुस्तकों के अभाव में दूर करना कठिन क्या असाध्य हो गया। तिस पर भी दुर्भाग्यवश मूल की पुस्तक (हाथ की लिखी हुई) अति जीर्ण और अशुद्ध मिली। वह पुस्तक उस पाठ की थी जो बँगला पाठ कहलाता है – और जिसे पंडित लोग अशुद्ध बतलाते हैं। ये सब दोष मैंने उल्था करते समय नहीं जाने, परंतु कुछ दिन पीछे जब कि महाशय सर मोनियर विलियम्स का छपवाया हुआ **शकुंतला** का शुद्ध पाठ देखने में आया। मूल के इन दोषों के कारण अनुवाद भी बहुत जगह अशुद्ध हो गया।"

इस अनुवाद में मूल नाटक की प्रस्तावना का अनुवाद नहीं किया गया था। अनूदित नाटक का आरंभ दुष्यंत की मृगया के प्रसंग में सारथी के कथन से होता है। सारा अनुवाद गद्य में है, बस पाँच श्लोकों का पद्यानुवाद किया गया है। ये पद्य उन्हीं स्थानों पर रखे गये हैं जहाँ गद्य रखना उस समय की साहित्यिक परंपरा और नाटक की मंचीयता की दृष्टि से भी रस विरुद्ध होता। दो पद्य तीसरे अंक में हैं जिनमें शकुंतला का राजा के नाम लिखा संदेश और उसी समय राजा द्वारा दिया गया उत्तर है। बाकी तीन पाँचवें अंक के आरंभ में हैं जिनमें दो वैतालिकों के स्तुतिगान हैं और तीसरा रानी हंसमती का राजा को उलहना है।

इस अनुवाद के छब्बीस वर्षों के बाद 1889 ई. में अपने द्वारा प्रवर्तित आधुनिक हिंदी गद्य में भारतेंदु तथा उस युग के अन्य लेखकों द्वारा किये गये परिष्कार से लाभ उठाकर राजा लक्ष्मणसिंह ने **शकुंतला** का संशोधित परिवर्धित संस्करण तैयार किया। इसमें भारतेंदु के **रत्नावली** और **मुद्राराक्षस** के अनुवादों के नमूने पर उन्होंने मूल के गद्य के स्थान पर गद्य और श्लोक के स्थान पर ब्रजभाषा में पद्य रखे। इस नये संस्करण में मूल की प्रस्तावना सम्मिलित कर ली गयीं और पाठों के कारण हुई अशुद्धियाँ भी दूर की गयीं। यह संस्करण हिंदी में बहुत प्रसिद्ध हुआ।

राजा लक्ष्मणसिंह के अनुवाद के लगभग सौ वर्षों के बाद मोहन राकेश ने आधुनिक साहित्य की विकसित हिंदी में **अभिज्ञानशाकुंतलम्** का पुनः सर्जनात्मक अनुवाद किया।

लेखनकाल : 1983-84 ई.

भारतेंदु के नाटकलेखन का सफ़रनामा

भारतेंदु हरिश्चंद्र चौदह पंद्रह साल की उम्र से साहित्य लिखना शुरू कर देते हैं। भारतेंदु के पिता भी साहित्यकार थे और उनके घर अक्सर साहित्यिक जमावड़ा हुआ करता था। इसीलिए भारतेंदु को बचपन से ही बड़ा समृद्ध साहित्यिक परिवेश मिला था। गहरे सांहित्यिक संस्कार के तहत वह पाँच सात साल की उम्र से ही छिटपुट तुकबंदी करते रहते थे। भारतेंदु का यह प्रारंभिक साहित्यिक परिवेश पारंपरिक और मध्यकालीन था जिसके मुख्य बिंदु थे – कविता, ब्रजभाषा, धार्मिकता और रीतिकालीन शृंगारिकता। लेकिन उस समय अंग्रेजों के प्रभाव से भारत में नाटक की एक लहर भी चल पड़ी थी जिसके कारण हिंदी क्षेत्र के कुछ राजाओं और रईसों का भी ध्यान नाटक की ओर गया और आधुनिक अंग्रेज़ी नाट्य से कोई प्रत्यक्ष परिचय न होने के बावजूद उन्होंने संस्कृत और पारंपरिक मध्यकालीन नाट्यज्ञान के सहारे नाटक लिखने और खेलने की कोशिश की। इसी सिलसिले में रीवाँ के महाराज विश्वनाथ सिंह ने **आनंद रघुनंदन नाटक** और भारतेंदु के पिता गोपालचंद्र ने **नहुष** नाटक लिखा था। भारतेंदु ने भी चौदह पंद्रह वर्ष की आयु में कुछ इसी शैली में **प्रवास** नाम से एक नाटक लिखना शुरू किया था, लेकिन उसे पूरा नहीं किया। शायद उससे वे जरा भी संतुष्ट नहीं थे, इसीलिए उन्होंने अपनी रचनाओं के संदर्भ में उसका कभी उल्लेख भी नहीं किया और अब उसका कोई अंश उपलब्ध नहीं है।

कलकत्ता और बंबई में नाटकों की जो धूम मची थी, उसकी चर्चा का असर किशोर भारतेंदु की चेतना पर पड़ रहा था। लेकिन सर्जनात्मक स्तर पर नाट्यांदोलन, नाट्यप्रस्तुति और नाटकलेखन की ओर उनका पूरा ध्यान तब गया जब 3 अप्रैल 1868 को महाराज बनारस ने **जानकीमंगल** की नाट्यप्रस्तुति का भव्य, समारोह आयोजन किया और उसमें भारतेंदु को भी आकस्मिक अभिनेता बनना पड़ा। इसके कुछ ही महीनों पहले **कविवचन सुधा** का प्रकाशन शुरू करके वे गंभीरतापूर्वक साहित्य के क्षेत्र में प्रवेश कर चुके थे।

जानकीमंगल में अभिनय के बीस दिनों बाद भारतेंदु ने विधिवत नाटकलेखन का काम शुरू कर दिया। इस समय वह अपनी आयु के मात्र अठारहवें वर्ष में थे और इसी उम्र में उन्होंने यह अच्छी तरह अनुभव कर लिया था कि हिंदी के विकास के लिए उसके भंडार को विविध विषयों की पुस्तकों से भरना बहुत ज़रूरी है और मौलिक लेखन के लिए रुकने की ज़रूरत नहीं, अनुवादों से ही काम तुरंत शुरू किया जा सकता है। इसीलिए पहले उन्होंने अपने सामने दो चार नाटकों के अनुवाद का ही लक्ष्य स्थिर किया :

'हिंदी भाषा में जो सब भाँति की पुस्तकें बनने योग्य हैं, अभी बहुत कम बनी हैं, विशेष करके नाटक तो (कुँवर लक्ष्मणसिंह के **शकुंतला** के सिवाय) कोई भी ऐसे नहीं बने हैं जिनको पढ़ के कुछ चित्त को आनंद और इस भाषा का बल प्रगट हो। इस वास्ते मेरी ऐसी इच्छा है कि दो चार नाटकों का तर्जुमा हिंदी में हो जाए तो मेरा मनोरथ सिद्ध हो।'

यहाँ भारतेंदु ने एक तरह से स्वीकार किया है कि आधुनिक हिंदी का पहला नाटक राजा लक्ष्मणसिंह कृत **शकुंतला** है; और भारतेंदु ने उसकी भाषिक उपलब्धियों की अपनी पहचान का भी सबूत दिया है। दरअसल इस नाटक में लक्ष्मणसिंह ने न सिर्फ़ हिंदी की साहित्यिक भाषा के आदर्श का नमूना प्रस्तुत किया, बल्कि परिनिष्ठित हिंदी में नाटक लिखने की जमीन को पहली बार तोड़ा है। इसमें उन्होंने एक ओर तो परंपरा से विकसित हिंदी गद्य का सर्जनात्मक उपयोग किया, दूसरी ओर किसी बोली (ब्रजी आदि) की शुद्धता को पकड़ने की कोशिश किये बगैर ही बोलचाल की भाषा के बिंब, उसकी लय और मिठास की अनुगूँजें पैदा की। इस तरह लक्ष्मणसिंह ने आधुनिक हिंदी में नाटक लिखने का रास्ता खोला, जिस पर चलते हुए भारतेंदु की प्रतिभा ने मील के कई कई पत्थर गाड़े।

शायद विषय और उसके कारण भाषा की भी सरसता की संभावना के कारण ही भारतेंदु ने **शकुंतला** की तुलना में **रत्नावली** को अपने पहले अनुवाद (और नाट्यलेखन) के लिए चुना :

'शकुंतला के सिवाय और सब नाटकों में **रत्नावली नाटिका** बहुत अच्छी और पढ़ने वालों को आनंद देने वाली है। इस हेतु से मैंने पहिले इसी नाटक का तर्जुमा किया है और जो ईश्वरेच्छा अनुकूल है और आप गुणग्राहकों की अनुग्रह दृष्टि है तो धीरे धीरे कुछ नाटकों का तर्जुमा कर प्रकाशित होता जाएगा।'

संस्कृत नाटक के साहित्यिक अनुवाद की पूर्णता की दृष्टि से भारतेंदु ने राजा लक्ष्मणसिंह की कमियों को भी अपने अनुवाद में पूरा करने की कोशिश की।

शकुंतला में राजा साहब ने मूल नाटक की प्रस्तावना को छोड़ दिया था और श्लोकों के अनुवाद भी गद्य में ही कर दिये थे। भारतेंदु ने नांदी और प्रस्तावना दोनों के अनुवाद से शुरू किया और मूल के श्लोकों का सटीकता से तुलनीय छंदों में काव्यानुवाद किया :

'इस नाटिका में मूल संस्कृत में जहाँ छंद थे वहाँ मैंने भी छंद किये हैं। यदि संस्कृत के छंदों से इसके छंदों को मिला के पढ़िये तो इसका परिश्रम प्रगट होगा।'

भारतेंदु की यह शैली आगे चलकर **मुद्राराक्षस** के अनुवाद तक पहुँचकर पूर्ण हुई तथा उससे प्रभावित होकर बहुत बाद में राजा लक्ष्मणसिंह ने उसी शैली में **शकुंतला** का आद्यांत संशोधन कर उसे फिर से प्रकाशित कराया।

नाटक के क्षेत्र में अपनी इस पहली कोशिश के वक्त भारतेंदु को अपने संस्कृतज्ञान और **शकुंतला** की बहुप्रशंसित हिंदी के सामने अपनी हिंदी पर भी पूरा भरोसा नहीं था। इसलिए पं. शीतलाप्रसाद की सहायता ली और अपनी हिंदी के लिए विनय के साथ क्षमा-प्रार्थना की :

'मुझे इसका उल्था करने में श्री पंडित शीतलाप्रसादजी से बहुत सहायता मिली है।'

'और निश्चय है कि इसका उल्था अगर कोई अच्छी हिंदी जानने वाला करता तो रचना अति उत्तम होती, इससे मुझे आप लोगों से आशा है कि इसके भूल चूक को सुधारेंगे और मुझे अपने एक दास की नाईं सदा स्मरण करेंगे।'

इस भूमिका से **रत्नावली नाटिका** का अनुवाद पूरा हो जाने का संकेत मिलता है। लेकिन वस्तुतः वह नांदी, प्रस्तावना और विष्कंभक लेकर मात्र चार पृष्ठों तक अनूदित होकर रह गयी। किन्हीं कारणों से भारतेंदु ने उसे आगे नहीं चलाया। यही घटना उनके और भी कुछ नाटकों और दूसरी रचनाओं के साथ घटित हुई। इसीलिए भारतेंदु अपने को आरंभशूर कहते हैं। यह भारतेंदु की अपनी निजी रचनाप्रक्रिया थी कि वह भूमिका से ही शुरू करते थे। शायद इसका कारण यह था कि जितना लिखते थे उतना अपनी पत्रिका में छापते भी जाते थे।

इस नाटक को यहीं अधूरा छोड़ देने का एक कारण यह भी हो सकता है कि वह अधिक आकांक्षापूर्ण बाङ्ला नाटक **विद्यासुंदर** के अनुवाद में व्यस्त हो गये। **विद्यासुंदर** बंगाल के बाबू जतींद्रमोहन टैगोर ने भारतचंद्र के इसी नाम के लोकप्रिय काव्य के आधार पर 1858 ई. में लिखा था। 1865 ई. में उन्होंने उसका दूसरा संशोधित संस्करण प्रकाशित किया और 6 जनवरी, 1866 ई. को कलकत्ता स्थित अपनी हवेली में बनाई गयी रंगशाला में उसकी धूमधाम से नाट्यप्रस्तुति की। यह प्रस्तुति इतनी लोकप्रिय हुई कि लगातार नौ दस दिनों तक इसका प्रदर्शन

होता रहा और पत्र पत्रिकाओं में इसकी विस्तृत समीक्षाएँ छपीं। इसका ग्रैंड रिहर्सल रीवाँ के महाराजा ने भी देखा था और उससे बहुत प्रभावित हुए थे। मात्र दो वर्ष पूर्व हुई इस प्रस्तुति की भव्यता और सफलता का चर्चा जब भारतेंदु तक पहुँचा और उस नाटक की प्रति भी उन्हें उपलब्ध हो गयी तो सब छोड़कर उसके अनुवाद में लग गये क्योंकि इससे हिंदी को एक रोचक, सफल रंगमंचीय आधुनिक नाटक मिलना था।

यद्यपि **विद्यासुंदर** के ऊपरी ढाँचे को जतींद्रमोहन टैगोर ने पश्चिमी ढंग पर अंकों और दृश्यों में बाँटकर बनाया और उसकी प्रस्तुति भी दृश्यांकित पर्दों का इस्तेमाल करते हुए पश्चिमी ढंग पर की गयी लेकिन इस नाटक की आत्मा पूरे तौर पर भारतीय और पारंपारिक है। इसमें संस्कृत नाट्य के वस्तुविन्यास के कुछ कौशलों और रसस्थितियों का सुंदर प्रयोग हुआ है। इस तरह नवागत पश्चिमी और पारंपरिक भारतीय नाट्य के कुछ तत्त्वों के समन्वय की कोशिश इसमें साफ़ दिखाई पड़ती है। अतः भारतेंदु का इसकी ओर आकर्षित होना स्वाभाविक था।

इसे भारतेंदु ने तर्जुमा, उल्था या अनुवाद न कहकर 'छाया लेकर हिंदी भाषा में निर्मित' होना बताया है। यद्यपि भारतेंदु की इस कृति में कथानक घटनाक्रम, वस्तुविन्यास, स्थितियाँ और मूल भावादि सब बँगला संस्करण जैसे ही हैं, लेकिन इसकी भाषा-संरचना और गीतिकाव्य मौलिक है; हालाँकि कहीं मुबारक जैसे दूसरे मध्यकालीन कवि की रचना का भी समावेश कर लिया गया है। वस्तुतः भारतेंदु ने मूल नाटक के संवादों का सहारा लेते हुए भी नाट्य-स्थितियों के अनुकूल हिंदी में सर्वथा मौलिक संवादों की रचना की है, जिससे भाषा न कहीं अनुवादगंधी होने पायी है, न ही उसमें कहीं बँगलापन झलकता है जो बंगला से हिंदी अनुवादों की एक आम बीमारी है।

भाषिक स्तर पर **विद्यासुंदर** में भारतेंदु को पहली महत्वपूर्ण उपलब्धियाँ हासिल हुई हैं और इस तरह नाट्यभाषा की अपनी खोज की यात्रा भी उन्होंने वस्तुतः यहीं से शुरू की है। इसमें उन्होंने राजा लक्ष्मणसिंह द्वारा प्रयुक्त पारंपरिक हिंदी को पंडिताऊपन से मुक्ति दी और बोलचाल की वास्तविक हिंदी को नये सिरे से प्रतिष्ठित करने की कोशिश की। बोलचाल के स्वाभाविक लहजे, मुहावरे, वाक्यविन्यास और लय की खोज में भारतेंदु ने अपने निजी व्यक्तिगत भाषिक अनुभवों के संसार को टटोला और अपने ही परिवार के सदस्यों, खास तौर से स्त्रियों की घरेलू बातचीत को मूल स्रोत के रूप में इस्तेमाल किया। इस तरह **विद्यासुंदर** के नारी पात्रों के बीच संवादों में उनकी अनुगूँजें पैदा कर भारतेंदु ने सहजता और सरसता की असरदार सृष्टि की है। अपनी पारिवारिक भाषा के प्रति

इस आकर्षण के कारण भारतेंदु ने कहीं कहीं उसके ऐसे शब्दों और मुहावरों का भी उपयोग कर लिया है जो परिनिष्ठित हिंदी में अप्रचलित हैं। पात्रों की स्थिति के अनुकूल भाषा रखने का एक पहला प्रयोग भारतेंदु ने चौकीदार के एक संवाद में स्वाभाविक भोजपुरी का इस्तेमाल करके किया। लेकिन कहीं कहीं राजा लक्ष्मणसिंह के अंधे अनुकरण पर अरबी फारसी के अतिप्रचलित सरल और प्रासंगिक शब्दों से भी बचने की प्रवृत्ति दिखाई पड़ती है तो कहीं **पारंपरिक तद्भव** शब्दों के तत्समीकरण की।

इसके लगभग चार वर्षों बाद भारतेंदु फिर नाटक की ओर मुड़े। इस बार उन्होंने **पाखंडविडंबन** नाम से **प्रबोधचंद्रोदय** के तीसरे अंक का अनुवाद किया। यह अनुवाद उनकी वैष्णवभक्ति की चेतना को प्रतिबिंबित करता है क्योंकि इसमें विविध धार्मिक पांखड़ों का पर्दाफाश करते हुए कृष्णभक्ति की महिमा को रेखांकित किया गया है। इसमें भारतेंदु का प्रयोग भाषा के स्तर पर महज इतना है कि उन्होंने एक पात्र से राजस्थानी और एक दूसरे पात्र से तोतली जैसी भाषा बुलवाकर पात्रवैशिष्ट्य देना चाहा है।

पाखंडविडंबन के चार महीने बाद भारतेंदु ने अपना पहला मौलिक नाटक **वैदिक हिंसा हिंसा न भवति** लिखा। दसअसल उद्देश्य की दृष्टि से यह पूर्ववर्ती अनुवाद का ही विस्तार है। इसमें भी **पाखंडविडंबन** की ही तरह वैष्णवधर्म की महिमा को प्रतिष्ठित किया गया है। भारतेंदु मांसभक्षण करने और मदिरा पीने वालों के धार्मिक **पाखंड** को उजागर करते हैं और शास्त्रवचनों के दुरुपयोग पर व्यंग्यात्मक टिप्पणियाँ करते हैं। इसमें भारतेंदु ने विधवा विवाह के प्रसंग को भी उठाया है, लेकिन उसे हल्की सी चुटकी लेकर छोड़ दिया है। इसके पक्ष विपक्ष में अपना कोई खास मत जाहिर नहीं किया। इस नाटक में अपने निजी धार्मिक विश्वासों के प्रति पक्षपात के कारण धार्मिक असहिष्णुता या संकीर्णता की झलक मिलती है, लेकिन सामाजिक बुराइयों और पाखंड से संदर्भित कर देने के कारण यह उतनी नहीं अखरती।

भारतेंदु का पहला मौलिक नाटक होने के कारण इसके शिल्प को विशेष रूप से रेखांकित किये जाने की जरूरत है। भारतेंदु ने इसका पूरा ऊपरी ढाँचा संस्कृत नाटक जैसा रखा है। यह नांदी और प्रस्तावना से शुरू होकर भरत-वाक्य पर ख़त्म होता है। अंकों को दृश्यों में विभाजित नहीं किया गया है। लेकिन नवागत पश्चिमी नाट्यविधान के अनुसार चित्रांकित पर्दों के प्रयोग के लिए स्थाननिर्देश है और अंत में जवनिका (ड्राप कर्टेन) गिराने की भी योजना है। हालाँकि अंतिम अंक के अंत में संस्कृतनाट्य की रूढ़ि के अनुसार 'इति सर्वे निष्क्रान्ताः' की भी व्यवस्था है। पहले अंक के अंत में कोई निर्देश ही नहीं है। नाट्यशास्त्रीय पद्धति

के अनुसार भारतेंदु ने इसे प्रहसन कहा है। इससे जाहिर होता है कि भारतेंदु का रुझान संस्कृत-नाट्य के रूपविधान को स्वीकार करने का है। लेकिन वह अभी उसका ऊपरी ढाँचा भर ही पकड़ पाते हैं।

पहले मौलिक नाटक के कच्चेपन के बावजूद **वैदिकी हिंसा हिंसा न भवति** में भारतेंदु ने नाट्यलेखन की दिशा में कुछ और क़दम आगे बढ़ाए हैं। उनकी नाट्यभाषा समकालीनता और सार्विकता की ओर बढ़ी है और अनेक समसामयिक संदर्भों द्वारा हास्यसृष्टि के साथ उन्होंने नाटक के समकालीन जीवन से ज्यादा जुड़े रहने की ज़रूरत को पहचाना है। इसमें उन्होंने कुछ ऐसे साहसपूर्ण प्रयोग किये हैं, जिसमें बहुतों ने अश्लीलता देखी और नाकभौंह चढ़ाई है। इस नाटक में भारतेंदु को सर्वाधिक सफलता चौथा अंक लिखने में मिली है। कुल मिलाकर इस नाटक का महत्व प्रारंभिक अभ्यासमात्र से ज्यादा नहीं है।

छह सात महीने बाद भारतेंदु ने संस्कृत से फिर एक नाटक का अनुवाद किया। यह नाटक कांचनकवि रचित व्यायोग **धनंजयविजय** हैं। ऐसा नहीं लगता कि इस अनुवाद के पीछे कोई चयन-योजना थी। इस नाटक की संवत् 1537 की पांडुलिपि भारतेंदु के हाथ लग गयी थी। नाटक छोटा था इसलिए उन्होंने तत्काल उसका अनुवाद कर डाला। इस अनुवाद में उनकी कोई विशेष नयी उपलब्धि नहीं।

इसके साथ ही भारतेंदु के नाटक लेखन का पहला और प्रारंभिक दौर पूरा हो जाता है। इसमें उन्होंने नाटक की भाषा, वस्तुचयन और कथानक विकास तथा संस्कृत और पश्चिमी नाटकलेखन की मोटी मोटी समस्याओं से रचनात्मक परिचय प्राप्त किया, नाटकलेखन की अपनी क्षमताओं की जाँच की और उसके शिल्प तथा तकनीकों को जज्ब करके स्वतंत्रता और सहजता से उनके इस्तेमाल के लिए अपने को तैयार किया। परिणामस्वरूप **धनंजयविजय** के कुछ ही महीनों बाद भारतेंदु ने पूरे आत्मविश्वास के साथ अपने नितांत निजी जीवनानुभूतियों, समकालीन चेतना, सूक्ष्म निरीक्षण और सामाजिक उत्तरदायित्व की भावना को मुक्त सर्जनात्मक कल्पना द्वारा एक पूर्णतया मौलिक नाटक में ढालने का निश्चय किया। यह नाटक **प्रेमजोगिनी** है। इसमें भारतेंदु अपनी आत्मकथा, अपनी प्रेमिका मल्लिका का वृत्तांत, अपने निकट परिवेश के समकालीन व्यक्तियों पर कटाक्ष और अपने नगर वाराणसी का तत्कालीन माहौल प्रस्तुत करना चाहते थे। इसमें उनकी दृष्टि यथार्थवादी है। स्थानीय रंग तो इतना गाढ़ा है कि आंचलिकता का भ्रम होता है।

समकालीन यथार्थ और अंतरंग जीवनानुभूतियों की ताजगी ने 'प्रेमजोगिनी' के लेखन को बेहद उत्तेजनापूर्ण और स्वचालित सा बना दिया। उसकी रचना

प्रक्रिया में नाट्यशिल्प के कुछ मूलभूत तत्वों पर भारतेंदु का अनायास अधिकार हो गया और कई बिंदुओं पर वे उसे कलात्मक ऊँचाइयों तक उठा सके। इसमें पश्चिमी भारतीय पारंपरिक (लोक) और संस्कृत-नाट्य के कुछ तत्वों का बड़े सूक्ष्म स्तर पर सर्जनात्मक समन्वय हो सका और इसमें हिंदी के एक अपने नाट्यरूप की संभावना बनती नज़र आती है।

लेकिन एक अंक भर लिखकर भारतेंदु ने इसे अधूरा ही छोड़ दिया। क्यों? कारण अनेक हो सकते हैं। इसमें जिस तरह उनकी निजी ज़िंदगी और उससे जुड़े उनके रिश्तेदारों, मित्रों और समाज के अन्य महत्वपूर्ण व्यक्तियों की कलई खुलकर बदरंग चेहरा सामने आ रहा था उससे चौकन्ने लोगों ने आगे न लिखने के लिए उन पर दबाव डाला हो या फिर चार स्वतंत्र दृश्यों के पहले अंक को देखकर समसामयिक नाट्यविशेषज्ञों ने नाकभौं सिकोड़ी हो : 'यह क्या नाटक लिख रहे हो जिसके दृश्यों का एक दूसरे से कोई ताल्लुक नहीं। न कोई कथानक है, न कोई रस, न कोई महान नायक है और न सुंदर नायिका। वर्तमान समय के साधारण लोगों को लेकर भला कोई अच्छा नाटक बन सकता है?' आदि आदि। या वह ख़ुद उलझ गये हों कि नाटक को और आगे कैसे बढ़ाएँ। जो हो। उनका आत्मविश्वास टूटा या तोड़ा गया और उन्होंने **प्रेमजोगिनी** को आगे लिखना बंद कर दिया।

इसी समय के आसपास राजा शिवप्रसाद 'सितारेहिंद' ने भारतेंदु को विशाखदत्त के अतिप्रसिद्ध और गंभीर नाटक **मुद्राराक्षस** को संस्कृत से हिंदी में अनूदित करने की सलाह दी। यह अपने ढंग का एक अनूठा नाटक है और राजकाज में लिप्त **'सितारेहिंद'** को इसका राजनीतिक तेवर विशेष रूप से प्रिय हो सकता है। लेकिन इस बात की संभावना से भी इनकार नहीं किया जा सकता कि शायद उन्होंने **प्रेमजोगिनी** जैसे मूर्तिभंजक नाटकों से भारतेंदु को विरत करने के लिए ही इस तरह के गंभीर कार्य में लगने को प्रेरित किया हो। जो हो, भारतेंदु ने उसका बड़े मनोयोग से बड़ा ही सुंदर और सटीक अनुवाद किया, जिसमें बड़ी निखरी हुई हिंदी सामने आयी। जिस अनुवाद-प्रणाली को भारतेंदु ने **विद्यासुंदर** में खोजा था उसका **मुद्राराक्षस** में और विकास किया। भारतेंदु के नाटक-अनुवाद की यह आदर्श विशेषता है कि वे शब्दानुवाद न करके मूल के भावों के अनुसार संवादों का हिंदी में ऐसा पुनर्लेखन करते हैं जो स्थितियों के अनुकूल हो, साथ ही हिंदी भाषी पाठकों और दर्शकों के भी संस्कारों के अनुरूप हो। ऐसा करने में वे कभी कभी मूल से स्वतंत्र भी हो जाते हैं। लेकिन इससे अनुवाद की तेजस्विता और साहित्यिकता बनी रहती है और अनुवाद भाषिक स्तर पर मौलिक रचना की ताजगी पा जाता है।

राजा शिवप्रसाद 'सितारेहिंद' शिक्षाविभाग से जुड़े थे और उन्होंने भारतेंदु को इस अनुवाद के लिए प्रेरित करते हुए इसे पाठ्यक्रम में लगाने की बात कही होगी। इसीलिए भारतेंदु इसमें अनुवादक के साथ ही व्याख्याकार की भी भूमिका ग्रहण करते हैं और जगह जगह ऐतिहासिक, पौराणिक, साहित्यिक, भाषा-वैज्ञानिक आदि संदर्भों पर व्याख्यात्मक पादटिप्पणियाँ लिखते जाते हैं। इतना ही नहीं **मुद्राराक्षस** की ऐतिहासिकता पर विचारविमर्श के लिए भारतेंदु लंबी भूमिका और उपसंहार लिखते हैं। इस तरह भारतीय इतिहास की विवेचना करने और पाठ्यक्रमों की उपयुक्तता वाले नाटकों के लेखन की हिंदी की परंपरा का भी श्रीगणेश भारतेंदु ने इस नाटक से कर दिया। जयशंकर प्रसाद भारतेंदु की इस परंपरा के सबसे समर्थ उत्तराधिकारी हैं।

लेकिन इससे यह मतलब निकालना बहुत ग़लत होगा कि भारतेंदु ने **मुद्राराक्षस** का अनुवाद महज पाठ्यनाटक के रूप में किया है। भारतेंदु की रंगधर्मी चेतना ऐसा कभी नहीं कर सकती थी। भारतेंदु ने संस्कृत के इस अतिविशिष्ट नाटक को अपने समकालीन हिंदी रंगमंच की आवश्यकताओं के अनुरूप पूरी तौर पर ढालने की कोशिश में कोई कोरकसर उठा न रखी। सबसे पहले भारतेंदु ने दृश्यांकित पर्दोंवाली अंग्रेज़ी रंगमंचीय पद्धति के अनुकूल **मुद्राराक्षस** को उसके मूलपाठ में कोई हस्तक्षेप किये बगैर ढालने का संकल्प किया। यह एक मुश्किल काम था। कारण संस्कृत नाटक में एक ही अंक में कई कई बार नाट्य-घटना के स्थान को बदलते हैं क्योंकि प्राचीन संस्कृत रंगमंच पर स्थानगत विशिष्टता दिखाने के लिए शब्दों कक्ष्यविभाग की और रंगयुक्ति के अलावा और किसी साधन का उपयोग सामान्यतया नहीं किया जाता था। लेकिन भारतेंदु के समय जो नयी पश्चिमी नाट्यशैली आयी थी उसमें नाट्यघटना के प्रत्येक स्थान को स्पष्टता से सूचित करना आवश्यक था और उस समय उसके लिए घटनास्थलों के बृहदाकार चित्र पर्दों पर बनाकर रंगमंच पर पृष्ठभूमि के रूप में टाँगा जाता था। इसीलिए नाटकलेखक नाटक के प्रत्येक दृश्य के ऊपर 'स्थान' का उल्लेख अवश्य करता था। भारतेंदु चूँकि मूलतः अनुवाद कर रहे थे, इसलिए वे मूल नाटक के अंकों को नवीन पद्धति के अनुसार दृश्यों या गर्भांकों में विभाजित नहीं कर सकते थे। तब भी उनकी प्रतिभा ने रास्ता निकाल ही लिया और उन्होंने **मुद्राराक्षस** के प्रत्येक अंक के अंतर्गत होने वाले स्थान परिवर्तनों के लिए दृश्यांकित लिपटवे पर्दों की व्यवस्था कर दी।

मुद्राराक्षस के संवादों के लिए गद्य और पद्य की रचना करते समय भी भारतेंदु की दृष्टि सदा अभिनेताओं और दर्शकों की आवश्यकताओं से जुड़ी रही

है। इस संदर्भ में वह कितने सजग थे, इसका एक नमूना नाटक के अंत में 'भरतवाक्य' का अनुवाद न करना है। उन्होंने उन श्लोकों को मूल संस्कृत में ही रहने दिया क्योंकि आशीर्वाद के लिए संस्कृत भाषा के इस्तेमाल की परंपरा भारतेंदु के समय थी और किसी न किसी रूप में आज भी है। इसके अलावा नाटक के अंत में संस्कृतमंत्रोच्चार की ध्वनियाँ दर्शकों के मन में सांस्कृतिक गरिमा और प्राचीन परिवेश का असर भी बुन देती हैं।

इस नाटक के सफल अभिनय की आवश्यकताओं के प्रति भारतेंदु इतने सजग थे कि अपनी समकालीन नाट्यपरंपरा के अनुकूल उन्होंने नाटक के आरंभ, अंत और अंकों के बीच होने वाले संगीत के लिए धुन आदि के अपने निर्देशों के साथ गीतों की रचना कर डाली। इन गीतों के जरिये भारतेंदु ने इस प्राचीन नाटक को अपने समकालीन दर्शकों से जोड़ने का बड़ा ही मौलिक और महत्वपूर्ण रोचक उपाय ढूँढ निकाला। इन गीतों में प्रत्येक अंक की घटनाओं से निकलने वाले निष्कर्षों को दर्शकों की समकालीन चेतना का विस्तार करने के लिए प्रेरक रूप में प्रस्तुत किया गया है। नाटक के अंत में 'पूरी अमी की कटोरिया सी चिरजीवौ सदा विकटोरिया रानी' जैसा राजभक्तिपूर्ण गीत रखना भारतेंदु पर 'सितारेहिंद' के गहराते असर को सूचित करता है। कुल मिलाकर **मुद्राराक्षस** में विशाखदत्त के संस्कृत नाटक के मूलभावों की रक्षा करते हुए भी भारतेंदु ने भाषा और नाट्यविधान की दृष्टि से एक मौलिक हिंदी नाटक रचने की कोशिश की है, जिसमें दर्शकों को समकालीन प्रासंगिकता के संदर्भसूत्रों से भी जोड़ा गया है।

संस्कृत के किसी मूल नाटक का आश्रय लेकर भी सर्वथा मौलिक हिंदी नाटक लिखने की जो शुरुआत भारतेंदु ने **मुद्राराक्षस** में की, **सत्य हरिश्चंद्र** में उसका बहुत अधिक विकास कर लिया। इसीलिए कुछ आलोचक उसे मौलिक, कुछ अनूदित और कुछ अर्धमौलिक कहते हैं। **मुद्राराक्षस** की ही भांति **सत्य हरिश्चंद्र** की भी रचना फरमायशी है और इसका उद्देश्य भी शैक्षिक है :

'मेरे मित्र बाबू बालेश्वर बी.ए. ने मुझसे कहा कि आप कोई ऐसा नाटक भी लिखें जो लड़कों के पढ़ने पढ़ाने के योग्य हो, क्योंकि शृंगार रस के आपने जो नाटक लिखे हैं, वे बड़े लोगों के पढ़ने पढ़ाने के हैं, लड़कों को उनसे कोई लाभ नहीं। उन्हीं के इच्छानुसार मैंने यह **सत्य हरिश्चंद्र** नामक रूपक लिखा है। इस भारतवर्ष में उत्पन्न और इन्हीं हम लोगों के पूर्वपुरुष महाराज हरिश्चंद्र भी थे। यह समझकर इस नाटक के पढ़नेवाले कुछ भी अपना चरित्र सुधारेंगे तो कवि का परिश्रम सुफल होगा।'

इस बार आर्य क्षेमेश्वरकृत संस्कृत नाटक **चंडकौशिक** को आधार बनाया गया। लेकिन चूँकि भारतेंदु ने उसमें बहुत फेरबदल और मौलिक उद्भावनाएँ की हैं, इसलिए उन्होंने इसे छायानुवाद भी नहीं कहा। फिर भी प्रथम संस्करण में पृष्ठ पैंसठ पर यह उल्लेख कर दिया है कि 'इसमें प्रायः सब श्लोक आर्य क्षेमेश्वर के बनाये **चंडकौशिक** से उद्धृत किये गये हैं।' **सत्य हरिश्चंद्र** का पहला और दूसरा अंक मुख्यतः मौलिक है और तीसरा तथा चौथा अंक मुख्यतः अनुवादाश्रित। लेकिन कुल मिलाकर उद्देश्य और प्रभाव तथा भाषा की दृष्टि से पूरे नाटक की परिकल्पना में निश्चित रूप से मौलिकता है।

इस नाटक की मौलिकता और तेजस्विता का एक कारण यह भी है कि इसमें राजा हरिश्चंद्र के व्यक्तित्व में भारतेंदु ने स्वयं अपनी भी सत्यनिष्ठा और दानशीलता प्रक्षेपित कर दी है और नायक के कष्टयोग तथा परीक्षा को अपनी निजी यातना से जोड़ा है। प्रस्तावना में उसका उल्लेख भी कर दिया है :

जो गुन नृप हरिचंद मैं जगहित सुनियत कान।
सो सब कवि हरिचंद मैं लखहु प्रतच्छ सुजान॥

इस नाटक के प्रथम अंक में इंद्र, नारद और विश्वामित्र प्रसंग अपनी पौराणिकता के बावजूद बड़ा सांसारिक और आधुनिक लगता है, जिसमें कोई सत्ताधारी व्यवस्था किसी उदीयमान तेजस्विता को प्रतिद्वंद्वी समझकर नष्ट करने का षड्यंत्र रचती है। लेकिन शुरू के दोनों अंक नाटकीयता की दृष्टि से कमजोर हैं क्योंकि इनमें कार्यव्यापार बहुत कम है और शुद्ध भाषिक स्तर पर नैतिक आदर्श संबंधी वादविवाद है जो बहुत नीरस हो गया है। ज़रूर यह शिक्षाप्रद बनाने की कोशिश का नतीजा है। तीसरे और चौथे में वर्णन की अधिकता है, लेकिन वह परिवेश निर्माण की कोशिश है।

फिर भी इस नाटक को उन्होंने पूरी तरह से रंगमंचीय बनाने की कोशिश की है। इसमें उन्होंने पहली बार पात्रों के वेषविन्यास और परिधान के संबंध में पूर्णता के साथ पादटिप्पणियाँ दी हैं, जिससे अभिनय करने वालों को सुविधा हो। **सत्य हरिश्चंद्र** लोकप्रिय भी ख़ूब हुआ – पाठकों के बीच और रंगमंच पर भी। स्वयं भारतेंदु ने इसकी कई बार नाट्यप्रस्तुति की और राजा हरिश्चंद्र की भूमिका में अभिनय किया। बल्कि प्रथम संस्करण छपने के बाद नाट्यप्रस्तुति को और भी प्रभावपूर्ण बनाने के लिए उसके श्मशानवाले दृश्य में पिशाचों और डाकिनियों के अभिनयपूर्ण नाचगाने का एक टुकड़ा और जोड़ दिया।

सन् 1876 ई. नाटकलेखन की दृष्टि से भारतेंदु का सबसे ज़्यादा उपजाऊ वर्ष है। इस साल उन्होंने अपने पाँच नाटक प्रकाशित किये, जिनमें **सत्य हरिश्चंद्र,**

चंद्रावली और **भारतदुर्दशा** जैसे नाटक भी हैं। दरअसल **मुद्राराक्षस** के लेखन के साथ भारतेंदु के नाटकों का जो नया दौर शुरू हुआ, उसमें उन्होंने नाटक लेखन को ज़्यादा गंभीरता से अपनाया। इसी समय वह हिंदी में नाट्यलेखन और नाट्यसंबंधी अन्य बातों को लेकर एक प्रबंध भी लिखना चाहते थे, लेकिन वास्तव में उसे वह पाँच छह वर्ष बाद ही लिख पाये। **मुद्राराक्षस** के लेखन और प्रकाशन की प्रक्रिया 1875-77 ई. तक चलती रही। इस बीच भारतेंदु ने उपर्युक्त नाटकों के अलावा **कर्पूरमंजरी** और **विषस्य विषमौषधम्** भी लिखकर प्रकाशित कर दिया। **कर्पूरमंजरी** का प्रकाशन **सत्यहरिश्चंद्र** से पहले हुआ।

कर्पूरमंजरी राजशेखर के इसी नाम के प्राकृत नाटक (सट्टक) का अनुवाद है। भारतेंदु का यह चुनाव सुचिंतित है, लेकिन इसके कारणों का कोई सूत्र उन्होंने नहीं दिया। तब कुछ अनुमान किये जा सकते हैं। **कर्पूरमंजरी** संभवतः एकमात्र ऐसा विलक्षण नाटक है जो संपूर्णतः प्राकृत में लिखा गया है। सामान्य प्रचलन से बहुत दूर जा पड़ी संस्कृत भाषा को नाटक के माध्यम के रूप में अस्वीकार कर जनभाषा के ज़्यादा क़रीब पड़ने वाली प्राकृत को ग्रहण करने की यह पहली साहसपूर्ण कोशिश है। इसके अलावा इस नाटक की एक और बड़ी ख़ासियत है जिसकी ओर राजशेखर ने इशारा किया है। राजशेखर के समय वसंतोत्सव पर अश्लीलता से भरे फूहड़ नाटक खेलने की एक परंपरा चली आ रही थी। कवि ने उसे स्थानापन्न करने के लिए वसंत के कामोत्सव के मूड की पूरी तरह से रक्षा करते हुए भी साहित्यिक संस्कारों से भरपूर **कर्पूरमंजरी** की रचना की।

अपनी निजी प्रकृति के अनुकूल भारतेंदु को शृंगार और हास्य का यह सुमेल तो अच्छा लगा ही, इसमें उन्होंने तत्कालीन नाट्यदर्शकों की भी रुचि की अनुकूलता देखकर नाटक और रंगमंच की लोकप्रियता की संभावना ढूँढी। इसमें मधुर गद्य और काव्यरचना के लिए भी प्रभूत अवसर थे। अतः राजशेखर की कर्पूरमंजरी को भारतेंदु ने अपने युग के रुचिसंस्कार के अनुसार नया रूप-यौवन दिया।

मूल नाटक के पूरे ढाँचे को अक्षुण्ण रखते हुए भी उसके मौलिक पुनर्लेखन की जितनी कोशिशें भारतेंदु ने की, उनमें **कर्पूरमंजरी** अन्यतम है। पूरी रचना को उन्होंने एक नया ही भावसंस्कार दे दिया। इसीलिए अविकल अनुवाद के पैमानों से नापनेवाले समीक्षकों को इसमें जगह जगह कमियाँ नज़र आती रहीं।

इस रचना में भारतेंदु की नाट्यभाषा अपने पूरे निखार के बिल्कुल क़रीब पहुँच गयी है और अब किसी भी श्रेष्ठ नाटक की सृष्टि के लिए पूरी तरह तैयार है। संवाद के लिए गद्य और पद्य तथा गीतों का प्रयोग करने में यद्यपि अधिकांशतः

मूल का ही अनुसरण किया गया है तथापि अपने विवेकानुसार भारतेंदु ने मूल के पद्य के स्थान पर गद्य और गद्य के स्थान पर पद्य भी रखा है। पद्य में कहीं मूल से अनुवाद किया है तो कहीं प्रसंगानुसार स्वतंत्र रूप से रचे अपने मौलिक या दूसरे कवियों की उक्तियों का प्रयोग किया है। गद्य-संवादों में भी भारतेंदु ने अपनी पूर्वपरिचित स्वतंत्रता और मौलिकता बरती है। इसमें भारतेंदु ने अपने समकालीन नैतिक मानदंडों के अनुकूल मूल की खुली हुई उद्दाम शृंगारिकता को कम करने की काफ़ी कोशिश की है। लेकिन उसका फागुनी अंदाज़ पूरे तौर पर कायम है क्योंकि भारतेंदु ने भी तो इसे चैत में ही लिखा है। लक्ष्य करने के काबिल इसकी एक और बात यह है कि भरतवाक्य के सिवा भारतेंदु ने भाषाभंगी या और किसी तरीक़े से कोई समकालीन अनुगूँज का संदर्भ नहीं पैदा किया है। इस नाटक का पूरा माहौल मध्यकालीन बन गया है। भारतेंदु इस नाटक में अपने मौलिक अंशदान के प्रति पूर्णतया सजग थे, इसीलिए इसकी प्रस्तावना में राजशेखर के साथ अपने को भी सहलेखक के रूप में उद्घोषित कराया है।

सत्य हरिश्चंद्र के बाद भारतेंदु के महत्वपूर्ण नाटक **चंद्रावली** की रचना हुई। मार्मिक गहरी अनुभूतियों के आवेग और अभ्यास से प्राप्त नाट्यविन्यास की सहजता के साथ तन्मय समाधि की स्थिति में रचित होने के कारण इस नाटक में संपूर्ण कलात्मक अनुभव की कांति सर्वाधिक है। इसमें जहाँ वल्लभाचार्य के पुष्टिमार्ग के प्रति भारतेंदु की अनुभूतिगत गहरी निष्ठा और धार्मिक संस्कारों-विश्वासों की अभिव्यक्ति हुई है, वहीं मल्लिका के प्रति प्रगाढ़ प्रेम की प्रच्छन्न किंतु मार्मिक व्यंजना भी। संस्कृत नाटकलेखन की शैली को आत्मसात करने की लंबे अरसे से चल रही भारतेंदु की कोशिशों की यह चरम परिणति है और भारतेंदु के मध्यकालीन सौंदर्यबोध की संपूर्ण काव्यात्मक नाट्यसृष्टि। इसीलिए मैं भारतेंदु की नाटकमाला के मनकों के बीच सुमेरुरूप स्थित **चंद्रावली** को 'उज्जवल नीलमणि' कहता हूँ।

चंद्रावली की रचना कृष्णभक्त वैष्णवों के महापर्व कृष्ण-जन्माष्टमी के पवित्र उत्सवमय परिवेश में हुई, जब भारतेंदु का घर-परिवार और पूरा मुहल्ला भी कृष्णमय हो रहा था। ऐसे सुगंधित वातावरण में जहाँ भारतेंदु के हृदय में भक्ति की ऊँची तरंगे उठ रही थीं, वही लोगों के धार्मिक पाखंड और आचार्यों के तत्वबोध के अज्ञान से पीड़ा भी हो रही थी। ऐसी स्थिति में अपनी निजी अनुभूतियों के साथ मधुरा भक्ति की मूल अवधारणा को संपूर्णता के साथ प्रस्तुत करने के लिए भारतेंदु ने **चंद्रावली** लिखने का संकल्प लिया। लेकिन जब चंद्रावली के समर्पित प्रेम का आख्यान भारतेंदु के मनःआकाश में उदित हुआ तो उनकी पैनी संवेदनशीलता की सूक्ष्मातिसूक्ष्म तरंगों के सहारे उनकी प्रियतमा मल्लिका की मूर्ति

भी वहाँ कौंध गयी और उसकी ऊर्जा ने भारतेंदु की प्रतिभा को तन्मय सर्जन की दिशा में गतिशील कर दिया। इस तरह फ्रायड की भाषा में लौकिक का अलौकिक प्रेम में उदात्तीकरण हो गया और प्रेमजोगिनी की प्रेमजोगिनी चंद्रावली के पास चली आयी।

लेकिन किसी कोने से देखने पर भी यह राधाकृष्ण के स्मरण का रीतिकालीन बहाना नहीं लगता। पूरे तौर पर यह अष्टछापी भक्ति की मधुर रस से लबालब रचना है। बल्कि कहीं कहीं भक्ति की शास्त्रीयता के आग्रह ने रचनात्मक अन्विती को तोड़ा भी है।

दो तिहाई गद्य और एक तिहाई पद्य में लिखा यह नाटक पूरे तौर से काव्यात्मक है क्योंकि इसमें भावावेगों की प्रधानता है और रोजमर्रे की बातचीत जैसे अंश न्यून हैं। इसकी काव्यात्मकता मध्यकालीन भावपरिवेश रचती है, क्योंकि न सिर्फ़ इसमें ब्रजभाषा के प्रयोग की अतिशयता है बल्कि उसकी काव्यरूढ़ियों और अनेक कवियों की उक्तियों की गहरी अनुगूँजे भी हैं।

इसी के समानांतर चंद्रावली का चाक्षुष दृश्यविधान और बिंब-संरचना है। नीले-पीले, लाल-हरे रंग और रंगतों की राशियाँ, उनका स्थानगत वितरण, पृष्ठभूमि के रूप में पहाड़, नदी, पेड़ आदि का प्रयोग और कृष्ण तथा गोपियों की मुखाकृतियाँ कांगड़ा और किशनगढ़ के मनोरम चित्रों का सौंदर्यबोध मन में साकार कर देती हैं। पारंपरिक नृत्य-गतियों और संगीत का योग इस अनुभव को प्रगाढ़तर करता है।

मध्यकालीन परंपरा की एक और परत **चंद्रावली** में दिखाई पड़ती है और वह यह कि इसमें जो कविता की अधिकता है, वह हिंदी के मध्यकालीन नाट्य-रूपों से इसे जोड़ती है।

लेकिन ये सारी विशेषताएँ अनायास सर्जन के अवचेतन स्तर से स्वतः उद्भूत हुई हैं। भारतेंदु की सायास कोशिशें तो संस्कृत-नाटक के रूपविधान के मूलतत्व को पूरी तरह जज्ब कर सहजता से नाटक लिखने की क्षमता अर्जित करने की थी। और, यह सच है कि इस दिशा में भारतेंदु की सफलता **चंद्रावली** में अपनी पराकाष्ठा पर है। लेकिन फिर, वह युग की सीमाओं से कठोरतापूर्वक परिसीमित भी है। **चंद्रावली** लिखने के पहले भारतेंदु अपने अनुवादों और मौलिक लेखनों द्वारा लगातार संस्कृत-नाटक के शिल्प को पचाने की कोशिश करते रहे हैं, लेकिन **चंद्रावली** में उन्होंने खास तौर से **रत्नावली**, **विद्यासुंदर** और **कर्पूरमंजरी** के अनुभवों का फायदा उठाया है।

संस्कृत-नाट्यरूप 'नाटिका' के मूल तत्वों और लक्षणों का उपयोग **चंद्रावली** में बड़ी सहजता से हो सका है, क्योंकि यह आख्यान इसके बहुत उपयुक्त है।

नाटिका का ध्यान रखे बिना भी यह नाटक बहुत कुछ ऐसा ही बनता। धीरललित नायक, द्वितीया कनिष्ठा नायिका, ज्येष्ठा नायिका का अनुशासन और अंत में स्वीकृति, नारी पात्रों की प्रधानता, गायन-संगीत का आधिक्य और शृंगार रस (यहाँ मधुर रस) की प्रधानता आदि सारी बातें चंद्रावली के मूल आख्यान में स्वाभाविक रूप से समाहित हैं और इनके लिए नाटककार को कोई खास जोड़तोड़ नहीं करना पड़ा है।

लेकिन संस्कृत नाटकों में एक अंक के भीतर जो स्थानगत परिवर्तन की तरलता और स्वच्छंदता है, उसे युग की सीमाओं को तोड़कर भारतेंदु नहीं पकड़ सके। प्रस्तावना, विष्कंभक, अंकावतार के साथ चार अंकों की योजना ऊपर से तो बिल्कुल संस्कृत-नाटकों जैसी लगती है, लेकिन जरा सा बारीकी में जाने पर तुरंत पता लग जाता है कि दरअसल छद्म वेष में ये नवागत पश्चिमी नाटक के सात दृश्य मात्र हैं और इनके लिए पर्दों की अलग अलग व्यवस्था है। कार्यावस्था, अर्थप्रकृति, संधि और संध्यंग की जटिल अबूझ व्यवस्था को भारतेंदु ने व्यर्थ पकड़ने की कोई कोशिश नहीं की, बस अपने विशिष्ट कथानक को सहजता से बढ़ने दिया। **चंद्रावली** में इन सब जटिलताओं का आरोप करना उसके कलानुभव के मार्ग से ज़बरदस्ती भटकाना है।

लेकिन इस नाटक में भारतेंदु को सबसे बड़ी सफलता संस्कृत-नाट्य की आत्मा 'रसविधान' को पकड़ने में मिली है। **चंद्रावली** जैसा पारंपरिक रसविन्यास शायद ही किसी दूसरे हिंदी नाटक में देखने को मिले। मुख्यतः व्यभिचारियों के क्रमिक प्रयोग द्वारा भारतेंदु ने रस को उसकी प्रगाढ़तम स्थिति तक पहुँचा दिया है। और खूबी यह कि उनका रसनियोजन भाषाधर्मी उतना नहीं जितना नाट्यधर्मी। दरअसल तात्विक नाट्यधर्मिता ही वह असल चीज है जिसे परंपरा से पकड़कर भारतेंदु की प्रतिभा ने कलात्मक रूपांतरण दिया है। और इस नाट्यधर्मिता का केंद्र है अभिनय। अभिनय की दृष्टि से चंद्रावली बेजोड़ है। इसमें आहार्य, आंगिक, वाचिक और सात्विक – अभिनय के चारों अंगों के प्रयोग की भरपूर गुंजाइश है। लेकिन प्रधानता सात्विक अभिनय की है जो तन्मयतापूर्ण रसोद्रेक करने वाला सर्वोत्कृष्ट अभिनय है। भारतेंदु ने **चंद्रावली** की अभिनेत्री को सर्जनात्मकता की समाधि अवस्था तक पहुँचा दिया है। इस दिशा में भारतेंदु का सबसे बड़ा कमाल नवागत पश्चिमी अभिनयशैली के मुक़ाबले नाट्यशास्त्रीय अभिनय की जीवित परंपरा को साहस के साथ प्रतिष्ठित करना है।

भारतेंदु ने इस नाटक को अपने समकालीन परिवेश में प्रचुरता से उपलब्ध, किंतु एक विशिष्ट प्रेक्षकवर्ग को संबोधित, किया है। यह प्रेक्षकवर्ग साहित्यकारों

और साहित्य-संगीत-कलामर्मज्ञ रसिकों, जिनमें वैष्णवभक्त भी शामिल हैं, का है। उनके सौंदर्यबोध को **चंद्रावली** पूरी तरह तृप्त करती है। बल्कि नाटक के रूप में तो ऐसा रसास्वादन उनके लिए अभूतपूर्व होता। अफसोस की बात है कि भारतेंदु अपने जीवनकाल में इसकी नाट्यप्रस्तुति नहीं करा सके।

अब इस नाटक की कुछ ऐसी कमजोरियों का जिक्र भी कर लिया जाए जो इसके गुणों को देखते हुए दरअसल नज़रअंदाज़ कर दिये जाने के काबिल हैं। मसलन इस नाटक का कथानक बड़ा कमजोर है, भावों की विविधता नहीं है, लंबे लंबे वर्णन हैं, दुहराव है, समकालीन जीवन के साथ कोई जुड़ाव नहीं है आदि आदि। कई कमियाँ तो महज नाट्य की किसी रूढ़ अवधारणा के कारण नज़र आती हैं। कुछ कमियों को प्रस्तुति के लिए थोड़े से संपादन के जरिये दूर किया जा सकता है, और कुछ कमियाँ तो रहेंगी ही। पूर्णता आने से आगे सर्जन करना मुश्किल हो जाता।

आज जब हम अपनी जड़ें खोजते हुए, अपनी पहचान कायम करने के लिए, अपने पारंपरिक नाट्य के साथ फिर से नज़दीकी रिश्ता जोड़ने की हरचंद कोशिश कर रहे हैं, तब **चंद्रावली** और भी प्रासंगिक हो उठती है। एक ऐसे जमाने में जब भारत के समृद्ध मध्यकालीन पारंपरिक नाट्य को नकारते हुए उसे दबाकर पश्चिमी नाट्य अपना पूरा आधिपत्य कायम कर रहा था और भारतीय उससे बुरी तरह अभिभूत थे, तब कुछ दूर तक नयी पश्चिमी नाट्यशैली को स्वीकारते हुए भी भारतेंदु ने **चंद्रावली** में पारंपरिक नाट्य को पुरअसर प्रतिष्ठा की। यूनानी, अरबी, फारसी क़िस्सों के साथ भारतीय पौराणिक कथानकों के अजीबोगरीब गड्डमड्ड और बनावटी उर्दू से मुँह के बिगड़ते जायके को **चंद्रावली** के रसास्वाद से मधुर बनाया। योरोपीय नाट्य पर्दों के भारतीय आँखों में गड़नेवाले चित्रों की जगह **चंद्रावली** द्वारा भारतेंदु ने आँखों को ठंडक पहुँचाने वाले रंगों और रेखाओं का चाक्षुष सौंदर्यबोध दिया। न सिर्फ़ भारतेंदु की रचनाओं में बल्कि हिंदी के गिने चुने नाटकों की श्रेणी में भी **चंद्रावली** का स्थान अक्षुण्ण बना रहेगा।

चंद्रावली के मध्यकालीन सौंदर्यानुभव में गहरे डूबने की भारतेंदु में प्रतिक्रिया हुई और समकालीन जीवनबोध को नाटक में बाँधने की कोशिश उन्होंने एक बार फिर की। इस बार उन्होंने पत्रकारिता और नाटक के समन्वय का एक अद्‌भुत प्रयोग किया। बड़ौदा के राजा मल्हारराव के स्कैंडल और अंग्रेजों द्वारा गद्दी से उतारे जाने की ख़बर उन दिनों अखबार की सुर्खियों में थी। खुद भारतेंदु ने उस दिन **कविवचन सुधा** को 'सोने के और लाल टाइप' में टापा था। उसी घटना पर एक अखबारी 'राइट अप' या संपादकीय तैयार करने की जरूरत थी, जिसे भारतेंदु

ने हास्य व्यंग्य की चाशनी में डुबोये छोटे से एक-पात्री नाटक का रूप दे दिया– **विषस्य विषमौषधम्** – ज़हर की दवा ज़हर है।

इसके लिए भारतेंदु ने संस्कृत रूपकों में से 'भाण' का रूपबंध चुना। भारतेंदु का यह चुनाव संस्कृत 'भाण' के विषय की मूल भावना की सही पकड़ का सबूत है। भाण में वेश्याओं से संबंधित समाज के महत्वपूर्ण व्यक्तियों के स्कैंडलों का वर्णन चटखारे ले लेकर किया जाता था, जो खुले रूप में घोर शृंगारिक हुआ करता था। अतः मल्हारराव की कामुकता से संबंधित स्कैंडल और तनज्जुली को प्रस्तुत करने के लिए रूपक के इस फार्म का चुनाव सटीक था। मूल विषय और चपल, चलताऊ, जानदार भाषा की दृष्टि से भारतेंदु ने भाण का सफल अनुकरण किया है लेकिन उसके कथानक – प्रवाह, रंगमंचीय तकनीकों और रसविन्यास को वह जरा भी नहीं पकड़ पाये। इसलिए प्रस्तुति की दृष्टि से वह बेहद भाषिक, नीरस और उबाऊ हो गया है।

विषस्य विषमौषधम् तक पहुँचकर भारतेंदु ने यह अनुभव किया कि समकालीन जीवन को संस्कृत नाटकों के पुराने रूपबंध में बाँधने की कोशिश शायद सही नहीं है। मल्हारराव वाले नाटक के आकाशभाषित की रूढ़ि उस रूपबंध में बुरी तरह खटक रही थी। इसलिए भारतेंदु ने संस्कृत नाटकों के रूपसंबंधी बंधनों को एकबारगी तोड़कर बिल्कुल स्वतंत्र रूप से एकपात्री संवाद का छोटा नाटक तैयार किया – **पाँचवें (चूसा) पैगंबर**। इसे उन्होंने स्वयं प्रस्तुत किया और उसमें चूसा पैगंबर का अभिनय भी किया। निश्चित रूप से यह हिंदी का प्रथम सफल एकालापी छोटा नाटक है। इसमें चूसा पैगंबर का अकेले प्रवचन करना स्वाभाविकता की दृष्टि से तो उचित है ही, उसकी भाषा में इतनी रोचकता, रवानगी, हास्य-व्यंग्यात्मकता और चुटीलापन है कि नाटकीय दृष्टि से भी वह सफल है।

चूसा पैगंबर उस संक्रांतियुग की विरोधाभासी सांस्कृतिक चेतना का एक लघु लेकिन मूल्यवान दस्तावेज़ है। इसमें भारतेंदु ने अंग्रेजी सभ्यता-संस्कृति के साथ भारतीय पारंपरिकता की टकराहटों के कुछ बिंदुओं को बड़ी स्पष्टता से रेखांकित किया है। उस वक्त अंग्रेज़ी सभ्यता की नकल के रूप में बहुत सारी नयी बातें आयी थीं, जिनमें से अधिकांश आज हमारे जीवन में इतनी घुलमिल गयी हैं कि उसके विदेशीपन की ओर हमारा ध्यान तक नहीं जाता। लेकिन तब वे बहुत बड़ी अजूबा थीं और हिंदी क्षेत्र की जनता में बहुत कुतूहल जगा रही थीं। भारतेंदु ने इस 'एक अभिनेता' नाटक में ऐसी बातें की जैसे एक छोटी सी सूची ही पेश कर दी है। इसमें भारतेंदु ने अपनी सिद्ध व्यंग्यात्मक शैली में जहाँ एक ओर नयी

दृष्टि के परिप्रेक्ष्य से भारतीयों के रूढ़िवादी कुसंस्कारों और दुष्प्रवृत्तियों को आड़े हाथों लिया है, वहीं अंग्रेजी संस्कृति की ऐसी तमाम बातों पर भी पैने कटाक्ष किये हैं जो नाटककार की भारतीय दृष्टि से उचित नहीं। लेकिन इसमें अंग्रेजों की अच्छी बातों का भी उल्लेख है। भारतेंदु ने इसमें अंग्रेजों के दर्प, पक्षपात, गलत अर्थनीति, राजनीति और शिक्षानीतियों पर भी व्यंग्य किया है। अंग्रेजों के आर्थिक शोषण पर एक व्यंग्य :

'देखो मेरा नाम चूसा है क्योंकि मैं सबका पापरूपी पैसा चूस लेता हूँ, क्योंकि ख़ुदा ने फरमाया है कि मेरे बंदे पैसों के बहकाने से गुनाह करते हैं। अगर उनके पास पैसा न रहे तो ख़ुद गुनाह न करें। इससे तू सबसे पहिले इनका पैसा चूस ले।'

अंग्रेज़ों के संदर्भ में भारतेंदु के व्यक्तित्व की एक खास बात इस छोटे नाटक में भी देखने को मिलती है कि उनके सामने उनके प्रभुत्व और तमाम गुणों को स्वीकारते हुए भी वह अपने को कहीं बौना नहीं होने देते और अपने पूरे कद में अंग्रेजों की असलियत बेबाक सामने रखते हैं। एक नमूना :

'मुझको पृथ्वी पर आये बहुत दिन हुए, पर अब तक भगवान का हुक्म नहीं था इसमें मैं कुछ नहीं बोला, बोलना क्या, बल्कि जानवर बना घात लगाए फिरता था और मेरा नाम लोगों ने हूश, बंदर, लंका की सेना और म्लेच्छ रखा था। पर मैं अब उन्हीं लोगों का गुरु हूँ क्योंकि ईश्वर की आज्ञा ऐसी है। इससे लोगो, ईमान लाओ।'

इसमें समकालीन परिस्थितियों के संदर्भ में भारतेंदु के लेखन की एक और खासियत सामने आती है – भारतेंदु के चारों ओर पहुँचवाले कुछ ऐसे बौने लोगों का जमावड़ा था जो अंग्रेज प्रभुओं के सामने चुगली और मुखबिरी करते हुए यही सुझाया करते थे कि भारतेंदु के कौन से काम और रचनाएँ अंग्रेज़ों के ख़िलाफ़ हैं। ऐसे लोगों को चक्कर में डालने के लिए भारतेंदु ने सूत्रों को उलझाकर अपनी शैली लच्छेदार बना ली और निंदा-प्रशंसा को गड्डमड्ड कर दिया (पारंपरिक व्याज नहीं)।

भारतेंदु की समकालीन राष्ट्रचेतना और संस्कृत नाटकशैली से स्वतंत्रता की सर्वोत्तम सर्जनात्मक अभिव्यक्ति **भारतदुर्दशा** में हुई। भारतेंदु की अपनी ही परिभाषा के अनुसार इसका उद्देश्य देशवत्सलता है। यह अमूर्त भावनाओं या अवधारणाओं के मानवीकरण का प्रतीकात्मक नाटक है जिसके पात्र भारत, भारतदुर्दैव, भारतभाग्य, निर्लज्जता, आशा, सत्यानाश, रोग, आलस्य, मदिरा, अंधकार, डिसलायल्टी आदि हैं। कुछ वास्तविक मनुष्य भी इसमें हैं। पूरे देश (विशेष रूप से हिंदी प्रदेश) की तत्कालीन स्थिति को प्रस्तुत करने का उपाय सोचते हुए भारतेंदु

प्रतीकात्मकता पर ही पहुँच पाये। शायद इसका कारण **प्रबोधचंद्रोदय** का उनका अनुभव भी था। इस नाटक का ढाँचा उन्होंने जान बूझकर कहीं से लेने की कोशिश नहीं की और अपनी सहज चेतना के सहारे ही इसे लिखा। चूँकि यह नाटक विशाल जनता को संबोधित था, इसलिए इसका ढाँचा अनायास जनसमुदाय में प्रचलित पारंपरिक नाट्य (स्वांग, इंदरसभा आदि) बन गया। इसके नाचगानों की शैली और भाषा में भी अद्‌भूत लोक-परकता है। लेकिन इसके नाम के साथ 'नाट्यरासक वा लास्यरूपक' लिखकर अनेक लोगों को भ्रम में डाल दिया कि यह भी संस्कृत शैली का ही नाटक है। दरअसल इसे लिख लेने के बाद जब भारतेंदु ने इसमें नाचगाने की प्रधानता और वह भी लोकपरक पायी तो नाट्यरासक कह दिया। हालाँकि इस शास्त्रीय रूप के और भी कई लक्षण हैं। भारतेंदु तो किसी एक दो मुख्य लक्षणों के सहारे ही नामकरण कर देते थे, सभी लक्षणों के मिलने की कोई परवाह नहीं करते थे। संशय की स्थिति को मद्देनज़र रखते हुए उन्होंने एक और विकल्प इंगित कर दिया 'लास्यरूपक' (शायद बैले का उनका अपना अनुवाद है)। जो हो, इस नाटक का रूपबंध भारतेंदु द्वारा अपने परिवेश में देखी गयी नाट्यप्रस्तुतियों के असर और विषय के आग्रह से ही बना है और उसमें संपूर्ण एकान्विति तथा मौलिकता है।

इस नाटक की विषयवस्तु राष्ट्र की दुरवस्था और संकटपूर्ण स्थिति का गहरा अहसास कराना है और भारतभाग्य की आत्महत्या से नाटक का अंत करके भारतेंदु ने इसमें पूरी कलात्मक सफलता पायी है। वस्तुतः भारतेंदु की सर्जनात्मक उपलब्धियों का मूल उत्स उनकी सहज प्रातिभ प्रेरणा (इंट्यूशन) है और उसे मुक्त अभिव्यक्ति का जितना अवसर मिलता है, उतनी ही उत्कृष्ट उनकी कलासृष्टि होती है।

भारतदुर्दशा के बाद भारतेंदु के नाटकलेखन में चार पाँच वर्षों का एक लंबा अंतराल आता है। इस बीच उन्होंने बाङ्ला से अनूदित एक नाटक का आद्यंत संशोधन भर किया। इस संदर्भ में **कविचन सुधा** में प्रकाशित स्वयं भारतेंदु की टिप्पणी पर्याप्त है :

'**भारतजननी** रूपक जो गत नवंबर 1878 ई. से छपता है, उसके ऊपर मेरा नाम लिखा है। वह मेरा बनाया नहीं है। बंग भाषा में **भारतमाता** नामक जो रूपक है वह उसी का अनुवाद है जो मेरे एक मित्र का किया है जिन्होंने अपना नाम प्रकाश करने को मना किया है। मैंने उसको शोधा है और जो अंश कुछ भी अयोग्य था, उसको बदल दिया है। कविकीर्ति का लोप नहीं करना। अतएव यह प्रकाश करना मुझ पर आवश्यक हुआ।'

भारतेंदु के नाटकलेखन में आये इस लंबे अंतराल का एक कारण यह भी हो

सकता है कि उन्होंने अपने संपूर्ण नाटकलेखन पर पुनर्विचार करना शुरू कर दिया था और अब किसी बिल्कुल नये रास्ते की तलाश कर रहे थे। अपने निरंतर समृद्ध होते जा रहे नाट्यपरिवेश से भारतेंदु अब और ज़्यादा परिचित हुए। कलकत्ता और बंबई के नाट्यजगत में जो कुछ हो रहा था, उसकी ज्यादा ब्योरेवार जानकारी उन्हें मिली। पारसी व्यावसायिक नाटक मंडलियों के दौरे हिंदी प्रदेशों में अब दूर दूर तक और जल्दी जल्दी होने लगे थे और भारतेंदु को निकट से उनका अध्ययन करने का मौक़ा मिल रहा था। दूसरी ओर स्वयं भारतेंदु ने हिंदी का जो जागरुक नाट्यांदोलन छेड़ रखा था, उसके तहत होने वाली नाट्यप्रस्तुतियों की खामियों को दूर कर उसे और ज़्यादा लोकप्रिय बनाने के तरीकों को भी वह ढूँढ रहे थे। ऐसे माहौल में भारतेंदु का ध्यान शेक्सपीयर की ओर गया।

उस समय अंग्रेज़ी की उच्च शिक्षा पाये भारतीयों के बीच शेक्सपीयर की बड़ी महिमा थी। बनारस के अंग्रेज़ अधिकारियों और अध्यापकों तथा अंग्रेज़ी शिक्षित अपने मित्रों की मंडली में जब कभी भारतेंदु होते तो शेक्सपीयर का चर्चा अक्सर छिड़ जाता। उधर कलकत्ता और बंबई में शेक्सपीयर के मूल अंग्रेज़ी और बाङ्ला, गुजराती और मराठी में रूपांतरित नाट्यप्रस्तुतियों की धूम मची हुई थी। इधर भी अभी अभी भारतेंदु के मित्र लाला श्रीनिवासदास ने **रोमियो जूलिएट** के मूल भावों को लेकर हिंदी में **रणधीर प्रेममोहिनी** नाटक लिखा था, जिसका खूब चर्चा और प्रशंसा हुआ। 6 दिसंबर, 1879 को इलाहाबाद की 'आर्य नाट्यसभा' ने उसकी मंचप्रस्तुति की, जिसमें भारतेंदु भी शामिल थे और उसके लिए उन्होंने एक प्रस्तावना भी लिख डाली थी।

इसके तुरंत बाद भारतेंदु ने **मरचेंट आव वेनिस** के अनुवाद में हाथ लगाया। शेक्सपीयर के इस नाटक का चुनाव बिल्कुल आकस्मिक नहीं है। व्यापारीवर्ग के मुख्य चरित्रों से युक्त इस कृति को चुनने के पीछे भारतेंदु की एक धारणा तो यह थी कि अति निकट के परिचय के जीवन में विदेशी चरित्रों को ढालने में विशेष सुविधा हो सकती है। दूसरे, आर्थिक उलटफेर से स्थितियों में आने वाले फर्क, कर्ज, प्रणय, गहरी मित्रता का आदर्श आदि कुछ ऐसे प्रसंग इस नाटक में हैं जिनका संबंध खुद भारतेंदु की निजी ज़िंदगी से है। मित्रता के आदर्श को मुख्यता देकर भारतेंदु ने अपने इस रूपांतर का नामकरण किया **दुर्लभ-बंधु**।

भारतेंदु ने शेक्सपीयर का अविकल अनुवाद न करके उसका भारतीय रूपांतर करने का निश्चय किया। भारतेंदु के युग में इस तरह के रूपांतर की प्रवृत्ति दूसरी भारतीय भाषाओं में भी थी। हिंदी-उर्दू के व्यावसायिक रंगमंच के लिए तो इस दिशा में बहुत काम हो रहा था। लेकिन इन कामों में शेक्सपीयर की आत्मा,

उसका काव्यात्मक उत्कर्ष पूरी तरह नष्ट हो जाता था। रह जाता था उसके ऊपरी ढाँचे का खंडहर, जिसके मलबे से नये नाटक की बदशक्ल इमारत बनती थी। साहित्यिक हिंदी में इस दिशा में जो पहला महत्वपूर्ण काम **रणधीर प्रेममोहिनी** में लाला श्रीनिवासदास ने किया था, उसमें भी **रोमियो ऐंड जूलिएट** के ढाँचे का सूक्ष्म सारांश भर ही शेष था। ये सारी चीजे भारतेंदु को मंजूर नहीं थीं। वह तो शेक्सपीयर को भारतीय परिवेश में उसके साहित्यिक उत्कर्ष की पूरी पहचान के साथ उपस्थित करना चाहते थे। इसलिए उन्होंने अविकल रूपांतर का लक्ष्य सामने रखा।

लेकिन शेक्सपीयर की अपनी पहचान बनाये रखकर उसे किसी दूसरी भाषा में ढालना बेहद मुश्किल काम है। पिछले सौ वर्षों की लगातार कोशिशों के बावजूद उसकी अब तक बस चार पाँच ऐसी कृतियाँ हिंदी में आ पायीं, जिन्हें साहित्यिक दृष्टि से कुछ सफल कहा जा सकता है। तब अपनी सारी प्रतिभा और भाषा की अपनी पूरी पकड़ के बावजूद इसमें भारतेंदु को वैसी सफलता नहीं मिल रहा थी जिससे उन्हें कुछ संतोष मिल सके। (हालाँकि अंग्रेज़ी भाषा को हिंदी में ढालने में भारतेंदु को जितनी सफलता उस वक्त मिल गयी, वह बहुतों के लिए आज भी स्पृहणीय है।) लिहाजा **दुर्लभ-बंधु** से भारतेंदु का मन उचट गया और उन्होंने उसे अधूरा ही छोड़ दिया।

इसके बाद थोड़े समय तक भारतेंदु ने फिर कोई नाटक नहीं लिखा। अब वह पारसी और महाराष्ट्री व्यावसायिक नाटक मंडलियों की प्रस्तुतियों, उनकी लोकप्रियता और तिजारती सफलता को गौर से देख रहे थे। उसकी बनावटी भाषा, निरर्थक विषय और फूहड़ वस्तुविधान का तिरस्कार करते हुए भी वह नये रंगमंच की जरूरतों और भारतीय रंगपरंपरा के साथ उसकी शैली की अन्विति में छिपी शक्ति को पहचान रहे थे। वह अपने द्वारा प्रवर्तित सार्थक, सोद्देश्य किंतु शौकिया नाट्य-आंदोलन की कमजोर प्रस्तुतियों के फीके असर, उसकी आर्थिक आधारहीनता, अनियमित, बहुत कम प्रदर्शनों और बेहद सीमित लोकप्रियता से उन्हें असंतोष था। अतः अगर वह इस नतीजे पर पहुँचे कि अब ऐसे नाटक लिखे जाएँ जो भाषा, विषयवस्तु और कलात्मकता में तो पूरी तरह सार्थक हों, लेकिन अपनी रूपगत बनावट और दर्शकों को आकर्षित करने वाले तत्वों के नियोजन की दृष्टि से व्यावसायिक नाटकमंडलियों को स्वीकार्य हों अथवा उन्हें लेकर समानांतर हिंदी की भी व्यावसायिक नाटकमंडलियाँ स्थापित की जा सकें, तो इसमें अजब क्या है। **नीलदेवी** नाटक भारतेंदु ने इसी तरह की सोच के तहत लिखा है।

इसमें उन्होंने नांदी और अपनी अत्यंत प्रिय 'प्रस्तावना' के सूत्रधार, नटी, पारिपाश्विक को बेमुरौव्वत त्याग दिया और उनकी जगह चमकीले लिबासों में

सजी धजी तीन खूबसूरत अप्सराएँ ले आये जो हिमालय की खुशनुमा फिजा का माहौल बुनते पर्दे की पृष्ठभूमि पर झिंझौटी जल्द तिताला में गाती नाचती हुई भारत की क्षत्राणी की वीरता और प्रेम का बखान करके नाटक की मूल विषयवस्तु स्थापित करती हैं। बहुत छोटे छोटे दस दृश्यों वाले इस नाटक में अठारह गीत हैं और कोई दृश्य गीतविहीन नहीं है। दसअसल प्रत्येक दृश्य का भावात्मक उत्कर्ष गीत में ही निहित है और गद्य-संवाद वहाँ तक पहुँचने या कभी वहाँ से उतरने की सीढ़ी का काम करते हैं। इन गीतों में काफ़ी विविधता है और वे तत्कालीन लोकरुचियों को संतुष्ट करने वाले हैं। दरअसल उस वक्त व्यावसायिक नाटक मंडलियों में ऐसे ही नाटकों का बोलबाला था, जिनमें गद्यसंवाद नाममात्र के होते थे। भारतेंदु अपने वर्गीकरण के अनुसार इन्हें नवीन भेद के अंतर्गत गीतिरूपक (आपेरा) कहते हैं। उसमें भी **नीलदेवी** वियोगात गीतिरूपक है।

व्यावसायिक नाट्यप्रस्तुतियों के समकालीन दर्शकों की रुचियों को संतुष्ट करने वाले कुछ और तत्वों का नियोजन **नीलदेवी** में कुशलतापूर्वक किया गया है। हास्य के लिए चौथे दृश्य में भठियारी, चपरगट्टू खाँ और पीकदान अली का प्रसंग रचा गया है जो मूल कथावस्तु से जुड़ा है। उर्दू के शौकीन दर्शकों को अपनी प्रिय भाषा काफ़ी निखरी शक्ल में मिलती है। अभिनय अतिशयता को पसंद करने वाले दर्शकों के लिए पागल की भूमिका है। जश्न और महफिल के दृश्य हैं तो कारुणिक और त्रासद दृश्य भी हैं। भावों की विविधता कहीं ऊब पैदा नहीं होने देती। व्यावसायिक सफलता के लिए आवश्यक प्रवाह और गति को बराबर कायम रखा गया है।

साहित्यिक तथा व्यावसायिक दोनों ही दृष्टियों से इस नाटक की सबसे बड़ी कमजोरी हिंदूवादी आदर्श तथा मनोवृत्ति के संदर्भ में एक हिंदू राजा और मुसलमान अमीर की लड़ाई को प्रस्तुत करना है। लेकिन युगीन परिवेश में यह शायद भारतेंदु की असाध्य समझसीमा थी। तब भी कुल मिलाकर पारसी व्यावसायिक नाटकमंडलियों के मिजाज की काफ़ी महीन पकड़ **नीलदेवी** में मौजूद है। **नीलदेवी** में सुरुचि, सोद्देश्यता, कलान्विति और हिंदी की प्रकृति की पूरी रक्षा, बल्कि उनके सर्जनात्मक नियोजन के साथ व्यावसायिक रंगविधान को जज्ब करने में, इस तरह का उनका पहला नाटक होने पर भी, जितनी बड़ी सफलता भारतेंदु को मिली है उससे लगता है कि अगर वे थोड़ा और जी जाते और इस दिशा में कुछ वर्षों तक लगातार काम करने का उन्हें मौक़ा मिलता तो आज हिंदी रंगमंच और नाटकलेखन का इतिहास बिल्कुल दूसरा ही होता।

नीलदेवी की रचना के आसपास ही भारतेंदु ने कालजयी लोकप्रियता वाला अपना प्रसिद्ध नाटक **अंधेरनगरी** लिखा। इसे उन्होंने बनारस की नाट्य संस्था 'द

इंडियन नेशनल थियेटर' के लिए लिखा था। उससे वह स्वयं भी जुड़े हुए थे और जब उसके नाट्यकर्मियों ने पारसी और महाराष्ट्री व्यावसायिक नाटकमंडलियों की तरह अंधेरनगरी जैसा कोई फूहड़ भँडैतीनुमा प्रहसन खेलने की इच्छा उनके सामने प्रकट की तो उस कथानक को थोड़ा साहित्यिक संस्कार भी दे देने के लिए उसे फिर से लिख डालने का निश्चय उन्होंने किया। मल्लिका ने उन्हें अंधेरनगरी संबंधी बंगाल में प्रचलित एक लोककथा सुनायी। बस उसी को मुख्य आधार बनाकर एक ही बैठक में भारतेंदु ने अपना **अंधेरनगरी** नाटक लिख डाला। चूँकि भारतेंदु ने इसे बहुत जल्दी में लिखा था इसलिए मूलस्रोत के कथानक में सूली देने के लिए मोटे आदमी की ज़रूरत की तार्किकता पर बिना ध्यान दिये ही उसे फाँसी में बदल दिया। लेकिन भारतेंदु ने इस नाटक को चाहे जितनी जल्दबाजी में लिखा हो, इसमें उनकी प्रतिभा अपना कमाल दिखाये बिना न रह सकी। जहाँ भी जरा सा मौक़ा हाथ लगा समकालीन संदर्भों में हास्य व्यंग्य की चुटकियों की फुलझड़ियाँ उन्होंने जमकर छोड़ी हैं। उनके व्यंग्यबाणों का लक्ष्य जहाँ ब्रिटिश शासन है, वहीं भारतीय समाज की विसंगतियाँ भी हैं। लेकिन इस नाटक की सबसे बड़ी शक्ति इसकी संपूर्ण बनावट से व्यंजित होने वाला प्रतीकार्थ या समासोक्ति है जो अन्यायपूर्ण व्यवस्था में प्रजा की यातना को सूचित करता है। यह प्रतीकार्थ इस कथानक में सहज तो है लेकिन बिल्कुल आकस्मिक नहीं, क्योंकि इसे लिखते हुए भारतेंदु की चेतना को ब्रिटिश अधिकारियों द्वारा उनके प्रति किये गये अन्याय बराबर कुरेदते रहे हैं। इसीलिए **अंधेरनगरी** का वास्तविक लक्ष्य अंग्रेज शासकों की अंधेरगर्दी है और यह एक मायने में **भारत दुर्दशा** का ही प्रहसनात्मक किंतु अधिक तीखा रूपांतरण है। चुगलीखोरों और अधिकारियों के कोप से बचने के लिए अंधेरनगरी के संबंध में यह कहानी फैला दी गयी कि इसे बिहार के किसी बिगड़े राजा को सुधारने के लिए लिखा गया है।

भारतेंदु का मौलिक नाट्यबोध, उनकी काव्यप्रतिभा और भाषा की ताजगी सबसे ज़्यादा बाज़ारवाले और राजा की न्यायसभा के दृश्यों में दिखाई पड़ती है। ये दोनों दृश्य कार्टूनों की तरह की अतिरंजना को लिए हुए सहज रूप से चुटीले हैं।

कुछ तात्कालिक संदर्भों के बावजूद **अंधेरनगरी** एक सदाबहार नाटक है और उसे जब भी खेला जाए उसमें समकालीन अनुगूँजें पैदा होगीं, क्योंकि चाहे जैसी व्यवस्था हो उसमें अंधेरगर्दी के तत्व अक्सर मौजूद रहते हैं। आज की जनतांत्रिक व्यवस्था में इसमें एक नयी ऊर्जा आ गयी है। सत्ता का विरोध करने के लिए जनता इसे अपनी आवाज़ के रूप में बखूब इस्तेमाल कर सकती है। इसका

निर्विशिष्ट लचीला नाट्यविधान निर्देशकों को अनेक तरह के प्रयोगों और अनेक शैलियों के इस्तेमाल का अवसर मुहैया करता है।

इसके पहले कि मैं भारतेंदु के आख़िरी नाटक के बारे में कुछ बयान करूँ, उनके दो ऐसे संकल्पित नाटकों का उल्लेख आवश्यक है जो उन्होंने कभी नहीं लिखे। इनमें से एक तो **नवमल्लिका** है जिसके पात्रों की सूची भारतेंदु ने तैयार कर ली थी और मोटे अक्षरों में उसका शीर्षक एक कापी के कवर पर लिखकर हाथों में लिए एक शानदार फोटो भी बनवाई थी। **प्रेमजोगिनी** के अधूरी रह जाने पर शायद वे अपनी प्रेयसी मल्लिका को नये सिरे से नाटक में प्रस्तुत करना चाहते थे। दूसरे नाटक की योजना अपने मित्र गोस्वामी राधाचरण को पत्र द्वारा उन्होंने बतायी :

'महात्माओं ने जो पद बनाये हैं उनमें प्रिया प्रीतम का जो संवाद है वा अन्य सखियों की उक्ति है उन्हीं सबों के यथास्थान नियोजन से एक रूपक बने तो बहुत ही चमत्कार हो, अर्थात् नाटक की और जितनी बातें हैं, अमुक आया गया इत्यादि अंक दृश्य इत्यादि मात्र तो अपनी सृष्टि रहै किंतु संवाद-मात्र उन्हीं प्रवीणों के पदों की योजना से हों। जहाँ कहीं पूरा पद रहे वहाँ पूरा, कहीं आधा, चौथाई, एक टुकड़ा, जितना अवश्य हो उतना भाग उनमें से लिया जाय। वह भी यों हो कि एक बेर पदों में से चुनकर अत्यंत चोखे चोखे जो हों वा जिनमें कोई एक टुकड़ा भी अपूर्व हो, वह चिन्हित रहे। फिर यथास्थान उनकी नियोजना हो। ऐसा ही **गीतगोविंद** से एक संस्कृत में हो, बहुत ही उत्तम ग्रंथ होगा। आप परिश्रम करैं तो हो मैं तो ऐसा निर्बल हो गया हूँ कि बरसों में सुधरूँगा।"

भारतेंदु का आख़िरी नाटक **सतीप्रताप** है, जिसे पूरा करने के पहले स्वयं उनके जीवन नाटक का आख़िरी पर्दा गिर गया। यह अधूरा नाटक भारतेंदु की निरंतर विकासमान रंगचेतना और रंगमंचमाध्यम की बढ़ती हुई पकड़ को सूचित करने वाला एक दस्तावेज़ है। **सतीप्रताप नीलदेवी** के साथ शुरू हुई भारतेंदु की नयी कोशिशों की अगली मंजिल है। **सतीप्रताप** की शुरुआत का पहला दृश्य बिल्कुल **नीलदेवी** जैसा ही है जिससे मालूम होता है कि भारतेंदु ने व्यावसायिक प्रस्तुतियों के आरंभदृश्य (ओपेनिंग सीन) की रूढ़ि को स्वीकार कर लिया था। लेकिन सतीप्रताप में अनुभव के आधार पर किया गया विकास दिखाई पड़ता है। इसमें तीन अप्सराएँ अलग अलग तीन राग रागिनियों में एक एक कर तीन गीत गाती हैं जबकि नीलदेवी में तीनों सामूहिक रूप से दो गाने गाती हैं।

रंगमंच माध्यम की बढ़ती हुई पहचान के और भी सबूत **सतीप्रताप** में हैं– इसमें उन्होंने संगीत को थियेटर के अधिक अनुकूल बनाया है और हिंदी का एक

नया नाम 'रंगगीति' दिया है। संगीत से दृश्य का वातावरण बनाने में उन्होंने और भी कुशलता दिखाई है। इसमें चित्रित पर्दों के साथ ही चित्रित दृश्य टुकड़ों (कट सीन्स) का भी क्रियात्मक उपयोग किया गया है। लेकिन रंगमंचीय सूझबूझ का सबसे अच्छा निदर्शन हमें दूसरे दृश्य में मिलता है, जिसमें मंच दो भागों में हो गया है। एक ओर लतामंडप में सत्यवान है और दूसरी ओर से सावित्री सखियों के साथ प्रवेश करती है। सत्यवान का स्वागत और सखियों का गायन नृत्य तथा वार्तालाप मंच के स्थानिक वितरण को रंगसक्रियता से भरपूर कर देता है। इसके अलावा गीतिनाट्य होने पर भी **सतीप्रताप** में गानों और संवादों की स्थितियाँ तथा संतुलन अधिक नाटकीय है।

सतीप्रताप में भारतेंदु की दृष्टि शुद्ध साहित्यिक और रंगमंचीय है। इसमें वह एक पौराणिक कहानी को काव्यात्मकता के साथ सफल रंगमंचीय रूप देने के अलावा और कोई काम नहीं करना चाहते थे। इसीलिए वह आयासपूर्वक कलात्मक अन्विति लाने के प्रति विशेष सचेत थे। हिंदी के साहित्यिक नाटक लेखन और समकालीन व्यावसायिक रंगमंच के संबंधों को एक नयी दिशा देने की कोशिशों के संदर्भ में **नीलदेवी** के साथ उठाया गया भारतेंदु का कदम उनकी असामयिक मृत्यु के कारण अधूरे **सतीप्रताप** में 'न ययौ न तस्थौ' की स्थिति में ही रह गया।

भारतेंदु ने अपना नाटकलेखन यह देखकर शुरू किया था कि हिंदी में राजा लक्ष्मणसिंह के शकुंतला के सिवा और दूसरा कोई नाटक नहीं जो हिंदी की सामर्थ्य को प्रकट करे और साहित्यिक आनंद भी दे सके। उस समय वह बहुत छोटी उपलब्धि, महज दो चार नाटकों के अनुवाद से ही संतुष्ट होने को तैयार थे। लेकिन तब से अपने और अपने सहयोगियों द्वारा लगातार सत्रह वर्षों तक हिंदी में लगभग सौ नाटकों के तैयार हो जाने पर भी उन्हें पूरा संतोष नहीं हुआ और अपने जीवन के अंत तक पहुँचते पहुँचते उन्होंने लक्ष्य किया :

'यद्यपि हिंदी भाषा में दस बीस नाटक बन गये हैं, किंतु हम यही कहेंगे कि अभी इस भाषा में नाटकों का बहुत अभाव है। आशा है कि काल की क्रमोन्नति के साथ ग्रंथ भी बनते जाएँगे।'

लेखनकाल : 1985 ई.

हिंदी नाटक की साहित्यिक गरिमा के प्रतिष्ठापक

आधुनिक हिंदी नाटकसाहित्य के ऐतिहासिक विकासक्रम में प्रसादजी का सर्वाधिक महत्व इसलिए है कि उन्होंने अपने कृतित्व द्वारा हिंदी नाटक को ऐसी अभिजात साहित्यिक गरिमा से मंडित कर दिया जो इसके पूर्व उसे प्राप्त नहीं थी। साहित्यिक आयामों में नाटक की यह यात्रा उसके दूरगामी विकास में काफ़ी हद तक निर्णायक साबित हुई।

किंतु इस साहित्यिक यात्रा में प्रसादजी रंगमंच के प्रदेश को बगल से छूकर निकल गये, रुककर उसमें रम नहीं सके। फलस्वरूप उनके नाटक विधागत मूर्तस्थापनाओं से कट से गये। वस्तुतः यह अकेले प्रसादजी की नहीं पूरे हिंदी नाटकलेखन की नियति थी जो उसके नाट्यपरिवेश की ऐतिहासिक विसंगतियों से निर्धारित हुई थी।

किंतु प्रसाद के नाटकों की इस विधागत दुर्बलता को हिंदी आलोचकों ने बड़े मनमाने और सतही ढंग से उभाड़ा। रंगमंच से दूर का भी रिश्ता न रखने वाले समीक्षकों ने प्रसाद के नाटकों को रंगमंच पर प्रस्तुति के अयोग्य सिद्ध किया और इसके लिए बड़े लचर तर्क दिये। इसकी पहली प्रतिक्रिया तो यह हुई कि प्रसादजी के जीवनकाल में और उसके बाद भी कुछ साहित्यकारों और प्रशंसकों ने उनके कुछ नाटकों को रंगमंच पर जैसे तैसे प्रस्तुत कर यह सिद्ध करना चाहा कि वे अभिनेय हैं। कुछ और समय बाद उनकी प्रस्तुतियों के कुछ गंभीर प्रयास भी हुए। इस बार आधुनिक नाट्य मुहावरों में प्रशिक्षित निर्देशकों ने बीड़ा उठाया। इसके लिए नाटकों में काट छाँट और संपादन भी किये गये। कुछ रंग प्रस्तुति-विशेषज्ञों ने प्रसाद के नाटकों को मंच पर लाने के लिए विस्तृत नाट्यविधान भी प्रकाशित किये। इन सबसे यह तो स्थापित हो गया कि इन्हें रंगमंच पर प्रस्तुत किया जा सकता है, किंतु अब भी प्रसाद के नाटकों की प्रस्तुतियाँ यदाकदा ही होती हैं।

किंतु रंगमंच पर प्रस्तुत हो जाने मात्र से क्या किसी कृति को वास्तविक नाटकविधा के रूप में स्वीकार किया जा सकता है? इस संदर्भ में मैं केवल एक

सबूत देना चाहूँगा और वह यह कि आजकल उपन्यासों और कहानियों को बिना किसी विशेष परिवर्तन के रंगमंच पर बड़ी सफलता के साथ प्रस्तुत किया जा रहा है।

प्रसाद की नाट्यसमीक्षा का दूसरा दलदली पहलू उनके नाटकों पर शास्त्रीयतापूर्ण पश्चिमी और संस्कृत नाट्यपद्धतियों का समन्वय आरोपित करना है। इस प्रकार के शास्त्रीय समन्वय की न तो कोई परिस्थिति उस समय मौजूद थी, न ही प्रसादजी ने ऐसी कोई कोशिश की। एक अंक के भीतर स्थान और कार्य-व्यापार में आने वाले परिवर्तनों को सूचित करने के लिए 'दृश्य' या गर्भांक शब्द का प्रयोग न करके केवल संख्या देकर काम चला लेना किसी समन्वय का सूचक नहीं।

वस्तुतः प्रसादजी ने अपने नाटकलेखन का नमूना सहज रूप से अपने परिवेश से ही प्राप्त किया था। उस परिवेश में एक ओर तो भारतेंदु और उनके सहयोगियों की नाटक-रचनाएँ थीं, दूसरी ओर पारसी नाटक-कंपनियों से जुड़े हुए नाटककारों के तथाकथित रंगमंचीय नाटक थे। इनके साथ ही बंगला के मूल और हिंदी में अनूदित नाटक भी अपने प्रभावक्षेत्र का निर्माण कर रहे थे।

प्रसाद के नाट्यपरिवेश के दूसरे आयाम के रूप में पारसी नाटक-मंडलियों की तड़कभड़कभरी, दर्शकों की विशाल भीड़ को आकर्षित करने वाली नाट्य प्रस्तुतियाँ थीं और थीं हिंदी के अव्यवसायी नाट्य-संघटनों द्वारा आयोजित नाट्य प्रस्तुतियाँ जिनमें अधिक बल भाषा की शुद्धता और राष्ट्रीय भावना पर दिया जाता था। हालाँकि नाटकलेखन पारसी नाटकों की ही क्षीण प्रतिकृति हुआ करते थे।

इस परिवेश के प्रतिफलन का माध्यम बना प्रसादजी का रचनाधर्मी व्यक्तित्व जिसकी धुरी था उनका स्वच्छंदतावादी कवित्व। प्रसादजी के व्यक्तित्व के अन्य महत्वपूर्ण आयाम बनते थे उनकी दार्शनिकता, अतीत मोह, अनुसंधित्सुवृत्ति, भारतीय मेधा, कुलीनता और परंपरा के प्रति उनकी गहरी आस्था से। प्रसाद की राष्ट्रीय भावना उनके व्यक्तित्व के इन्हीं पहलुओं से अनुस्यूत थी।

प्रसाद के नाटक साहित्य में इसी पृष्ठभूमि की सर्जनात्मक अभिव्यक्ति हुई जिसकी उपलब्धि है साहित्यिक वैभव।

प्रसाद के नाटकों की साहित्यिकता का एक प्रमुख आधार भाषा है। प्रसाद के नाटकों की भाषा गुणात्मक रूप से अपने पूर्ववर्ती और समकालीन नाटककारों की भाषा से भिन्न है।

नाटक में भाषा का प्रयोग संवादों के रूप में होता है और संवाद नाटक में आये व्यक्तियों की बातचीत है जो उनके चरित्र, परिस्थितियों और प्रसंगों से निर्धारित होती है। इसीलिए नाटककार भाषा के माध्यम से सीधे अपनी

आत्माभिव्यक्ति नहीं कर सकता। उसे अपनी भाषा को चरित्रों की निजी भाषा में घुला देना पड़ता है। भारतेंदु और उनके युग के कुछ दूसरे नाटककारों के जेहन में नाटक की भाषा की यह खासियत किसी तरह थी। लेकिन आधुनिक हिंदी (खड़ीबोली, परिनिष्ठित हिंदी) का आंदोलन जिन ऐतिहासिक परिस्थितियों में शुरू हुआ उनमें सबसे अधिक जोर साहित्यिक भाषा के मानकीकरण पर पड़ा और हिंदी का रचनाकार हिंदी के स्वरूप निर्धारण और उसमें काव्यात्मक अभिव्यंजना के प्रति अतिरिक्त रूप से सजग हो गया।

प्रसाद के नाटकों की भाषा के निर्धारण में हिंदी के इस ऐतिहासिक परिप्रेक्ष्य की महत्वपूर्ण भूमिका थी। इसीलिए प्रसादजी ने कविता के लिए अपनी जिस भाषा का विकास किया, उसे उन्होंने नाटकों के लिए भी बेधड़क इस्तेमाल किया। परिणाम स्वरूप बातचीत या संवाद की जगह उनके नाटकों में गद्यकाव्य की प्रमुखता हो गयी और विभिन्न स्तरों के पात्रों की विविधतापूर्ण भाषा-छटाओं की जगह उनके नाटकों में सर्वत्र प्रसादजी की अपनी निजी भाषा हावी हो उठी। प्रसादजी के नाटक साहित्य का अध्ययन करते हुए भाषा के माध्यम से जो सर्वाधिक प्रभावशाली व्यक्तिबिम्ब उभरता है, वह छायावाद के महान कवि जयशंकर 'प्रसाद' का है।

प्रसादजी की काव्यभाषा की ही भाँति उनके नाटकों की भाषा में भी अलंकारिता, लाक्षणिकता, व्यंजना, प्रतीकत्व, नादसौंदर्य, भावप्रणवता, बिंबपरकता, चित्रमयता, आदि गुण प्रचुरमात्रा में मौजूद हैं। लेकिन नाटक में प्रयुक्त होकर भी यह काव्यभाषा शुद्धकाव्य के रूप में अपना अस्तित्व बनाये रखती है, नाट्य-स्थितियों को कोई काव्यात्मक परिणति नहीं देती।

प्रसादजी की नाटक-भाषा की दूसरी विशेषता उसका संस्कृतगर्भित शब्द भंडार है। प्रसादजी भी संस्कृतनिष्ठ हिंदी के तरफदार थे, फिर नाटकों की प्राचीन भारतीय पृष्ठभूमि का परिवेश रचने के लिए अधिकाधिक तत्सम शब्दों का प्रयोग उन्हें आवश्यक लगा। प्रसादजी के नाटकों में प्राचीन भारतीय संस्कृति के ऐसे बहुत सारे अप्रचलित पारिभाषिक शब्दों को पुनरुज्जीवित किया गया है जो अपनी संप्रेषणीयता के लिए पाठक या दर्शक से भी वैसी ही बहुज्ञता की माँग करते हैं। इस संदर्भ में प्रसादजी के एक एक शब्द से प्राचीन भारतीय संस्कृति का उनका गंभीर अध्ययन मनन और साथ ही समकालीन राजनीतिक-सांस्कृतिक स्थितियों के प्रति उनका दृष्टिकोण भी व्यक्त होता है।

प्रसाद जी के नाटकों की साहित्यिकता का दूसरा महत्वपूर्ण आधार चरित्रों की परिकल्पना है। हिंदी नाटक में प्रसादजी ने पहली बार ऐसे व्यक्तियों की सृष्टि की

जो नाटक में कहानी की घटनाओं को घटित कराने मात्र के लिए नहीं आते, बल्कि अपने चरित्रों की ओर भी अलग से ध्यान आकृष्ट करते हैं। प्रसादजी ने नाटकीय चरित्रों को मनोवैज्ञानिक आयाम दिया, काव्यात्मक सहृदयता प्रदान की और दार्शनिक गांभीर्य से समन्वित किया।

प्रसाद जी के नाटकीय चरित्र इतिहास से निकले हुए हैं। वे समकालीन नहीं, हालाँकि उन्हें समकालीनता का भी एक आयाम देने की कोशिश की गयी है। इन्हें रचने में प्रसादजी ने उसी श्रद्धा को आधार बनाया है जो अपने पुरखों के प्रति स्वाभाविक दुर्बलता के रूप में हमारे मन में मौजूद रहती है। इसलिए ये चरित्र इतिहास के रोमानी आकर्षण से सजे हुए हैं। स्वगत के रूप में जब वे अपने अंतर्द्वन्द्वों का इज़हार करते हैं या भावुकतापूर्ण काव्यात्मक उक्तियाँ प्रस्तुत करते हैं तो और भी मोहक हो उठते हैं।

जाहिर है इतिहास के ये सारे चरित्र अपनी समस्त ऐतिहासिकता के बावजूद कल्पित हैं और प्रसादजी की चरित्रकल्पना उनके व्यक्तित्व की विशेषताओं से परिसीमित है। यही कारण है कि उनके नाटकों में चरित्रों की विविधता का दायरा बहुत छोटा है और अक्सर वे अपने को दुहराते दिखाई पड़ते हैं। इसका एक कारण शायद यह भी है कि उन्होंने अपने अधिकांश चरित्र अभिजात राजन्य वर्ग से ही संकलित किये हैं।

नाट्य की दृष्टि से प्रसादजी के चरित्र चित्रण की एक महत्वपूर्ण दुर्बलता उसकी अभिनेता के साथ विसंगति है। प्रसादजी के नाट्यव्यक्तियों में भावनाओं, विचारों, स्थितियों आदि की वह क्रमिक सरणि पर्याप्त रूप से नहीं प्राप्त होती जो अभिनेताओं को अपनी अभिव्यक्ति-क्षमता के भरपूर उपयोग का अवसर दे। इन चरित्रों में आकस्मिकता बहुत है जो कलाप्रभाव को बराबर तोड़ती रहती है। प्रसादजी के नाट्यचरित्रों में त्रिआयामिता और विसदृशता की भी कमी है जो विधा के रूप में उनके नाटकों को कमजोर करती है।

प्रसादजी के नाटकों की साहित्यिक गरिमा का एक स्रोत उनका वस्तुचयन भी है। उन्होंने अपनी विषय सामग्री प्राचीन भारतीय इतिहास से ली है। लेकिन जिस तरह शेक्सपीयर ने प्लूटार्क के इतिहास का तत्कालीन नाट्य की जरूरतों के अनुसार समूचा काव्यात्मक रूपांतरण कर डाला, प्रसादजी ने वैसा नहीं किया। प्रसादजी सिर्फ़ नाटककार नहीं, इतिहास के अन्वेषक और संशोधक भी थे और इस दिशा में अपनी उपलब्धियों को प्रस्तुत करने का माध्यम उन्होंने नाटक को बनाया। इसीलिए उनके नाटकीय कार्यव्यापार में अपेक्षित मजबूत गठन और गति नहीं आ सकी और वह अनावश्यक रूप से स्फीत हो गया तथा नाटक का आकार

भी बहुत बड़ा हो गया। लेकिन इसीलिए उनका गांभीर्य और साहित्यिक वजन भी बढ़ गया।

दरअसल अंग्रेज़ों की अधीनता का वह युग ही ऐसा था, जिसमें पुरानी गौरव गाथा गाने से अपनी कुंठाओं को निष्कृति मिलती थी। इतना ही नहीं, प्रसादजी तो अपने इतिहासमंथन से समकालीन जड़ता को तोड़ने के लिए अमृत-ऊर्जा भी पाने की कोशिश कर रहे थे।

जहाँ तक प्रसादजी के प्रमुख नाटकों के ढाँचे का सवाल है, वह अपनी समग्रता में उस समय के नाट्यपरिवेश पर हावी उस शेक्सपीरियन माडल पर ही गठित हुआ है जो उर्दू-हिंदी, बाङ्ला, मराठी के व्यावसायिक रंगमंचीय तथा अन्य नाटकों में छन छन कर अपना एक अलग भारतीय रूप ग्रहण कर रहा था। रंगमंचीय ज़रूरतों के बंधन से मुक्त प्रसादजी की साहित्यिक प्रतिभा ने उसमें और मौलिक परिवर्तन करके उसे हिंदी की मुख्य धारा का रूप दिया।

भारत में ब्रितानी औपनिवेशिक युग के आरंभ के साथ ही संपूर्ण भारत और हिंदी क्षेत्र में भी एक नये आधुनिक युग का सूत्रपात हुआ। इसमें सर्वथा नवीन रंगमंच पर बिल्कुल नये ढंग से लिखे गये नाटकों की प्रस्तुति होने लगी जिसका बड़ा व्यापक माहौल बना और उसका संस्कृति और साहित्य पर दूरगामी असर पड़ा। लेकिन यह माहौल तब छिन्नभिन्न हो गया जब बीसवीं शती के चौथे दशक में बोलती फ़िल्मों ने नाट्य-व्यवसाय की कमर बिल्कुल तोड़ दी।

लगभग छह दशकों वाले इस पूरे नाट्ययुग की हिंदी साहित्य के लिए चरम उपलब्धि जयशंकर 'प्रसाद' के नाटक हैं।

लेखनकाल : 1983-84 ई.

नाटककार प्रेमचंद

काशी के समृद्ध नाट्यपरिवेश ने हिंदी के एक और महान लेखक को नाटक लिखने की ओर आकर्षित किया। ये हैं अमर कथाकार प्रेमचंद। प्रेमचंद ने अपना पहला नाटक 'संग्राम' सन् 1922 ई. में उस समय लिखा जब व्यावसायिक पारसी रंगमंच अपने पूरे यौवन पर था और काशी में उसकी धूम मची थी। बड़े संकोच के साथ प्रेमचंद नाटक की ज़मीन पर क़दम रखते हैं :

"आजकल नाटक लिखने के लिए संगीत को जानना ज़रूरी है। कुछ कवित्व शक्ति भी होनी चाहिए। मैं इन दोनों गुणों से असाधारणतः वंचित हूँ। पर इस कथा का ढंग ही कुछ ऐसा था कि मैं उसे उपन्यास का रूप न दे सकता था। यही इस अनधिकार चेष्टा का मुख्य कारण है। आशा है सहृदय पाठक मुझे क्षमा प्रदान करेंगे। मुझसे कदाचित् फिर ऐसी भूल न होगी। साहित्य के इस क्षेत्र में यह मेरा पहला और अंतिम दुस्साहसपूर्ण पदाक्षेप है।

"मुझे विश्वास है यह नाटक रंगभूमि पर खेला जा सकता है। हाँ, रसज्ञ स्टेजमैनेजर को कहीं कहीं काट छाँट करनी पड़ेगी। मेरे लिए नाटक लिखना ही कम दुस्साहस का काम न था। उसे स्टेज के योग्य बनाने की धृष्टता अक्षम्य होती।

"मगर मेरी खताओं का अंत अभी नहीं हुआ। मैंने एक तीसरी खता भी की है। संगीत से सर्वथा अनभिज्ञ होते हुए भी जहाँ कहीं जी में आया है गाने दे दिये हैं। दो खताएँ माफ़ करने की प्रार्थना तो मैंने की; पर तीसरी खता किस मुँह से माफ़ कराऊँ? इसके लिए पाठकवृंद और समालोचक महोदय जो दंड दें, शिरोधार्य है।"

लेकिन प्रेमचंद का यही संकोच ज़ाहिर करता है कि वह नाटक लिखने की पेचीदगियों के प्रति कितने सजग थे और इसीलिए अगर वह लिखते जाते तो उन पर कितना अधिकार पा लेते। लेकिन हिंदी वालों ने इस क्षेत्र में प्रेमचंद को कोई उत्साह नहीं दिया बल्कि हतोत्साह करने में कोई कसर छोड़ी नहीं।

हिंदी की सतही नाट्यसमीक्षा इस बात को जरा भी न पहचान सकी कि **संग्राम** में प्रेमचंद ने कितनी नयी जमीन तोड़ी है और वे कितनी ताजगी लेकर आये हैं। प्रेमचंद के इस इशारे से फ़ायदा न उठाकर कि इस कथा को उन्होंने नाटक में इसलिए

बाँधा है कि इस पर वे उपन्यास नहीं लिख सकते थे, हिंदी नाट्यसमीक्षकों ने उसकी नाट्यवस्तु के संबंध में प्रेमचंद की धारणा का विश्लेषण करने की भी परवाह नहीं की।

प्रेमचंद ने **कर्बला** और **प्रेम की वेदी** दो और मौलिक नाटक लिखे, साथ ही गाल्सवर्दी, शॉ तथा दूसरे भी कुछ योरोपीय नाटककारों के नाटक अंग्रेजी से हिंदी और उर्दू में अनूदित भी किये।

प्रेमचंद का संपूर्ण लेखनकाल ब्रितानी औपनिवेशिक युग के भारतीय रंगमंच के चरम उत्कर्ष का स्वर्ण-काल था और वे अपने नाट्य-परिवेश के प्रति पूरी तरह सजग और संवेदनशील भी थे तथा अपने समय की रंगमंचीय हलचलों पर टिप्पणियाँ, लेख और आलोचनाएँ लिख रहे थे। इसलिए कुछ आश्चर्य नहीं कि उन्होंने अपने संपूर्ण साहित्यिक सरोकारों को व्यापक जन-समुदाय तक पहुँचाने के लिए नाटक लिखने की भी कोशिश की। किंतु साहित्यिक समीक्षा की अपर्याप्तता और अपने ही अंतर्विरोधों के कारण उनका मूल्यांकन तो दूर, ठीक से उनकी नोटिस भी नहीं ली जा सकी। रंगमंच की अपनी सीमाएँ तथा बंदिशें थीं लिहाजा उन्हें किसी ने खेलने की कोशिश भी नहीं की।

'प्रेम की वेदी' का प्रथम मंचावतरण

पिछले 14 अक्टूबर को रंगमंच की दृष्टि से बनारस की ही तरह ऊँघते पंजाब के पटियाला शहर में चुपचाप बिना किसी शोर-ओ-शराबे के एक बड़ी ही ऐतिहासिक घटना घट गयी। वहाँ **प्रेमचंद के लिखे किसी नाटक का प्रथम मंचन** हुआ।

अभी परसों ही अपने मित्र बनारस के एक वरिष्ठ रंगकर्मी को मैंने यह वाक़या बताया तो उन्होंने छूटते ही पूछा – उनकी किस कहानी या उपन्यास का रूपांतर है और किसने किया है? जब मैंने उन्हें बताया कि यह तो स्वयं प्रेमचंद का लिखा नाटक है, तो वे पूछ बैठे कि इसकी मैनुस्क्रिप्ट आपको कहाँ मिल गयी? अब मैं उन्हें यह बताने की हिम्मत न कर सका कि यह तो प्रेमचंद के जीवनकाल में ही लगभग सात दशक पहले प्रकाशित हो चुका था।

मेरे वरिष्ठ रंगकर्मी मित्र की यह प्रतिक्रिया कोई ज्यादा असाधारण नहीं थी। दरअसल प्रेमचंद के उपन्यासों और कहानियों पर पिछले लगभग कम से कम पचास वर्षों से नाटक होते आ रहे हैं, लेकिन मुंशी प्रेमचंद ने स्वयं भी नाटक लिखे हैं, इसकी जानकारी सामान्य पाठकों को तो दूर, बल्कि विश्वविद्यालयों के अनेक हिंदी प्राध्यापकों तक को भी नहीं है। और जिन्हें मालूम भी है, वे यह मान बैठे हैं कि नाटक लिखने में प्रेमचंद पूरी तरह असफल रहे, क्योंकि ऐसा ही कुछ उनके

समकालीन किसी प्रख्यात आलोचक ने लिख दिया था। तब से हिंदी के छात्र यही पढ़ते और बाद में पढ़ाते चले आ रहे हैं। देश विदेश मिलाकर प्रेमचंद के ऊपर अब तक हज़ारों शोध-प्रबंध लिखे जा चुके होंगे। बड़े बड़े आलोचकों ने प्रेमचंद के ऊपर बहुत ही उम्दा आलोचनात्मक साहित्य भी तैयार किया, लेकिन मुझे आज तक कहीं यह पढ़ने को नहीं मिला कि प्रेमचंद जैसे महान, प्रतिभाशाली, सर्जनशील रचनाकार नाटक लिखने में असफल कहाँ और क्यों हो गया। इसीलिए मैंने इरादा किया कि क्यों न मैं उनके एक नाटक की मंचप्रस्तुति करके उनके नाट्यलेखन की प्रक्रिया का जायजा लूँ। तीस के दशक में लिखे गये उनके एक छोटे नाटक **प्रेम की वेदी** को मैंने चुना और जब मैंने अपने मित्र सुरिन्दर शर्मा को यह बात बताई तो वे भी इसके लिए सहर्ष राजी हो गये। मेरे मित्र श्री देवेंद्र राज अंकुर ने न सिर्फ़ मुझे प्रोत्साहित किया, बल्कि इसके लिए आर्थिक आधार भी जुटा दिये।

जब मैंने पटियाला के पंजाबी कलाकारों को लेकर **प्रेम की वेदी** की प्रस्तुति पर काम करना शुरू किया, तो अनेक तरह की अड़चनों के बावजूद, मुझे यह देखकर आश्चर्य हुआ कि इनमें हिंदी और प्रेमचंद के प्रति कितना आदर और उत्साह का भाव है। लगभग सवा महीने की मशक्कत के बाद यह नाटक तैयार हो गया। पटियाला के 'भाषा भवन' के सभाकक्ष में विगत 14 अक्टूबर सायंकाल 7 बजे इसके मंचन का निश्चय किया गया। पौने सात बजे ही पटियाला के बुद्धिजीवियों, पंजाबी और हिंदी के साहित्यकारों तथा संस्कृतिकर्मियों से हॉल भर गया। दिल्ली के राष्ट्रीय नाट्य विद्यालय से प्रेक्षक के रूप में श्री देवेंद्र राज अंकुर और पंकज सक्सेना भी वहाँ मौजूद थे। ठीक सात बजे हॉल का गेट बंद कर दिया गया और नाटक शुरू हो गया। देर से आने की आदत से मजबूर अनेक गणमान्य दर्शक वापस लौट गये। लगभग सवा घंटे तक चलने वाले इस नाटक को लोग मंत्र-मुग्ध से एक-टक देखते रहे, न कोई छींका, न खाँसा, न कहीं किसी का मोबाइल बजा। तालियों की गड़गड़ाहट नाटक के अंत में तब हुई, जब नाटक पूर्ण होने के क्रम में ही सारे अभिनेता मंच पर अभिवादन करने के लिए आ खड़े हुए। दर्शकों की प्रतिक्रिया में मुझे सबसे महत्वपूर्ण बात यह लगी कि सबने इसे आज की समकालीन समस्याओं से जोड़कर देखा और उन्हें इसमें कहीं से कोई पुरानापन नहीं झलका।

प्रस्तुति के लिहाज से मैंने इसमें बेहद सादगी रखी। किसी प्रकार का कोई सेट नहीं बनाया, किसी परदे का इस्तेमाल नहीं किया, रोशनी की करामातें दिखाने की कोशिश नहीं की, और रंगमंच तथा रंगमंडप को एकाकार करके एक ऐसी संरचना बनायी, जिसमें दर्शकों तथा अभिनेताओं के बीच न्यूनतम दूरी रहे, उनसे आत्मीय

स्तर पर संवाद स्थापित हो सके। इस प्रस्तुति में जो कुछ भी ख़र्च हुआ, वह मुख्यरूप से अभिनेता और दूसरे रंगकर्मियों पर हुआ, इनके अतिरिक्त अन्य ख़र्चे नगण्य थे।

मुझे इस बात की बेहद खुशी है कि **प्रेम की वेदी** को प्रस्तुत कर मैंने प्रेमचंद के भीतर छिपी नाटककार की प्रतिभा का दर्शन किया, जो मेरे रंगजीवन का एक महत्वपूर्ण पुरस्कार है।

लेखनकाल : 1985-86/2008 ई.

पारसीयुगोत्तर हिंदी रंगमंच

लगभग आधी शती से अधिक के ऐश्वर्यशाली जीवन के बाद पारसी हिंदी व्यावसायिक रंगमंच के विघटन की जिस प्रक्रिया का आरंभ सन् 1930 ई. के लगभग हुआ था, वह अब पूरी होने को आ रही थी।[1] कलकत्ता से बंबई तक के विशाल भूमिखंड में फैली हुई एक ऐसी रंगपरंपरा का, जिस पर दर्शकों की भीड़ टूटी पड़ती थी, पूर्णरूप से तिरोहित हो जाना तो आश्चर्यजनक है ही, इससे कहीं अधिक आश्चर्य की बात यह है कि इस जीवित रंगमंच के लिए निर्मित विपुल नाट्यरचनाओं की कोई अस्मिता हिंदी साहित्य की सीमा में स्वीकार नहीं की गयी। इस नाट्यसाहित्य की तथाकथित स्तरहीनता और हल्केपन से हिंदी साहित्य के आलोचक और इतिहासकार इतने आतंकित से रहे कि वे इससे अंतरंग परिचय प्राप्त कर इसमें निहित दर्शकों को आकर्षित करनेवाले आधारभूत तत्वों और नाट्यरचना में प्रयुक्त रंगमंचीय अनुभवों का भी विश्लेषण करने का साहस न कर सके, जिससे स्तरीय नाट्यरचना स्वाभाविक पोषण प्राप्त करती और रंगमंच से बिल्कुल कटने से बच जाती। इस नाट्यपरंपरा की दुर्बलताओं का भी ठोस विश्लेषण भावी नाटककारों का कुछ दूर तक दिशादर्शक हो सकता था। पारसी रंगमंच की दुर्भाग्यपूर्ण नियति का कारण कुछ दूर तक बाहरी परिस्थितियों में तो निहित है, किंतु सबसे बड़ा कारण उसका अपना ही अंतर्विरोध है।

इस अंतर्विरोध का आरंभ भाषा के प्रश्न को लेकर हुआ। इस व्यावसायिक रंगपरंपरा का आरंभ उन्नीसवीं शती के सातवें दशक में बहुभाषी नगर बंबई में पारसी व्यवसायियों द्वारा संपूर्ण उत्तर भारतीय बाजार पाने की दृष्टि से किया गया था।

कुछ तो हिंदी न जानने की अपनी असमर्थता के कारण और कुछ इस भ्रामक धारणा के कारण भी कि वास्तविक जनभाषा उर्दू ही है, इन रंगव्यवसायियों ने उर्दू

1. 1931 ई. से मदन थियेटर्स ने बोलती फ़िल्में बनानी आरंभ की, 1932 में न्यू अल्फ्रेड और 1935 में कोरिंथियन बंद हो गयीं।

में नाटक खेलना आरंभ किया। किंतु कुछ ही दिनों के अनुभव ने उन्हें बता दिया कि उर्दू न केवल भारत की बहुसंख्यक सामान्य जनता की समझसीमा के बाहर पड़ती है बल्कि इससे उन पौराणिक कथाओं का सांस्कृतिक परिवेश भी नष्ट हो जाता है जो उनके नाटकों की प्रमुख आधारभूमि थीं। फलस्वरूप वे कुछ कुछ हिंदी की ओर झुके और नारायणप्रसाद बेताब तथा राधेश्याम कथावाचक ने मालिकों के इस रुख के कारण अपने नाटकों में हिंदी का कुछ समावेश किया तथा जौहर आदि ने इसे आगे बढ़ाया। तब भी वे उर्दू के मोहपाश से बिल्कुल मुक्त न हो सके। इधर हिंदी जगत में आचार्य महावीरप्रसाद द्विवेदी के नेतृत्व में मर्यादावादी और शुद्धतावादी जो अभियान चल रहा था, वह इस भाषा और नैतिक शैथिल्य से युक्त इन नाटकों की विषयवस्तु को किसी प्रकार स्वीकार करने के लिए तैयार नहीं था। अतः हिंदी के साहित्यकारों ने या तो पारसी नाटकों की उपेक्षा की या उसकी कटु आलोचना। उसे हिंदी का रंगमंच कभी माना ही नहीं गया। अब आज उदार हिंदी के वातावरण में रंगमंचीय अनुभव की अपनी इस विरासत पर दृष्टि डालकर हम उसमें से कुछ उपयोगी संदर्भसूत्र खोजने का प्रयत्न कर रहे हैं।

भाषा के प्रश्न को अलग रख कर सोचें तब भी पारसी रंगमंच बड़ा अनुर्वर प्रमाणित होता है। क्योंकि बोलती फ़िल्मों का साक्षात्कार विश्व के सभी रंगमंचों को करना पड़ा किंतु उन्होंने पारसी रंगमंच के समान उनके सामने बिल्कुल घुटने नहीं टेक दिये। दूसरे रंगमंच अपनी सामूदायिक संस्कृतियों से अनिवार्यतः जुड़े हुए थे। वे जनजीवन की गहराइयों से अपना पोषण पाते थे, इसलिए फिल्मी आँधी को झेल गये। इसके विपरीत पारसी रंगमंच का आकर्षण सतही था। उसकी रंगशालाओं में उमड़नेवाली भीड़ किसी आंतरिक सांस्कृतिक आवश्यकता से प्रेरित नहीं थी बल्कि नये तमाशे के फैशन और किन्हीं मूलप्रवृत्तियों की प्रच्छन्न संतुष्टि की कामना से चालित थी। इसीलिए जब ये चीजें उन्हें बोलती फ़िल्मों से और अधिक मात्रा में मिलने लगीं, तब पारसी रंगमंच का आकर्षण उनके लिए फीका पड़ गया और उसके पतन पर उन्हें कोई दुख न हुआ। वैभव से परिपूरित प्रायः साठ वर्षों के लंबे जीवन में भी पारसी रंगमंच क्यों छिछला ही बना रहा, क्यों सर्जनशील प्रतिभाएँ इससे दूर दूर रहीं? इन प्रश्नों ने हिंदी के अनेक रंग-आलोचकों और इतिहासकारों को भटकाया है। किंतु आज जब हिंदी फ़िल्मों में यह इतिहास प्रायः चालीस वर्ष दुहराया जा चुका है, हमारी अन्वेषक बुद्धि को कला और व्यवसाय के अंतर्विरोध को पहचानने में भूल नहीं करना चाहिए। हिंदी के व्यावसायिक रंगमंच का आंदोलन चलानेवालों को अपने इस निकट इतिहास पर गंभीर विचार करने के बाद ही अपने उत्साह को कोई परिणति देना चाहिए।

पारसी रंगमंच की प्रतिक्रिया में एक अधिक सार्थक हिंदी रंगमंच के विकास की संभावना थी। भारतेंदु ने ऐसे रंगमंच का बीजारोपण भी कर दिया था और उन्नीसवीं शती के आठवें नवें दशक में यह अंकुरित भी हुआ। स्वाभाविक था कि यह अव्यवसायी रंगांदोलन का रूप ग्रहण करता। किंतु पारसी रंगमंच की तड़क भड़क और सस्ते मनोरंजन की लोकप्रियता ने धीरे धीरे इस वैकल्पिक रंगमंच को ग्रस लिया और स्वयं भारतेंदु की नगरी की भारतेंदु नाटकमंडली तथा नागरी नाटकमंडली जैसी महत्वपूर्ण अव्यवसीय रंगसंस्थाएँ पारसी रंगमंच की ही क्षीण प्रतिच्छवि बनकर रह गयीं। नाट्यलेखन और प्रस्तुतिशैली दोनों के ही स्वरूप पारसी प्रदर्शनों से नियंत्रित थे, क्योंकि उन्हीं के अनुकरण में सर्जित होते थे। उस समय का अव्यवसायी रंगमंच अपने लिए किसी मौलिक रंगविधान की तलाश नहीं कर सका। यहाँ तक कि सन् 1933 ई. में काशी की सभी अव्यवसायी रंगसंस्थाओं के सहयोग से तथाकथित साहित्यिक रंगमंच के निर्माण के प्रयास स्वरूप 'रत्नाकर रसिक मंडल' द्वारा प्रसादजी का **चंद्रगुप्त** उन्हीं की देखरेख में अभिनीत किया गया, तब भी प्रस्तुतिशैली पूर्णरूप से पारसी रंगमंच की ही थी। अपने मौलिक रंगशिल्प के अन्वेषण की असफलता ने इस प्रकार हिंदी के अव्यवसायी रंगमंच की संभावनापूर्ण धारण को अत्यंत दुर्बल बना दिया और वह भी किन्हीं सार्थक परिणति तक न पहुँच सकी। यही कारण था कि बीसवीं शती के चौथे दशक में इस व्यवसायी रंगमंच के धराशायी होने के साथ ही उसकी नकल अव्यवसायी रंगमंच की भी कमर टूट गयी।

इस प्रकार हमारे ऐतिह्यकाल के आरंभ में हिंदी रंगमंच की स्थिति शून्यवत हो गयी थी और यह शून्यता सन् 1943 ई. के पहले नहीं टूट सकी, यद्यपि इसे तोड़ने के प्रयत्न हिंदी क्षेत्र में इतस्ततः हो रहे थे। सन् 1939 ई. के आरंभ में सर्वश्री अमृतलाल नागर, निराला और सर्वदानंद वर्मा आदि लखनऊ में हिंदी के रंगमंच के निर्माण का स्वप्न देख रहे थे। इस संदर्भ में निराला ने अपने एक पत्र में लिखा है :

'अगर आप लोग मेरी तरह पर सहयोग देंगे तो और तभी मैं काम कर सकूँगा अन्यथा नहीं। क्योंकि ड्रामा लिखने से खेलने तक का भार मेरा ही कुछ अधिभारी होगा।'[1]

निराला जैसा महान प्रतिभा का धनी रंगमंच और नाटक के क्षेत्र में अवतरित हुआ होता तो हिंदी रंगमंच का विकास किन दिशाओं में होता, आज इसकी कल्पना भी कठिन है।

---

1. नागरी पत्रिका, वर्ष 1, अंक 6-7 मार्च-अप्रैल, 1968, पृ. 2।

इस कालावधि के हिंदी रंगक्षेत्र में ताजा हवा का एक हलका झोंका भारतीय जननाट्य संघ के रूप में प्रगतिवादी आंदोलन के साथ आया। सन् 1936 ई. में प्रेमचंद की अध्यक्षता में हुए अखिल भारतीय प्रगतिशील लेखक संघ के अधिवेशन के साथ ही संगीत, नृत्य, नाट्य जैसी कलाओं के जनवादी आधारों की तलाश और प्रयोग की छिटपुट कोशिशें आरंभ हो गयीं और 1943 ई. में इसने विधिवत एक अखिल भारतीय संस्था का रूप धारण कर लिया। '1942 की पहली मई की रात के साढ़े नौ बजे बंबई की मजदूर बस्ती के अंतस्तल, परेल के दामोदर हाल में अखिल भारतीय जननाट्य संघ का पहला प्रदर्शन हुआ। इस प्रदर्शन ने नगर में तूफ़ान मचा दिया। सरवालकर का 'दादा' और सरदार जाफरी का 'यह किसका खून है' जनसाधारण की ज़िंदगी के दो नाटक उस दौर के प्रकाशस्तंभ थे।'[1]

सन् 1938 ई. से 1943 ई. तक का काल हिंदी रंगजगत में परिवर्तन की हलकी बेचैनी का काल था। यह बेचैनी एक ओर जहाँ पारसी रंगविधान के विरुद्ध अधिक सुरुचिपूर्ण और आधुनिक रंगशैली की तलाश व्यक्त करती थी वहीं दूसरी ओर प्रगतिवादी विचारधारा के साथ सामाजिक सोद्देश्यता से परिपूर्ण विषयवस्तु भी खोज रही थी। आधुनिक भारतीय रंगांदोलन की ही भाँति कलात्मक सौंदर्य और अभिव्यंजना से परिपूर्ण रंगविधान के अन्वेषण का कार्य भी भारत में सर्वप्रथम बंगाल से ही आरंभ हुआ। बीसवीं शती के प्रथम दशक में शांतिनिकेतन में जिन रंगमंचीय गतिविधियों का समारंभ हुआ उनमें एक साथ साहित्य, चित्र, संगीत और शिल्प की कई महान प्रतिभाएँ समन्वित रूप से रंगसर्जन में संलग्न हो सकीं। अकेले ठाकुर परिवार के ही रवींद्र, अवनींद्र, गगनेंद्र और ज्योतिरींद्र जैसी प्रतिभाएँ रंगसौंदर्य की सृष्टि में जो योग दे रही थीं, उससे सर्जनात्मक अन्वेषण की आधारशिला का निर्माण हो रहा था। आचार्य क्षितिमोहन सेन और नंदलाल बोस जैसे लोग भी शांतिनिकेतन के रंगकार्य से संबद्ध थे। शांतिनिकेतन की रंगकला के विकास के संदर्भ में प्रमथनाथ विशी ने **रवीन्द्रनाथ ओ शांतिनिकेतन** नामक पुस्तक में लिखा है :

'यदि शांतिनिकेतन के रंगमंच का इतिहास लिखा जाय तो ज्ञात होगा कि इसका विकास बड़ा चमत्कारी रहा है। उसके प्रारंभिक दिनों में व्यवसायी पोशाक निर्माताओं द्वारा बनायी गयी पोशाकों को ख़रीदकर काम में लाया जाता था। धीरे धीरे इसके स्थान पर स्थानीय कलाकारों द्वारा बनायी गयी पोशाकों का उपयोग होने लगा। कलाकारों ने पिछवई और पर्दों का भी अभिकल्पन आरंभ किया।

1. पृथ्वीराज अभिनंदन ग्रंथ, पृ. 349।

भड़कीले आभूषणों और पोशाकों के बदले उपयुक्त प्रकाश-व्यवस्था पर बल दिया जाने लगा। संगीत की संगत के लिए हारमोनियम के स्थान पर वीणा, इसराज और बाँसुरी का प्रयोग किया जाने लगा। संक्षेप में रंगमंच की समग्र विकासयात्रा कलात्मक मार्ग पर हो रही थी।'[1]

शांतिनिकेतन की इस कलात्मक रंगचेतना का प्रभाव धीरे धीरे भारत के कुछ अन्य सांस्कृतिक शिक्षाकेंद्रों तक प्रसारित होने लगा। काशी में एनीबेसेंट के नेतृत्व में जिन प्रबुद्ध शिक्षासंस्थाओं का उदय हुआ, उनमें इस नये रंगविधान के साथ नाट्यप्रयोग यदाकदा होने लगे। इन छिटपुट प्रयोगों की तनिक अधिक स्पष्ट परिणति काशी हिंदू विश्वविद्यालय के अध्यापकप्रशिक्षण विभाग में हुई और इसने सीताराम चतुर्वेदी, करुणापति त्रिपाठी, रुद्र काशिकेय, कमलिनी मेहता आदि कुछ उच्च शिक्षित रंगकर्मियों को विकास का मार्ग दिया। ये बीसवीं शती के चौथे दशक के अंत से पाँचवें दशक तक कभी-कभी स्तरीय हिंदी नाट्यप्रयोग का प्रयत्न करते रहे।

किंतु नये रंगविधान के साथ सोद्देश्य नाट्यचेतना की अखिल भारतीय स्तर पर एक लहर फैलाने का वास्तविक कार्य भारतीय जन नाट्य संघ (इप्टा) द्वारा ही आरंभ हो सका। इसी समय बंगाल में भीषण अकाल पड़ा, जिसकी पीड़ा का अनुभव संपूर्ण भारत ने किया। भारतीय जन नाट्य संघ ने इस पीड़ा को और भी सर्जनात्मक संवेदना के साथ जनमन तक पहुँचाकर पीड़ितों के लिए ठोस सहायता और सहानुभूति बटोरने का बीड़ा उठाया जिसमें उसे पर्याप्त सफलता मिली और मिला रंगशक्ति का प्रेरक प्रमाण। निरंजन सेन के शब्दों में, 'इस दौर के आंदोलन ने तमाम प्रांत या भाषा संबंधी सीमाएँ तोड़ दीं और जनता की कला और संस्कृति के द्वार उन्मुक्त कर दिये गये। लोककला और संस्कृति का आदानप्रदान, रंगमंच के नूतन प्रयोग तक कथानकों का आदानप्रदान इस युग की महान सफलताएँ थीं।' भारतीय जन नाट्य संघ का अकालविरोधी अभियान कितना प्रभावपूर्ण और अभूतपूर्व था, इसका एक सुंदर शब्दचित्र बलवंत गार्गी ने अपनी **रंगमंच** नामक पुस्तक में दिया है :

थर्ड क्लास के ठसे हुए डब्बे में से दस बारह लोग निकले। पुरुष सूखे हुए से थे, स्त्रियाँ काली दुबली पतली, नंगे पाँव। पंजाबी लड़कियों ने नाक चढ़ाई : 'ये कलाकार हैं?' उनके नेता ने हमें अपनी मंडली से परिचित कराया।

उस रात उन्होंने वाई.एम.सी.ए. के भरे हुए हाल में नाटक प्रस्तुत किया। बत्तियाँ बुझीं। दर्शकों में से ही एक व्यक्ति अचानक उठा। उसने ढोल पर तीन

---

1. त्रैमासिक 'नाट्य', टैगोर अंक, पृ. 9, भारतीय नाट्यसंघ, नई दिल्ली द्वारा प्रकाशित।

बार धीरे धीरे चोट की और मंच की ओर चल दिया। तीन पुरुष और दो स्त्रियाँ किसी और स्थान से उठे और दर्शकों की भीड़ में से ही उसके पीछे चल पड़े। वे कंगाल भिखमंगों की तरह जोर जोर से पुकार रहे थे : 'हम भूखे हैं? हम भूखे हैं!'

दर्शकों में खुसरपुसर हुई, 'यह लोग कौन हैं? ये क्या कह रहे हैं? ये खेल में विघ्न क्यों डाल रहे हैं? ये क्या चाहते हैं?'

इन छहों कलाकारों की काँपती आवाज़ों ने एक गीत का रूप धारण कर लिया। वे गाते हुए मंच पर आकर खड़े हो गये। उनकी आँखों में काली ज्वाला थी। उनके गीत और सूखे हुए चेहरों से बंगाल के भीषण अकाल की यातना और निर्धनता टपक रही थी। चेहरों के हावभाव, अभिनय और वाणी में कोई कृत्रिम नाटकीयता नहीं थी। ऐसी दृष्टियाँ और चेहरे हमने लाहौर की कंगाल बस्तियों में देखे थे। यह एक प्रकार से सारे भारत का चेहरा था, जिसमें भूख थी और विदेशी राज्य के जुए के नीचे तड़पती हुई देश की आत्मा थी। दर्शकों में से स्त्रियों की सिसकियाँ सुनाई दे रही थीं। कई पुरुषों की आँखें भीग गयीं। कालेज की लड़कियाँ जिन्होंने स्टेशन पर उन्हें देखकर नाक भौं सिकोड़ी थी, तब अपने आँसू पोंछ रही थीं। दर्शक भावनाओं के प्रवाह में इतना बह गये थे कि दृश्य समाप्त होने पर तालियाँ भी न बजा सके। इन संक्षिप्त नाटकीय दृश्यों में संगीत, नृत्य और शैलीबद्ध अभिनय था। न कोई मंचसज्जा थी, न ही कोई सामग्री। केवल पृष्ठभूमि में एक काला पर्दा टँगा हुआ था। कलाकार दर्शकों में से ही उठकर मंच पर आते और दृश्य समाप्त होने के बाद दर्शकों में ही जा बैठते। ये व्यावसायिक कलाकार नहीं थे। ये कुछ ऐसे नवयुवक थे, जिन्हें देश में होते हुए विदेशी राज्य के अत्याचारों ने उद्विग्न कर दिया था, महा अकाल की भूख ने झिझोड़ दिया था। उनमें उत्साह था और वे कुछ कहना चाहते थे। उन्होंने मंच की प्रचलित रीतियों को तोड़कर अपना ही एक स्वाभाविक और सरल नाट्यरूप ढूँढ लिया था। यह इंडियन पीपुल्ज थियेटर की लहर का आरंभ था।

भारतीय जन नाट्य संघ का कार्य और प्रभावक्षेत्र सन् 1950 तक निरंतर विकसित होता गया, किंतु उसके बाद भारत के बदले हुए राजनीतिक परिप्रेक्षय के अनुकूल अपने को ढाल सकने की असमर्थता के कारण यह संघटन शिथिल होने लगा और अब यह कुछेक नगरकेंद्रों में औसत नाटकमंडलियों की ही भाँति क्रियाशील रह गया है।

अपने छोटे से जीवनकाल में इस संघटन ने महत्वपूर्ण उपलब्धियाँ कीं। इसने न केवल लोककला के अनेक रूपों को नवजीवन प्रदान कर युगीन अर्थसंदर्भ दिया बल्कि प्रस्तुति-शैलियों और मंच-उपकरणों का भी सरलीकरण किया, जिससे

रंगमंच लोकजीवन के साथ अधिकाधिक जुड़ सका। इसने भारतीय रंगजगत को कई रंग-प्रतिभाएँ भेंट कीं, जिनमें से कुछ महत्वपूर्ण नाम ये हैं : बलराज साहनी, चेतन आनंद, ख्वाजा अहमद अब्बास, बलवंत गार्गी, शंभु मित्रा, तृप्ति मित्रा, उत्पल दत्त, हबीव तनवीर आदि।

भारतीय जन नाट्य संघ के क्रियाकलापों से प्रेरित होकर और भी अनेक नाट्य संस्थाएँ देश के विभिन्न भागों में बनने लगीं। इस शती के पाँचवें दशक में बंबई केंद्र की रंगमंचीय हलचलों का एक सजीव चित्र प्रसिद्ध अभिनेता बलराज साहनी के शब्दों में इस प्रकार उभरता है :

सन् पैतालिस, छियालिस और सैतालिस के वे दिन सचमुच नाटकीय पागलपन के दिन थे। बंबई में बोली जानेवाली हर भाषा के प्रमुख लेखक नाटक पर कलम आजमाई कर रहे थे। खेलनेवालों का उत्साह भी अपूर्व था। चौपाटी और कामगार मैदान के राजनीतिक जुलूसों में भी ये लोग खुली हवा को पर्दा और सीनरी बनाकर नाटक खेल आते थे। लेखकों और ऐक्टरों के जुलूस भी निकले और उनमें हज़ारों नहीं लाखों आदमी शरीक हुए। कांग्रेस, कम्युनिस्ट, सोशलिस्ट हर खयाल के लोग नाटक द्वारा अपनी महत्वाकांक्षाओं को व्यक्त करते थे, बहसें होती थीं, झगड़े भी होते थे और वातावरण और भी स्फूर्तिदायक हो जाता था।"[1]

ऐसे ही वातावरण में पुरानी व्यावसायिक रंगपरंपरा की कड़ी एक बार पुनः जुड़ी, किंतु बिल्कुल नये रंगढंग के साथ। यह पृथ्वी थिएटर्स का समारंभ था। पृथ्वी थिएटर्स पृथ्वीराज कपूर की अदम्य रंगकामना और उनके प्रभावशाली व्यक्तित्व का ही विस्तार था जो प्रायः सोलह वर्षों तक लगातार देश के विभिन्न भागों में हिंदी के माध्यम से नाटक का प्रदर्शन करता रहा। हिंदी जगत में पृथ्वीराज के इस रंगसाहस की बड़ी चर्चा रही है।

पृथ्वीराज सन् 1929 ई. में अभिनेता बनने की कामना लेकर पेशावर से बंबई आये थे। जैसा सामान्यतया होता है, उनकी भी इस रुचि का प्रेरणास्रोत बचपन के देखे और खेले गये नाटकों में निहित था। पृथ्वीराज शिक्षा के माध्यम से अपने युग की नवीन चेतना से जुड़े थे, इसलिए तत्कालीन रूढ़ियों से भरे रंगमंच का सौंदर्यबोध उन्हें अपने रंग में बिल्कुल न रंग सका था। नवोदित फ़िल्मों के साथ उनकी रुचि यथार्थाभासी प्रस्तुतिशैली से अधिक जुड़ी। आरंभ में पृथ्वीराज ने फ़िल्मों में अभिनय करना शुरू किया और इस माध्यम में उन्हें सफलता भी मिली, किंतु कुछ ही समय बाद वे नाटक के साथ घनिष्ठता से जुड़ गये। बंबई में एंडर्सन

1. पृथ्वीराज अभिनंदन ग्रंथ, पृ. 313।

नामक अंग्रेज़ अभिनेता ने एक नाटक कंपनी खोली जो अंग्रेज़ी नाटकों का अभिनय किया करती थी। यहाँ शेक्सपीयर, शेरिडन, टैगोर आदि के नाटक खेले जाते थे। कुछ अन्य अभिनेताओं के साथ ही पृथ्वीराज भी एंडर्सन के व्यक्तित्व और उच्च रंगसंभावना के आकर्षण से उस नाट्यदल में सम्मिलित हो गये। इस अनुभवी अंग्रेज़ अभिनेता ने बड़े व्यवस्थित ढंग से अपने नाट्यदल का संचालन किया किंतु सामन्यजन की समझसीमा के बाहर पड़ने के कारण एक ही वर्ष बाद यह दल बंद हो गया। एंडर्सन कंपनी के साथ पृथ्वीराज ने देश भर का दौरा किया और उसके प्रबंध का भी बहुत सा बोझ अपने कंधों पर उठाया था। इस एक बर्ष के गहन रंगप्रशिक्षण और अनुभव ने पृथ्वीराज को उन सभी क्षमताओं से विभूषित कर दिया जो भ्रमणशील नाट्यदल की सफलता के लिए आवश्यक थे। एंडर्सन कंपनी टूटने के बाद उन्होंने पुनः फ़िल्मों में काम करना आरंभ कर दिया।

किंतु फ़िल्म की तुलना में रंगसंच पर अभिनय करते समय दर्शकों की सतत सजीव और प्रत्यक्ष प्रतिक्रिया से अभिनेता को सर्जनात्मक सार्थकता का जो गहरा अनुभव संतोष प्राप्त होता है, वह पृथ्वीराज को रंगमंच की ओर निरंतर खींचता रहा और वे सन् 1944 ई. में पृथ्वी थिएटर्स की स्थापना के साथ रंगजगत में फिर से लौट आये। प्रायः सोलह वर्षों तक इस थियेटर ने भारत भर का भ्रमण किया और हज़ारों बार रंगसृष्टि से प्रेक्षकों का मनोरंजन किया। पृथ्वीराज के नाम से जनता रंगशाला में उमड़ती चली आती थी। उनके इस आकर्षण के पीछे फिल्म माध्यम द्वारा प्रसारित उनकी लोकप्रियता भी कम नहीं थी। इस अवधि के बीच उन्होंने **शकुंतला, दीवार, पठान, गद्दार, आहुति, कलाकार, पैसा,** और **किसान,** ये आट नाटक प्रस्तुत किये जिनमें **पठान** सर्वोत्कृष्ट कृति मानी जाती है। इनके प्रदर्शनों में इतनी भीड़ होती थी कि टिकट भी मुश्किल से मिल पाते थे। फिर भी यह एक मिथक सा बन गया है कि पृथ्वीराज ने निरंतर आर्थिक हानि उठाते हुए भी इतनी लंबी अवधि तक हिंदी रंगमंच को जिलाये रखा। किंतु अंत में विवश होकर उसे बंद कर देना पड़ा। पहली मई सन् 1960 ई. को यह थिएटर औपचारिक रूप से समाप्त कर दिया गया। उनके आर्थिक घाटे का यह मिथक कुछ इतने असामान्य जोर शोर से प्रचारित हुआ कि फिर आज तक कोई व्यक्ति बड़े पैमाने पर व्यावसायिक आधार लेकर हिंदी में रंगमंच चलाने को तैयार नहीं हुआ। अच्छा होता इस मिथक के तथ्य ठोस आँकड़ों के आधार पर जनता के सामने रखे जाते।

पृथ्वी थिएटर्स का आर्थिक पहलू चाहे जैसा रहा हो, उसकी आंतरिक विसंगतियाँ भी ऐसी थीं, जिनसे वह न तो जनता के सामुदायिक जीवन का

अनिवार्य अंग बन सकता था और न ही उसकी जड़ें भारतीय संस्कृति और जनजीवन में गहरी जा सकती थीं। पृथ्वी थिएटर्स का सौंदर्यबोध मूलतः यथार्थाभासी था। उसमें कल्पनाशीलता और काव्यात्मकता की कोई गुंजाइश नहीं थी। फलतः वह एक स्तर पर अपनी समकालीन फ़िल्मों की नकल जैसा ही लगता था और कोई कारण नहीं था कि जनता फिल्मों की तुलना में उसमें किन्हीं ऊँचे मूल्यों की संभावना देखकर उसे अपना आंतरिक स्नेह देती। प्रस्तुति की दृष्टि से वह एकल प्रदर्शन जैसा था जिसके केंद्र में पृथ्वीराज थे – केवल पृथ्वीराज। उन्हें ही पूरा अवसर देने का लक्ष्य सामने रखकर ये नाटक लिखे गये और प्रदर्शनों में भी केवल वे छाये रहते। ऐसा नाटक जीवन की विविधता को समग्रता के साथ कैसे सफल अभिव्यक्ति दे सकता था? जहाँ तक विषयवस्तु की समकालीनता का प्रश्न है, **शकुंतला** को छोड़ कर अपने शेष नाटकों में उन्होंने उस समय के वायुमंडल में तैरती हुई कुछ उत्तेजक समस्याओं को लिया, किंतु उनका निरूपण सतही और भावुकता से भरा हुआ था। उसमें कोई ठोस और बौद्धिक अंतर्दृष्टि न थी। अतः वे केवल सामयिक रुचि के होकर रह गये। पृथ्वी थिएटर्स की वास्तविक असफलता जनजीवन के वास्तविक मुहावरों को न पहचानना ही है और यही कारण था कि अपने सारे ग्लैमर के बावजूद वह हिंदी रंगजगत में कोई परंपरा स्थापित न कर सका। इस दृष्टि से इसका पूर्व प्रतिरूप पारसी हिंदी रंगमंच कहीं अधिक सफल था जिसने कम से कम सैकड़ों अव्यवसायी रंगसस्थाओं के रूप में हिंदी रंगमंच का व्यापक प्रसार तो किया।

स्वतंत्रता प्राप्ति (1947) तक भारतीय जन नाट्य संघ तथा पृथ्वी थिएटर्स की रंगमंचीय गतिविधियों के अतिरिक्त कलकत्ता, बंबई, और दिल्ली जैसे महानगरों तथा वाराणसी, इलाहाबाद, लखनऊ, कानपुर, पटना जैसे हिंदी केंद्रों और अनेक छोटे मोटे नगरों, कस्बों में हिंदी की अनेक छोटी बड़ी अव्यवसायी रंग-मंडलियाँ क्रियाशील थीं। इनमें स्तर और क्रियाशीलता संबंधी विविधता भी थी, किंतु अधिकांश की प्रस्तुतिशैलियाँ पारसी रंगमंच का ही अनुकरण करती थीं और नाटक भी हलके स्तर के मौलिक या चालू अनुवाद होते थे। विभिन्न विद्यालयों या किन्हीं साहित्यिक संस्थाओं द्वारा कभी-कभी तथाकथित उच्च साहित्यिक नाटक भी खेले जाते रहे। इस प्रकार की रंगगतिविधियों ने और अंग्रेज़ी नाटकों के अध्ययन अध्यापन ने हिंदी को कुछ ऐसे नाटककार भी दिये, जिन्होंने यथार्थाभासी और उपन्यास कहानी के ढंग के ऐसे नाटक लिखे जिन्हें इस प्रकार के अकिंचन रंगमंच पर अपेक्षाकृत सरलता से उतारा जा सकता था।

स्वतंत्रता के बाद हिंदी रंगांदोलन में नवजागरण का एक बड़ा दौर आना स्वाभाविक था, किंतु इसकी गति बड़ी धीमी और प्रभाव बड़ा शिथिल था। पहले तो एक बार पुनः हलके प्रचारवादी और अतिरिक्त आशा से पूर्ण नाटकों और

उनके मंचन की बाढ़ आयी। केंद्रीय और राज्य स्तरों पर सरकारी आर्थिक सहायता तथा सरकारों के सूचना विभागों के नाट्यदलों द्वारा इस प्रकार के प्रयोगों को बल भी मिला। किंतु छठवें दशक में पहुँचकर हिंदी और संपूर्ण भारतीय रंगजगत् में गंभीरता आने लग गयी। इस प्रकार के गंभीर रंगसर्जन का प्रयास अनेक केंद्रों में आरंभ हुआ। स्वाभाविक था कि इस नयी रंगचेतना की वाहक उस समय की युवा पीढ़ी बनती।

दो अहिंदीभाषी महानगर हिंदी रंगमंच के इतिहास में बराबर महत्वपूर्ण भूमिका निबाहते रहे हैं। कलकत्ता और बंबई नगर हिंदी ही नहीं संपूर्ण आधुनिक भारतीय रंगमंच की प्रयोगशालाओं का काम करते रहे हैं। स्वतंत्रता के बाद इनके साथ दिल्ली का भी नाम जुड़ गया। स्वतंत्रता के बाद इन केंद्रों की रंगमंचीय हलचलों में अपेक्षाकृत अधिक तीव्रता आयी और ऐसा लगता है, आधुनिक रंगान्वेषण तथा प्रयोग के नाम पर जो कुछ हो रहा है, यहीं हो रहा है। किंतु इसे अंतिम रूप से मान लेना दुर्भाग्यपूर्ण होगा। पटना, वाराणसी, इलाहाबाद, लखनऊ, कानपुर, जबलपुर, भोपाल, जयपुर, उदयपुर आदि हिंदी क्षेत्र के प्रमुख केंद्रों तथा अनेक उपनगरों, क़स्बों और देहातों में भी जो नयी रंगचेतना करवट ले रही है वह उपेक्षणीय नहीं; यद्यपि रंगमंच के इतिवृत्त संकलन और इतिहासलेखन की अपर्याप्तता के कारण उनका ठीक से लेखा जोखा उपस्थित करना अभी सरल नहीं।

स्वतंत्रता के बाद भारतीय रंगांदोलन को विशेष गति देने के लिए केंद्र और अनेक राज्यों में संगीत नाटक अकादमियाँ स्थापित की गयीं, किंतु वे आशा के अनुरूप लाभकारी न प्रमाणित हो सकीं, क्योंकि वे रंगमंच की पुनः स्थापना की समस्या की तह में जाकर कोई प्रभावकारी सूत्र पाने में असफल रहीं। तब भी अखिल भारतीय स्तर के नाट्यसमारोहों, परिचर्चाओं, विदेशी रंगविशेषज्ञों के भारत में आमंत्रणों तथा भारतीय रंगकर्मियों के विदेशभ्रमण की सुविधाओं आदि के द्वारा वे भारत के रंगपरिवेश को अधिक क्रियाशील कर उसके क्षितिज का विस्तार करने का प्रयास करती रही हैं।

स्वतंत्र भारत में रंगकला को ठोस रूप से उच्च स्तर देने की दिशा में एक महत्वपूर्ण क़दम राष्ट्रीय नाट्य विद्यालय की स्थापना द्वारा उठाया गया। दिल्ली में इसकी स्थापना सन् 1959 ई. में हुई। इस विद्यालय में त्रिवर्षीय पाठ्यक्रम द्वारा प्रशिक्षार्थियों को रंगमंच की सभी मुख्य और आनुषंगिक कलाओं का गहरा अभ्यास कराया जाता है, जिससे बाहर निकलकर वे उच्चस्तरीय रंगप्रस्तुतियाँ कर सकें।

लेखनकाल : 1970 ई.

थियेटर के सरताज पृथ्वीराज

जाहिर है यह किताब* प्रसिद्ध अभिनेता और नाट्यकर्मी पृथ्वीराज के बारे में है, लेकिन यह उतनी ही इसके लेखक योगराज के बारे में भी है। बल्कि कहीं कहीं तो यह लेखक के व्यक्तित्व में पाठकों को कहीं अधिक गहरी अंतर्दृष्टि देती है। अब इस किताब के लिखने के मूल प्रसंग को ही लीजिए। योगराज जितने समय तक पृथ्वीराज के साथ पृथ्वी थियेटर में रहे, नियमित रूप से डायरी लिखा करते थे। उसमें किस तरह की बातें होती थीं, इस संबंध में उन्होंने स्वयं लिखा है–"मैं उन दिनों प्रतिदिन रात को डायरी भी लिखा करता था और बहुत हद तक इस डायरी के अनगिनत पन्ने कुछ ऐसी ही भावनाओं को लिए हुए थे। कुछ पन्नों पर तो पृथ्वीराज कपूर की बिल्कुल निजी ज़िंदगी और गोपनीय बातों की झलकियाँ भी मिलती थीं। मैं खुले मगर अतिसांकेतिक ढंग से पृथ्वीराज की बिल्कुल निजी ज़िंदगी पर अपनी प्रतिक्रिया भी जाहिर किया करता था। नुक्ताचीनी भी किया करता था। उनका थियेटर करने का ढंग, स्टेज पर दर्शकों में दिन प्रतिदिन अधिक से अधिक समय के लिए रहने की भूख। अपनी बात कहने में आवश्यकता से अधिक समय और शब्दों का प्रयोग करते थे। इसमें भी शक नहीं कि वो बड़ी सख्ती से चाहते थे कि लोग अपनी दृष्टि और कान पूरी तरह से स्टेज पर टिकाये रखें। बस उनको सुनते और देखते रहें। उनके बात करने में दिलकशी थी, परंतु कभी बिखराव भी आ जाता था।"

यह पूरी डायरी कितनी मूल्यवान और महत्वपूर्ण धरोहर होती, लेकिन योगराज ने इसके संबंध में श्री जे.एन. कौशल (अब स्वर्गीय) को जो सूचना दी, उससे न केवल उनके होश उड़ गये थे, बल्कि आज मेरे और श्रेष्ठ संस्मरणों की चाह रखने

---

* **थियेटर के सरताज पृथ्वीराज**
लेखक : योगराज
प्रकाशक : राष्ट्रीय नाट्य विद्यालय, नयी दिल्ली
प्रकाशन वर्ष : सन् 2004 ई.

वाले और तमाम लोगों के भी होश उड़ जाएँगे। उन्होंने वे डायरियाँ जला दी थीं! फिर कौशल जी के यह कहने पर कि कुछ तो यादें होंगी ही न? उतनी तो लिख डालिए। पंद्रह बीस दिनों में ही गजब की यादें समेटे बड़े रजिस्टर की साईज के लगभग तीन सौ पन्ने उन्होंने कौशल जी को थमा दिये थे।

तो ऐसे हैं हमारे योगराज जो अपने वैयक्तिक संबंधों की नैतिक निष्ठा को सर्वोपरि मानकर रचनाकर्म करते हैं और यही निष्ठा पृथ्वीराज और उनके थियेटर की कहानी में भी उन्होंने बखूब निभाई है।

यह कहानी काफ़ी सूचनाप्रद, रोचक और दिलकश है। मुझे तो यह कहानी अपने साथ बहाकर मेरे अपने उस किशोरजीवन के नाटकसंसार में ले गयी जिसके हीरो भी पृथ्वीराज ही थे। योगराज की इस कहानी की जो सबसे बड़ी खूबी मुझे नज़र आती है, वो यह कि इससे एक ऐसा माहौल बनता है जिसमें पाठकों को यह महसूस होता रहता है कि वह भी पृथ्वीराज के ग्लैमर में उसी प्रकार डूबा हुआ है जैसे उनके प्रशंसक दर्शक डूबते थे।

योगराज के संकेतों से पृथ्वीराज की एक छवि यूनानी मिथक के प्रसिद्ध पात्र आत्ममुग्ध नारशिसस जैसी बनती है। उनकी छवि के और भी बहुत से रूप हैं जो इस पुस्तक के एलबम को खूबसूरत बनाते हैं। शायद उनकी आत्मनिष्ठता, आत्मप्रेम और दूसरों पर छाये रहने की प्रबल कामना भी पृथ्वीराज को इतने समय तक रंगमंच से बाँधे रखने के लिए उत्तरदायी थी, क्योंकि सिनेमा की तुलना में रंगमंच इसके लिए तात्कालिक संतुष्टि प्रदान करता।

पृथ्वीराज का थियेटर हिंदी रंगमंच के इतिहास के उस शून्यकाल को भरता है जो सिनेमा के आगमन के बाद पारसी नाटकों के बंद होने से बना था। व्यावसायिक रूप से पारसी रंगमंच का उत्तराधिकारी होने के बावजूद पृथ्वीराज का थियेटर पारसी परंपरा में ही समयानुकूल एक नयी करवट था, जिसमें हिंदी के व्यावसायिक नाटक की संभावना के बीज निहित थे। लेकिन फिर भी वे पनप न सके, जिसके कारणों की पड़ताल शोधकर्ताओं को करनी चाहिए।

पृथ्वीराज का थियेटर भारतीय इतिहास के उस दौर में सक्रिय था जो राजनीतिक सरगर्मियों और बेहद उथल पुथल, उत्तेजना और प्रिय-अप्रिय निर्णयों का युग था। इसमें तरह तरह की भावनाएँ उबाल खा रही थीं और उनमें प्रबल शक्ति थी। पृथ्वीराज का थियेटर इन्हीं भावनाओं के तीखेपन और कड़ुआहट को काल्पनिक आदर्श के साथ प्रस्तुत करता था। इसलिए कुछ आलोचकों ने उनके थियेटर को लोकलुभावन (पापुलिस्ट) थियेटर कहा है। लेकिन इसी लोकलुभावन थियेटर के गर्भ से ही लोकप्रिय रंगमंच का जन्म होता है और लोकप्रिय नाट्य की

परंपरा से निकलकर फिर विशिष्ट और अतिविशिष्ट जनों का अवाँगार्द थियेटर अस्तित्व में आता है। दुर्भाग्य से हिंदी में इसकी मुकम्मल कड़ी नहीं बन पायी। पृथ्वीराज के थियेटर की इस कहानी में ऐसा भी बहुत कुछ है जिससे आज के नाट्यकर्मियों को प्रेरणा मिल सकती है।

पृथ्वीराज के बारे में योगराज ने बताया कि वे बेहद मिलनसार और सभा-सोसायटियों में बहुत दिलचस्पी रखने वाले थे। कई तरह के समाजसेवा के कार्यों में भी वे हिस्सा बँटाते थे। मेरी समझ से दरअसल पृथ्वीराज व्यापक जनसमाज से अपने को जोड़ते हुए, उनमें घुलते-मिलते हुए अपने समकालीन जीवन और लोगों की भावना, समझ को आत्मसात करते थे, जिनका प्रयोग वे अपने अभिनय, नाटक की विषयवस्तु, भाषाशैली इत्यादि में करते थे। और यही कारण है कि पृथ्वीराज का थियेटर गजदंती मीनार में बैठे हुए कलाकार की काल्पनिक संरचना न होकर जनसाधारण से जुड़ा जीवंत नाटक बन गया।

पृथ्वीराज के थियेटर का एक रोचक और मिथक सा बन गया प्रसंग है—नाटक ख़त्म हो जाने के बाद सर नीचा किये हुए, झोली फैलाये गेट पर खड़े पृथ्वीराज का लोगों से उसमें कुछ डालने की प्रतीक्षा करना। योगराज की सूचना के अनुसार पृथ्वीराज यह कार्य अपने थियेटर के आर्थिक घाटे को पूरा करने के लिए नहीं करते थे, बल्कि इससे प्राप्त आय को वो समाजसेवा के कार्यों में लगी सार्वजनिक संस्थाओं को दे दिया करते थे। मुझे तो पृथ्वीराज की इस अनोखी क्रिया में और भी अंतर्पाठ नज़र आता है। टिकट ख़रीद कर आने वाले दर्शकों की भीड़ और उनकी तालियाँ तो पृथ्वीराज की सफलता और लोकप्रियता की सूचना दे ही देती थीं, फिर भी नाटक ख़त्म हो जाने के बाद दर्शकों के दिलों पर उनका कितना गहरा असर पड़ा, इसे नापने के थर्मोमीटर के रूप में भी यह झोली बड़ी सहायक सिद्ध होती होगी। पृथ्वीराज की यह क्रिया नाटक, नाट्यकर्मी और दर्शकों के रिश्तों को मजबूत करने के एक और आयाम के रूप में भी देखी जा सकती है और इससे हम आज के थियेटर के लिए भी कुछ सूत्र पा सकते हैं।

योगराज ने पृथ्वीराज कपूर और अपनी कहानी को जितने गहरे आत्मीय सूत्रों में पिरोया है, वे सूत्र पाठक के हृदय में भी आत्मीयता का तानाबाना बुनते हैं। थियेटर की कला निरंतर अंतर्धान होती जाने वाली कला है। वह बनने के साथ ही मिटती भी जाती है। ऐसी कला के इतिहास की कुछ भी झलक तभी मिल सकती है जब कोई योगराज अपनी स्मृतियों को सजीवता के साथ अक्षरों में उतार ले।

थियेटर के सरताज पृथ्वीराज पढ़कर ऐसी और भी पुस्तकें, संस्मरण पढ़ने की भूख जाग उठती है। पृथ्वीराज के बहुत नहीं तो भी कई संस्मरण और उन पर

लिखे लेख समय समय पर प्रकाशित होते रहे हैं। उन्हें खोजकर संकलित कर प्रकाशित कर दिया जाय तो वह इस पुस्तक के पूरक का काम करेंगे और पृथ्वीराज के जीवन और कार्यों में और गहरे पैठने का अवसर प्रदान करेंगे।

इस पुस्तक की पांडुलिपि भाषा का जानकार समझदार व्यक्ति पढ़ लेता तो अच्छा होता। इस पुस्तक में पृथ्वीराज के नाटकों के प्रदर्शनों की संख्या, दिनों के संबंध में जो गणित प्रस्तुत किया गया है, उनमें भी कुछ भूलें प्रतीत हो रही हैं। आशा है अगले संस्करण में इन सब का परिमार्जन हो जाएगा।

लेखनकाल : 2004 ई.

आत्मनाटक की एक संभावना

भारतेंदु कृत **प्रेमजोगिनी** अपनी विषयवस्तु, रचनाशिल्प, भाषा और नाट्य-तंत्र के सफल उपयोग की दृष्टि से न केवल अपने युग से आगे की रचना है बल्कि हिंदी नाटकसाहित्य के इतिहास में एक ऐसा मील का पत्थर है जिससे हिंदी नाटक की विकासयात्रा को नापा जा सकता है।

हिंदी नाटकलेखन के बिल्कुल प्रारंभिक युग में, आज से सौ वर्षों से भी ज़्यादा पहले, नवागत अंग्रेज़ी नाटकपद्धति और पारंपरिक नाट्यानुभव का सर्जनात्मक प्रयोग करके **प्रेमजोगिनी** में भारतेंदु ने हिंदी के अपने निजी नाट्य रूप की तलाश करने की कोशिश की जिसे हिंदी की अविकसित नाटक-समीक्षा अभी तक न पहचान सकी थी।

इसमें भारतेंदु ने अपने बिल्कुल निकट के, अच्छी तरह जाने-पहचाने ऐसे समाज के अंतर्विरोधों को उजागर करने की कोशिश की है, जिसमें वह ख़ुद भी एक पात्र हैं।

प्रेमजोगिनी अधूरा नाटक है जिसका वह केवल एक अंक ही लिख पाये। इसमें प्रस्तावना के अतिरिक्त चार गर्भांक (दृश्य) हैं, जिनके उन्होंने अलग अलग नामकरण किए हैं– मंदिरादर्श, ऐबीगैबी, प्रतिच्छविवाराणसी, और घिस्सघिस द्विज कृत्य विवर्तनी। अधूरा होने पर भी यह अनेक पूरे बड़े नाटकों से अधिक कलात्मक अनुभव देता है।

इस नाटक की प्रस्तावना से यह स्पष्ट है कि भारतेंदु ने तीन शर्तों के साथ इसकी रचना आरम्भ की – आत्मकथात्मक, वर्तमान समाज का यथार्थपरक चित्रण और पारंपरिक तथा पश्चिमी नाट्यपद्धतियों का समन्वय।

'प्रेमजोगिनी' भारतेंदु की आत्मकथा

इस नाटक के नांदीपाठ के दूसरे दोहे में ही भारतेंदु ने संकेत दे दिया है कि इसकी मुख्य वस्तु उनकी आत्मकथा है।

जिन तृन सम किय जानि जिय, कठिन जगत जंजाल।
जयतु सदा सो ग्रंथिकवि प्रेमजोगिनी बाल॥

यहाँ भारतेंदु ने स्वयं (ग्रंथकवि) को प्रेमजोगिनी कह कर बात बिल्कुल साफ़ कर दी है।

आत्मनाटक बहुत दुर्लभ विधा है और भारतेंदु ने इसे किसी देशी विदेशी नमूने के आधार पर नहीं, बल्कि एक तीव्र गहरी आत्मप्रेरणा के दबाव से लिखना शुरू किया। दरअसल इसके रचनाकाल–तेइस चौबीस साल की उम्र में भारतेंदु के मानस में तूफ़ानी लहरें उठने लगी थीं और वह अपनी जीवनशैली और सामाजिक मान्यताओं के अंतर्विरोध के प्रति संवेदनशील हो उठे थे। उन्हें लगने लगा था कि इतनी निष्ठापूर्ण साहित्य-सर्जना के बावजूद उनकी घोर उपेक्षा की जा रही है। अपने इस असंतोष की सीधी अभिव्यक्ति के लिए जैसे वह तड़प उठे थे। उनके इस मनोविज्ञान की पहली झलक प्रेमजोगिनी की प्रस्तावना में ही मिल जाती है :

"क्या सारे संसार के लोग सुखी रहें और हम लोगों का परम बन्धु, पिता-मित्र-पुत्र, सब भावनाओं से भावित, प्रेम की एक मात्र मूर्ति, सत्य का एकमात्र आश्रय, सौजन्य का एकमात्र पात्र, भारत का एकमात्र हित, भाषा नाटकों का एकमात्र जीवनदाता हरिश्चंद्र ही दुखी हो?"

फिर **सत्य हरिश्चंद्र** की प्रस्तावना में नटी कहती है :

"हा प्यारे हरिश्चंद्र का संसार ने कुछ भी गुण रूप न समझा। क्या हुआ, कहैंगे सबही नैन नीर भरिभरि, पाछे प्यारे हरिचंद को कहानी रहि जायगी।"

चंद्रावली की प्रस्तावना में भारतेंद्र ने इसी प्रसंग को एक बार और छेड़ा :

"पर यह तो कहो यह नाटक बनाया किसने है?

"हम लोगों के परममित्र हरिश्चंद्र ने।

"(मुँह फेर कर) किसी समय तुम्हारी बुद्धि में भी भ्रम हो जाता है। भला वह नाटक बनाना क्या जाने? वह तो केवल आरंभशूर है। और अनेक बड़े बड़े कवि हैं, कोई उनका प्रबंध खेलते।

"(हँसकर) इसमें तुम्हारा दोष नहीं। तुम तो उससे नित्य नहीं मिलते। जो लोग उसके संग में रहते हैं, वे तो उसको जानते ही नहीं, तुम बिचारे क्या हो?"

प्रेमजोगिनी की प्रस्तावना में इसकी आत्मकथापरकता को और भी स्पष्ट किया गया है :

"आज मेरा चित्त तो उन्हीं के चरित्र में मगन है। आज मुझे और कुछ अच्छा नहीं लगता।

"तो उनके चरित्र के अनुरूप ही कोई नाटक करो।

"ऐसा कौन नाटक है? यों तो सभी **नायकों** के चरित्र किसी किसी विषय में उनसे मिलते हैं, पर आनुपूर्वी चरित्र कैसे **मिलेगा**?

"मित्र! मृच्छकटिक हिंदी में खेलो क्योंकि उसके नायक चारुदत्त का चरित्र मात्र उनसे सब मिलता है। केवल वसंतसेना और राजा की हानि है।

"तो फिर भी आनुपूर्वी न हुआ। और पुराना नाटक खेलने में इनका जी भी न लगेगा। कोई नया खेलें।

"(स्मरण करके) हाँ हाँ वह नाटक खेलो जो तुम उस दिन उद्यान में उनसे सुनते थे। वह उनके और इस घोर कलिकाल के बड़ा ही अनुरूप है। उसके खेलने से लोगों को वर्तमान समय का ठीक नमूना दिखाई पड़ेगा और वह नाटक भी नयी पुरानी दोनों रीति मिल के बना है।

"हाँ हाँ! **प्रेमजोगिनी**! अच्छी सुरत पड़ी। तो चलो! यों ही सही। इसी बहाने उनका स्मरण करें।"

भारतेंदु ने अपनी आत्मकथा को नाटक के रूप में प्रस्तुत करने के लिए उसे शुद्ध विवरणात्मकता से बचा कर कलात्मक रूप देना आवश्यक समझा। वह अपनी निजी कहानी का साधारणीकरण करके उसे सर्व-संवेद्य बनाना चाहते थे। इसके लिए उन्होंने पहला काम तो यह किया कि अपने तथा अपने समसामयिक व्यक्तियों के नामों को बदल दिया, लेकिन कुछ इस योजना के साथ कि उनकी पहचान किसी स्तर पर कायम रहे। जैसे पर्याय का सहारा लेकर उन्होंने अपने को हरिश्चंद्र से रामचंद्र कर दिया। यही प्रक्रिया वेणीलाल, नरायनदास, शंभूनारायण सिंह और ऐश्वर्यनारायण सिंह को क्रमशः प्रयागलाल, विष्णुदास, शिवसिंह और लक्ष्मीसिंह बनाने में लागू है। इस प्रकार **प्रेमजोगिनी** में आये सभी चरित्र भारतेंद्र के समसामयिक लोग हैं जिन्हें छद्म नाम से प्रस्तुत किया गया है। एक नाम अपवाद महामहोपाध्याय पं. सुधाकर द्विवेदी हैं, जिन्हें वे सुधाकर के वास्तविक नाम से नाटक में ले आये हैं।

नाटक का स्थान भी भारतेंदु की ही नगरी वाराणसी है। चारों दृश्य के घटना स्थल मंदिर (गोपाल), गैबी, मुगलसराय स्टेशन, और बुभुक्षित दीक्षित की बैठक (नारायण दीक्षित की गली) बिल्कुल वास्तविक हैं।

इस तरह अपने शहर के, अपने जमाने के सचमुच के लोगों के बीच अपने को रखकर भारतेंदु ने नाटक लिखना चाहा ताकि 'पाछे प्यारे हरिचंद की कहानी' रह जाए और सब लोग 'नैन नीर भरि-भरि' उसमें डूब उतरा सकें।

लेकिन इसे वह पूरा न कर सके। उनका जीवन-नाटक अधूरा ही रह गया। **प्रेमजोगिनी** के अधूरा रह जाने का कारण आत्मकथा को नाटक बनाने की शिल्पगत कठिनाई नहीं है। उन्होंने एक बार अपने जीवन को कहानी विधा में भी प्रस्तुत करने की कोशिश की – **एक कहानी कुछ आप बीती कुछ जगबीती** के नाम से। लेकिन वह शुरू होकर भर रह गयी, कभी पूरी नहीं हो पायी।

जमाना तो बड़े शौक से सुन रहा था, फिर अपनी दास्ताँ कहते कहते भारतेंदु खुद क्यों सो गये? शायद इसका कारण उनकी असाधारण लेखकीय ईमानदारी और अदम्य साहस है जिसके तहत न सिर्फ़ वे खुद को पूरी सच्चाई के साथ अपनी निर्मम आलोचना का शिकार बनाते, बल्कि अपने समकालीन बड़े से बड़े प्रतिष्ठित व्यक्ति का भी मुखौटा नोचने में नहीं हिचकिचाते थे।

चूँकि **प्रेमजोगिनी** का बिल्कुल प्रारंभिक, पहला अंक मात्र ही लिखा जा सका, इसलिए उसमें भारतेंदु का जीवनवृत्त बहुत थोड़ा ही आ सका। इससे भारतेंदु के जीवन के संबंध में हमें दो प्रकार से जानकारी मिलती है – रामचंद्र के रूप में स्वयं भारतेंदु की बातों और क्रियाओं से तथा दूसरे चरित्रों द्वारा उन पर की गयी टिप्पणियों से।

भारतेंदु ने अपने पर टिप्पणी करने वालों में पहला स्थान अपने ही व्यवसायी वर्ग के, खासकर अपने ही मुहल्ले के लोगों को दिया है। साहित्य, कला, संगीत और नवागत आधुनिकता से सैकड़ों कोस दूर उनके निकट परिवेश के ये लोग भारतेंदु को हीन दृष्टि से देखते हैं :

“भारतेंदु के घर में गायिकाओं के घर की तरह रात को तबला ठनकता रहता है। आवारों के जमघट में रात दिन हाहाठीठी होती रहती है। बहुत हुआ दो चार कविताएँ बना लीं; लेकिन इससे क्या होता है। फिर यह कोई वैश्य कुलभूषणों का काम तो है नहीं। यह तो बस भाटों का काम है। पढ़े लिखे कुछ खास नहीं, बस दो चार बातें इधर उधर की सीख ली हैं, वह भी ईसाई धर्म की। अपने धर्म की बात तो कुछ जानते ही नहीं। फिर भी उन्हें पंडित होने का घमंड है। अपने सामने किसी को कुछ गिनते ही नहीं।

“कार्तिक में बहुत सबेरे गंगा-स्नान करने अपने छोटे भाई के साथ जाते हैं। लेकिन मशाल क्यों ले जाते हैं? क्या महिलाओं का मुँह देखने के लिए?

“अपने प्रति इसी प्रकार की दृष्टि रखने वाले लोगों के बीच भारतेंदु स्वयं भी मंदिर में दर्शन करने जाते हैं और उनसे जय श्रीकृष्ण भी करते हैं।”

भारतेंदु उस समय कुछ अन्य प्रतिष्ठित लोगों के साथ आनरेरी मजिस्ट्रेट बने थे, लेकिन उसमें उनका मन नहीं लगता था, मुफ़्त की बेगार करने जैसा था।

अपने साथ के दूसरे आनरेरी मजिस्ट्रेटों पर भारतेंदु ने अपने संवाद में चुभती टिप्पणियाँ की हैं।

एक बनारसी गुंडे से भी भारतेंदु ने अपने ऊपर टिप्पणी कराई है। भारतेंदु के मित्र सुधाकर जी उनकी साहित्यसेवा, गुणग्राहिता और रईसी की चर्चा करते हुए बताते हैं कि बचपन में उन्होंने लाखों रुपये ख़र्च कर डाले।

भारतेंदु की चर्चा काशीवासी ऐसे मराठी ब्राह्मणों की मंडली में भी होती है जिनके जीवन का उद्देश्य तरह तरह के तिकड़म करके रोज न्योताखाना, भाँग बूटी छानना और बहरी अलंग जाकर मौजपानी लेना है। ऐसी मंडली में भारतेंदु बहुत लोकप्रिय हैं क्योंकि अपने आनंदोत्सवों में वे इन लोगों को शामिल होने का मौका देते रहते हैं, दान-दक्षिणा अलग। शंकुधारा स्थित भारतेंदु के बगीचे में ये लोग सावन के महीने में घराऊ कजरी, श्लोक, लावनी, ठुमरी, कटौवल, बोली ठोली का मजा लूटने इकट्ठे होते हैं।

इस अधूरे आत्मनाटक के उपलब्ध दृश्यों पर विचार करने से इसकी मूल योजना का कुछ आभास मिलता है। भारतेंदु इसमें समकालीन काशी के व्यापक परिप्रेक्ष्य में अपने को उपस्थित करना चाहते थे। काशी के विभिन्न वर्गों के चरित्रों को उजागर करते हुए वे यह दिखाना चाहते थे कि अलग अलग तरह के लोगों के बीच उनकी छवि कितनी भिन्न भिन्न है कि सब लोग अपने अपने चश्मे से उनकी पहचान कायम करने में लगे हैं जबकि उनकी अपने खुद की पहचान कुछ दूसरी ही है। उन्होंने अपने चरित्र के मूलतत्व को प्रेम ठहराया। वे अपने को 'परम प्रेम-निधि' और 'प्रेमजोगिनी' कहते हैं।

भारतेंदु का यह प्रेम बहुआयामी और बहुस्तरीय है। इसमें उनका मातृभाषा प्रेम है, मातृभूमि और मातृनगरी प्रेम है, हिंदू संस्कृति प्रेम है, स्वधर्म प्रेम है, अपने आराध्य राधाकृष्ण के प्रति अलौकिक प्रेम है और है लौकिक शृंगारिक प्रेम जिसकी प्रगाढ़तम अभिव्यक्ति बंगाली लड़की मल्लिका के प्रति हुई है।

दरअसल **प्रेमजोगिनी** लिखने के कुछ ही समय पहले भारतेंदु का मल्लिका से प्रेम शुरू हुआ था और वे इस प्रकरण को इस नाटक में संभवतः प्रमुखता देना चाहते थे। घिस्स-घिस द्विज कृत्य विवर्तनी नामक इसके दृश्य में एक विधवा लड़की का जिक्र आया है जो मल्लिका प्रतीत होती है। भारतेंदु के एक जीवनीकार ब्रजरत्नदास की सूचना से ज्ञात होता है कि मल्लिका विधवा थी जिसे बनारस लाकर बसा दिया गया था। **प्रेमजोगिनी** का संदर्भ इस प्रकार है :

पापनगर का रहने वाला एक जजमान अपनी विधवा कन्या को लेकर काशी आया हुआ है। उस कन्या के सुंदर लंबे केश हैं। धार्मिक नियमों के अनुसार काशी

में उसे केश कटाकर मुंडन कराना आवश्यक है। लेकिन इससे तो कन्या की शोभा ही नष्ट हो जाएगी। अतः यजमान चाहता है हजार रुपये ख़र्च करके वह एक पंडित सभा का आयोजन करे जिसमें केश न कटाने के पक्ष में पंडित शास्त्र के प्रमाण दें।

इस नाटक के अधूरे रह जाने पर भारतेंदु ने मल्लिका को लेकर एक महानाटक लिखने की योजना बनायी। उसका नामकरण भी कर दिया **नवमल्लिका**। लेकिन शायद उसके लेखन की शुरुआत भी न हो सकी।

'प्रेमजोगिनी' का यथार्थवाद

भारतेंदु का एक और संकल्प था **प्रेमजोगिनी** में 'वर्तमान समय का ठीक नमूना' पेश करना। यानी समकालीन यथार्थ को वे नाटक में पकड़ना चाहते थे। बहुत मुश्किल बात थी क्योंकि ऐसे किसी नाटक का कोई नमूना उनके सामने नहीं था और मुश्किलें दुहरी थीं, नाटक बनने लायक यथार्थ के टुकड़े की पहचान और फिर उसके लिए सही फार्म खोज कर उसके अनुसार तराश। ऐसी चट्टानी मुश्किल से जूझने को भारतेंदु की शुरुआत को हिंदी नाटकलेखन की परंपरा अभी अभी सही अर्थों में आगे बढ़ने में समर्थ हो सकी है।

इस यथार्थ को पकड़ने के लिए भारतेंदु के पास इसके सिवा कोई विकल्प नहीं था कि वे अपने बिल्कुल निकट के परिवेश को, अपने गहरे अनुभव के संसार को टटोलते। कुछ अजब नहीं कि **प्रेमजोगिनी** का पहला दृश्य उन्होंने ऐसे चरित्रों को लेकर लिखा जो उनके ही समुदाय, कुलीन व्यवसायी वर्ग के उनके अपने ही मुहल्ले के ऐसे लोग थे, जिन्हें वे व्यक्तिगतरूप से जानते थे। बड़ी हलकी सहज तराश से भारतेंदु ने उनका कलात्मक रूपांतरण कर दिया।

इन चरित्रों को भारतेंदु ने मंदिर में दर्शन खुलने की प्रतीक्षा में बतियाते पकड़ा है। मथुरादास, छक्कूजी, माखनदास, बालमुकुंद, मलजी, टेकचंद, धनदास, बनितादास वर्गगत चरित्र को उजागर करनेवाले ऐसे पात्र हैं जो अपनी अपनी निजी छवि बनाये रखते हैं और कहीं एक दूसरे को दुहराते नहीं। भारतेंदु ने इनके अलग अलग स्तरों की स्थापना भी बड़ी बारीकी से की है।

औपनिवेशिक राजनीति के मध्यस्थ, आर्थिक ढाँचे के नियामक और काशी के सामाजिक जीवन में अत्यंत महत्वपूर्ण इन 'महाजनों' की स्वाभाविक चरित्रगत खूबियों की झलक भारतेंदु ने बड़ी कलात्मक सटीकता और पैनेपन के साथ दी है। इसमें उनकी वस्तुनिष्ठता अपूर्व है। इन बड़े लोगों के ओछेपन को उघाड़ने में वे निर्मम रहे हैं। मंदिर के कर्मचारी – झापटिया, मिसिर और जलघरिया भी उतने ही ठोस, मांसल और जीवंत हैं।

लेकिन यथार्थ के उद्घाटन में भारतेंदु की लेखकीय ईमानदारी और अदम्य साहस का सबसे बड़ा नमूना हमें उनके द्वारा मंदिर की छवि आँकते समय मिलता है। इस संदर्भ में यह बात याद रखने की है कि यह कोई काल्पनिक नहीं, भारतेंदु के बिल्कुल पड़ोस का ही प्रसिद्ध गोपालमंदिर है। स्वयं भारतेंदु और उनका परिवार पीढ़ियों से इस मंदिर का भक्त रहा है।

प्रेमजोगिनी में इस मंदिर की जो छवि उभरती है, वह कुछ इस प्रकार है :

इस मंदिर के दर्शनार्थी अधिकतर समाज के ऐसे मुखौटाधारी प्रतिष्ठित लोग हैं जो धर्म का इस्तेमाल अपनी प्रभाव वृद्धि में करते हैं। मंदिर के परिसर में पहुँच कर भी धर्म और भक्ति-भावना से भावित नहीं होते और स्वार्थ-साधन, दूसरों पर कीचड़ उछालने, कामुकता की तृप्ति आदि में लगे रहते हैं। कुछ लोग तो मंदिर में स्त्रियों को घूरने और फँसाने के लिए ही आते हैं।

मंदिर के महंत विलासितापूर्ण जीवन बिताते हैं और अशिक्षित हैं। स्त्रियाँ पवित्र होने के लिए उन पर फिसली पड़ती हैं। कुल मिलाकर मंदिर की स्थिति पर इंद्रियपरायण दर्शनार्थी अपना उद्गार इस प्रकार व्यक्त करता है :

"भाई मंदिर में रहै से स्वर्ग में रहै। क्या कहैं भाईसाहब हमरो जनम हिंअई होता।"

प्रेमजोगिनी का दूसरा दृश्य ऐबी गैबी अर्थात् ऐब (बुराई) से भरा वाराणसी का गैबी नामक प्रसिद्ध मुहल्ला है। गैबी खास बनारसियों के भाँग छानने, निपटने, नहाने की बहुत सिद्ध जगह रही है। दरअसल जिसे बनारसीपन कहते हैं, उसकी सही झलक ऐसे ही स्थानों में मिल सकती है। इस दृश्य में भारतेंदु का यथार्थवाद स्पष्टता से उस धरातल पर उतरता है जिसे आंचलिकता के नाम से बहुत बाद में हिंदी उपन्यासों ने काफ़ी विकसित किया।

भारतेंदु ने इसमें दूकानदार, दलाल, गंगापुत्र और भँडेरिया जैसे उस वर्ग के चरित्रों की योजना की है जिनकी जीविका मुख्यतः तीर्थयात्रियों के सहारे चलती है। इनके अलावा इस दृश्य का एक महत्वपूर्ण पात्र झूरीसिंह है जिसके चरित्र में मध्यकालीन नैतिकता की उपज आदर्शवादी बनारसी गुंडा के तत्व संजोये गये हैं। जयशंकर प्रसाद की प्रसिद्ध कहानी गुंडा का नन्हकूसिंह भारतेंदु के झूरीसिंह का ही विकास है :

"अभी अभी ग्रहण और पितृपक्ष का मेला बीता है। मौजपानी लेने बहरी अलंग जुटे ये लोग उसी में अपने अपने कारनामों की चर्चा कर रहे हैं। दुकानदार, गंगापुत्र, दलाल, और भँडेरिया काफ़ी कमा लेने की खुशी में मगन हैं जबकि झूरीसिंह उदास और झल्लाया हुआ है क्योंकि नयी प्रशासनिक व्यवस्था में उसकी हवा गुम है।

"ऐसे ही माहौल में एक तीर्थयात्री भटकता हुआ वहाँ पहुँच जाता है। उसका काशी का अनुभव बड़ा कटु है। उसने काशी में चारों तरफ़ बुराइयाँ ही बुराइयाँ देखी हैं और उन्हीं का वर्णन वह गा गाकर कर रहा है। पहले से ही झल्लाये हुए झूरीसिंह उखड़ने लगते हैं और अपने साथियों को ललकारते हैं। लेकिन उनका रोजगार तो तीर्थयात्रियों के सहारे ही चलता है। वे किस मुँह से बोलते। उन्हें तो बस अपनी कमाई से मतलब, अपने नगर काशी की प्रतिष्ठा से क्या लेना देना। सबने प्रतिकार करने में अपनी असमर्थता व्यक्त कर दी। तब सामुदायिक उत्तरदायित्व की चेतना से युक्त झूरीसिंह का स्वाभिमान जाग उठता है और फिर पूरे बनारसी अंदाज़ में इस मातृनगरीनिंदक परदेशी को आड़े हाथों लेते हैं। बात बढ़ने लगती है और झूरीसिंह का गुस्सा भी मारने की नौबत तक पहुँचने को होता है, तभी दृश्य में सुधाकर प्रवेश करते हैं। गंगापुत्र और झूरीसिंह अपनी आदत के मुताबिक इनकी भी खिंचाई करने से बाज नहीं आते। इन्हें वे अपनी तरह से उघाड़ते हैं।"

काशी की आबादी का एक और महत्वपूर्ण वर्ग ऐसे ब्राह्मणों का है जो अपनी आजीविका के लिए पूजापाठ, न्योता, शास्त्रार्थ और धनियों की मुसाहबगिरी में लगे रहते हैं। भारतेंदु ने इनकी जीवनशैली की भी बड़ी आत्मीय झलक दी है।

हिंदी में यथार्थवादी नाटकलेखन की नयी जमीन तोड़ने में भारतेंदु की सफलता के और भी आयाम हैं। काशी की आंचलिकता के साथ उसके सामाजिक यथार्थ को भारतेंदु जिस विस्तृत फलक पर पकड़ना चाहते थे, उसे किसी सुगठित कथासूत्र में बाँधने पर उसमें कृत्रिमता आ जाने का ख़तरा था, जिसका नमूना हमें **प्रेमजोगिनी** के तीसरे दृश्य में मिलता है। लिहाजा भारतेंदु की सहज सर्जनात्मकता ने यथार्थ को टुकड़े टुकड़े में अलग अलग दृश्यों में बाँधने को प्रेरित किया। सिद्धांत रूप में 'मोंताज' के आविष्कार के बहुत पहले ही भारतेंदु की कलाचेतना ने अनुभव कर लिया था कि ये दृश्यबिंब संयुक्त होकर प्रभान्विति की सृष्टि करेंगे।

प्रेमजोगिनी में भारतेंदु ने अपने चरित्रों का इतना गहरा प्रत्यक्ष किया है कि वे बेहद यथार्थ, ठोस, त्रिआयामी, मांसल और जीवंत बन पड़े हैं, जबकि उनका अंकन बड़ी कलात्मक मितव्ययिता से हुआ है।

लेकिन **प्रेमजोगिनी** में यथार्थ को पकड़ने के साधन के रूप में भारतेंदु को सबसे बड़ी सफलता संवादकौशल और उसकी भाषा-संरचना में मिली है। तीसरे दृश्य को छोड़कर बाकी तीनों दृश्यों में संवाद के रूप में चरित्रों की बातचीत बिल्कुल अकृत्रिम सहज और प्रवाहयुक्त है। ये उतना ही बोलते हैं जितना स्थितियाँ और व्यक्तित्व अनिवार्य बनाते हैं। भारतेंदु ने कथासूत्रों की बुनावट या किन्हीं सिद्धांतों को व्यक्त करने के लिए इसमें संवादों का प्रयोग बहुत कम किया

है। इस दिशा में विशेष उल्लेखनीय कार्य भारतेंदु के बाद फिर मोहन राकेश के यहाँ ही मिल सकता है।

आधुनिक हिंदी नाटक के विकास में भाषा एक बहुत बड़ा मुद्दा रहा है। हिंदी नाट्यभाषा की समस्या उलझी हुई रही है और इस संदर्भ में जहाँ नाटककारों ने अपने अपने समाधान खोजे हैं, वहीं आलोचकों ने परस्पर विरोधी मत प्रकट किये हैं।

भारतेंदु को तो सबसे पहले इसी समस्या से सीधे टकराना था, क्योंकि उनके सामने आधुनिक हिंदी नाटक की भाषा का एकमात्र नमूना राजा लक्ष्मणसिंह कृत **शकुंतला** में ही उपलब्ध था, जिसकी भारतेंदु ने भूरि भूरि प्रशंसा की थी और जिससे वे काफ़ी प्रभावित भी हुए थे। लेकिन वह एक इशारा भर करती थी। भारतेंदु को तो कई मंजिलें पार करनी थीं। और इसमें कोई संदेह नहीं कि उन्होंने **शकुंतला** की भाषा को जल्दी ही काफ़ी पीछे छोड़ दिया।

प्रेमजोगिनी में भारतेंदु ने भाषा को चरित्र से अनिवार्यतः जोड़कर उसे यथार्थ के ही एक आयाम के रूप में देखा। यह कहना कि इसकी भाषा पात्रानुसारी है, सच होने पर भी एक रूढ़ कथन को दुहराना मात्र होगा।

प्रेमजोगिनी में भारतेंदु की कोशिश यह रही है कि चरित्रों की बातचीत को बिल्कुल उसी तरह पेश करें जिस तरह वे अपने वास्तविक जीवन में बोलते हैं। और चूँकि ये सारे चरित्र बनारस के हैं, इसलिए उनके अलग अलग वर्गों के अनुसार इसमें बनारसी बोली के अनेक रूप-स्तर प्रयुक्त हुए हैं। इनकी प्रामाणिकता भाषावैज्ञानिक अध्ययन के लिए उपजीव्य का काम कर सकती है।

भारतेंदु ने इन बोलियों को ध्वन्यात्मक स्तर पर उनकी सूक्ष्म लय के साथ पकड़ने की कोशिश की है और अभिनय के लिए परम आवश्यक खंडेतर ध्वनियाँ (Suprasegmental) भी उनकी तीव्र संवेदनशीलता से छूटने नहीं पायी हैं।

इतना ही नहीं, भारतेंदु ने **प्रेमजोगिनी** की भाषा को चरित्रों की व्यक्तिगत लय के साथ समन्वित करने में भी विलक्षण महारत हासिल की थी। दरअसल जाने अनजाने भारतेंदु ने सफल नाटक के उस मूलमंत्र को पा लिया था, जिसके अनुसार **चरित्रों को उनकी सारी विसदृशताओं के साथ ठोस रूप में मूर्त करने का सबसे बड़ा साधन उनके द्वारा प्रयुक्त भाषा की सहज निजता है।**

'प्रेमजोगिनी' : पारंपरिक और पश्चिमी नाट्यतत्वों का समन्वय

प्रेमजोगिनी की प्रस्तावना में एक महत्त्वपूर्ण बात भारतेंदु ने यह कही कि 'यह नाटक नयी पुरानी दोनों रीति मिल के बना है।' नयी नवागत अंग्रेज़ी रंगमंच के अनुकूल नाटकलेखन और पुरानी संस्कृत नाटकलेखन और नाट्यशास्त्र की रीति

थी। भारतेंदु ने इन दोनों से तो प्रभाव ग्रहण किया ही, साथ ही उस समय के जीवित पारंपरिक हिंदी नाट्य से भी प्रभाव ग्रहण किया जिसे भ्रमवश लोक-नाट्य कहा जाता है।

किंतु भारतेंदु की नाटक-रचनाप्रक्रिया में ये प्रभाव अवचेतन स्तर पर सर्जनात्मक सहजता के साथ आये हैं। उनके पास कहीं कोई विशेष आग्रह नहीं था, बस कलाधर्मी सजगता थी और उसी के तहत समकालीन संवेदना के अनुकूल सार्थक नाटकरचना के लिए जहाँ जो उपयोगी लगा, उसके सृष्टा ने ग्रहण किया।

प्रेमजोगिनी में पश्चिमी नाटक का प्रभाव दो रूपों में दिखाई पड़ता है। एक तो इसके संपूर्ण यथार्थवादी विधान में और दूसरे अलग अलग गर्भों (दृश्यों) की योजना में। ये दोनों ही बातें भारतेंदु ने कहीं से पाश्चात्य नाट्यशास्त्र पढ़कर नहीं, बल्कि तत्कालीन बाङ्ला अंग्रेज़ी नाट्यप्रस्तुतियों के अनुभव से ग्रहण कीं।

संस्कृत नाटकों के अध्ययन से जो चीज उन्होंने उठायी, वह 'प्रस्तावना' है। इसकी समकालीन प्रासंगिकता और कलात्मक संभावनाओं को भारतेंदु की नाट्य-प्रतिभा ने सहज ही पहचान लिया। भारतेंदु के अन्य नाटकों की तुलना में **प्रेमजोगिनी** की प्रस्तावना सबसे अधिक सर्जनात्मक है।

इस नाटक में नाट्यशास्त्र के अध्ययन का प्रभाव उसके नामकरण में दिखाई पड़ता है। इसे भारतेंदु ने **प्रेमजोगिनी नाटिका** कहा है। लेकिन इसके अधूरे उपलब्ध रूप में नाटिका का कोई लक्षण दिखायी नहीं पड़ता। नाट्यशास्त्रीय लक्षण के अनुसार अन्य विशेषताओं के अलावा नाटिका को स्त्री पात्र प्रधान होना चाहिए जबकि **प्रेमजोगिनी** के उपलब्ध पूरे एक अंक में एक भी स्त्री नहीं आ पायी है। इस अंतर्विरोध को समझने के लिए संस्कृत नाट्यशास्त्र के संदर्भ में स्वयं भारतेंदु की दृष्टि को देखना आवश्यक है :

"प्राचीन काल के अभिनयादि के संबंध में तात्कालिक कवि लोगों की और दर्शकमंडली की जिस प्रकार की रुचि थी, वे लोग तदनुसार ही नाटकादि दृश्य-काव्य-रचना करके सामाजिक लोगों का चित्तविनोदन कर गये हैं। किन्तु वर्तमान समय में इस काल के कवि तथा सामाजिक लोगों की रुचि उस काल की अपेक्षा अनेकांश में विलक्षण है, इससे प्राचीन मत अवलंबन करके नाटकादि दृश्यकाव्य लिखना युक्तिसंगत नहीं बोध होता।

"जिस समय में जैसे सहृदय जन्म ग्रहण करें और देशीय रीतिनीति का प्रवाह जिस रूप में चलता रहे, उस समय में उक्त सहृदयगण के अंतःकरण की वृत्ति और सामाजिक रीतिपद्धति, इन दोनों विषयों की समीचीन समालोचना करके नाटकादि दृश्यकाव्य प्रणयन करना योग्य है।

"नाटकादि दृश्यकाव्य-प्रणयन करना हो तो प्राचीन समस्त रीति ही परित्याग करें यह आवश्यक नहीं है क्योंकि जो सब प्राचीन रीति वा पद्धति आधुनिक सामाजिक लोगों की मतपोषिका होंगी, वह सब अवश्य ग्रहण होंगी।

"अब नाटकादि दृश्यकाव्य में अस्वाभाविक सामग्री परिपोषक काव्य सहृदय सभ्य-मंडली को नितांत अरुचिकर है। इसलिए स्वाभाविकी रचना ही इस काल के सभ्यगण की हृदय-ग्राहिणी है। × × × × × ×। अब नाटक में कहीं आशीः प्रभृति नाट्यालंकार, कहीं प्रकरी, कहीं विलोभन, कहीं संफेट, कहीं पंचसंधि वा ऐसे ही अन्य विषयों की कोई आवश्यकता नहीं रही। संस्कृत नाटक की भाँति हिंदी नाटक में इनका अनुसंधान करना वा किसी नाटकांग में इनको यत्नपूर्वक रखकर हिंदी नाटक लिखना व्यर्थ है क्योंकि प्राचीन लक्षण रखकर आधुनिक नाटकादि की शोभा संपादन करने से उल्टा फल होता है और यत्न व्यर्थ हो जाता है।"

अपनी इस स्पष्ट दृष्टि के बावजूद भारतेंदु ने **प्रेमजोगिनी** को नाटिका कहा। इसका रहस्य इसकी संपूर्णता की परिकल्पना में निहित है। प्रतीत होता है कि वह दो ऐसी मुख्य बातों को इसमें रखना चाहते थे, जिसके कारण इसे उन्होंने नाटिका कहना ही उचित समझा। एक तो वह नायक के स्थान पर स्वयं के प्रेममय प्रेमजोगिनी रूप को रखना चाहते थे जो नाटिका के 'प्रख्यात ललित' नायक की शर्त पूरी करता है और दूसरे इसमें वह अपनी प्रेमिका मल्लिका का प्रसंग उद्घाटित करना चाहते थे जो नाटिका की दूसरी 'कनिष्ठ नायिका' की शर्त पूरी करता है।

मध्यकाल में विकसित पारंपरिक नाट्य-रूपों जैसे भाँड़, इन्द्रसभा, रास, यात्रा, लीला आदि को भारतेंदु ने भ्रष्ट मानते हुए अनुभव किया कि 'अब इनमें नाटकत्व शेष नहीं रहा।' फिर भी इन नाट्य-रूपों का सामान्य जन पर जो गहरा प्रभाव पड़ रहा था, उससे वह बेख़बर नहीं थे। सच तो यह है कि बचपन से ही जो नाट्यसृष्टि अपने प्रत्यक्ष अनुभव द्वारा उनकी नाट्यचेतना को बुन रही थी, वह अधिकांश में पारंपरिक नाट्य की ही उपज थी। इसीलिए भारतेंदु के नाटकों में पारंपरिक नाट्यतत्वों का प्रयोग अनेक रूपों में दिखाई पड़ता है।

प्रेमजोगिनी में यह प्रभाव 'ऐबी गैबी' नामक दृश्य में मुखर हुआ है। इस दृश्य के अधिकांश संवाद पद्यात्मक हैं और इसमें एक लंबे गाने का भी प्रयोग हुआ है। स्पष्ट ही ये दोनों बातें पारंपरिक नाट्य की विशेषताएँ हैं। लेकिन फिर भारतेंदु ने इनका भी सर्जनात्मक स्तर पर इतना कलात्मक प्रयोग किया कि वे आधुनिक हिंदी नाटकसाहित्य में अनूठे बन गये।

यों सरसरी तौर पर इस दृश्य में ऐसा कुछ नहीं है जिसके लिए पद्य की कोई आवश्यकता प्रतीत हो। बल्कि प्रथम दृष्टि में इसके यथार्थवादी तेवर को वह

तोड़ने वाला ही लगता है। संवादों की विषयवस्तु भी बहुत हल्की फुल्की रोज़मर्रे की बातचीत ही है।

भारतेंदु ने इस दृश्य में पद्य के लयछन्द का प्रयोग इसके चरित्रों की बनारसी मस्ती का असर पैदा करने के लिए इतने सूक्ष्म स्तर पर किया है कि इससे साधारण बातचीत की वास्तविकता, मुहावरा, बोली की ध्वनि और प्रवाह, चरित्रों की वैयक्तिक निजता आदि कहीं भी खंडित नहीं होने पाती। यहाँ भारतेंदु ने संवादों के लिए प्रयुक्त पद्य को इतना पारदर्शी बना दिया है कि सहसा इस ओर ध्यान भी नहीं जाता कि यहाँ बातचीत पद्य में हो रही है। फिर भी छंदलय अवचेतन स्तर पर अपना अभीष्ट असर पैदा करती रहती है।

इस दृश्य के आरंभ से ही भारतेंदु लयात्मक परिवेश रचते हैं, जिसकी टेक है 'भूखे पेट कोइ नहिं सुतता ऐसी है ई कासी' और इसकी चरम परिणति होती है परदेसी के लंबे गाने में जिसकी टेक है 'देखी तुमरी कासी लोगो देखी तुमरी कासी।' इस प्रकार दृश्य का यह प्रारंभिक टुकड़ा एक ऐसा लयात्मक नाट्य-तनाव रचता है जिसके बाद आने वाली आक्रामकता अपने पैनेपन को खोये बिना ही उसमें निहित बनारसी मस्ती का अहसास करा देती है।

कुल मिलाकर **प्रेमजोगिनी** हिंदी के अपने मौलिक नाटकलेखन की उस सहज दिशा में उठाया गया पहला कदम है जिसमें संस्कृत, पारंपरिक या पश्चिमी नाटक-लेखन का कोई क्षेत्र वर्जित नहीं बशर्ते सर्जनात्मकता और समकालीन प्रासंगिकता की नींव गहरी हो।

फिर भी **प्रेमजोगिनी** के अपने अँधेरे कोने भी हैं जैसे तीसरे दृश्य में काशी का लंबा चौड़ा कलाहीन वर्णन या चौथे दृश्य में मराठी भाषा की असंतुलित अधिकता।

लेखनकाल : 1983-84 ई.

'कोणार्क'* : शिल्प और मूल्य

साहित्य की समीक्षा की तुलना में नाटक का मूल्यांकन इस अर्थ में भी अलग है कि लिखित साहित्य की विधाएँ प्रेषणीयता के लिए प्रस्तुत पूर्णरूप हैं और उनमें निहित समस्त मूल्यों को भाषा का लिखित रूप पूर्णता से व्यक्त कर सकता है जब कि नाटक का लिखित रूप कलारूप की पूर्णता नहीं है, हालाँकि एक स्तर पर अभिव्यक्ति की पूर्णता वह है। रूप की यह अपूर्णता लिखित नाटक को पूर्णता के साथ संप्रेषित होने में बाधा डालती है क्योंकि रूप ही संप्रेषणीयता का मूलाधार है। परिणाम यह होता है कि नाटककार की पूर्ण अभिव्यक्ति होने पर भी लिखित नाटक के बहुत से सौंदर्यात्मक मूल्य अंतर्निहित ही रह जाते हैं और नाटककार के कृतित्व का मूल्यांकन कठिन हो जाता है। नाटक के लिखित रूप के समीक्षक की सबसे बड़ी समस्या इस अधूरे रूप के सहारे रूप की संभवपूर्णता का अनुमान और उसके आधार पर नाटककार के कृतित्व का मूल्यांकन करना है। ऐसी स्थिति में लिखित नाटक की समीक्षा एक हद तक संभावना या अनुमान का ही मूल्यांकन है।

कोणार्क के नक्शे के आधार पर नाट्यसौंदर्य के स्थापत्य को कल्पना में रूपायित करते समय कोणार्क के भग्न मंदिर की ही भाँति रंगसौंदर्य-भवन भी खंडित ही बनता है। नाट्यानुभूति मानो रूपग्रहण करना ही नहीं चाहती। निर्माण के लिए एकत्रित उपकरण किसी अन्य उद्देश्य के लिए संकल्पित प्रतीत होते हैं। **कोणार्क** में रेडियो-नाटक के उपकरणों को लेकर रंगमंचीय नाटक तैयार करने की कोशिश की गयी है।

रेडियो-नाटक और रंगमंचीय नाटक के बीच माध्यम का अंतर ऐसी विशिष्ट तकनीकी और सौंदर्य-शास्त्रीय स्थितियाँ उत्पन्न करता है कि दोनों परस्पर भिन्न स्वतंत्र कलारूप बन जाते हैं और एक के सौंदर्य-नियम दूसरे पर लागू नहीं होते।

---

* **कोणार्क (नाटक)**
लेखक : जगदीशचंद्र माथुर
प्रकाशक : भारती भंडार, इलाहाबाद
प्रकाशन वर्ष : सन् 1951 ई.

जिन कारणों से एक माध्यम की रचना सशक्त हो उठती है, वे ही कारण दूसरे माध्यम में रचना को दुर्बल बना सकते हैं। **कोणार्क** ऐसी ही स्थिति का उदाहरण बनकर रह गया है। यही नियति हिंदी के और भी अनेक प्रतिष्ठाप्राप्त नाटकों की है।

दोनों कलारूपों के कुछ साम्याभासों ने कुछ हिंदी नाटककारों को भ्रम में डाल दिया और वे ग़लत निष्कर्ष निकालने के लिए विवश हुए। रंगमंच के अभाव ने इसमें योग दिया और फलस्वरूप रंगमंच के लिए बेकार और रेडियोधर्मी न केवल तथाकथित एकांकियों की ही धूम मच गयी, बल्कि बहुत से बड़े नाटकों पर भी रेडियो-तकनीक का गहरा असर पड़ा और जयशंकर प्रसाद के नाटकों की अनभिनेयता का रोना रोते हुए भी बहुत से नाटककारों ने ऊपरी दृष्टि से अभिनेय प्रतीत होनेवाले किंतु नाट्यकला की दृष्टि से अत्यंत असमर्थ नाटक रच डाले। कुछ लोगों ने तो मूलतः रेडियो-नाटक ही लिखा और बाद में रंग-संकेतों में तथा कुछ अन्य साधारण परिवर्तन कर उसे रंगमंचीय नाटक के रूप में छपवा दिया।

दो माध्यमों के लिए लिखे जाने वाले नाटकों के बीच भ्रम पैदा होने का एक मुख्य कारण यह समझ बैठना है कि दोनों प्रकार के नाटक संवादों के सहारे ही चलते हैं और नाटककार का सबसे बड़ा कर्तव्य और अवसर संवाद लिखना ही है। वास्तव में छपे रूप में कुछ रंग-संकेतों के अलावा दोनों प्रकार के नाटक एक समान ही जान पड़ते हैं। दूसरे, रंगमंचीय नाटक की तुलना में रेडियो-नाटक साहित्य के अधिक निकट हैं जिससे साहित्यकारों ने अनायास ही इसकी तकनीकों को अपना लिया। नाटक की भ्रामक साहित्यिक समीक्षा ने इस स्थिति पर और भी रंग चढ़ाया। अंतर्द्वंद्व, चरित्र-चित्रण, क्रिया का क्रमिक विकास, चरमोत्कर्ष, रसबोध और साहित्य की दार्शनिक मान्यताओं के चक्कर में फँसी हुई नाट्यसमीक्षा रेडिया-नाटक और रंगमंचीय नाटक के स्वरूपगत अंतर को स्पष्ट न कर सकी। इनसे नाटककारों को नाटक की आंतरिक बुनावट और अनुभूतियों के नाटकीय बिंबों और माध्यम की शक्तियों को पहचानने में कोई सहायता न मिल सकी। अभिनेयता और अनभिनेयता के आधारहीन किंतु व्यापक विवाद ने इतना ज़रूर किया कि नाटककार स्थूल रूप से अपने नाटकों के खेले जाने की सुविधा का विचार रखने लगे और कुछ अधिक सावधान नाटककारों ने नाट्यप्रदर्शन संबंधी कुछ मोटी-मोटी बातों के ब्योरों का परिशिष्ट भी अपने नाटकों के साथ जोड़ना आरंभ किया। किंतु रंगमंच पर सुविधापूर्वक किसी कृति को उतार लेना एक बात है और उसका एक उत्कृष्ट नाट्यकलाकृति होना बिल्कुल दूसरी बात।

कोणार्क सुविधापूर्वक रंगमंच पर खेला जा सकता है, इसका प्रमाण नाटक का परिशिष्ट और इसके अनवरत प्रदर्शन हैं। इसमें कोई नारीपात्र न आने से

अव्यवसायी नाटकमंडलियों के लिए यह नाटक बहुत सुविधापूर्ण हो गया। इस दृष्टि से **कोणार्क** को इस बात का महत्वपूर्ण श्रेय है कि इसने बहुत सी स्वल्प साधनोंवाली अव्यवसायी मंडलियों को पूरा नाटक खेलने का अवसर दिया और इस प्रकार हिंदी रंगमंच के विकास के आधार को चौड़ा किया। यदि कहीं इसमें नाटकीय बिंबों की त्रिआयामात्मकता होती तो यह नींव गहरी भी हो पाती।

मूल नाटक को ध्वनिबिंबों में रूपायित किये जाने के कारण **कोणार्क** द्विआयामात्मक हो गया और रंगमंच का तीसरा आयाम चिपकाया हुआ निष्क्रिय तत्व मात्र लगने लगा। रंगमंच के नाटकीय बिंबों का मूल उत्स जिस सौंदर्यमूलक प्रत्यक्षीकरण और अनुभूति में निहित है उसमें व्यक्ति अपने तात्कालिक परिवेश के साथ घनिष्ठता से जुड़ा रहता है और प्रभाव-इकाई व्यक्ति एवं परिवेश की क्रिया-प्रतिक्रिया से बनती है। व्यक्ति और व्यक्ति की क्रिया-प्रतिक्रिया भी परिवेश के सक्रिय योगदान से संवलित रहती है। रंगमंचीय नाटककार की सफलता इस बात में है कि वह इस तात्कालिक परिवेश की सक्रियता को पहचाने और अपने नाटकीय बिंबों को इस प्रकार रूपायित करे कि व्यक्ति अपने परिवेश में से उगता-बढ़ता मालूम पड़े। रंगमंच-माध्यम के दृश्य उपकरणों की यही सार्थकता है।

रेडियो नाटक के रूप में अभिनीत होने पर तो **कोणार्क** के व्यक्ति अपने वातावरण से जुड़े मालूम पड़ते हैं, लेकिन रंगमंच पर वे अपने तात्कालिक परिवेश से कटे हुए लगते हैं। वातावरण निर्जीव पृष्ठभूमि मात्र बनकर रह जाता है। **कोणार्क** में नाटकीय क्रिया का विकास पूर्णतया संवादों के सहारे होता है, क्रिया-प्रतिक्रिया का चक्र भाषिक है। अंग-स्थितियाँ, मुखमंडलीय भावाभिव्यक्तियाँ, आकस्मिक क्रियाएँ, गतियाँ, मंच-सामग्री और दृश्यपीठ जैसे तत्व, प्रतिक्रिया की उत्तेजना नहीं बनते, विकास में सक्रिय योग नहीं देते, बल्कि अधिक से अधिक चित्रण मात्र (इलस्ट्रेशन) करके रह जाते हैं।

उपक्रम और उपसंहार को नाटककार ने अपना नवीन प्रयोग माना है जिसमें संस्कृत नाटकों की प्रस्तावना और पश्चिमी नाटकों के प्रोलोग, एपीलोग और कोरस के समन्वय का दावा किया गया है। किंतु वास्तविकता यह है कि रेडियो नाटक के लिए लिखी गयी सामग्री को नाटककार ने ज्यों का त्यों लेकर उसके दुर्बल चित्रण मात्र की व्यवस्था करके उसे रंगमंच के लिए एक नवीन प्रयोग मान लिया है। वास्तव में नाटक के ये सर्वथा अकिंचन अंश हैं जो रेडियो की विधा में भले ही प्रभावशाली सिद्ध हों, रंगमंच के सर्वथा अनुपयुक्त हैं। संस्कृत नाटकों की प्रस्तावना और पश्चिमी नाटकों के एपीलोग, प्रोलोग तथा कोरस में केवल स्वर नहीं रहता बल्कि स्वयं व्यक्ति अपनी अनुभूतियों को उसी प्रकार अभिव्यक्त करते

हैं जिस प्रकार नाटक के अन्य पात्र। वे दर्शकों को पृष्ठभूमि बतलाने के अतिरिक्त अपनी वैयक्तिक प्रतिक्रियाओं के दृश्य और श्रव्य बिंबों से प्रभावित भी करते हैं फलतः उनकी नाटकीय अनुभूति अधिक समृद्ध होती है। प्रस्तुत प्रयोग में रंगमंचीय माध्यम की शक्तियों की अवहेलना हुई है। उपक्रम-उपसंहार की भाषा में उस काव्यशक्ति का अभाव है जो कोणार्क मंदिर की भव्यता के बिंब को रूपायित कर सकती। रेडियो विधा के अनुकूल भाषा को मुख्य आधार बनाने का ही परिणाम यह हुआ है कि व्यक्ति जो कुछ भी कहते हैं उसकी अभिप्रेरणा स्थापित नहीं हो पाती और बोलने की अनिवार्य मनोवैज्ञानिक स्थिति के अभाव में संवाद में उस आकर्षण की कमी प्रतीत होने लगती है जो रंगशाला में दर्शकों को एक एक शब्द पी जाने के लिए विवश करता है। कथा के सूच्य अंशों का संवादों में वितरण अकुशल, स्थूल, प्रत्यक्ष, और रूढ़ है। संवादों में गूढ़ सांकेतिकता और अंतर्मन के उद्घाटन के अवसरों का बहुत कम उपयोग हुआ है।

तब भी **कोणार्क** के संवादों का गठन सुडौल और मितव्ययितापूर्ण हो पाया है, किंतु रेडियो-शिल्प के कारण उनकी गति अत्यंत क्षिप्र है। एक संवाद के समाप्त होते ही दूसरा शुरू हो जाता है। संवादों के मध्य नाटकीय क्रियाओं का अवकाश नहीं।

भाषा के संबंध में **कोणार्क** के नाटककार को एक अभूतपूर्व सफलता मिली है। वे ऐतिहासिक नाटक की भाषा को कृत्रिमता की उस शृंखला से मुक्त कर सके हैं जो हिंदी नाटकों को अर्से से जकड़े रही है। ऐतिहासिक वातावरण के सृजन में भाषा की कृत्रिम संस्कृतमयता नाटक को उस प्रकार योग नहीं दे सकती, जिस प्रकार कहानी या उपन्यास को देती है। वह तो विश्वासबोध और भावमग्नता को – जो नाटकीय अनुभूति के महत्वपूर्ण उपकरण हैं – क़दम क़दम पर खंडित करती जायगी। **कोणार्क** में पुराने पारिभाषिक शब्दों और कुछेक अभिव्यक्तियों के लिए संस्कृत-पदावली की छौंक को कालबोध कराने में अद्‌भूत सफलता प्राप्त हुई है।

भावानुभूति का तनिक सा भी अवसर मिलते ही भाषा को बोझिल गद्यकाव्य बना डालने का जो शौक छायावादी नाटककारों से शुरू हुआ, वह अब तक काफ़ी मात्रा में मौजूद है। कुछ संयत रहने पर भी **कोणार्क** का नाटककार इसका अपवाद नहीं। भावानुभूति के गहन क्षणों में भाषा का काव्यमय हो उठना अनिवार्य है, किंतु वह काव्यतत्व स्थूल और प्रत्यक्ष होने के बजाय पारदर्शी होना चाहिए।

संभवतः रंगमंचीय सुविधा की भावना ने ही नाटककार को **कोणार्क** के व्यापारस्थल के रूप में कमरों के अंदर के हिस्सों को चुनने की प्रेरणा दी। किंतु

इससे न केवल इस नाटक की दृश्यपीठ संबंधी समृद्ध संभावनाएँ अत्यंत सीमित हो गयीं, बल्कि वातावरण की निष्क्रियता का कारण भी बहुत दूर तक यही बना। यदि नाटकीय क्रियाओं का स्थान कोणार्क के निर्माण स्थल पर शिखर की छाया में कहीं रखा गया होता तो इस भव्यमंदिर का दबा हुआ व्यक्तित्व निखर उठता, निर्देशक को शैलीकरण और प्रतीकयोजना का अवसर मिलता, दृश्यांकनकार की कल्पना को अवकाश मिलता, प्रकाशयोजना विविधतामय हो पाती और अभिनेताओं को गतियों, क्रियाओं, और विभिन्न धरातलों की सुविधा मिलती। तभी दर्शकों के लिए दृश्यतत्व भी अधिक सार्थक हो पाता।

नाटक को ऐतिहासिक, पौराणिक, समस्या नाटक आदि वर्गों में बाँटने की जो प्रथा हिंदी नाट्यसमीक्षा में चल पड़ी, वह बहुत ही भ्रामक है। वस्तुतः नाटक केवल नाटक होता है। इतिहास, पुराण आदि नाट्यविधा में आकर अपना रूप इस कदर बदल लेते हैं कि उनका स्वतंत्र अस्तित्व ही समाप्त हो जाता है। इस परिवर्तन का प्रधान कारण स्वयं नाट्यकला की प्रकृति है जो अपने दर्शकों की तात्कालिक संतुष्टि के साथ घनिष्ठता से जुड़ी रहती है। यही कारण है कि पुराने युग के सभी नाटककारों ने पुरानी ऐतिहासिक, पौराणिक कहानियों को ही मुख्य रूप से अपने नाटकों का विषय बनाया। फिर भी वे ऐतिहासिक तथ्यों के अनुसंधान की ओर कभी प्रवृत्त नहीं हुए, बल्कि कहानियों के उपलब्ध प्रारूपों को भी मनचाहे रूपों में बदल डाला। वास्तव में नाटककार सदा से यह महसूस करते आये हैं कि रंगशाला में दर्शक अनुभूतियों को जिस भव्य पैमाने पर जीना चाहता है, उसके लिए समकालीन जीवन छोटा पड़ता है। दूसरी ओर, शक्तिशाली सजीव अनुभूतियों का उद्गमक्षेत्र समकालीन सांस्कृतिक मान्यताओं से बहुत परे नहीं जा सकता। इसका परिणाम यह होता है कि नाटक में ऐतिहासिक पौराणिक कथा के ढाँचे में नाटककार सदा समकालीन जीवनमूल्यों को ही प्रक्षेपित करता है। यही कारण है कि महाभारतकालीन शकुंतला का पौराणिक उपाख्यान **अभिज्ञानशाकुंतलम्** में गुप्तयुग की संस्कृति की इतनी गहरी झलक देने लगता है। समकालीन वैचारिक जीवन का प्रतिबिंब ही वह मूल कारण है जिससे **अंधायुग** और **आषाढ़ का एक दिन** प्रबुद्धवर्ग में इतनी लोकप्रियता अर्जित कर सके।

नाटक को अपने ऐतिहासिक अनुसंधान और नवीन तथ्यों के उद्घाटन का वाहक बनाकर जिस व्यूह में प्रसादजी की प्रतिभा उलझकर रह गयी, बहुत से नाटककारों ने उसमें स्वेच्छा से उलझते रहने की परंपरा ही बना डाली। प्रसादजी फिर भी इतिहास के नाटकीय मूल्य के प्रति सजग रहे और अपने समकालीन परतंत्र जीवन की कुंठा की निष्कृति अतीत-गौरव के उद्घाटन में ढूँढते रहे।

स्वतंत्रता के पश्चात गुज़रे जमाने की रौनक में मन रमाये रखना पुनर्निर्माण के आकांक्षापूर्ण क्षणों में आत्मघात सा होता। अब तो इतिहास से अपने वर्तमान संघर्ष का समर्थन और नवनिर्माण के लिए पोषण प्राप्त करना था। स्वातंत्र्योत्तर हिंदी नाटकों में इसीलिए **कोणार्क** का महत्व युग-प्रवर्तक का है क्योंकि इसमें पहली बार इतिहास के इस बदले हुए दृष्टिकोण का शक्तिशाली ढंग से प्रतिफलन हुआ।

कला-समृद्धि से परिपूर्ण कोणार्क मंदिर की भग्नस्थिति, जनश्रुतियों और कतिपय ऐतिहासिक तथ्यों की प्रेरणा से नाटककार का सृजनशील मानस एक ऐसी कथावस्तु का तानाबाना बुन सका जो आधुनिक मानस के लिए अर्थपूर्ण थी। गजदंतमीनार की ऐकांतिक दुनिया से बाहर निकल कर सामाजिक जीवन में सक्रिया हिस्सा लेने के लिए कलाकार को आहूत करना और प्रतिभा एवं कलासृजनशक्ति को आवश्यकता पड़ने पर आत्मरक्षार्थ न्याययुद्ध में मार्गांतरित करना **कोणार्क** का मूल स्वर है जिसकी संगति करनेवाले दूसरे स्वर कलाकार की अपने उत्तराधिकारी की खोज (कलापरंपरा का नवयुग में संक्रमण) और सौंदर्यसृजन के मूल स्रोत कोमल मानवीय अनुभूति (सृजन का रोमांटिक मनोविज्ञान) का उद्घाटन है। किंतु नाटककार इन स्वरों में संतुलन स्थापित नहीं कर पाया और विशु तथा धर्मपद के मानवीय बिंब इन्हें ठीक से रूपायित नहीं कर सके। पूरा नाटक स्वामीभक्ति और राज्यलिप्सा के संघर्ष के स्थूल विवरणों में उलझ कर रह गया।

इस उलझाव का ही परिणाम है कि **कोणार्क** में उस गहरी सार्थक नाट्यानुभूति का नियोजन नहीं हो सका, जिसे प्रदान करना नाटककार का सबसे बड़ा कर्तव्य है। जनरुचि को संतुष्ट करने की पतनोन्मुखी प्रवृत्ति कुछ निश्चित फार्मूलों को जन्म देती है जिसका उत्तरदायित्व व्यावसायिक भावना पर है। किंतु जनता की आधारभूत माँगों को समझने की शक्ति नाटककार की पूँजी है। पैसे देकर रंगशाला में आने के लिए दर्शकों को नाटककार मजबूर कर सके इसके लिए दर्शकों को इस बात का प्रलोभन देना होगा कि वहाँ उसे एक विशिष्ट संतुष्टि प्राप्त हो सकेगी। दर्शकों को नाटक मूलतः कल्पनालोक में रमण करने का अवसर प्रदान करता है, वह उन्हें कल्पना के स्तर पर अनुभूतियों को जीने का मौक़ा देता है। प्रत्येक युग और देश में यथार्थ परिवेश की मनोवैज्ञानिक प्रवृत्तियों के अनुसार कुछ विशेष प्रकार का काल्पनिक जीवन दर्शक चाहते हैं, जिसके अनुसार नाटक की रूप-रूढ़ियाँ बनती हैं। ट्रेजेडी, कामेडी, मेलोड्रामा जैसे नाट्यरूप और रस-सिद्धांत एवं शृंगार की प्रमुखता देश-काल की ऐसी ही माँगों के परिणाम हैं। इन सभी रूपों

में कुछ चुनी हुई गहरी जीवन-अनुभूतियाँ, कुछ चुने हुए व्यक्तियों के माध्यम से शक्तिशाली ढंग से प्रस्तुत की जाती रही हैं। इस प्रकार की किसी गहरी जीवन-अनुभूति को **कोणार्क** का कोई व्यक्ति साकार नहीं कर सका है।

रेडियो-शिल्प के प्रतिमानों के आधार पर मूल्यांकन किये जाने पर **कोणार्क** अधिक उत्कृष्ट रचना प्रमाणित हो सकती है।

इतिहास के मलबे से स्पंदनपूर्ण जीवन की खोज और **कोणार्क मंदिर** की कलासंपदा एवं सांस्कृतिक गौरव के साहचर्य के आकर्षण के कारण यह नाटक लोगों को आकर्षित करता रहेगा।

लेखनकाल : साठ के दशक का उत्तरार्ध

'कलंकी'* : मिथक की अप्रासंगिकता

एक काल्पनिक-से प्रदेश में सामंत अकुलक्षेम निरंकुश शासन करता है और अपनी देशभक्ति तथा वीरता के आतंक से अपनी जनता को अभिभूत किये रहता है। किंतु उसी का स्वतंत्रचेता पुत्र हेरुप पिता की स्थापित सत्ता को अस्वीकार कर देता है तो उसका दमन करने के लिए शिक्षा के नाम पर उसे विक्रमबिहार में भेज दिया जाता है। इधर हूणों के आक्रमण से रक्षा में असमर्थ अकुलक्षेम एक पहाड़ी पर जाकर आत्महत्या कर लेता है। किंतु प्रसारित यह किया जाता है कि उसने वीरतापूर्वक लड़ते हुए अपने प्राण दिये हैं। फिर वह प्रेत बनकर उसी नगर में लौट आता है और अवधूत के रूप में शव-साधना करते हुए जनता पर पुनः आंतक-शासन करता है। तांत्रिक उसका प्रमुख सहायक है। शोषणजनित कष्टों से जनता का ध्यान विरत करने के लिए वह उन्हें कल्कि अवतार की स्वप्न-कल्पना देता है। तभी एक दिन अपने अदम्य प्रश्न लिए हेरुप बिहार से भागकर उसी नगर में आ पहुँचता है और वहाँ की जनता की सुप्त चेतना को कुरेदकर जगाना चाहता है; किंतु लोग हैं कि जागने की कोशिश करते हैं, फिर सो जाते हैं। अंत में उसे अवधूत और तांत्रिक की सम्मिलित शक्तियों से पराजित होना पड़ता है, किंतु तब भी वह प्रश्नों के कुछ बीज वहाँ बो ही जाता है।

इस कथा को वर्तमान व्यवस्था पर घटाया गया है। इसमें आये हुए इन कुछ प्रतीकों से यह स्पष्ट होगा : तंत्र (शासन व्यवस्था), तांत्रिक (प्रशासक), विक्रम-विहार (शिक्षा व्यवस्था), शव (चेतनाहीन प्रजा), कलंकी (भावी सुख की काल्पनिक आशा) आदि। इसलिए यह नाटक मिथक-मूलक उतना नहीं है जितना रूपकात्मक या 'ऐलेगोरिकल'। इस रूपक को डॉ. लाल ने अपनी भूमिकाओं और स्वयं नाटक में भी बार-बार आयासपूर्वक स्पष्ट करने की कोशिश की है।

---

* कलंकी (नाटक)
लेखक : डॉ. लक्ष्मीनारायण लाल
प्रकाशक : नेशनल पब्लिशिंग हाउस, दिल्ली
प्रकाशन वर्ष : 1969 ई.

इन सबके बावजूद न तो यह नाटक समकालीन जीवन को समझने की मौलिक सूक्ष्म दृष्टि देता है, न अनुभूति की वह सार्विक गहनता कहीं प्रस्तुत करता है जो मिथक की मौलिक शक्ति है। इस नाटक को पढ़ते हुए मुझे एक पुरानी किताब उद्यान-मालिनी की याद आयी, जिसकी भूमिका का आरंभिक अंश नीचे उद्धृत है।

"श्री कलंकी नारायण के अवतार की दुंदुभी॥

॥ओं नमः परमात्मने॥

"ता. 14 सितंबर को श्री राजा साहिब गोकुलदास के बगीचे में एक सभा हुई थी, जिसमें शहर के बड़े-बड़े रहीस मिल के लगभग 700 आदमी जमा थे। श्री पंडित नंदलालजी सुपरडंट नार्मल स्कूल ने श्री कलंकी नारायण के अवतार के विषय में महामंगल संवाद लोगों को सुनाया, मंगलाचरण में श्री कलंकी नारायण के आविर्भाव की सूचना लोगों को प्रगट कर ये संवाद दिया....

"अब जबलपुर का हाल सुनिए जो यहाँ आने के पीछे इस दास ने सुना है— बरस भर के लगभग हुआ एक योगी जबलपुर में था। उसके मुख से कलंकी नारायण के अवतार के विषय किसी इष्ट मित्र ने सुना था और उसने कहा कि फिर सतयुग का दौर शुरू होगा, दक्षिण दिशा का मुख था, ठीक वैसा ही श्री मन्मालिनीजी की वाणी है और वैसा ही इस दास को अनुभव दिया है।"

इससे यह तो प्रमाणित होता है कि कलंकी अवतार का मिथक हिंदू जनता की स्मृति में सजीव रहा है और उसकी पहचान नाटककार की सजग दृष्टि का परिचय देती है। किंतु इससे कहीं महत्वपूर्ण बात यह है कि उसने इसका उपयोग क्यों और कैसा किया है। इस क्यों का जो उत्तर नाटककार ने स्वयं अपनी भूमिका में दिया है उसका विश्लेषण करने का अवसर यहाँ नहीं। इस प्रसंग में मैं केवल यह पूछना चाहता हूँ कि क्या यहाँ का प्रेक्षक सचमुच यथार्थ का सीधा साक्षात्कार करने को तैयार नहीं? ख़ास तौर से **कलंकी** के यथार्थ का जो आज रोज़मर्रा की बहस की चीज है? और हिंदी के नाटककारों ने अब तक रंगमंच को कितना यथार्थ दिया ही है कि उससे उकताकर दिशा बदलने की जरूरत महसूस हो। यथार्थ के सीधे साक्षात्कार से हटकर प्रच्छन्नता की आवश्यकता वहाँ होती है, जहाँ किसी प्रकार का बाह्य या आंतरिक दबाव ग्राहक या रचनाकार को सीधे रोकता हो। स्वयं सार्त्र ने नाटक के लिए मिथक की शक्ति का प्रथम अनुभव अपनी नजरबंदी के दिनों में, अपने सहबंदियों द्वारा खेलने के लिए नाटक लिखते समय, किया था।

भारतीय मिथकों के अत्यंत समृद्ध प्रदेश को मैं हिंदी रंगमंच के लिए वर्जित नहीं मानता, किंतु उसका उपयोग किसी ऐसे तीव्र गहरे नैतिक संकट का साक्षात्कार करने के लिए होना चाहिए जिसे हमारे निषेध (टैबू) प्रत्यक्ष ग्रहण से रोकते हों, किसी प्रत्ययमूलक विचार को रूपकात्मक ढंग से पेश करने के लिए नहीं। मिथकों का उपयोग कर लिखे गये कुछेक पश्चिमी नाटकों को पढ़ने से ऐसा

लगता है कि रंगमाध्यम की संभावनाओं के गहन उपयोग के लिए यह अच्छी जमीन है, किंतु उसका सही उपयोग आवश्यक अनुशासन-यात्रा के बाद ही हो सकता है, एकदम उछलकर नहीं।

डॉ. लाल सजग नाटककार हैं और किसी सीमा तक रंगकर्मी भी। अच्छा होता अपने नये प्रयोगों की आधारभूमि वे अपने प्रेक्षकों से गाढ़ परिचय में ढूँढ़ते, पश्चिम के इस-उस प्रयोग की कलम हिंदी में लगाकर नहीं। किसी नयी धारा या वाद का प्रवर्तक बनने का महत्त्वाकांक्षा इस समय हिंदी नाटक के क्षेत्र में ख़तरनाक है।

पिछले कुछेक वर्षों में हिंदी के रंगान्वेषण को लेकर जो चर्चाएँ होती रहीं, उनसे प्रभाव ग्रहण करके भी इस नाटक में कुछ ऐसे प्रयोग करने का प्रयत्न मिलता है, जिनके स्रोत क्लासिकी और लोकरंगमंच में हैं। इनमें अभिनटन, मंच पर विभिन्न दृश्यस्थलों की सहस्थिति, गीतों का उपयोग, लयात्मक संवाद, विभिन्न दृश्य-खंडों में अलग अलग होने वाले समानांतर संवादों का पारस्परिक सहगुंफन, आदि प्रमुख हैं। यह दिशा निस्संदेह स्वागतयोग्य है, किंतु इनका और अधिक सर्जनात्मक, कल्पनाशील उपयोग होना चाहिए। इस नाटक में अनुभूति की गहनता न आने का एक प्रमुख कारण यह भी है कि नाटककार ने सांकेतिकता और अर्थों के एकाधिक स्तरों को जबर्दस्ती ठूँसने की कोशिश की है।

वातावरण-सर्जन की दृष्टि से नाटककार को सफलता मिली है, ख़ास तौर से मध्यकालीन सिद्धों की भाषानुध्वनि वाले गीतों के प्रयोग द्वारा। इस दिशा में उसने कुछ रंगप्रभावों का भी कुशल उपयोग किया है। पूरा नाटक दर्शकों पर किसी बाजीगर के खेल जैसा सम्मोहन प्रभाव छोड़ता है। किंतु यह कहीं कुरेदता-जगाता नहीं। और इस प्रकार नाटककार स्वयं अवधूत-तांत्रिक की भूमिका ग्रहण कर दर्शकों को बेवकूफ बनाता है। वे नाटक से किसी गहरी बात के प्रकट होने की प्रतीक्षा ही करते रह जाते हैं।

नाटक के आगे-पीछे प्रसंग-चर्चा में नाटककार ने समीक्षक की भूमिका में आकर **कलंकी** का मूल्यांकन करते हुए इसे हिंदी नाटकों के नये युग का प्रवर्तक भी स्वयं ही घोषित कर दिया है। डॉ. लाल की पहचान अच्छी है, इस बात का सबूत यह है कि डॉ. धर्मवीर भारती के ऐसे ही वातावरण वाले नाटक **नीली झील** की कुछ प्रभावशाली भाषा-तकनीकों का उन्होंने उपयोग कर लिया है। तब भी यह हिंदी के दूसरे नाटकों से अलग है और इसलिए सजग रंग-प्रेमियों का ध्यान आकृष्ट करता है।

लेखनकाल : 1969 ई.

'दर्पन'* और नाटकीय आयरनी

दर्पन की समीक्षा[1] में एक बात का जिक्र नहीं किया गया, जिसे नाटककार ने ख़ास तौर से लाने की कोशिश की है। पूर्वी के दुहरे व्यक्तित्व का उद्‌घाटन नाटक के बिल्कुल अंत तक सुरक्षित रखा गया है। इस बीच दर्पन के सभी संदर्भों में नाटकीय पात्रों के साथ साथ प्रेक्षक भी उसे पूर्वी की बहन ही समझते रहते हैं, और उसके उल्लेखों की अधिकता का नाटकीय क्रिया के विकास के साथ कोई स्पष्ट औचित्यपूर्ण संबंध न पाने पर खीझते भी रहते हैं। अंत में जब दोनों की अभिन्नता का उद्‌घाटन होता है तो उन्हें उस अप्रत्याशित आकस्मिक परिवर्तन का तो अनुभव होता है, जिसे नाटकीयता का मूलतत्व मानने का व्यापक भ्रम है, किंतु क्रिया-विकास के उस तीव्र क्षण में उन संदर्भों को पुनः स्मृति क्षेत्र में लाकर उनकी संगति बैठाने का अवकाश दर्शकों के पास नहीं रहता। संविधानक की ऐसी योजना में प्रेक्षक नाटकीय 'आयरनी' की उस महत्वपूर्ण रंग-अनुभूति से वंचित हो जाता है जो रंगमंच माध्यम की एक मौलिक शक्ति है और जो विश्व की सभी श्रेष्ठ नाट्यपरंपराओं में विद्यमान रही है। रंगक्रिया में भाग लेने वाले पात्र आपस में एक-दूसरे को जैसा समझते हैं और उनके संवादों और अभिनय की जो अर्थानुभूति करते हैं, दर्शक की अनुभूति उससे भिन्न और मात्रा में अधिक होती है, क्योंकि उसके संदर्भ का चौखटा अधिक बड़ा होता है। नाटकीय क्रिया के विकास में अप्रत्याशितता और आकस्मिकता से अधिक प्रभावशाली उपकरण उत्सुकता, प्रत्याशा और संभावना है। यही तथ्य 'आयरनी' का मूलाधार है।

यदि आरंभ में ही दर्शकों को मालूम हो जाय कि पूर्वी बौद्ध भिक्षुणी है जो छद्म रूप से उस परिवार में रह रही है, कि संन्यास में निर्जीव रिक्तता का अनुभव

*** दर्पन (नाटक)**

लेखक : डॉ. लक्ष्मीनारायण लाल

प्रकाशक : राजपाल, दिल्ली

प्रकाशन वर्ष : 1964 ई.

1. सत्य से साक्षात्कार (**दर्पन** की समीक्षा), मोहन महर्षि, नटरंग, अंक 2, पृ. 54

कर गार्हस्थ्य की सप्राणता से अपने को भर लेना चाहती है, कि अपनी निराकार सार्वजनीन करुणा को प्रेम और नातेदारी के दायरे में बाँधकर उसे रूपायित किया चाहती है, कि अब भी उसमें अनिश्चयजनित द्वंद्व चल रहा है और अपने एक व्यक्तित्व को दर्पन के नाम से याद कर उससे बराबर अपनी तुलना करती रहती है – तो उन्हें उसकी गहराई के प्रति अधिक आकर्षण के साथ ही दर्पन के उल्लेख के सभी अवसरों पर अनुभूति का एक और आयाम प्राप्त होता और अंत अधिक प्रभावशाली और अर्थवान हो उठता। ऐसी स्थिति में पूर्वी की अभिनेत्री को अभिनय के लिए अधिक कलात्मक और सूक्ष्म अवसर प्राप्त होते। विषयवस्तु की श्रेष्ठ नाटकीय संभावनाओं के बावजूद अपनी कतिपय शिल्पगत खामियों के कारण, जिनका विवेचन यहाँ कर सकना संभव नहीं, यह नाटक श्रेष्ठ कृति न बन सका।

लेखनकाल : 1965 ई.

'दीवार की वापसी' : सत्यबोध का संकट

डॉ. शंभुनाथसिंह कृत एकांकी **दीवार की वापसी** अपने शिल्प की नवीनता और गंभीर अर्थ-सांकेतिकता के कारण तुरंत ध्यान आकृष्ट कर लेता है। लेकिन मैं इसकी सबसे बड़ी सफलता यह मानता हूँ कि इसके द्वारा लेखक ने रंगमंच-माध्यम के प्रति अपनी संवेदनशीलता के विकास का परिचय दिया है। अपने अपरिहार्य माध्यम रंगमंच की संभावनाओं और शक्तियों के दोहन की ओर सजग हुए बिना नाट्यकार श्रेष्ठ कलात्मक नाट्यकृतियों का सृजन नहीं कर सकता।

दीवार की वापसी की दीवार रंगमंच की चौथी दीवार है। इस चौथी दीवार ने पाश्चात्य रंगमंच के आधुनिकीकरण की प्रक्रिया में महत्वपूर्ण भूमिका अदा की है — उस समय भी जब एक एक ईंट रखकर दृढ़तापूर्वक इसका निर्माण किया जा रहा था और तब भी जब रंगकलाकार और रंगशास्त्री इसकी ईंट से ईंट बजा रहे थे।

प्राचीन और मध्यकालीन रंगपरंपरा में दीवार संबंधी कोई ख़ास नियम नहीं था— अक्सर कोई दीवार नहीं होती थी, लेकिन कभी कभी तीन दीवारें तक हो जाया करती थीं। चौथी दीवार का तो कोई अता पता ही नहीं था। दर्शकों और अभिनेताओं के बीच सीधा संबंध था। अभिनेता दर्शकों को अपने 'करतब' दिखलाता था और दर्शकों की 'वाहवाही' प्रत्यक्ष रूप से लूटता था। दर्शकों और अभिनेताओं के बीच क्रिया-प्रतिक्रिया का चक्र निरंतर चला करता था, जिससे दर्शकों में भी एक क़िस्म की सक्रियता बनी रहती थी। किंतु रूढ़ियों से बोझिल मध्यकालीन रंगपरंपरा को अस्वीकार करते हुए आधुनिक रंगमंच के यथार्थवादी उन्नायकों ने चौथी दीवार के प्रत्यय का विकास किया और रंगमंच तथा दर्शक-मंडप के मध्य प्रत्यक्ष आदान-प्रदान की धारण को अपरिष्कृत मान कर उसे उखाड़ फेंकने की कोशिश करने लगे। दर्शकों के प्रति प्रत्यक्ष संबोधन, स्वगत, जनांतिक, दर्शकों की ओर पीठ न करने आदि की रूढ़ियों को ख़त्म करके उन्होंने रंगमंच के दर्शकों की ओरवाले हिस्से को पारदर्शी दीवार से मढ़ दिया। कहा—अभिनेताओं के

लिए दर्शकों का अस्तित्व है ही नहीं। वे यह मान कर चले कि वे अपने कमरे की चहारदीवारी के भीतर हैं और दर्शकों की ओर दीवार है तथा उन्हें कोई देख नहीं रहा है। वे चाहें तो दर्शकों की ओर पीठ कर सकते हैं, और उस ओर फर्नीचर भी लगा सकते हैं। दर्शकों को यह मानना पड़ा कि अभिनेता तमाशा दिखलानेवाले लोग नहीं हैं बल्कि 'परकाय प्रवेश' की अपनी कलाशक्ति के कारण अपने जीवन-कार्यों में व्यस्त वास्तविक मानवों को साकार कर रहे हैं, उनके सामने कोई नाटक नहीं हो रहा है, बल्कि वास्तविक घटनाएँ घट रही हैं और वे उनके आकस्मिक, अवैध एवं अप्रत्यक्ष साक्षी मात्र हैं। चतुर्थ दीवार की इस धारणा ने रंगकला और नाट्य-लेखन को यथार्थवाद-प्रकृतवाद के सूक्ष्म विवरणों को आत्मसात कर, मध्यकालीन रूढ़ियों को तोड़ते हुए आधुनिकीकरण का पथ प्रशस्त करने में बड़ी सहायता दी। लेकिन एक दिन किसी रंगचिंतक ने इस चतुर्थ दीवार के अस्तित्व की सार्थकता पर बड़ा-सा प्रश्नचिह्न लगा दिया और फिर इसे तोड़ने के प्रयत्न शुरू हो गये। तोड़ने की यह प्रक्रिया रंगमंच के आधुनिकीकरण को और आगे चढ़ाकर इस माध्यम की संभावनाओं और शक्तियों के नये द्वार खोल रही है।

अननुपातिक सी लगनेवाली चतुर्थ दीवार की यह चर्चा इसलिए मुझे आवश्यक जान पड़ी कि इस पृष्ठभूमि के बिना, इस एकांकी की तकनीक और उपलब्धियों को अच्छी तरह समझा नहीं जा सकता। इसमें लेखक ने इस चौथी दीवार को ही अपना कोट टाँगने की खूँटी बनाया है।

नाटक के पात्रों में से एक, सहसा एक दिन, आश्चर्य के साथ लक्ष्य करता है कि उसके कमरे की एक दीवार ग़ायब है और बहुत सारे लोग बैठे हुए बाहर से उसकी ओर घूर रहे हैं। लेकिन नाटक के दूसरे पात्र न केवल दीवार के इस अनिस्तत्व से बेख़बर हैं बल्कि 'क' के इस रहस्योद्‌घाटन के आग्रह को उसका पागलपन समझ बैठते हैं। नाटक का अधिकांश 'क' और अन्य पात्रों के इसी द्वंद्व पर आधारित है। 'क' इस प्रकार आचरण करता है और यह समझाने की कोशिश करता है कि दीवार नहीं है। दूसरा पात्र 'क' की इस सनक को दूर करने की कोशिश करता है। इस प्रकार यह नाटक ऊलजलूल (ऐब्सर्ड) शैली का आभास देता है। लेकिन इसे अर्थहीन या बिल्कुल 'ऐब्सर्ड' धारा का नाटक समझ बैठना भूल होगी, क्योंकि इसके पीछे निराशावादी दर्शन नहीं है।

वाक्य में किसी शब्द का अर्थग्रहण करते समय जब उसके मुख्यार्थ का बोध होता है अर्थात् अभिधेयार्थ अप्रासंगिक और निरर्थक हो उठता है, तब हम लक्षणा से उसमें नवीन अर्थ की कल्पना कर संगति और सार्थकता ढूँढ़ने की अपनी मनोवृत्ति को संतुष्ट करते हैं। यही मानसिक प्रक्रिया उस समय भी क्रियाशील

होती है, जब हम किसी अमूर्त चित्र का आदर्शन करते हैं। ऊलजलूल नाटकों को देखते समय मानस में यह प्रक्रिया और भी अधिक शक्ति के साथ इस कारण सक्रिय हो उठती है कि रंगशाला में दर्शकों की एकाग्रता बढ़ जाती है। अर्थहीनता को स्वीकार कर लेने पर उनकी उकताहट एवं आत्महीनता इतनी बढ़ जाती कि उन्हें रंगशाला छोड़कर बाहर निकल आने के लिए विवश हो जाना पड़ता। इसका परिणाम यह होता है कि रंगमंच पर दिखलायी जानेवाली संगतिहीन या अत्यंत सामान्य महत्व की क्रियाएँ भी व्यंजनापूर्ण ध्वन्यात्मक, प्रतीकात्मक, साध्यावसानक या सांकेतिक हो उठती हैं, फिर भले ही उनकी कोई योजना लेखक ने सचेत रूप से की हो या न की हो। यह विशिष्ट अर्थग्रहण काफी हद तक प्रेक्षकों की अपनी मनोभूमि या संदर्भ-परिधि पर आश्रित है।

इस नाटक में चौथी दीवार का प्रसंग भी बहुत अर्थगर्भित हो उठा है। पहला अर्थ तो सीधे रंगमंच के सौंदर्यशास्त्र से संबंधित है। यह पूर्वोक्त चतुर्थ दीवार की यथार्थवादी-प्रकृतिवादी धारणा पर ही प्रहार है। अभिनेता दर्शकों का मनोरंजन करने, उन्हें कलात्मक रूप से प्रभावित करने के लिए ही रंगमंच पर आते हैं। दर्शकों की उपस्थिति और रंगसर्जन के प्रति उनकी अनुकूल प्रतिक्रिया उन्हें प्रेरणा देती है, वे निरंतर दर्शकों के प्रति संवेदनशील बने रहते हैं; उनकी कला दर्शकों की उपस्थिति से अनुकूलित होती रहती है। ऐसी स्थिति में उन्हें अस्वीकारने का भ्रम क्या सचमुच औचित्यपूर्ण है? क्या इस भ्रम के आवरण से आवृत्त अभिनेता अपनी कला द्वारा सत्यबोध करा सकने में समर्थ हो सकता है? फिर क्या इस चौथी दीवार की कल्पना की आड़ में अभिनेता को उन आत्मीय और निजी कार्यों को करने की आजादी मिल जाती है जिन्हें करने का आदी व्यक्ति अपने कमरे की ऐकांतिक दुनिया में होता है? इस अंतर्विरोध पर तीखा व्यंग्य उस प्रसंग में मिलता है जिसमें 'क' अपने सारे कपड़े उतार कर केवल एक जाँघिया पहने रह जाता है।

किंतु अर्थ का यह आयाम केवल रंग-कला-विशेषज्ञों तक ही सीमित रह जाने वाला है। शेष दर्शक तो सामान्य जीवन के संदर्भ में ही अर्थों की खोज करेंगे।

आधुनिक साहित्य का पाठक चौथी दीवार के अनस्तित्व से पीड़ित मि. 'क' की इस कहानी में अस्तित्ववादी दर्शन की अनुगूँज आसानी से सुन लेगा। सार्त्र के श्रेष्ठ नाटक **ह्यूक्लोस** की प्रतिपत्ति 'दूसरे की अवांछित निरंतर उपस्थिति ही नरक हैं,' उसे इस नाटक में भी प्रकारांतर से प्रतिध्वनित होती जान पड़ेगी :

"कमबख़्त यहाँ की दीवार क्या हो गयी? अजीब बात है। अपने घर में भी एकांत नहीं।...."

"बस, बस, यार! यही तो कहना चाहता हूँ कि हम अपने घर में रहते हुए भी सड़क पर हैं।"

"मेरी खुशी वापस आ गयी....दीवार वापस आ गयी...."

इन वाक्यों में संकेत काफ़ी स्पष्ट हो सका है।

लेकिन मुझे तो ऐसा लगता है, जिस प्रतीक को यह एकांकी सर्वाधिक शक्ति और सार्थकता के साथ प्रस्तुत कर सका है वह एक ऐसे व्यक्ति की लाचारी है, जिसके कंधों पर सत्य के उद्घाटन का भार आ पड़ा है। वह व्यक्ति लेखक, कलाकार, दार्शनिक या बिल्कुल सामान्य व्यक्ति, कोई भी हो सकता है। उस सत्य को उन सब तक संप्रेषित करना कितना कठिन है जो असत्य को ही सत्य मानने के आदी हो चुके हैं। और जो लोग उसे भी अपने समान बौना बना डालना चाहते हैं। पागल कहलाने से बचने के लिए अवसर सत्यद्रष्टा को अपनी उपलब्धि छोड़ कर दुनिया का असत्य स्वीकार करने के लिए विवश होना पड़ता है।

आदतों की अंधपट्टी हट जाने से 'क' जब दीवार न होने के सत्य का ज्ञान कर लेता है, तब उसकी पत्नी और नाटक के दूसरे पात्र आदत से हटने की अपनी असमर्थता के कारण दीवार होने के भ्रमदर्शन से अपने को मुक्त नहीं कर पाते।

"तुम्हें रोज देखने की आदत है, जिससे दीवार दिखाई पड़ रही है...."

समस्या यह है कि किसी एक व्यक्ति के सत्य को दूसरे अनेक व्यक्ति कैसे स्वीकार कर लें। बड़े से बड़े सत्य को असत्य के बहुतम से झुठलाया जा सकता है :

"....आपकी दो आँखों का देखना सही है या हमारी छह आँखों का?"

किंतु 'क' का सत्यबोध केवल दो आँखों का सत्यबोध नहीं है– हज़ारों आँखों का सत्यबोध है, यह दर्शकों का भी सत्यबोध है। वे भी देख रहे हैं कि दीवार नहीं है।

वास्तव में यहाँ रंगमंच-माध्यम की एक विशेष शक्ति क्रियाशील हो उठती है, जिसे पश्चिम के पुराने नाट्यशास्त्रियों ने अपने ढंग से नाटकीय विडंबन कहा है। यह दर्शकों के अर्थबोध का अपना अतिरिक्त आयाम है, जो नाटकीय घटनाओं के साक्षी होने के नाते उन्हें प्राप्त होता है। इस प्रसंग में इसका सर्जनात्मक उपयोग हुआ है। यह दर्शकों के मन में विश्वास जगाता है कि 'क' का सत्यबोध उसकी सनक मात्र नहीं है, स्वयं उनका भी अनुभूत सत्य है।

स्वानुभूत सत्य से बड़ा सत्य व्यक्ति के लिए कोई दूसरा नहीं हो सकता। व्यक्ति के सत्यबोध को झुठलाने के लिए असत्य का आग्रह कई तरीके अपनाता है। सत्यद्रष्टा को फुसलाया जाता है :

"का – एक बात सुनो, तुम हमेशा मेरी बात मानते है न?

"क – हाँ, मानता तो हूँ।

"का – तो इस बार भी मान लो, दीवार है।"

उसे सम्मोहित किया जाता है :

"का – केवल समझौते के लिए मत मानो। अपने मन में बैठा लो कि वहाँ दीवार थी, है, और रहेगी।"

उसे दीवाना बताया जाता है :

"अब लो, हम तीन जन देख रहे हैं कि वह दीवार है और यह कहता है कि दीवार नहीं है। पागल और किसको कहते हैं.... ।"

और अंत में जब कोई चारा नहीं चलता तो सत्यदर्शन करनेवाली आँखों पर पट्टी बाँध कर उससे अपने सत्यबोध की पुनर्परीक्षा करने को कहा जाता है।

'क' वास्तव में सत्यान्वेषी ही है। वह मानव को झूठी सभ्यता के आवरण से बेलौस कर, उसके कंचुकों का उच्छेदन कर, उसे नंगा खड़ा कर देना चाहता है। यहाँ नाटककार विशेष रूप से बधाई का पात्र इसलिए है कि उसने अपनी थीम को मूर्त करने के लिए जो रूपबंध चुना है, वह पूरी तरह से दृश्य, नाटकीय, सांकेतिक और संप्रेषणीय है। इतना ही नहीं, रंग-माध्यम का उपयोग करते हुए एकांकीकार ने एक स्थल पर एक ऐसे नाट्य-बिंब का निर्माण किया है, जो बिल्कुल क्रांतिकारी और भारतीय रंगमंच के लिए अब तक अजाना है।

सदियों से काटते चले आने पर भी मनुष्य अपने नाखूनों से अब तक मुक्ति नहीं पा सका है। अपनी सारी प्रगति के बावजूद मनुष्य वहशी बना हुआ है। यदि कृत्रिम सभ्यता के सारे आवरण उतार दिये जाएँ, जिन्हें उसी प्रकार आसानी से उतारा जा सकता है, जिस प्रकार कपड़ों को, तो आदमी फिर वही बंदर से मुँहवाला बिल्कुल नंगा आदिमानव बन जाएगा। ठीक यही बिंब नाटककार एक स्थल पर प्रेक्षकों के मानस में मूर्त कर देता है।

'क' दर्शकों के सामने अपने सारे कपड़े उतार देता है और सिर्फ एक जाँघिया पहने रह जाता है। फिर जाँघिये के बंद पर हाथ रखे हुए रंगमंच पर बने कमरे के पीछे की कोठरी में चला जाता है। उस कोठरी से रंगमंच की ओर की दीवार में एक इतनी बड़ी खिड़की है कि खड़े होने पर आदमी की कमर से ऊपर का पूरा हिस्सा दिखाई पड़ता है। इस खिड़की के जरिये वह जाँघिया भी बाहर दर्शकों के सामने गिरा देता है। दर्शक अब आसानी से कल्पना कर सकते हैं कि वह कोठरी में बिल्कुल नंगा है जिसके कमर से ऊपर के नंगे हिस्से को तो वे स्पष्ट ही देख रहे हैं। दर्शकों में मन में कहीं यह भ्रम न रह जाए कि उसने कोई दूसरा कपड़ा पहन कर जाँघिया उतारा है, इसलिए नाटककार बाहर दरवाजा खटखटाये जाने पर उससे कुछ सेकेंड तक पाजामा ढुँढवाता है, जिसे पहन कर वह कोठरी के बाहर निकल सके। इस प्रकार कोठरी में बिल्कुल नंगा होकर जब वह बंदर का मुखौटा लगा लेता है तो आदिमानव के प्रतिरूप को आसानी से साकार कर देता है। नाटककार का यह प्रयोग बहुत ही साहसपूर्ण है।

मुखौटों के उपयोग द्वारा नाटककार ने नाटकीय और शक्तिशाली ढंग से आज के आदमी की असली तसवीर पेश की है। आज का आदमी बंदर की तरह असंस्कृत, लोमड़ी की तरह मक्कार, गीदड़ की तरह कायर, गधे की तरह मूर्ख और भेड़ की तरह विवेकहीन है। आदमियों के नकली चेहरों पर उनकी असली सूरतों को व्यक्त करनेवाले इन जानवरों के चेहरे लगा कर 'क' सत्यान्वेषण की अपनी उपलब्धि को इस प्रकार मूर्त कर देता है कि दर्शकों के मन पर उसकी गहरी छाप पड़ जाती है। इस तकनीक के उपयोग द्वारा नाटककार ने अपनी कल्पनाशक्ति और अभिव्यंजन-कौशल की मितव्ययिता का परिचय दिया है।

सत्यान्वेषी 'क' की दृष्टि में आज की दुनिया कैसी है, इसे नाटककार ने स्पष्ट शब्दों में व्यक्त किया है। एक पात्र द्वारा 'क' से यह पूछने पर कि वह सामने क्या देखता है, 'क' उत्तर देता है : "भीड़, भीड़ में आदमी, आदमियों के चेहरे, चेहरों में आँखें, आँखों में भय, पीड़ा, मक्कारी, धोखा, फरेब, हिंसा...." क्या मानव समाज के आधुनिकीकरण की यही उपलब्धि है?

लेकिन इस नाटक के पात्र अन्योपदेशिक नाटक के पात्रों की तरह सिद्धांतों एवं अमूर्त भावों की स्थूलमूर्ति मात्र नहीं हैं, न ही इस नाटक की सतह पर तैरनेवाला जीवन का स्वरूप यथार्थ की दुनिया से बिल्कुल कटा हुआ है। सतही रूप से इसे एक ऐसे सनकी व्यक्ति की कहानी माना जा सकता है जो क्रमशः विक्षिप्तता की ओर बढ़ रहा है। उसकी क्रियाओं की व्याख्या मति-विभ्रम और विक्षिप्तता जैसे मनोरोग-लक्षणों द्वारा आसानी से की जा सकती है। पात्रों के अमूर्तीकरण से बच कर लेखक ने वास्तव में रंगमंच-माध्यम की अपनी सही पहचान का सबूत दिया है। नाटक की शक्ति का सबसे बड़ा आधार अभिनेता है जिसकी सार्थकता अपने सारे भावबोध की समृद्धि के साथ मानव के बिंब को रूपायित करने में है। अमूर्त पात्र अभिनेता की इस शक्ति को पंगु कर देते हैं।

यों यह एकांकी बिल्कुल प्रहसन है। नाटककार हल्के-फुल्के प्रहसनात्मक ढंग से दर्शकों का मनोरंजन करता हुआ गहरे अर्थों के केवल संकेत देता है। नाटककार की बड़ी सफलता इस बात में भी है कि प्रहसनकार के दायित्व से वह एक क्षण के लिए भी स्खलित नहीं हुआ है। यदि अप्रौढ़ नाटककार इस कैनवस पर काम करने बैठता तो दर्शकों के लिए अच्छा खासा सरदर्द बन जाता।

कारीगरी की दृष्टि से इस नाटक का शिल्प हिंदी में पश्चिमी नाटकों का नमूना पेश करता है।

लेखनकाल : 1967 ई. के आसपास

आधुनिक प्रयोगशील नाटक की शुरुआत

बोलती फ़िल्मों ने जब जगमगाते रंगमंच वाले नाट्ययुग का अंत कर दिया, तब नाटकलेखन भी अपनी दिशा खो बैठा। जल्दी ही लोगों की समझ में यह सच आ गया कि ज़िंदा अभिनेता के सिवा फ़िल्म वह सब कुछ दे सकती है जो नाट्य प्रस्तुति देने का वायदा करती है। इतना ही नहीं, सजीव अभिनेता की क्षतिपूर्ति वह और इतना कुछ देकर करती है जो नाट्य किसी प्रकार नहीं दे सकता। ऐसी स्थिति में कम से कम हिंदी क्षेत्र का रंगमंच तो समाप्त हो ही गया, चलते ढर्रे में नाटक लिखना भी बेमानी हो गया। यह बात दूसरी है कि लकीर के फकीर दूसरे तीसरे दर्जे के नाटक लिखते ही चले गये।

फ़िल्मों की उपस्थिति में नाट्य-प्रस्तुति और नाटकलेखन दोनों को नये सिरे से अपनी सार्थकता खोजने के लिए प्रयोगों के एक लंबे दौर से गुज़रना ही है।

हिंदी में इस काम की शुरुआत भुवनेश्वरप्रसाद ने 1946 ई. में **ताँबे के कीड़े** लिखकर की। दरअसल नाट्यक्षेत्र में इस प्रकार के कार्य का वास्तविक माहौल दुनिया के और दूसरी जगहों पर भी दूसरे विश्व-महायुद्ध के बाद ही बन सका था। लेकिन हिंदी के लिए तो भुवनेश्वर अपने समय से बहुत आगे थे।

इस अनूठे छोटे नाटक में प्रयोग का मुख्य दायरा दृश्य-बिंबों और भाषिक-बिंबों के आपसी संबंधों की पड़ताल है।

नाट्य में भाषिक-बिंबों की संरचना नाटकलेखक का काम है और दृश्य-बिंबों का सर्जन नाट्यप्रयोक्ता करता है। लेकिन इन दोनों में आंतरिक सह-संबंध और समन्वय आवश्यक है क्योंकि दर्शक पर पड़ने वाला असर इनकी महीन कलापूर्ण बुनावट पर ही टिका रहता है। इसीलिए लेखक और नाट्यप्रयोक्ता दोनों को एक दूसरे के क्षेत्रों की गहरी जानकारी रखनी पड़ती है। लेकिन इस तरह की जानकारी की हिंदी में बड़ी कमी है जिसका नतीजा यह होता है कि ये दोनों तरह के बिंब एक दूसरे को पुनर्शक्तिकृत करने के बजाय अक्सर एक दूसरे को काटते रहते हैं और प्रस्तुति काफ़ी कमज़ोर हो जाती है।

भुवनेश्वर को किसी तरह नाट्य की इस ख़ासियत का एहसास हो गया था, इसीलिए **ताँबे के कीड़े** में उसने दृश्य-बिंबों और भाषिक-बिंबों को चुनने, पारस्परिक सहसंबंध स्थापित करने और स्थितियों में उन्हें सजाने में एक ख़ास व्यवस्था निकालने की कोशिश की है।

ताँबे के कीड़े में दृश्य-बिंबों की संरचना कुछ इस प्रकार है :

एक काली स्क्रीन

उसके सामने खड़ी एक महिला अनाउंसर

अनाउंसर के रंग-बिरंगे कपड़े

एक फूलदार ड्रेसिंग गाउन

रेशमी साफा

एक शोख चौड़ा कमरबन्द (इनसे काम चल सकता है)

हाथ में एक बड़ा सा तिब्बती लामाओं का सा झुनझुना

अक्सर वह झुनझुना हिलाती है या गांग देती है।

बत्तियाँ बुझाई जाती हैं।

सिर्फ़ अनाउंसर एक फीकी फुटलाइट में काली स्क्रीन के सामने दमकती रहती है।

अनाउंसर अक्सर हँसती है, लेकिन वह कभी नहीं भी हँसती।

अनाउंसर स्क्रीन से सटे स्टूल पर बैठ जाती है।

अनाउंसर हाथ का झुनझुना काली स्क्रीन से टिका कर आडिटोरियम में बैठ जाती है।

रोशनी हो जाती है।

अनाउंसर इठलाती हुई हँस रही है।

झुनझुना कमरबंद में अटका लेती है।

झुनझुना निकालकर बजाती है और शर्मायी हँसी हँसती है। स्क्रीन के पीछे से रिक्शेवाला जो पैर में घुँघरू बाँधे है, दर्शकों को जोकरों की तरह हँसाने की कोशिश कर रहा है (सर्कस के जोकरों की तरह न उपस्थिति किया जाए)। औरों के खड़े हो जाने पर आगे आकर वह अपना नाचगाना शुरू कर देता है। गाना किसी भी भद्दी लय में गाया जा सकता है और नाच उछल कूद से ज़्यादा कुछ भी नहीं।

अनाउंसर लाल सिंदूर होकर हँसी से लोटपोट हो जाती है और बड़ी भली मालूम हो रही है।

इतने थोड़े से दृश्य-बिंब किसी भी नाटक के लिए, भले ही वह छोटा क्यों न हो, नाकाफी हैं। लेकिन भुवनेश्वर ने इन्हें भाषिक-बिंबों के बीच कुछ इस प्रकार सजाया है कि एक ओर तो वे पूरी तरह उभर कर बेहद अर्थगर्भित हो उठे हैं, दूसरी ओर भाषिक-बिंबों को भी अलग से महत्व प्रदान करते हैं।

जरा गौर से देखने पर इस छोटे नाटक के तीन मुख्य टुकड़े साफ़ नज़र आएँगे— प्रस्तावना, मुख्य नाटक और उपसंहार।

प्रस्तावना में भाषिक-बिंबों के दो स्तर हैं — एक में वे बोलने वाली अनाउंसर के दृश्य-बिंब से जुड़े हुए हैं; दूसरे में स्क्रीन के पीछे से आनेवाली सामूहिक आवाज़ों से गुथे हुए हैं।

दरअसल **ताँबे के कीड़े** में भुवनेश्वर ने दो और तरह के बिंबों का भी उपयोग किया है : ध्वनियों के बिंब, जिनमें झुनझुने, गांग, रिक्शे की घंटी की ध्वनियाँ हैं और मानवीय वाणी के बिंब, जिनमें भाषिक-बिंबों के साथ विभिन्न व्यक्तियों की सामूहिक और एकाकी आवाज़ें अपने उतार चढ़ावों, काकु और अखंडनीय ध्वनियों से प्रभाव पैदा करती हैं।

प्रस्तावना के भाषिक-बिंबों का चौखटा किसी प्रकार के नाटकीय कार्य-व्यापार से विच्छिन्न निर्वैयक्तिक कथनों या उक्तियों से बनता है जिसका उद्देश्य दर्शकों के मन में एक तरह की सार्विक दार्शनिक पृष्ठभूमि तैयार करना है।

इसके बाद अनाउंसर नाटक की मुख्य वस्तु की घोषणा करती है :

'(गंभीर स्वर) जीवन का संगमरमर, जीवन का हसीन संगमरमर, घायल संगमरमर, खून बहता हुआ संगमरमर — (झुनझुना)'

और भुवनेश्वर ने ज़िंदगी के इस संगमरमर को पेश किया है काले स्क्रीन के पीछे, श्रव्य-बिंबों की एक गतिशील संश्लिष्ट संरचना से।

स्क्रीन के पीछे इन श्रव्य-बिंबों को बनाने वाले अनेक व्यक्ति हैं— एक परेशान रमणी, एक मसरूफ पति, एक थका हुआ अफसर, पागल आया, हाथ से रिक्शा खींचने वाला कुली, कुछ और व्यक्ति जिनकी पहचान निश्चित नहीं की गयी है। ये लोग न तो कोई सुबद्ध कथानक प्रस्तुत करते हैं, न ही चरित्र-चित्रण। बस कुछ स्थितियों के, कुल क्रियाओं के बिंब बनाते हैं जो भाषिक-बिंबों को नये तरह के अर्थ-संबंधों से युक्त करते हैं।

जीवन के संगमरमर के रूप में जो पहली बिंब-शृंखला उभरती है, वह एक ऐसे संपन्न परिवार की है जो अपने ही क्षणिक सुखों पर केंद्रित होकर प्रकृति के जीवनदायक चक्र को भी शिकायत और असुविधा की नज़र से देखता है। लेकिन इसमें केंद्रीय महत्व जिस बिंब-प्रतीक को प्राप्त होता है, वह 'बीज' है :

'कितनी जोर से पानी आया है, मेरे सारे बीज सड़ जाएँगे।

'हमारी सबसे नयी ईजाद काँच के बीज। इनके बराबर नहीं बोना पड़ता। एक बार बोओ हज़ार बार काटो। यह सड़ते नहीं, उगने से इनकार नहीं करते।

'सीसे के बीज काँच के बीजों से ज़्यादा पायदार होते थे।

'आइने अब उगने और न उगने वाले बीजों को अलग कर देंगे।'

आया सूटर लिए एक बच्चे को खोज रही है –

'बाबा! (पुकारती है) जान बाबा! मशालची बाबा!....तुम घर से कितनी दूर निकल जाते हो! मैं कब से तुम्हारा सूटर लिए तुम्हें ढूँढ़ रही हूँ।'

इसी प्रकार स्थितियों, क्रियाओं और शब्दों के बिंब-प्रतीकों द्वारा अनुभूतियों और विचारों के अर्थ-संसार से ले चलता हुआ नाटककार दर्शकों को मुख्य बिंब-प्रतीक 'ताँबे के कीड़े' तक पहुँचाता है –

'हमारी सबसे नयी ईजाद – काँच के सूटर। इनको सिर्फ ताँबे के कीड़े खा सकते हैं – (कुछ रुककर) – हमारी इससे भी ताजा ईजाद – ताँबे के कीड़े.... यह बुलाने से बोलते और हँसाने से हँसते हैं।....ताँबे के कीड़े।'

मुख्य नाटक यहीं ख़त्म होता है, लेकिन उपसंहार अंश में अनाउंसर घोषणा करती है कि दो मिनट का नाच-गाना अभी बाकी है। और तब उसकी प्रतीक्षा में रुके दर्शकों को वह नाटक के संबंध में भुवनेश्वर के विचार बताती है।

लेकिन सवाल उठता है भुवनेश्वर ने अपने मुख्य नाटक को काले स्क्रीन के पीछे क्यों घटित कराया है। दर्शकों के सामने इन पात्रों, क्रियाओं और स्थितियों को प्रत्यक्ष उपस्थित करने से ऐसा क्या फर्क पड़ता जो भुवनेश्वर को मंजूर नहीं था। मैं समझता हूँ, और बातों के अलावा इसका एक बड़ा कारण यह था : भुवनेश्वर इस बात को बखूब जानते थे कि इसमें वह जो कुछ कहना चाहते हैं, वह मुख्य रूप से सिर्फ़ भाषा द्वारा ही व्यक्त होता है जो अपने पूरे असर के लिए मूर्तबिंबों की अपेक्षा नहीं रखती; बल्कि ऐसी स्थिति में मूर्तबिंब भाषा के प्रति अनवधान पैदा करते हैं। नाट्य में भाषिक प्रयोगों की सबसे बड़ी समस्या मूर्त-बिंबों के बीच उनकी सही जगह ढूँढ़ना है। सिर्फ़ साहित्यिक दृष्टि से नाटक लिखने की सबसे बड़ी असफलता यहीं घटित होती है।

तब इससे यह निष्कर्ष निकालना बड़ा गलत होगा कि यहाँ भुवनेश्वर रेडियो नाटक के क्षेत्र में अवैध-प्रवेश करता है। उसने इन श्रव्य-बिंबों को दृश्य-बिंबों से पूर्णतः निरपेक्ष या स्वतंत्र नहीं किया है, बल्कि उनके अभाव की निरंतर चेतना और ऊपरी तौर पर नाकाफ़ी लेकिन अच्छी तरह चुने हुए, सुचिंतित दृश्यबिंबों के साथ जोड़कर प्रभावों के आयामों का विस्तार किया है और उन्हें मनचाही दिशा देने की कोशिश की है।

भुवनेश्वर के इस प्रयोग की एक खूबी और है। दर्शक सुनते हैं और काला-स्क्रीन देखते हैं जिसके पीछे घटित होने वाले संसार का उन्हें आभास तो होता है, लेकिन उसके प्रत्यक्षीकरण के लिए उन्हें मजबूरन अपनी कल्पना को सक्रिय करना पड़ता है और इस प्रकार एक ओर तो वे आंशिक रूप से अपने ही संदर्भ-चौखटे में अर्थबोध करते हैं, दूसरी ओर सर्जनात्मकता का भी अनुभव करते हैं।

भुवनेश्वर ने नाट्यतत्वों के साथ भाषिक-बिंबों का मेल **ताँबे के कीड़े** में कुछ इस प्रकार किया है कि वह बिल्कुल अलग क़िस्म की नाट्य-कविता हो गयी है।

लेखनकाल : 1983-84 ई.

काव्य और नाट्य की अन्विति : पहली मंजिल

जयशंकर प्रसाद के नाटकों के बाद पहला महत्वपूर्ण संपूर्ण नाटक **अंधायुग** है, जो हिंदी साहित्य की मुख्यधारा से जुड़ते हुए उसे समकालीन जीवनबोध की दिशा में ले जाता है। इस नाटक की तेजस्विता का सबसे बड़ा रहस्य पारम्परिकता और आधुनिकता का सार्थक, उर्वर और सर्जनात्मक समन्वय है। इसमें निहित विचारों और अनुभूतियों की आधुनिकता भारत के हजारों वर्षों के अनुभव से उगी बढ़ी मालूम पड़ती है। लेकिन हिंदी की परम्परा के अनुकूल ही यह पहले साहित्य है, काव्य है, नाटक उसके बाद है।

निश्चय ही इसकी मूलप्रेरणा दूसरे महायुद्ध के बाद विश्वव्यापी युद्धविरोधी माहौल में उठे मानवतावादी गहन नैतिक प्रश्न हैं। इस पृष्ठभूमि पर विश्व की अनेक भाषाओं में बहुत सा उत्कृष्ट साहित्य लिखा गया। लेकिन शायद भारत में भारती ने ही इन्हें पहली बार भारतीय परिवेश से इतने गहरे जोड़कर प्रस्तुत कर सका।

सहज ही भारती ने इन प्रश्नों से उलझने का माध्यम महाभारत के महायुद्ध के अंतिम दिन और उसके बाद की घटनाओं को बनाया। लेकिन भारती की सही पहचान का सबूत महाभारत के युद्ध में भारत की धरती पर विश्वयुद्ध की समतुल्यता मात्र नहीं है। दरअसल गीता के साथ महाभारत घटनाओं से ज्यादा नैतिक दार्शनिक प्रश्नों को वजनदार बनाता है। फिर महाभारत रामायण जैसा उतना फिनिश्ड भी नहीं है कि नयी व्याख्याएँ बिल्कुल थोपी हुई सी लगने लगें।

भारती ने **अंधायुग** के पुराण में किसी अश्मीभूत इतिहास का पुनर्निर्माण नहीं किया क्योंकि, वह कवि है और कवि केवल अपने युग का होता है। **अंधायुग** में महाभारत का रूपांतरण होता है और वह हमारे अपने युग की एक पूर्ण समकालीन रचना बन जाती है। भारती शुरू में ही इसकी ओर इशारा कर देता है :

सत्ता होगी उनकी
जिनकी पूँजी होगी

जिनके नकली चेहरे होंगे
केवल उन्हें महत्व मिलेगा
राजशक्तियाँ लोलुप होंगी
जनता उनसे पीड़ित होकर
गहन गुफाओं में छिप छिपकर दिन काटेगी
[गहन गुफाएँ वे सचमुच की या अपने कुंठित अंतर की]

अंधायुग का केंद्रीय चरित्र शायद अश्वत्थामा है, जिसे युधिष्ठिर के अर्धसत्य ने अंधा बर्बर पशु बना दिया है। इसके दूसरे चरित्र भी अपनी पौराणिक आस्थागत पहचान के चमकीले कपड़े उतार कर नंग धड़ंग हमारे बीच आ खड़े होते हैं और हम अपनी ही त्रासदी देखने बैठे रहते हैं। भारती के पंजों ने कृष्ण के पीतांबर को भी नहीं बख़्शा; हालाँकि शायद उसके बचपन के संस्कारों की वैष्णव आस्तिकता ने कृष्ण के मोरपंख की मोहकता बरकरार रहने दी। दरअसल उसकी यह सांस्कारिक आस्तिकता ही वह असल चीज है जिसने **अंधायुग** के रूप में महाभारत की शवपरीक्षा के बावजूद उसकी आत्मा की जीवंत काव्यधर्मी तेजस्विता बनाये रखी वर्ना उस 'अभिशप्त' भूमि पर पैर रखने की उसकी हिम्मत महँगी पड़ती।

भारती **अंधायुग** में परिवेश और व्यक्ति-चेतना, नियति और व्यक्ति-निर्णय, तटस्थता और पक्षधरता, विजय और पराजय, आस्तिकता और अनास्था, आसक्ति और अनासक्ति, सच और झूठ जैसी बुनियादी अवधारणाओं की पुनर्परीक्षा की ज़रूरत सामने रखता है और हमारी भावनाओं और विचारों को कुरेदता हुआ नैतिक मूल्यों के इस्तेमाली हथकंडों की कलई खोलता है। भारती ने अपने इस काव्यनाटक में मूल्यों की संरचना को इतना सार्विक बना दिया है कि बदली हुई परिस्थितियों में भी युगबोध की अनुगूँजें पैदा होती हैं और कृति की ताज़गी बनी रहती है।

अंधायुग में भारती की अभिव्यक्ति का मुख्य साधन भाषा ही है और उसमें भाषा की पकड़ मजबूत है। पौराणिक या ऐतिहासिक कथानकों के नाटक में एक ऐसी सही भाषा का चुनाव जो प्राचीनता का परिवेश भी रच सके और समकालीन जीवनबोध से जुड़ते हुए प्रासंगिक मूल्यों की पूरी अर्थवत्ता और असर बनाये रख सके, अब तक एक मुश्किल काम था। भारती ने इस दिशा में पहली बार काफ़ी बड़ी सफलताएँ हासिल की हैं।

इस भाषा से भारती ने काव्यनाटक रचा है। काव्यनाटक हिंदी के लिए कोई नयी चीज नहीं है। मध्यकाल में हिंदी में अच्छे खासे काव्यनाटक खूब रचे गये। दुर्भाग्यवश हिंदी आलोचना और इतिहास में उनका महज काव्य के रूप में ही

विवेचन हो सका, उनका नाटकत्व बिल्कुल उपेक्षित रह गया जिससे आधुनिक हिंदी में उसकी कोई समर्थ परंपरा स्थापित न हो सकी। लेकिन भारती का यह काव्यनाटक परंपरा से जुड़ कर भी बिल्कुल पारंपरिक नहीं है। इसकी संकल्पना उसने पश्चिम के टी. एस. इलियट की रचनाओं जैसे काव्यनाटकों की प्रेरणा से की है। इसलिए इसमें काव्य और नाटक के तत्वों की अन्विति की दिशा परंपरा से निकलकर आधुनिकता की ओर जाती है।

पारंपरिक काव्य की जो खास चीज इस नाटक के लिए भारती ने चुनी वह कथागायन है। इस पूरे काव्यनाटक का जो प्रधान असर शैली की दृष्टि से पड़ता है वह कथा कहने और सुनने का है। यहाँ भारती के चुनाव की फिर दाद देनी पड़ती है क्योंकि न केवल अपने मूल आख्यान में युद्धकथा संजय की कही कहानी है, बल्कि इसलिए भी कि भारतीय जनता का वास्तविक संस्कार महाभारत को कथारूप में सुनने का ही है। कथागायन के इस प्रयोग द्वारा विश्वसनीयता और सहज ग्राह्यता उपजती है। लेकिन भारती इस शैली में कुछ ज़्यादा ही लिप्त हो गया, जिससे नाटक का अधिकांश कथा बनकर रह गया। उसके पास काव्य को नाट्य की अन्य ज़रूरतों से जोड़ने का अवकाश नहीं रह गया।

काव्य और नाट्य के पारंपरिक तथा आधुनिक संबंधों में बड़ा फर्क है। पुराने नाट्यरूपों में या तो काव्य और नाट्य स्वतंत्र रूप से सहस्थित रहते थे या नाट्य की स्थिति काव्य के उपकारक की होती थी। आधुनिक दृष्टि काव्य को नाट्य में घुला देने की है, जिससे स्वतंत्र रूप से काव्य सुनने की अनुभूति न हो। लेकिन अवचेतन रूप से उसका प्रभाव बराबर पड़ता रहे। इसके लिए काव्य को एक पारदर्शी स्थिति प्राप्त करनी होती है, जिससे बातचीत का लहजा बरकरार रहे और बिना किसी झटके के (यदि वह विशेष रूप से अभीष्ट न हो) साधारण से उच्चतर भावस्थितियों तक लगातार संक्रमण होता रह सके।

नाट्य में काव्य की सार्थकता का एक आधुनिक पहलू और भी है। नाट्य का केंद्रीय मूल तत्व अभिनय है और अभिनय शरीर की क्रियाओं, गतियों और ध्वनि-उत्पादन शक्ति द्वारा गहन आत्माभिव्यक्ति है। काव्य अभिनय की गहनता के साथ भाषा की गहनता के रूप में दोनों को एकलय करता है। लेकिन इसके लिए नाटक लिखने वाले को अभिनय की अभिव्यक्ति क्षमता के दायरे की अच्छी पहचान ज़रूरी है, जिससे वह काव्य को उसके साथ सर्जनात्मक रूप से जोड़ सके।

इस तरह से देखने पर **अंधायुग** में भारती की सफलता प्राथमिक स्तर की लगती है और वह काव्य और नाट्य की अन्विति के प्रश्नों को कहीं गहरे छूती नहीं नज़र आती। यह बात दूसरी है कि उच्चकोटि के निर्देशक और अभिनेता

अंधायुग को काव्य और नाट्य की सहस्थिति के रूप में प्रभावी रूप से प्रस्तुत कर दें। लेकिन मेरी दृष्टि में **अंधायुग** की सफल प्रस्तुति के लिए इसमें नाट्य को काव्य का उपकारक भर बनना चाहिए। उसे आगे बढ़कर भाषिक संप्रेषण के प्रभाव को तोड़ने की कोशिश नहीं करनी चाहिए।

इसके बाद नाटक के ऊपरी ढाँचे का प्रश्न गौण हो जाता है। हिंदी की नाट्य समीक्षा में ढांचे (तथाकथित रूपविधान) को लेकर इतना हो हल्ला मचाया गया कि साहित्य और नाट्य के गहरे आंतरिक संबंधों से दृष्टि हट गयी। सच तो यह है कि नाटक-रचना की सबसे बड़ी समस्या भाषा और नाट्य के मूल तत्वों की पारस्परिक सर्जनात्मक अन्विति है। इसे सुलझाने में सफल होने पर नाटककार चाहे जिस तरह के ढाँचे में उसे नियोजित करे, नाट्य-प्रयोक्ता को अपने मनचाहे रूप में उसे प्रस्तुत करने में कोई खास मुश्किल नहीं होगी।

भारती ने चौखटे और पर्दों वाले रंगमंच को सामने रखकर **अंधायुग** की रचना की है और उसी के अनुकूल मंचनिर्देश भी दिये है। नाटककार के लिए यह स्वाभाविक है कि वह अपने अधिक परिचय के भौतिक रंगमंच के अनुसार लिखे, लेकिन नाट्य-प्रयोक्ता की सर्जनात्मक कल्पना न तो उससे बंधती है, न ही उसकी स्वतंत्रता में नाटककार कोई हस्तक्षेप करता है। **अंधायुग** तमाम मंचनिर्देशों के बावजूद नाट्य-प्रयोक्ता को कहीं बाँधता नहीं और वह अनेक ढंग से उसकी प्रस्तुतियाँ कर सकता है। पिछले दो दशकों में अभिनय, स्थान, और शैली की विविधताओं के साथ उसके अनेक प्रदर्शन हुए भी।

अंधायुग के रूपाकार की रचना में भारती ने पारम्परिक, यूनानी और तत्कालीन प्रचलित शेक्सपीरियन ढाँचे से जो भी असर लिया है, उसे पचाकर अन्वित किया है। हिंदी समीक्षा की पारंपरिक शब्दावली में कहें तो **अंधायुग** के मूलकथ्य, वस्तु-संगठन और रूप-विधान में कुछ इस प्रकार की आंतरिक संगति है कि पूरी रचना एक गहरी प्रभावान्विति उत्पन्न करती है।

लेखनकाल : 1983-84 ई.

हिंदी में गहरी प्रौढ़ नाट्यसर्जना का उन्मेष

संपूर्ण हिंदी साहित्य के विकासक्रम के परिप्रेक्ष्य में मोहन राकेश के नाटकों ने जो शिल्पगत उपलब्धियाँ इस शती के छठे सातवें दशक में हासिल कीं, दरअसल वह हिंदी नाट्यसाहित्य को तीसरे या ज़्यादा से ज़्यादा चौथे दशक में ही मिल जानी थीं। उन्नीसवीं शती के अंतिम चरण में उसी अंग्रेज़ी प्रभाव के तहत हिंदी निबंध, कहानी और उपन्यास ने जितने लंबे डग भरे नाटक उसमें क्यों पिछड़ गया? आमतौर पर इसका कारण हिंदी रंगमंच का विकसित न होना बताया जाता है। लेकिन यह अतिसरलीकरण है और इससे नाट्यसाहित्य की जटिल प्रकृति को समझने में कोई मदद नहीं मिलती। शुद्ध साहित्यिक विधा की दृष्टि से भी नाटकलेखन अपनी मूल अवधारणा में काफ़ी मुश्किल काम है, फिर रंगमंच-माध्यम की प्रकृति उसकी ज़रूरतों की महीन पहचान और उसका सर्जनात्मक प्रयोग नाटकरचना को कठिनतर बना देता है।

उन्नीसवीं शती के सातवें आठवें दशक में जब आधुनिक हिंदी में नाटकलेखन की शुरुआत हुई, तब बड़ी अजीब स्थिति थी। अंग्रेजी नाटकसाहित्य और नाट्यप्रस्तुतियों ने नाटक के जिस 'माडल' से भारतीयों को अभिभूत किया था, उसके तहत मध्यकालीन पारंपरिक नाट्यप्रस्तुतियाँ और नाटकसाहित्य नाटक की अवधारणा से खारिज हो चुके थे और उस अनुभव का रिक्थ अप्रासंगिक हो उठा था। संस्कृत नाट्यसाहित्य के प्रति गहरी श्रद्धा और उसे आत्मसात करने की भरपूर कोशिशों के बावजूद उसकी समृद्धि के भागीदार बनने में तत्कालीन नाटकलेखक नाकाम हो रहे थे क्योंकि संस्कृत के नाटक जिन अतिविशिष्ट रंगमंचीय तकनीकों को सामने रखकर रचे गये थे, वे लुप्त हो चुकी थीं और उनको समझे बिना संस्कृत नाटकों के साहित्यिक संभार का अनुकरण हिंदी नाटक को बेहद दुर्बल बना दे रहा था। उन्नीसवीं शताब्दी के भारत का स्वयं अंग्रेजी रंगमंच बेहद कलाहीन, अनुर्वर और तड़क भड़क वाला था; हालाँकि नये तमाशे के रूप में तत्कालीन भारतीय उसी से बेहद प्रभावित थे। उसके अनुकरण पर बाङ्ला, मराठी,

गुजराती, उर्दू आदि भाषाओं में जो शौकिया और तिजारती रंगकार्य शुरू हुआ, वह भी कैसे श्रेष्ठ नाटकलेखन को जन्म दे सकता था। नतीजा यह हुआ कि बाङ्ला मराठी के अनुवाद भी हिंदी नाटकलेखन का सही दिशानिर्देश न कर सके। अधिक गंभीर नाटककारों ने शेक्सपीयर, इब्सन और बर्नार्ड शॉ जैसे नाटककारों के नाटकों के माडल पर हिंदी में नाटक लिखने की कोशिश की। लेकिन उनकी ये कोशिशें निबंध, कहानी, उपन्यास आदि के क्षेत्र में की गयी ऐसी ही कोशिशों के मुकाबले बेहद कमजोर साबित हुईं। इसका सबसे बड़ा कारण यह है कि सिर्फ पढ़कर नाटक के बारीक शिल्प को उस तरह पचाया नहीं जा सकता, जिस तरह उपन्यास कहानी जैसे महज भाषिक माध्यम की रचनाओं को। इसीलिए भारतेंदु और प्रसाद जैसे महान प्रतिभाशाली रचनाकार भी ज़्यादा से ज़्यादा हिंदी में नाट्यलेखन का उर्वर परिवेश भर बनाकर रह गये। भुवनेश्वर में पश्चिमी प्रौढ़ नाटकविधा के शिल्प की बारीकियों को जज्ब करने की क्षमता जरूर थी, लेकिन बोहेमियन ज़िंदगी गुज़ारते रहने के कारण वह कभी जमकर कोई संपूर्ण नाटक लिखने न बैठ सका। उसकी प्रतिभा छोटे-छोटे नाट्यदृश्यों (तथाकथित एकांकियों) में व्यक्त होकर रह गयी।

इस तरह भाषाप्रयोग, जीवनदर्शन, रंगमंचीय आधार, सार्थक समकालीन जीवनानुभूति, काव्यगत उत्कर्ष और एक विकसित साहित्यिक विधा के रूप में नाटक की ज़रूरतों की पूर्ति सर्वप्रथम मोहन राकेश के प्रौढ़ नाट्यशिल्प में ही मिलती है। दरअसल भारतेंदु के साथ आधुनिक हिंदी ने पश्चिमी नाटकसाहित्य के जिस शिल्प को पकड़ने की यात्रा शुरू की थी, उसकी संपूर्ण सार्थक पहली परिणति मोहन राकेश के नाटकों में ही हुई।

चूँकि बात 'हिंदी' नाटक के संदर्भ में हो रही है, हमें मोहन राकेश के नाटकों की उपलब्धियों का चर्चा भाषा से ही शुरू करना चाहिए। आधुनिक हिंदी में नाटक की रचना के लिए भाषा को खोज निकालने का काम सबसे पहले राजा लक्ष्मणसिंह ने किया। **अभिज्ञानशाकुंतलम्** का अनुवाद करते हुए राजा साहब ने एक ओर तो परंपरा से विकसित हिंदी गद्य का सर्जनात्मक उपयोग किया, दूसरी ओर किसी बोली (ब्रजी आदि) की शुद्धता को पकड़ने की कोशिश किये बगैर ही बोलचाल की भाषा के बिंब, उसकी लय और मिठास की अनुगूँजें पैदा की। अपने बीज रूप में हिंदी नाटक के लिए यह आदर्श स्थिति थी और भारतेंदु की प्रतिभा ने सहज ही पहचान कर इसे व्यापकता और उत्कर्ष की कई सीढ़ियाँ चढ़ा दीं। **प्रेमजोगिनी** में तो भारतेंदु ने भाषा को चरित्र से अनिवार्यतः जोड़कर उसे यथार्थ के ही एक आयाम की तरह देखा। इसमें उन्होंने अक्सर भाषा को ध्वन्यात्मक स्तर पर उसकी

सूक्ष्म लय के साथ पकड़ने की कोशिश की और खंडेतर ध्वनियाँ भी उनकी तीव्र संवेदनशीलता से छूटने नहीं पायीं। दरअसल भारतेंदु ने जाने अनजाने नाटक के उस मूलमंत्र की झलक पा ली थी, जिसके अनुसार चरित्रों को उनकी सभी विसदृशताओं के साथ ठोस रूप में मूर्त करने का सबसे बड़ा साधन उनके द्वारा प्रयुक्त भाषा की सहज निजता है।

लेकिन भारतेंदु युग और बाद के बहुत सारे दूसरे हिंदी नाटककारों की पकड़ में यह महीन सच नहीं आया और वे भाषिक यथार्थ के नाम पर पात्रानुसारी भाषा गढ़ते रहे यानी मुसलमान पात्रों से उर्दू, हिंदुओं से संस्कृतनिष्ठ हिंदी और ग्रामीण पात्रों से अवधी, भोजपुरी, ब्रजी आदि बुलवाते रहे। और उसमें भी बोलचालपन नाममात्र को था। सारे संवाद गढ़े हुए बनावटी लगते थे। भाषा का यह बनावटी बहुरंगीपन कुछ इतना बढ़ गया कि स्थिति असह्य हो उठी और जयशंकर प्रसाद ने न केवल उसका जमकर विरोध किया बल्कि उसे बिल्कुल नकारते हुए अपने नाटकों की भाषा को एकदम दूसरे छोर पर स्थित कर दिया। इस तरह सिर्फ परिनिष्ठित हिंदी गद्य में नाटक लिखने का संकल्प लेकर प्रसाद ने उसकी प्रौढ़ता के रास्ते को तो जरूर खोला, लेकिन नाटकीय अभिव्यंजना की दृष्टि से अपने को कठोर सीमाओं में बाँध लिया। और चूँकि उन्होंने कथावस्तु का चयन प्राचीन भारतीय इतिहास से किया, उस युग का परिवेश रचने के लिए संस्कृत शब्दों का अधिकाधिक प्रयोग आवश्यक समझा। इतना ही नहीं, अपने ऐतिहासिक शोध से ढूँढ निकाले गये समकालीन हिंदी में अप्रचलित ढेरों ऐसे पारिभाषिक शब्दों का भी उपयोग किया, जिन्हें समझने के लिए पाठकों या प्रेक्षकों से भी वैसे ही ऐतिहासिक ज्ञान की अपेक्षा थी। इस तरह प्रसादजी अपने नाटकों के लिए अनायास एक ऐसी हिंदी के प्रारूप तक पहुँच गये जो अभिजात तथा बनावटी थी। फिर प्रसादजी ने इस हिंदी को नाटकों के जिस रूपबंध के लिए इस्तेमाल किया, उसमें ऐतिहासिक खोजों की स्थापनाएँ, घटनाक्रम तथा कथानक संबंधी सूचनाएँ, सैद्धांतिक वादविवाद और दार्शनिक स्वगतोक्तियाँ भरी पड़ी हैं। इसीलिए उनके नाटकों में पात्रों के बीच बातचीत की जगह कथनोपकथनात्मक गद्यखंडों का सिलसिला चलता रहता है जो स्वभावतः बेहद निर्वैयक्तिक हो गया है और पात्रों का नाम भर हटा देने से वह धाराप्रवाह गद्य-रचना बन जाती है। प्रसादजी अक्सर इसे गद्यकाव्य तक पहुँचा देते हैं। लेकिन यह काव्य न तो नाटकीय स्थितियों का अनिवार्य परिणाम होता है, न ही यह स्वयं नाट्यस्थितियों को काव्यात्मक परिणति देता है। अलंकारिता, लाक्षणिकता, व्यंजना, प्रतीकत्व, नादसौंदर्य, भावप्रवणता, बिंबपरकता, चित्रमयता आदि स्वतंत्र और शुद्ध काव्य के रूप में अपना अस्तित्व बनाये रखते हैं।

प्रसादजी के नाटकों की यह भाषा पाठ्यक्रमों और पेशेवर समीक्षकों की अयाचित कृपा से लगातार महिमामंडित होती हुई नाटकों के लिए प्रतिमान बनती गयी।

मोहन राकेश के पहले पूरे नाटक **आषाढ़ का एक दिन** की भाषा इसी परंपरा से निकल कर भी उसे खूब तोड़ती है और हिंदी नाट्य-भाषा को सर्वथा नये आयामों में यात्रा के लिए तैयार करती है। इस नाटक की भाषा का पारंपरिक हिंदी से जुड़े होने का गहरा अहसास हिंदी की सर्जनशीलता को सार्विकता का आयाम देता है और हिंदी नाट्य-भाषा कई कदम आगे बढ़ जाती है।

अपनी नाट्य-भाषा की पकड़ को मजबूत बनाने के लिए मोहन राकेश नाट्यस्थितियों और भाषा के संबंधों की गहरी पड़ताल से काम शुरू करते हैं और इस पड़ताल का पहला नतीजा जो **आषाढ़ का एक दिन** में दिखाई पड़ता है, वह यह कि संवादों को किसी प्रकार के आरोपित कार्य से मुक्त करने की भरपूर कोशिश की गयी है। उन्हें पात्रों के मनोविज्ञान और स्थितियों के तकाजे से गहरे जोड़ा गया है। संवाद भाषिक तर्कसंगतता के सहारे आगे नहीं बढ़ते, न ही वे प्रेक्षकों को स्थितियों और चरित्रों से परे हटाकर सिर्फ़ भाषिक अभिव्यक्तियों तक केंद्रित करते हैं। यहाँ तक कि कथानक संबंधी सूचनाओं को भी टुकड़े टुकड़े कर के भावोत्तेजनाओं और कार्य की अग्रगामी गतियों के साथ इस प्रकार एकसार किया गया है कि वे स्थितियों की अनिवार्य तात्कालिक प्रतिक्रिया के सिवा और कुछ नहीं लगते।

आषाढ़ का एक दिन कालिदास के जीवन पर आधारित उस तरह का ऐतिहासिक नाटक नहीं है जैसे पिछले दिनों हिंदी में बहुत ज़्यादा लिखे गये। उसमें इतिहास का पुनर्निर्माण, उसकी व्याख्या, गौरव गाथा, वर्तमान राष्ट्रवाद या राजनीति का अतीत में प्रक्षेपण जैसा कोई काम करने की कोशिश नहीं है। यह प्राचीन कालखंड में स्थित एक काल्पनिक कहानी, एक नया लीजेंड है, जिसमें कालिदास अपनी प्रसिद्ध रचनाओं के नामों के साथ मौजूद हैं। इसमें मोहन राकेश ने कालिदास की अपनी एक भावमूर्ति (भावुक नहीं) गढ़ी है, जो कोई जरूरी नहीं कि दूसरों की भावमूर्तियों से मेल खाये।

लेकिन मोहन राकेश ने यह नाटक कालिदास की भावमूर्ति या उसके शीर्षक (**आषाढ़ का एक दिन**) जैसी कोई रोमनी कहानी गढ़ने के लिए नहीं लिखा। उसने तो व्यक्तिनिर्णय और वरण के संदर्भ में सर्जन और आत्ममोह, भावना और यथार्थ, कड़ुवे अनुभव – स्मृतिजन्य यथार्थबोध और यौवनस्वप्न की सहस्थिति, सर्जनहीन प्रतिभा की आत्मकेंद्रित क्रियाएँ जैसी अवधारणाओं का मानव-नियति पर पड़ने वाले असर को दिखाने के लिए जीवनस्थितियों का संयोजन किया है, जिसे

कालिदास, मल्लिका, अंबिका और विलोम भोगते हैं। इसीलिए इसमें पुराने अर्थों में चरित्रचित्रण की भी कोशिश नहीं दिखाई पड़ती, क्योंकि व्यक्ति की नियति को उसके वरण की परिणति के रूप में देखने पर ज़्यादा जोर है। तब भी इन व्यक्तियों के बीच तीखा कंट्रास्ट है जिससे टकराहटों में नाटकीय क्षण बड़ी स्पष्टता से उभर सके हैं। इन समकालीन किंतु सार्विक मुद्दों से साक्षात्कार के लिए राकेश ने कालखंड में उलटी यात्रा की क्योंकि इससे अनचाहे ब्यौरों से बचने में सुविधा होती है और गढ़न में कलात्मक उभार लाना आसान हो जाता है।

नाट्य की शिल्पगत उपलब्धियों की दृष्टि से **आषाढ़ का एक दिन** में मोहन राकेश को अभूतपूर्व सफलता भावनाओं, संवादों, क्रियाओं और गतियों को एकतान करने में मिली है। इनका संयोजन इतनी कुशलता से किया गया है कि न सिर्फ़ वे एक दूसरे को सघनीकृत करते हुए क्रमिक विकास की ओर बढ़ती हैं, बल्कि लेखक और निर्देशक के भी हाथों में ऐसा नियंत्रक थमा देती हैं जिससे वह मनचाहे क्षणों को ख़ास फोकस में ला सकता है। ख़ास तौर से स्तानिस्लाव्स्की पद्धति से प्रशिक्षित अभिनेताओं की कुशल अभिव्यक्ति के लिए इस संयोजन में महत्वपूर्ण अवसर मिलता है। लेकिन साधारण शौकिया अभिनेताओं के काम को यह और मुश्किल बना देता है।

मोहन राकेश की नाट्य-कुशलता का एक और प्रमाण रंगिनी संगिनी और अनुस्वार अनुनासिक के जोड़ों वाले दृश्यखंडों में मिलता है। इनके द्वारा तीन नाट्यकार्य एक साथ संपादित किये गये हैं : रंगिनी संगिनी द्वारा विश्वविद्यालयों में चलने वाले साहित्यिक अनुसंधान और अनुस्वार अनुनासिक द्वारा सरकारी नौकरशाही पर व्यंग्यात्मक टिप्पणियों को मूर्त कर नाटककार साधारण दर्शक को भी ऊपर से ऐतिहासिक लगने वाले इस नाटक में समकालीन संदर्भ ढूँढने को प्रेरित करता है; कालिदास के जीवन परिवेश में आये फर्क और कालिदास तथा मल्लिका के रचनात्मक गहरे साहचर्यों के बीच पड़ती खाई का एहसास कराकर मल्लिका के अवसाद को और गाढ़ा करता है; इसके अलावा दर्शकों के मूड को वह थोड़ी देर के लिए हल्का फुल्का भी करता है।

गहरी भावनाओं का निरूपण करते हुए भी नाटककार ने भावुकता से बचने की हमेशा कोशिश की है। कलाधर्मी मितव्ययिता और संयम के साथ उसने भावनाओं को अपनी वैचारिक निष्पत्तियों से इस प्रकार अनुशासित किया है कि न तो कहीं ज़्यादा बौद्धिक बोझिलता पैदा होने पाती है, न ही भावनाएँ स्फीत होकर ध्यान को भटका पाती हैं। अपनी दार्शनिक रुझानों को उसने सटीकता से संकेतित होने भर दिया है। शिल्प के कठोर नियंत्रण के बावजूद सहज स्वाभाविक

विकास प्रवाह अभिनय की प्रक्रिया को मजबूत आधार देता है।

लेकिन तीसरे अंक में पहुँचकर नाटककार जैसे थक गया है। आगे की कहानी की सूचना देने के लिए ही वह अर्थोपक्षेपक के वजन पर मातुल का प्रवेश और निष्क्रमण करा देता है। मल्लिका, कालिदास और विलोम का जानबूझ कर सांयोगिक साक्षात्कार कराता है और स्वगतनुमा लंबे संवादों से उनके आत्मोद्घाटन कराता है।

तब भी **आषाढ़ का एक दिन** हिंदी नाटक और रंगमंच को एक नयी शुरुआत देता है।

लगभग पाँच वर्षों के अंतराल के बाद मोहन राकेश का दूसरा महत्वपूर्ण नाटक **लहरों के राजहंस** प्रकाशित हुआ। जाहिर है इस अंतराल का इस्तेमाल उसने अपने पिछले नाटक के अनुभवों का विश्लेषण करने और आगे की मंजिलों को खोजने की कोशिशों में किया। इस जगह मोहन राकेश के रचनाकार की एक ख़ासियत को कभी नज़रअंदाज़ नहीं किया जाना चाहिए कि वह अपनी सफलता को दुहराने के प्रलोभन में जल्दी नहीं फँसता और अपने से और कड़ी माँगें करता रहता है। इसीलिए **आषाढ़ का एक दिन** की तुलना में **लहरों के राजहंस** सूक्ष्मता की ओर काफ़ी आगे बढ़ गया है और यह सूक्ष्मता कई कई परतों में खुलती है। इसमें विचारों और दर्शन की सूक्ष्मता है, भावनाओं की सूक्ष्मता है, कथानक और नाट्यस्थितियों की सूक्ष्मता है, भाषिक और नाट्य अभिव्यंजनाओं की सूक्ष्मता है और है नाटकीय शिल्पकौशल की सूक्ष्मता।

कोई बदलाव या प्रगति तभी संभव है जब आदमी सोचना शुरू करे। फिर इस नाटक का बुनियादी मक़सद तो आदमी की सोच को कुरेदना है। दर्शकों या पाठकों की सोच का दिमागी बटन यदि शुरू में ही न दबा दिया जाय तो इस नाटक के कई कई नुक्तों के सिर के ऊपर से गुज़र जाने का ख़तरा पैदा हो जाता। इसीलिए **लहरों के राजहंस** की शुरुआत राकेश श्यामांग श्वेतांग के उस प्रसंग से करता है जिसमें सोचने और न सोचने के बीच न सिर्फ़ भाषिक स्तर पर बहस चलती है बल्कि उसका प्रभावी दृश्य-बिंब प्रस्तुत किया जाता है और सोचने वाले श्यामांग को विक्षिप्त बनाकर उसे नाटकीय परिणति भी दी जाती है। लेकिन यही सोच सिद्धार्थ को गौतम बुद्ध बना देता है जिसकी क्रियाशील पृष्ठभूमि पर यह नाटक लिखा गया है। बुद्ध कपिलवस्तु आये हैं और उनकी पत्नी यशोधरा कल दीक्षा लेने वाली है। लेकिन बुद्ध का सौतेला भाई नंद और उसकी पत्नी सुंदरी भोगवादी विश्वासों और आचरणों की अपनी दुनिया में डूबे रहकर अपने को इस महान ऐतिहासिक परिवर्तन से अछूता रखना चाहते हैं। इतना ही नहीं, अपने निजी विश्वासों की इयत्ता और स्वतंत्र व्यक्तित्व की सत्ता की ओर भी पुरजोर स्थापना

के लिए सुंदरी उसी दिन कामोत्सव की एक बड़ी पार्टी का आयोजन करती है, जिस दिन सारा शहर बुद्ध के महिमामंडित आकर्षण से उनकी ओर खिंचा जा रहा है और राजवधू यशोधरा के प्रव्रज्याग्रहण का भव्य कारुणिक आयोजन है।

यहाँ एक बारीक सवाल नाटककार बड़ी चतुराई से प्रेक्षकों के जेहन में परोस देता है : युगांतकारी परिवर्तन के प्रवाह के विरुद्ध खड़ा व्यक्ति अपनी स्वतंत्र निजता को कब तक और कैसे टिकाए रखता है या फिर क्या व्यक्ति अपना निर्णय लेने के लिए स्वतंत्र है अथवा उसका निर्णय दूसरों के पूर्व निर्णयों का ही नतीजा और सिलसिला है। नाटककार निर्णय के इस क्षण को, उसकी प्रक्रिया और पेंचों को मैग्नीफाई करने के लिए ही नाट्यस्थितियों को बनाता चलता है।

सुंदरी की पार्टी आमंत्रितों के न आने से विफल हो जाती है और उसके भोगवादी विश्वासों के अभेद्य किले में दरार बनाकर बुद्ध की छाया प्रमोद उद्यान में घुस आती है और सरोवर की लहरों पर कामक्रीड़ा में रत राजहंसों को आहत कर उड़ा ले जाती है। यही नहीं, अब तक विश्वासों में एकाकार नंद सुंदरी के युग्म के बीच फासला बनने लगता है और सुंदरी द्वारा नारी आकर्षण के बंधनों को और भी ज़्यादा कसे जाने के बावजूद नंद छिटक कर अलग हो जाता है।

पूरी चेतना और संवेदना के साथ जीवन का महत्वपूर्ण निर्णय लेने और वरण करने का क्षण कब आता है? जब व्यक्ति के लगातार अभ्यासों से पथराए विश्वासों और आदतों पर चोट पड़ती है, सदमा लगता है, उसके भीतर द्वंद्व और संघर्ष उपजता है। राकेश नंद और सुंदरी को इसी क्षण तक पहुँचा कर छोड़ देता है। उसकी दिलचस्पी इस बात में जरा नहीं कि वे अंततः फैसला क्या करते हैं, चुनते क्या हैं। और अगर पाठकों या प्रेक्षकों में ऐसी दिलचस्पी पैदा हो तो वह उसे बचकाना करार देता है और जासूसी किताबों की ओर जाने की सलाह देता है। लेकिन क्या राकेश का यह नाटक प्रक्षकों के मन में सचमुच इस क्षण की अहमियत की समझ पैदा कर पाता है?

जी हो, मानवनियति के संदर्भ में इस कोशिश की समकालीन प्रासंगिकता से इनकार नहीं किया जा सकता, न ही इस बात से इनकार किया जा सकता है कि **आषाढ़ का एक दिन** और **लहरों के राजहंस** हिंदी रंगमंच को गहरे श्रेष्ठतर कार्य के लिए प्रेरित करते हैं और हिंदी नाटक साहित्य को वह प्रौढ़ता और सामर्थ्य देते हैं जिनसे वह दूसरी विधाओं के सामने पूरे कद में खड़ा हो सकता है।

लेखनकाल : 1985 ई.

नाटक के बीज की एक तलाश

मोहन राकेश जैसा चिंतनशील कहानी-उपन्यासकार जब नाटक लिखने लगता है, तब नाटक को गहराई में पकड़ने के लिए वह उसकी बुनियादी जमीन की तलाश शुरू करता है, वह उस बीज को खोजना चाहता है जो अपने में सहज नाटक की संभावनाएँ समेटे हो। मोहन राकेश का पहला बीज नाटक **शायद....** ऐसी ही एक तलाश का नतीजा है।

ऐसा लगता है, मोहन राकेश नाटक के बीज की तलाश शिल्पगत बनावट में नहीं, सीधे ज़िंदगी में करना चाहते थे। वे जीवन का कोई ऐसा टुकड़ा खोज रहे थे जो अकृत्रिम रूप से नाटकीय हो, जटिलताओं से मुक्त सीधी सरल रेखाओं में चलने वाला हो, इतना साफ सुथरा हो कि उसमें निहित नाटकपन को स्पष्टता से समझा और बारीकी से परखा जा सके, जिसमें कथावस्तु के चयन और संविधान के रूप में उसके गठन की कारीगरी का बनावटीपन न हो, जिसमें किसी ख़ास तरह के चरित्रचित्रण की सायास कोशिश न हो और जिसमें संवादों का इस्तेमाल कहानी की घटनाओं को जोड़ने, सिद्धांत बघारने, चामत्कारिक उक्तियाँ प्रस्तुत करने, काव्यरस का माधुर्य घोलने आदि जैसे आरोपित कामों के लिए करने की जरूरत न हो, जिसकी भाषा बातचीत के अनुगूँजों वाली नहीं, सीधे बातचीत की ही हो।

इसके लिए राकेश एक स्थिति चुनते हैं – एक निहायत मामूली स्थिति। प्रौढ़ पति-पत्नी रात का खाना खाने के बाद सोने से पहले थोड़ी गपशप करते हैं। यों यह स्थिति तो जरा भी नाटकीय नहीं लगती। लेकिन यहाँ राकेश ने नाट्य के एक मूलतत्व द्वंद्व या संघर्ष को अपने बीज नाटक का आधार बनाया है और इस संघर्ष की खोज मानव-सृष्टि के प्राकृतिक द्वंद्व स्त्री और पुरुष में की है। ये स्त्री पुरुष शिक्षित, मध्यवर्गी और नौकरीपेशा हैं। दोनों में आपसी समझदारी काफ़ी अच्छी है और ऊपर से कहीं कोई टकराहट दिखाई नहीं पड़ती। संघर्ष भीतरी परतों में है, जहाँ वे एक दूसरे को काटते रहते हैं। संघर्ष के इन्हीं अंडरटोनों को राकेश ने अपने इस नाटक का केंद्र बनाया है। इसमें उसने एक और अंडरटोन पकड़ी है – रोजमर्रा की ज़िंदगी से उकताहट की।

राकेश स्थिति की सामान्यता के मुताबिक क्रियाएँ भी बेहद मामूली रखता है :

स्त्री खाने की मेज से जूठी प्लेटें हटाती हुई। पुरुष ड्रेसिंग गाउन की जेबों में हाथ डाले सामने देखता हुआ।

स्त्री सब प्लेटों को ट्रे में संभालने में व्यस्त। पुरुष जेब से सिगरेट निकालता हुआ।

सारे नाटक में जो कुछ भी बाहरी गति या क्रियाएँ हैं, सब इसी तरह की हैं। लेकिन अक्सर मनोभावों और संवादों के संदर्भ के कारण ये मनोवैज्ञानिक प्रतीक बनकर काफ़ी व्यंजनापूर्ण हो उठती हैं।

इस मामूली जीवन-स्थिति में मनःस्थितियाँ अपना महत्व स्थापित कर लेती हैं। इस नाटक में स्त्री और पुरुष की मनःस्थितियों और गतियों की धुरी उनका अपना अपना और पारस्परिक भीतरी द्वंद्व है जो दोनों के लिए अलग अलग वेवलेंग्थ कायम करता है। इसीलिए वे एक दूसरे से बातें करते हुए भी आपस में पूरा संप्रेषण नहीं कर पाते और अपने में डूबे से रहते हैं; हालाँकि संप्रेषण के लिए वे अपने से लड़ते बराबर दिखाई पड़ते हैं।

नाटक के संवाद इन्हीं मनःगतियों, स्थितियों और क्रियाओं से अपने आप उपजते जाते हैं और उनसे कुछ इस तरह जुड़े रहते हैं कि काटकर देखने पर उनकी अर्थवत्ता टूट टूट जाती है और वे विसंगत या ऊलजलूल लगने लगते हैं। अलग अलग वेवलेंग्थों पर चलने के कारण उनकी बातें कभी कभी ऐसे बिंदुओं पर टकराती हैं कि बिल्कुल सामान्य, इकहरे शब्दों, वाक्यखंडों और वाक्यों में प्रतीकात्मक अभिव्यंजना की नयी परतें खुल पड़ती हैं।

इस तरह आगे बढ़ता हुआ यह नाटक लगातार ज़िंदगी की अबूझ उकताहट की ओर इशारा करता असर का एक बड़ा दायरा बनाता है जिसमें एक खास तरह का साधारणीकरण होता है। यह असर बहुत बारीक लेकिन देर तक बना रहने वाला है।

भुवनेश्वर ने **ताँबे के कीड़े** के लिए नाटक की एक पारिभाषिक व्याख्या पेश की थी :

'ज़िंदगी और नाटक का प्राब्लेम....एक ही है, यानी लमहे को मुकम्मिल कर देना। विरोध और विद्रोह को एकस्वर करना और उनमें एक केंद्रीय महत्व यानी सेंट्रल सिग्नीफिकेंस हासिल करके उसका दर्शकों पर एक फीका असर उपजाना, कि वह उसकी बुद्धि, विचार और नज़र को उकसाए।'

लगता है मोहन राकेश ने उसका अपनी तरह का एक और सर्जनात्मक उदाहरण प्रस्तुत किया है।

लेखनकाल : 1983-84 ई.

कहानी और नाट्यानुभव

महत्वपूर्ण क्षणों के चयन और उनकी पुनर्व्यवस्था द्वारा उपलब्ध जीवन-अनुभव का सघनीकरण ही नाट्यानुभव है जो एक स्थान पर एकत्र अभिनेता तथा दर्शकों के पारस्परिक संप्रेषण द्वारा संभव होता है। यह संप्रेषण मानसिक, शारीरिक, संवेगात्मक, दृश्य, श्रव्य, सौंदर्यात्मक, सभी स्तरों पर हो सकता है।

जिसने देवेंद्र राज अंकुर द्वारा आधुनिक कहानियों की नाट्यप्रस्तुतियाँ नहीं देखी हैं या उनके विषय में कुछ पढ़ा सुना भी नहीं है, ऐसे किसी गंभीर नाट्य निर्देशक को एक श्रेष्ठ समकालीन कहानी देकर कोई कहे कि नाट्यालेख की शक्ल में रूपांतरित या और किसी तरह का फेरबदल किये बगैर वह उसकी नाट्य प्रस्तुति कर दे तो वह नाट्य-निर्देशक प्रस्तावक की नादानी पर मुस्कराकर उसे टाल जाएगा या फिर वह नाटक और कहानी के माध्यमों और विधाओं की तकनीकी तथा सौंदर्यशास्त्रीय विशिष्टताओं पर एक लंबा लैक्चर थमा देगा। यह कुछ अस्वाभाविक भी नहीं है। फर्क तो दोनों में काफ़ी गहरा है। कहानीकार अपने जीवन-बोध से निचोड़े गये जिस कलारूप का अनुभव करता है उसे भाषा की नैरेटिव संभावनाओं का अधिकतम उपयोग करते हुए एकांत में चुपचाप पढ़े जाने वाले (सुने जाने वाले शब्दों के रचना-कौशल के इस्तेमाल के बगैर) शब्दों में इस प्रकार ढाल देता है कि वह पाठकों तक पूरी तरह संप्रेषित हो सके। रंगमंच के पेचीदा माध्यम के लिए वह अपनी ओर से कोई रियायत नहीं देता बल्कि ढाँचागत नाटकीयता से वह अपने को भरसक बचाना ही चाहता है। ऐसे में कोई नाट्य-सर्जक अपने को ही नकारने का जोखिम भरा साहस कैसे कर सकता है।

लेकिन अंकुर ने अनजाने में कोई दुस्साहस नहीं किया है। उसमें नाट्य की जितनी सहज पकड़ है, कहानी की उतनी ही बारीक संवेदना। ऐसे में जब उसने यह बीड़ा उठाया तो वह बेमानी नहीं हो सकता। जरूर उसके सामने कुछ उद्देश्य हैं, कुछ पाने की तलाश है।

एक दिन आप तय करते हैं अंकुर द्वारा प्रस्तुत कहानियों का आस्वाद लिया

जाए। नाट्यानुभव! कथानुभव! पता नहीं वह क्या होगा? लेकिन होगा ज़रूर कुछ ख़ास क्योंकि उसका अच्छा खासा चर्चा है; हालाँकि अभी तक आपने उसकी कोई प्रस्तुति देखी नहीं है।

आप सुसंस्कृत सहृदय और नये अनुभवों के लिए खुले व्यक्ति हैं। साहित्य, संगीत, फ़िल्म, नृत्य, नाटक, चित्रकला, मूर्तिशिल्प, यहाँ तक कि स्थापत्य कला के भी आप पारखी रसिक हैं और उनके माध्यमों और अभिव्यक्तियों का फर्क भी आपको मालूम है। आप उन नवीन प्रवृत्तियों से भी वाकिफ हैं जिनके तहत अलग अलग माध्यमों की सीमा रेखाएँ धुँधलाती हुई मिट रही हैं और एक कला दूसरी कला के वर्जित क्षेत्रों में न सिर्फ़ घुसती चली जा रही है बल्कि इससे जीवन-अनुभूतियों की पकड़ के आयामों का विस्तार भी कर रही है। लेकिन नाटक और कहानी जैसी दो विपरीत ध्रुवीय संरचनाओं को आपस में गड्डमड्ड कर देना? आप शो के लिए चलने से पहले ही सोचना शुरू कर देते हैं।

हो सकता है आप कहानीकार हों। यह भी नामुमकिन नहीं कि आज आप की ही किसी कहानी का रंगावतरण-रूपांतरण या फिर कत्ल होने वाला हो। यारों और गैरों से भरी महफिल में लख्तेजिगर के एक हसीन कत्ल को देखने का लुत्फ! अश्! आप एलर्ट हो उठते हैं :

क्या होगा मेरे उन विचारों और किरदारों का जिन्हें मैंने भाषा की एक खास लय में बाँधा है। और व्यंग्य की उस हल्की-सी चाशनी का, जिसमें उन्हें डुबोया है। और भाषा की तरलता में आगे पीछे, दाएँ बाएँ, हर तरफ़ तैरते हुए देश-काल के नन्हें खंडों को मंच पर किस तरह संजोया जाएगा।

लिखने के एकांत क्षणों से पढ़ने के एकांत क्षणों तक की यात्रा के बीच यह भीड़भाड़ शोरगुल भरा अजीबोग़रीब पड़ाव कैसा?

तहजीबयाफ्ता लोगों की बातरतीब भीड़ और उनके हौले शोर-संगीत के बीच प्रतीक्षा करते हुए आपके जेहन में एक नये एहसास ने जगह बनाना शुरू कर दिया। सामूहिक उपस्थिति का हिस्सा बनकर आप उस गुरूत्वाकर्षण से बँध गये जो मंच की ओर मुखातिब था।

तभी रंगमंच पर ऊर्जा से लबालब एक युवक एक युवती, एक युवती दो युवक, इसी तरह चार-पाँच तक; गुरूत्वाकर्षण का एक और दायरा बनाने लगे और दो ध्रुवों के बीच आकर्षण का तनाव रस्साकशी की शक्ल इख़्तियार करने लगा। आप को लगा – कहानी में एक नये क़िस्म का वजन आता जा रहा है जिसकी आपने पहले कल्पना तक नहीं की थी।

लो! इन कलाकारों ने बिल्कुल उन्हीं शब्दों में नैरेशन शुरू कर दिया, जिनमें

कहानी लिखी गयी थी। कितनी सच्चाई और विश्वसनीयता के साथ; मानो जो कुछ घटित हुआ उसके प्रत्यक्ष साक्षी हों। एक लेखक कितने लेखकों में समा गया और सब मिलकर अनुभव को इस तरह पुनर्शक्ति कर रहे हैं कि श्रोता-दर्शकों की चेतना पर उसकी छाप गहराती जा रही है। इतना ही नहीं, वे युवती-युवक कहानी के चरित्रों के भोगों को अपने व्यक्तित्वों के प्रिज्म से गुज़ारते हुए विकीरित कर रहे हैं, जिससे अनुभव में माँसलता का एहसास भी समाविष्ट हो रहा है।

इस प्रस्तुति के अभिनेता-अभिनेत्री अपनी आवाज़ों, हरकतों, गतियों और अभिनय से रंगमंच पर स्थान, काल, व्यक्ति, चरित्र, भाव, विचार और छंद-लय के जो बिंब लगातार सिरजते जा रहे हैं, वे कहानी से जुड़े रह कर भी कलानुभूति का अपना ही संसार रच रहे हैं, जो निश्चय ही नाट्यभूमि पर अवस्थित है।

मैं जानता हूँ ऐसा कभी नहीं होगा कि लोग कहानियाँ पढ़ना बंद कर उसे सिर्फ़ मंच पर ही देखने के आदी हो जाएँ। हाँ, बहुत सारे पाठक अपनी कहानियों की मंच प्रस्तुति देखने को उत्सुक ज़रूर हो उठें। दूसरी ओर सिर्फ मंच-प्रस्तुति देखने वालों के मन में कहानी पढ़ने की भी चाह उत्पन्न हो सकती है। इस तरह कहानी का प्रभावक्षेत्र बढ़ता ही जाएगा।

नाट्य के विकास की दिशा में भी ऐसी प्रस्तुतियाँ नये दरवाजों पर दस्तक देती हैं। इससे प्रयोगों का एक नया संभावनापूर्ण क्षेत्र बनता है।

व्यापक फलक पर श्रेष्ठ समकालीन गहरी संवेदना के हिंदी नाटकों की कमी बरकरार है। अपने ऐसे प्रयोगों द्वारा अंकुर हिंदी रंगमंच पर ताजा जीवन अनुभूतियों के निरंतर प्रवाह के लिए नहर काट रहे हैं।

लेखनकाल : 1994 ई.

आधुनिक कहानी का दृश्यकाव्य

अंकुर कहानियों को पिछले बीस वर्षों से लगातार रंगमंच पर प्रस्तुत करते रहे हैं और इसके लिए उन्होंने अपनी एक ख़ास शैली, एक विशिष्ट नाट्यविन्यास ईजाद किया है, जो नाट्य के सौंदर्यशास्त्र की उर्वरा भूमि से अपना प्राणरस अर्जित करता है। आधुनिक कथाकारों की शताधिक सशक्त कहानियों को उनके सूक्ष्मतम संवेदनों के साथ उन्होंने न सिर्फ पूरी मार्मिकता से प्रस्तुत किया है, बल्कि बहुविध नाट्यबिंबों की अनवरत सर्जना से समन्वित कर उनकी अर्थवत्ता के आयामों का विस्तार भी किया है। अंकुर द्वारा कहानियों की प्रस्तुति को देखना अनुभव के एक ऐसे अनोखे लोक से गुज़रना है जिसमें साहित्य और नाट्य दोनों की ऊर्जाएँ समानांतर रूपाकार रचती जाती हैं।

अंकुर ने इसे कहानी का रंगमंच कहा। लोगों ने भी इस नाम को स्वीकार लिया। लेकिन आज जब मैं यह सब लिखने बैठा हूँ तो मुझे इसमें कुछ अधूरा, कुछ अपर्याप्त सा लग रहा है और प्राचीन आचार्यों का **दृश्यकाव्य** किंचित नये अर्थों की परतें खोल रहा है। नाट्य के लिए संस्कृत का **दृश्यकाव्य** अभिधान साभिप्राय है और यह उसके सौंदर्यदर्शन की ओर इंगित करता है। संस्कृत की आचार्यपरंपरा के अनुसार **काव्य** साहित्य का समानार्थी है और इसमें स्फुट काव्य, महाकाव्य, कथा, आख्यायिका और नाटक भी सम्मिलित हैं। बल्कि नाटक काव्य का सर्वोपरि रूप है इसीलिए कहा **काव्येषु नाटकं रम्यं**। **दृश्य** शब्द लाक्षणिक है और इसमें नाट्यप्रस्तुति के सभी अंग सम्मिलित हैं। इस तरह **दृश्यकाव्य** एक ऐसा कलारूप है जिसमें **नाट्यप्रस्तुति** और साहित्य दोनों का वजन बराबर है और दोनों समानांतर यात्रा करते हैं। बल्कि ऐतिहासिक और शास्त्रीय दोनों ही दृष्टियों से नाट्य का संपूर्ण संसार काव्यार्थ को प्रकाशित करने के लिए ही रचा गया है।

इधर अंकुर भी कहानियों की अपनी प्रस्तुतियों में साहित्यिक (भाषिक) स्वरूप की अधिकतम रक्षा के साथ ही नाट्य की अभिव्यंजना शक्तियों के साथ उसका समन्वय कर अनुभूतियों का **दृश्यकाव्य** रचते हैं।

कथावर्णन (नेरेशन) के नाट्य की भारतीय परंपरा

भारतीय नाट्य के आरंभिक विकास की अवस्थाएँ यद्यपि अनेक रहस्यों के आवरण से ढँकी हुई हैं तथापि पारंपरिक संस्कृत साहित्य और लोकसाहित्य में यत्र तत्र ऐसे उल्लेख मिलते रहते हैं जिनसे कुछ अनुमान लगाये जा सकते हैं। ऐसा एक अत्यंत संकेत आदिकवि वाल्मीकि के संदर्भ में मिलता है। मैथुनरत क्रौंच पक्षी को बहेलिए के बाण से बिद्ध होते देख वाल्मीकि के कंठ से सहसा एक श्लोक फूट पड़ा :

या निषाद प्रतिष्ठां त्वमगमः शाश्वती समाः।
यत्क्रौंचमिथुनादेकमवधी काममोहितम्॥

चार चरणों वाले इस अनुष्टुप संस्कृत छंद के आविष्फ़ार के लिए उनके समकालीन ऋषियों ने उनकी भूरि भूरि प्रशंसा की और उनसे इस छंद में राम के चरित को काव्यबद्ध करने का आग्रह किया। चार चरणों वाले इस छंद में ऐसी क्या विशेषता थी जिसने तत्कालीन भारत के बौद्धिक जगत में इतने उत्तेजनापूर्ण उत्साह का संचार कर दिया कि उन्होंने वाल्मीकि को आदिकवि का दर्जा दे दिया और उनसे सुनियोजित रूप से राम का चरित—**रामायण** रचने का आग्रह किया। यह सब गहरे अनुसंधान का विषय है। मैं अपने अध्ययनक्रम में जिस नतीजे पर पहुँचा हूँ, वह कुछ इस प्रकार हैं :

यह वह युग था जब पाणिनि द्वारा संस्कारित और अनुशासित होकर संस्कृत भाषा का परिनिष्ठित रूप पूरे आर्यावर्त में फैल कर विविध क्षेत्रों में प्रयुक्त हो रहा था। लेकिन एक आकर्षक और महत्वपूर्ण क्षेत्र अब भी इस भाषा के लिए दुष्कर बना हुआ था। उस समय प्राकृत भाषाओं में तालयुक्त पादन्यास के साथ अभिनय करते हुए कथागायन की एक ऐसी प्रणाली प्रचलित थी, जिससे दर्शक-श्रोता अभिभूत हो उठते थे। पादन्यास के साथ चलने वाले ऐसे छंद प्राकृत भाषाओं में मौजूद थे, लेकिन संस्कृत में ऐसा कोई छंद अभी तक आविष्कृत नहीं हो सका था। इसीलिए वाल्मीकि ने जब अकस्मात् ही ऐसा छंद खोज लिया तो सभी चमत्कृत हो उठे और तत्कालीन समाजव्यवस्था और नैतिक आदर्शों को स्थापित प्रचारित करने वाले **रामायण** का प्रणयन इस छंद में किया गया। स्वयं वाल्मीकि ने लव और कुश (नाट्यशास्त्र के कुशीलव से तुलनीय) को प्रशिक्षित कर अभिनय के साथ राजसभा में अपने **रामायण** की प्रथम प्रस्तुति की। इस प्रकार कथावर्णन (नेरेशन) के नाट्य का संस्कृत में प्रथम प्रादुर्भाव हुआ। आगे चलकर संस्कृत रंगमंच ने सीधे सादे कथागायन के इस नाट्य का अर्थप्रकृतियों, अर्थोपक्षेपकों, कार्यावस्थाओं, संधियों और संध्यंगों वाले जटिल नाट्यरूपों (विविध रूपकों उपरूपकों)

में विकास कर लिया। लेकिन प्राकृतों के कथागायन की नाट्यपरंपरा अबाध रूप से निरंतर आगे बढ़ती रही और अपभ्रंशों, अवहट्टों से गुज़र कर आधुनिक आर्य और आर्येतर भाषाओं तक पहुँच गयी। आज हमें भारत भर में पारंपरिक या लोक नाट्यों के जो सैकड़ों रूप उपलब्ध हो रहे हैं, उनमें से अधिकांश उसी परंपरा से विकसित हुए हैं।

इस तरह कथा-वर्णन-गायन की नाट्यपरंपरा की जड़ें भारत की मिट्टी की गहराइयों में दूर दूर तक फैली हुई हैं। आधुनिक कहानी का दृश्य-काव्य कहीं न कहीं उस परंपरा से जुड़ता जरूर है, लेकिन वह उसका संपूर्ण समकालीन रूपांतरण है।

कहानी का दृश्यकाव्य : स्वरूप संधान के सूत्र

कहानी का यह दृश्यकाव्य वस्तुतः है क्या? इसे कैसे व्याख्यायित या परिभाषित करें? विविध रूपाकारों, सौंदर्यदर्शनों, जीवनमूल्यों वाले सैकड़ों तरह के समकालीन नाटकसाहित्य और अनेक तरह के शैलीकरणों से युक्त प्रस्तुतियों द्वारा समकालीन नाट्य-निर्देशकों की निजी नाट्यमुहावरों की लगातार तलाशों के बीच कहानी के दृश्यकाव्य की जगह क्या है? क्या यह अंकुर की निजी नाट्यशैली मात्र है जिसके रहस्यसूत्र उनकी मुट्ठी में बंद हैं या उसके किन्हीं ऐसे सार्विक आधारों को भी खोजा जा सकता है जिन्हें लेकर अन्य नाट्यसर्जक मौलिक सृष्टि कर सकें? वे कौन से कलामूल्य हैं जिनके संदर्भ में कहानी के दृश्यकाव्य को परखा जा सकता है? ये और ऐसे ही दूसरे बहुत से प्रश्न हैं जो कहानी के दृश्यकाव्य के गहरे विश्लेषण की माँग करते हैं।

पढ़ने और बोलने, सुनने की भाषा का फर्क

आधुनिक कहानी पाठकों के लिए लिखी जाती है जो छपे हुए अक्षर-प्रतीकों से ऐकांतिक संबंध स्थापित कर, कल्पना के धरातल पर, संकेतित बिंबों की पुनसर्जना करते हुए अनुभूतिलोक की एक यात्रा करते हैं। बेशक कहानीकार का माध्यम भाषा है और उसी से लेखक-पाठक के बीच रिश्ता कायम होता है। अब यह भाषा तो अपने मूल रूप में बोलने और सुनने की ही चीज है; पढ़ने और गुनने की चीज के रूप में उसका इस्तेमाल तो विकासक्रम में बहुत बाद की घटना है। इसीलिए साहित्य भी एक बहुत बहुत लंबे वक्त तक मौखिक ही बना रहा अर्थात् उसका रसास्वादन सुनकर ही किया जाता रहा। इस बोलने और सुनने वाली भाषा को अपने माध्यम के रूप में साहित्य लगातार विकसित करता गया अर्थात् उसे सैकड़ों तरह के छंदों और अलंकारों से सजाया गया, शब्दों के वजन, उनकी खनक और

गमक के अनुसार क्रमविन्यास किया गया, बोलने की गतियों के अनुसार वाक्यों की रचना और यतियों के नियम निर्धारित हुए आदि आदि। मौखिक साहित्य की भाषा का एक विराट सौंदर्यशास्त्र ही खड़ा हो गया।

जब छापे की सुविधा व्यापक रूप से उपलब्ध हो गयी, साक्षरता और शिक्षा का काफ़ी प्रचार-प्रसार हो गया और पुस्तकें हज़ारों की संख्या में अपने पाठकों तक पहुँचने लगीं, तब भी काफ़ी समय तक साहित्यिक भाषा का पुराना अनुशासन कायम रहा और पढ़ने के साथ ही पाठक साहित्य का मौखिक पाठ करने को भी प्रवृत्त होता रहा ताकि वह अपनी ही बोली गयी आवाज में उसे सुन कर ध्वन्यात्मक स्तर पर भी रसास्वादन कर सके। लेकिन धीरे धीरे बोलने और सुनने वाली भाषा को छपी हुई किताब में पढ़ने की भाषा के भी रूप में इस्तेमाल की निरर्थकता का अनुभव लेखकों को होने लगा – ख़ास तौर पर गद्य में। फिर वे बड़े अध्याय से उससे मुक्त होकर एक ऐसी भाषा के विकास में लग गये जो चुपचाप पढ़ने की ऐकांतिक प्रक्रिया की मानसिक गतियों के अनुसार अपनी व्याकरणिक व्यवस्था निर्धारित करती थी; बल्कि विचारों, भावों, वर्णनों और घटनाओं आदि का क्रमविन्यास भी उसी प्रक्रिया के तहत करने की कोशिश होने लगीं। इस तरह सभी विकसित भाषाओं में मौन पठन के समर्थ गद्यों का विकास हुआ जो बाहरी सजावटों से मुक्त होकर मानसिक तरंगों की लय पर चलती है।

आधुनिक हिंदी के साहित्यिक गद्य को इस विकास-प्रक्रिया की मंजिलें जल्दी जल्दी तय करनी थीं। दूसरी ओर उसे तमाम तरह की क्षेत्रीयताओं से मुक्त कर परिनिष्ठित (स्टैंडर्ड) बनाने का कड़ा दबाव भी काम कर रहा था। फलस्वरूप साहित्यिक का एक ऐसा रूप बनने लगा जो निर्वैयक्तिक, नीरस, रंगहीन, किसी सार्थक लय से वंचित और निष्प्राण था। ऐसी भाषा सर्जनात्मक लेखन के लिए अनुर्वर, पढ़ने में अरोचक और सुनने में उबाऊ लगती थी। ऐसी भाषा में यथार्थ की उलझी हुई सूक्ष्म जटिलताओं को पकड़ना और परिवेश-वातावरण को प्रतिबिंबित करना भी संभव नहीं था। इसीलिए इसकी प्रतिक्रिया आंचलिकता के आंदोलन में दिखाई पड़ी। और विविधता से समृद्ध हिंदी की क्षेत्रीय बोलियाँ अपने पूरे जीवंत सहज स्वाभाविक अंदाज़ में अपनी सांस्कृतिक समृद्धि के साथ साहित्य में आने लगीं। बोलचाल की भाषा के लय-छंद की सूक्ष्मताओं के साथ उसे साहित्य-सर्जन की प्रक्रिया में इस तरह इस्तेमाल करने की कोशिशें की जाने लगीं कि अपने परिवेश की पृष्ठभूमि से उगते हुए मनुष्य का बिंब मन की गहराइयों में उतरने लगा। इस तरह साहित्य ने अपने माध्यम **भाषा** को उसके सहज मौखिक रूप में पुनः आविष्कृत कर लिया।

लेकिन यह आंचलिक भाषा हिंदी के सार्विक परिनिष्ठित रूप को विसंगत करने लगी। व्यापक हिंदी क्षेत्र की दर्जनों बोलियाँ साहित्य में प्रवेश कर उसे अन्य अंचलों के पाठकों के लिए दुरूह बनाने लगीं, जिसकी तार्किक परिणति सार्विक हिंदी को आंचलिक हिंदी की विविधताओं में विखंडित कर देना होती।

इस ख़तरे को सुधी कृती साहित्यकारों ने तुरंत पहचान लिया और उससे निबटने के लिए भाषा पर और गहरा काम शुरू कर दिया। अब वे बोलियों को परिनिष्ठित हिंदी में ही रूपांतरित करने की कोशिश करने लगे। वे बोलियों की ध्वनि-लय, वाक्य-विन्यास, अभिव्यक्ति-अंदाज, मुहावरे और कुछ ख़ास शब्दों को भी परिनिष्ठित हिंदी के साँचे में ढालने लगे। इस तरह ख़ासतौर से कविता और कथासाहित्य में एक ऐसी हिंदी निखर आयी जो बोलने और सुनने वाली भाषा के छंद-लय की सूक्ष्मताओं को पकड़ने वाली थी।

इस तरह आधुनिक कहानी की भाषा को एक बार फिर वह क्षमता प्राप्त हो गयी जिससे उसके मौखिक पाठ को पूरी अर्थवत्ता से समन्वित कर प्रभावोत्पादक बनाया जा सके। हिंदी नाटक के संवादों की भाषा में यह क्षमता अब भी दुर्लभ है।

आधुनिक कहानी : वाचन से नाटक तक : संभावनाओं की तलाश का सिलसिला

आधुनिक कहानी के वाचन सुनने का मेरा सिलसिला पचास के दशक से शुरू होता है, जब मैं बनारस की साहित्यिक गोष्ठियों में जाया करता। युवा कहानीकार अपनी कहानियों का पाठ करते और फिर उन पर बहसें होतीं। कुछ कहानीकार अटक अटक कर धीरे धीरे पढ़ते, लेकिन कुछ ऐसे पढ़ते कि समाँ बँध जाता। हम कहानी की भावधारा में डूबने उतराने लगते। एक बार इंद्रप्रसाद गुप्त ने एक रहस्यकहानी ऐसे सुनायी कि रोंगटे खड़े हो गये। द्विजेंद्रनाथ मिश्र 'निर्गुण' को अपनी कहानी प्रायः जबानी याद होती, जिसे वे पूरी नाटकीयता से सुनाते।

कहानी का वाचन श्रोताओं की उपस्थिति में किसी अभिनेता द्वारा भी किया जा सकता है, जैसा अभी राष्ट्रीय नाट्य विद्यालय के 'अभिमंच' नाटकघर में देखने सुनने को मिला। नसीरुद्दीन शाह ने प्रेमचंद की **बड़े भाई साहब** कहानी सुनाई और पंकज कपूर ने **दुपहरिया** नामक अपनी ही लिखी कहानी का पाठ किया।

दर्शक-श्रोताओं की उपस्थिति में स्वयं कहानीकार या अभिनेता द्वारा कहानी का वाचन नाट्यविधा के ही घेरे में आ जाता है क्योंकि यहाँ नाट्य के दो मूलभूत आवश्यक उपादान—दर्शक और अभिनेता (कहानीकार भी तब अभिनेता बन

जाता है) मौजूद होते हैं। इतना ही नहीं, यहाँ लिखित कहानी का एक तरह का पुनर्विन्यास (रिस्ट्रक्चरिंग) भी होता है जो श्रोता-दर्शकों की चेतना पर असर डालता हुआ कहानी के अर्थों को प्रभावित करता है। जाहिर है यह पुनर्विन्यास वाचक के व्यक्तित्व, उसकी अभिनयात्मक मुद्राएँ, आवाज़ की गतियाँ और यतियाँ, उसकी क्रियाएँ, दर्शक-श्रोताओं की सामूहिक उपस्थिति, दृश्य-श्रव्य माहौल आदि के धरातल पर होता है। कहानी का बाह्य भाषा शरीर भले ही ज्यों का त्यों बना रहता है।

एक दूसरा बहुप्रचलित तरीका कहानी के आधार पर नाटक लिखकर मंचित करना है। यहाँ कहानी कच्चे माल का काम करती है जिसे लेकर कोई नया नाटक लिखा जाता है। यह तरीक़ा तर्कसम्मत है और इससे कभी कभी बड़े अच्छे नतीजे भी निकले हैं। लेकिन अक्सर इसे बहुत आसान समझ लिया जाता है और दूसरे तीसरे दर्जे के लेखक चुटकी बजाते कर डालते हैं। फिर ज़्यादातर इसे नाटक के बँधे बँधायी रूढ़ यथार्थवादी ढाँचे में किया जाता है जिससे नाट्यकल्पना की नयी संभावनाओं की दिशाएँ नहीं खुल पाती। इस कहानी का पुनर्विन्यास दो धरातलों पर होता है : एक तो कहानी के आधार पर नाटक लिखते समय, दूसरे इस लिखित नाटक को मंचित करते वक्त।

इन दोनों ध्रुवों के बीच एक तीसरा तरीक़ा है जिसके आविष्कारक देवेंद्र राज अंकुर हैं। इसमें न तो कहानी के आधार पर कोई नया नाट्यालेख तैयार किया जाता है, न ही कोई एक या अनेक अभिनेता पूरी कहानी रटकर या पढ़कर सुनाता है। कहानी के मूल रूप को ही इस प्रकार ग्रहण किया जाता है जैसे किसी नाट्यालेख को। और फिर निर्देशक, अभिनेता समूह, तथा अन्य मंचशिल्पी मिलकर कहानी का **दृश्यकाव्य** रचते हैं।

प्रायः कहा जाता है, अंकुर कहानी को ज्यों का त्यों मंच पर प्रस्तुत करते हैं और दर्शक को कहानी देखने का और पढ़ने का भी अनुभव एक साथ प्राप्त होता है। यह एक मिथक भर है। दरअसल यही बात प्रकारांतर से नाट्यालेख की प्रस्तुति के विषय में भी कही जा सकती है।

जिस प्रकार कोई निर्देशक अभिनेता और अन्य मंचशिल्पियों को लेकर नाट्यालेख को प्रस्तुति के रूप में पुनर्विन्यस्त करता है, उसी प्रकार अंकुर ने कहानी का भी सीधे नाट्यप्रस्तुति के रूप में पुनर्विन्यास करने का एक मौलिक तरीक़ा ढूँढ निकाला है जो बेहद कल्पनाशील, नवनवोन्मेषशाली, अर्थगर्भित, और चित्ताकर्षक है। इस सिलसिले में उन्होंने नाट्याभिव्यक्ति के कुछ नये क्षेत्रों की जमीन तोड़ी है।

इसके मर्म को समझने के लिए अंकुर की कहानी-प्रस्तुति-प्रक्रिया के सिलसिले को पकड़ने की कोशिश से शुरू करें।

यों तो अंकुर कहानियों के नियमित पाठक हैं, लेकिन जब कोई प्रस्तुति करनी होती है तब वे तीन चार हफ़्तों तक लगातार नये सिरे से पढ़ना शुरू करते हैं और दस बीस कहानियाँ मार्मिकता, व्यंग्य, समकालीन प्रासंगिकता और कलात्मकता आदि दृष्टि से चुन लेते हैं। फिर संभावित उपलब्ध अभिनेताओं के बीच एक एक कर उन कहानियों का पाठ शुरू होता है। यह दौर तीन चार सत्रों में पूरा होता है और अभिनेता स्वेच्छा से अपनी मनपसंद कहानियाँ चुन लेते हैं। अंकुर इस चुनाव में कोई दख़लअंदाज़ी नहीं करते। इस तरह चुनी गयी कहानियाँ वे होती हैं जो अभिनेताओं की संवेदना और कल्पनाशीलता को उत्तेजित करती हैं और जिनमें वे अपनी क्षमताओं की अभिव्यक्ति की संभावनाएँ देखते हैं। इस तरह अभिनेताओं में शुरू में ही अपने काम के प्रति एक गहरा लगाव पैदा हो जाता है।

कहानियाँ चुन लेने के बाद अभिनेताओं के एक एक समूह को उनकी पसंद के अनुसार अलग अलग एक एक कहानी दे दी जाती है। सामान्यतया तो यह सहज ही हो जाता है, लेकिन यदि समायोजन में कोई समस्या पैदा होती है तो निर्देशक हस्तक्षेप करता है। यहाँ नाटकों की कास्टिंग जैसी कोई बात नहीं होती, फिर भी कहानी के किसी एक या एकाधिक मुख्य पात्रों के लिए अभिनेता निश्चित हो जाते हैं। छोटे छोटे कई पात्रों का अभिनय एक दो अभिनेता मिलकर करते हैं। इसमें भी आवश्यकता पड़ने पर निर्देशक सहायता करता है।

इस प्रारंभिक तैयारी के बाद कहानी को दृश्यकाव्य में रूपांतरित करने की मुख्य प्रक्रिया शुरू होती है। अभिनेताओं से कहा जाता है कि वे अपनी अपनी कहानी को रूपायित किस प्रकार करेंगे, इसकी कल्पना स्वयं करें और तदनुसार अभिनय करने की कोशिश करें। लेकिन इसकी कुछ पूर्व शर्तें हैं। कहानी के आधार पर कोई नाट्यालेख तैयार नहीं किया जाएगा। सामान्यतया अलग से कोई वाचक नहीं होगा। लेकिन आवश्यक होने पर एकाधिक वाचक का नियोजन किया भी जा सकता है – कुछ इस तरह कि वे प्रस्तुति की बुनावट में घुलमिल जाएँ। कहानी के क्रम-विन्यास में कोई परिवर्तन नहीं किया जाएगा। वृत्तान्तकथन (नेरेशन) को निकाला नहीं जाएगा, बल्कि उन्हें कल्पनाशील अभिनय के साथ प्रस्तुत किया जाएगा। अभिनेता अपनी ओर से कुछ जोड़ेंगे नहीं – हाँ, आशुसर्जन (इम्प्रोवाइजेशन) के रूप में कुछ शब्द, वाक्यखंड या एक दो वाक्य कहीं कहीं जोड़े जा सकते हैं। कहानी के कुछ अंश संपादित कर निकाले भी जा सकते हैं। लेकिन इससे कहानी की मुख्य भावधारा और उसके प्रभाव को क्षति नहीं पहुँचनी चाहिए।

अभिनेताओं की चुनौती कहानी में छिपी नाट्य-क्रियाओं को ढूँढ निकालना, और वृत्तांतकथन के साथ कल्पनाशील समायोजन करते हुए उनका अभिनय करना है।

अंकुर प्रायः एक सप्ताह का समय देकर इन सब कामों के लिए अभिनेताओं को स्वतंत्र छोड़ देते हैं। हाँ, परामर्श के लिए वे उपलब्ध रहते हैं ताकि उनकी कल्पना को उकसाने में मदद कर सकें।

इस तरह अंकुर कहानियों के साथ एक ऐसा सर्जनात्मक परिवेश रचते हैं जिसमें अभिनेता मुक्त होकर क्रियाशील हो सकें और आशुसर्जन करें। अभिनेताओं के लिए यह अनुभव बिल्कुल नया होता है। मुख्यधारा 'मेनस्ट्रीम' के नाटकों की प्रस्तुति में प्रायः निर्देशक नाटक का अध्ययन कर पूरी प्रस्तुति की एक रूपरेखा तैयार करता है, उसके अभिनयात्मक रूपायन की एक डिजाइन तैयार करता है। उसी डिजाइन के अभिनेताओं का चयन करता है। फिर अपनी उसी पूर्वकल्पना को लेकर अभिनेताओं की गतियों और नाट्यक्रियाओं को निर्धारित करता है और अभिनेताओं से उनका अभ्यास कराता है ब्लाकिंग। अभिनेताओं की संवेगात्मक अनुभूति और अभिव्यक्ति के अभिनय को भी निर्देशक अपनी ही कल्पना के अनुसार देखना चाहता है और इसके लिए वह तरह तरह की व्याख्याएँ करता और डिमांस्ट्रेशन भी देता है। इस तरह अभिनेता की अपनी कल्पनाशीलता और सर्जनात्मकता का दायरा बहुत छोटा हो जाता है और उनकी ऊर्जाओं का बहुत बड़ा क्षेत्र प्रसुप्त पड़ा रह जाता है।

इसीलिए अंकुर जब अभिनेताओं को सर्जनात्मक कल्पना के मुक्त परिवेश में रखते हैं तो उनकी दशा कुछ वैसी ही होती है जैसी लंबे अरसे तक पिंजड़े में क़ैद तोते को मुक्त कर देने पर होती है। वे कहानी के साथ उसी तरह बरतने की कोशिश करते हैं जैसे नाटकों के साथ बरतते रहे हैं। लेकिन फिर धीरे धीरे उन्हें अपनी मुक्ति का अहसास होने लगता है, उनकी कल्पना के पंख फड़ाफड़ाने लगते हैं और वे सर्जनात्मकता के आकाश में परवाज भरने के लिए तैयार हो जाते हैं।

अभिनेताओं द्वारा कहानी की तैयारी की प्रक्रिया में एक और महत्वपूर्ण बात घटित होती है जो सामान्यतया मुख्यधारा के नाटकों की तैयारी में नहीं हो पाती। कहानी को नाट्यप्रस्तुति की शक्ल देने में अभिनेता मिलजुल कर काम करते हैं, अपने विचारों, कल्पनाओं और डिजाइनों का परस्पर आदान प्रदान करते हैं और प्रयत्न और भूल (ट्रायल एण्ड एरर) की अन्वेषणात्मक पद्धति अपनाते हैं। इस तरह उनमें सामूहिक सर्जनात्मकता की भावना, क्षमता और आदत का विकास होता है, जो श्रेष्ठ नाट्यसृष्टि की एक आवश्यक पूर्व शर्त है।

इस तरह लगभग एक सप्ताह की कलात्मक जद्दोजहद के बाद अभिनेता कहानी की नाट्यप्रस्तुति का एक ढाँचा तैयार कर लेते हैं। इसे अंकुर निर्देशक के रूप में अकेले नहीं देखते, बल्कि अपने कुछ मित्र नाट्यकर्मियों को भी दर्शकों के रूप में आमंत्रित करते हैं ताकि वह सिर्फ़ तकनीकी डिमांस्ट्रेशन न रह कर नाट्यप्रस्तुति की सर्जनात्मक ज़मीन पर आ जाए और अभिनेता उस समय भी अपनी कल्पनात्मकता का इस्तेमाल करने के लिए प्रेरित हों। अंकुर कहानियों के अपने सभी रिहर्सलों में लगातार इस विधि का इस्तेमाल करने की कोशिश करते हैं ताकि अभिनेताओं की सर्जनात्मक ऊर्जाएँ निरंतर सक्रिय बनी रहें। अभिनेताओं की कल्पनाशीलता और आशुसर्जन को बढ़ावा देने के लिए वे उन्हें प्रतिदिन रिहर्सलों में नयी अभिव्यक्तियाँ तलाश करने को प्रोत्साहित करते रहते हैं। इससे उनमें इतनी गतिशील ऊर्जा का संचार हो जाता है कि न सिर्फ प्रतिदिन के रिहर्सलों में विविधता दिखाई पड़ती है, बल्कि पूर्ण प्रस्तुतियों में भी प्रति दिन नयी ताजगी सामने आती है।

कभी कभी इस स्वतंत्रता का नतीजा कल्पना की उच्छृंखलता और कलात्मक अराजकता के रूप में भी सामने आता है। तब अंकुर बड़ी सावधानी से उन्हें आत्मसंयम और कलात्मक अनुशासन का मार्ग दिखाते हैं ताकि अभिव्यक्ति में पैनापन आ सके। इसमें वे इस बात का बराबर ध्यान रखते हैं कि अभिनेताओं पर कुछ थोपा न जाए।

इसके बाद आगे के रिहर्सलों और बारीक निर्देशन का सिलसिला शुरू होता है। अंकुर रिहर्सलों के बीच बहुत कम हस्तक्षेप करते हैं, आद्यंत पूर्वाभ्यास की समाप्ति पर अभिनेताओं को एकत्र कर कुछ समीक्षाएँ करते हैं और कुछ सुझाव देते हैं, जिन्हें अभिनेता हृदयंगम कर लेते हैं और आगामी पूर्वाभ्यासों में उन्हें रूपायित करने की कोशिश करते हैं।

अंकुर के निर्देशन की पद्धति में और भी सूक्ष्मताएँ और मनोवैज्ञानिकता है। वह अपने अभिनेताओं के साथ सहज मानवीय मैत्रीपूर्ण रिश्ता कायम करते हैं, जिससे वे निर्देशक के प्रति संवेदनशील हो उठते हैं और उनकी ग्रहणशीलता बढ़ जाती है। तब अंकुर इनके साथ की आकस्मिक मुलाक़ातों में प्रच्छन्न टिप्पणियों, चुटकियों, मज़ाकों और मशविरों में कुछ ऐसे निर्देश देते हैं जो अभिनेताओं के मर्म तक उतर आते हैं और उनके अनुकूल नतीजे उनके कामों में दिखाई पड़ते हैं।

अंकुर की यह अनूठी निर्देशन-प्रक्रिया कहानी के दृश्यकाव्य जैसी अपूर्व नाट्य विधा की सार्थक सर्जना के लिए तो आवश्यक है ही, अभिनेताओं के लिए इसका शैक्षाणिक मूल्य भी कम नहीं। इसमें उनकी सर्जनात्मकता और कलात्मक प्रौढ़ता के विकास को एक नया रास्ता मिलता है।

कहानी के दृश्यकाव्य का स्वरूप

अंकुर द्वारा कहानी की नाट्यप्रस्तुति के स्वरूप को निर्धारित करना काफ़ी मुश्किल काम है, क्योंकि वह प्रत्येक कहानी की विषयवस्तु, भावधारा और शैली-शिल्प के अनुसार बदलता रहता है। लेकिन सरलीकरण का ख़तरा उठाते हुए उसके कुछ सामान्य लक्षणों का विवेचन किया जा सकता है, जिससे उसे समझने और उसका मूल्यांकन करने में कुछ सहायता मिल सके।

अंकुर द्वारा प्रस्तुत कहानी के दृश्यकाव्य का पहला और सबसे महत्वपूर्ण लक्षण कहानीकार द्वारा प्रस्तुत कथावर्णन या वृत्तांतकथन (नेरेशन) के तेवर को यथासंभव बनाये रखना है और यह नाट्यक्रिया के गहन क्षणों में भी प्रायः किसी न किसी रूप में सूक्ष्मता से मौजूद रहता है। इसके लिए वे कहानी के क्रमविन्यास को ज्यों का त्यों बनाये रखते हैं। कभी कभी नाट्यक्रिया की रंगमंच पर भौतिक प्रस्तुति कहानी की घटनाओं की पूर्वापरता बदलने की माँग करती है, लेकिन अंकुर उससे प्रायः परहेज ही करते हैं।

वृत्तांतकथन अतीत की घटनाओं का विवरण है, जो कुछ हो चुका है उसकी रपट है। लेकिन नाटक में तो दर्शकों को ऐसा प्रतीत होना चाहिए जैसे सभी कुछ अभी अभी, नाट्यादर्शन की समयावधि में ही घटित हो रहा है। फिर यह वृत्तांतकथन (नेरेशन) नाटक या दृश्यकाव्य कैसे बन पाता है? इस अंतर्विरोध को अभिनेता अपनी सदेह तात्कालिक उपस्थिति से दूर करता है। अपने सामने अभिनेता को देखना और सुनना एक तात्कालिक अनुभव है और यही नाटकत्व का प्राण है।

अंकुर की प्रस्तुतिशैली का एक महत्वपूर्ण लक्षण वृत्तांतकथन या नेरेशन के साथ उनका विशिष्ट निजी बर्ताव है। वे वृत्तांतकथन की एकरसता को तोड़कर उसे अद्भुत गतिशीलता, भावप्रवणता, दृश्यमयता और नाटकीयता प्रदान करते हैं। इसके लिए वे वृत्तांतकथन को अनेक इकाइयों में बाँटकर अभिनेताओं के बीच उनका बड़ा कुशल वितरण करते हैं, जिन्हें कभी तो अभिनेता परस्पर एक दूसरे को संबोधित कर संवादों की तरह बोलते हैं और कभी दर्शकों की आँखों में आँखें डालकर उनसे आत्मीयता स्थापित करते हुए अपने राज़ खोलते हैं, कभी चरित्राभिनय करते हुए अपने ही विषय में अन्य पुरुष की तरह बोलते हैं, कभी एक चरित्र की मौजूदगी में दूसरा चरित्र उसके बर्ताव या चरित्र की गुत्थियों का खुलासा करता है, कभी गहन संवेगात्मक क्षणों में नाट्यक्रियाएँ करते हुए पात्र वृत्तांतकथन भी कर जाते हैं, कभी जब एक अभिनेता नेरेशन कर रहा होता है तो अन्य पात्र उसमें

निहित घटनाओं का चित्रण करते हुए उसका भाव-परिवेश रचते हैं। वृत्तांतकथन को रोचक और भरा पूरा बनाने के लिए अंकुर की एक सूझ उसे क्रीड़ात्मक गतियों से जोड़ना है – जैसे ताश खेलना, रस्सी कूदना, व्यायाम करना, मेकअप करना आदि आदि। ये क्रीड़ात्मक क्रियाएँ यद्यपि कहानी से सीधे नहीं निकलतीं, फिर भी वे उसके परिवेश या चित्रांकन को समृद्ध करती हुई वृत्तांतकथन को रोचक बनाती हैं। इन स्थितियों में कभी कभी नेरेशन में ऐसी सांकेतिकता अर्थगर्भिता निकल आती है, जो सामान्यतया कहानी के पाठकों को प्राप्त नहीं हो पाती।

कहानी के दृश्यकाव्य में संवाद भी होते हैं, लेकिन ठीक उसी तरह नहीं जैसे नाटकों में। ये संवाद कहानी से ही प्राप्त होते हैं, लेकिन सीधे क्रमिक रूप से उपलब्ध नहीं होते, उन्हें अन्वेषित करना पड़ता है। ये हिंदी की आरंभिक कहानियों में काफ़ी मात्रा में हुआ करते थे। बल्कि बहुत सी कहानियों का अधिकांश नाटक की ही तरह संवादों के सहारे ही आगे बढ़ता था। प्रेमचंद की बहुत सी कहानियों में अच्छे संवाद मौजूद हैं। प्रसाद की कुछ कहानियों में तीखे नाटकीय संवाद हैं। लेकिन समकालीन कहानियों में संवाद की अवधारणा बिल्कुल बदल गयी है। अंकुर कहानी चुनने में संवादों की प्रधानता को कोई महत्व नहीं देते। वे आद्यंत वर्णनात्मक कहानी में भी संवाद अन्वेषित कर लेते हैं, लेकिन कहीं अपनी ओर से संवाद बनाकर थोपते नहीं। वस्तुतः वृत्तांतकथन या नेरेशन भी एक तरह का संवाद ही है और जब कहानी नेरेटर उत्तम पुरुष में हो तो फिर बात और भी बन जाती है। कहानी के चरित्रों के मन में उठने वाले भाव-विचार-तरंगों का शाब्दिक वर्णन, आत्मविश्लेषण, अपने को कठघरे में खड़ा कर आतंरिक एकालाप, ये सब कहानी की प्रस्तुति में प्रभावशाली संवाद का आकार ग्रहण कर लेते हैं।

नाट्यक्रियाओं की दृष्टि से कुछ कहानियाँ बहुत सम्पन्न होती हैं। उनमें नाटकीय तत्व बड़ी कुशलता से संजोए होते हैं। वे वस्तुतः कहानी का रूप धरे नाटक ही होते हैं। ऐसी कहानियाँ रंगमंच पर बहुत सफलता से अभिनीत हो जाती हैं। हालाँकि अनभ्यस्त निर्देशक के लिए ऐसी कहानियों को तुरत पहचान पाना उतना आसान नहीं है, फिर भी अंकुर ऐसी कहानियों की खोज में कदापि नहीं रहते। अब अगर उनकी चयनित कहानियों में एक दो ऐसी कहानियाँ आ ही जाती हैं तो वे बिल्कुल दूसरे कारणों से। ज़्यादातर कहानियों में नाट्यक्रियाएँ सीधे साफ़ दिखाई नहीं पड़तीं, पर वे उनमें निहित ज़रूर रहती हैं – कभी कभी एक शब्द में, कभी एक वाक्य में तो कभी कहानी की प्रत्यक्ष या अप्रत्यक्ष घटनाओं में। अंकुर चयनपूर्वक इनका तो रंगमंच पर पुनर्विन्यास करते ही हैं, वे ऐसी नाट्यक्रियाओं का भी अन्वेषण करते हैं जो रंगमंच अभिनेताओं की स्थितियाँ, क्रियाओं, गतियों

और शरीरभाषा से रूपाकार ग्रहण कर इनसे कहानियों में रंगत उभरती है और वे भरी भरी लगने लगती हैं।

अभिनय की दृष्टि से भी अंकुर की प्रस्तुतियाँ मुख्यधारा के नाटकों से काफ़ी अलग होती हैं। एक तो वे हर एक कहानी के लिए यथासंभव कम से कम अभिनेताओं का इस्तेमाल करते हैं, इसलिए एक एक अभिनेता को कई कई चरित्रों का अभिनय करना पड़ता है। कहानी के कुछ चरित्रों का तो अभिनय भी नहीं होता। उनकी उपस्थिति और क्रियाओं को सिर्फ़ शब्दों द्वारा या अभिनीत अन्य चरित्रों की प्रतिक्रियाओं द्वारा जता दिया जाता है। कुछ कहानियों में एक दो चरित्रों के लिए अभिनेता निश्चित कर दिये जाते हैं, लेकिन उन्हें भी वृत्तांतकथन या नेरेशन तो करना ही पड़ता है। इसलिए मुख्यधारा के नाटकों की तरह यहाँ गहरा चरित्राभिनय संभव नहीं। यहाँ तो सांकेतिक रूप से ही चरित्रों की रूपरेखा, उनकी अनुभूतियाँ और संवेग प्रस्तुत करने पड़ते हैं जो अपनी विश्वसनीयता और संक्रमणशीलता के लिए अभिनेताओं से और भी कड़ी माँग करते हैं। उन्हें अपने अंदर एक ख़ास तरह की क्षिप्र सक्रियता और संचरणशीलता विकसित करनी पड़ती है। इसके अलावा उन्हें एक और गहरे स्तर पर कार्य करना पड़ता है। उन्हें कहानीकार की ही तरह यथार्थ के भोक्ता या आत्मीय निकटता के साक्षी की भूमिका ग्रहण करने की तैयारी करनी पड़ती है ताकि वे पूरी कहानी को इस तरह बयान कर सकें मानो यह उन्हीं के अनुभवों की प्रामाणिक कहानी है, कि दर्शक-श्रोता उसमें पूरा यकीन कर सकते हैं। इन सब के लिए अभिनेताओं को अपनी सर्जनात्मक क्षमताओं की तलाश नये सिरे से करनी पड़ती है जिसका सबसे सुखद नतीजा अभिनय में अपूर्व ताजगी लेकर प्रकट होना है। अपनी कहानियों की प्रस्तुति के लिए अंकुर रंगमंच का इस्तेमाल अभिनय के लिए एक खाली जगह के रूप में ही करना ज़्यादा पसंद करते हैं ताकि अभिनेता और शब्द निर्बाध लगातार बिंबों की शृंखला बनाते जा सकें। अभिनेताओं का विशेष आग्रह या कहानी की कुछ खास माँग होने पर वे कुछ सांकेतिक दृश्यसज्जा या कुछ मंच उपकरणों के प्रयोग की अनुमति दे देते हैं, फिर उन्हें यथा संभव निर्विशिष्ट भी कर देते हैं ताकि बदलती हुई स्थितियों के अनुकूल वे बदले हुए आधार-बिंब का काम कर सकें। अंकुर की प्रस्तुतियाँ साधनों की मितव्ययिता और सादगी लिए होती हैं। वे रंगमंचीय गिमिक्स को अपनी रचनाओं में भरसक आने नहीं देते। इसीलिए कहानी के दृश्यकाव्य में अभिनेता की अभिव्यंजना शक्ति और कहानीकार के शब्द ही अभिव्यक्ति के मुख्य आधार रह जाते हैं। इन्हें लेकर अंकुर जिस नाट्य को सिरजते हैं, उसका आकार भी सिद्धान्ततः उसी तरह का बनना चाहिए जैसा

कहानी का हो क्योंकि अंकुर भी उसी का या उन्हीं नेरेटरों के नज़रिये से, उन्हीं धरातलों पर कहानी को प्रस्तुत करने की कोशिश करते हैं। लेकिन इसमें मुख्य समस्या शब्दों से बनने वाले सूक्ष्म बिंबों को रंगमंच-माध्यम द्वारा उपलब्ध बिंब के साथ प्रभावपूर्ण तरीक़े से अंतर्गुंफित करने में खड़ी होती है, क्योंकि कहानीकार अपनी रचनाप्रक्रिया में इस ओर कोई ध्यान नहीं देता। श्रेष्ठ सर्जनशील नाटकलेखक की सफलता का सबसे बड़ा आधार यही सूक्ष्म समन्वय है। दरअसल पढ़ते समय पाठकों की कल्पना में शब्द जैसा बर्ताव करते हैं, कोई जरूरी नहीं कि रंगमंच पर भी वे वैसे ही बरतें। रंगमंच पर उनके बर्ताव अक्सर बिल्कुल नये अप्रत्याशित मोड़ लेने लगते हैं। अंकुर की प्रस्तुतियों और रिहर्सलों में इन्हें लक्ष्य करना मेरे लिए बड़ा रोचक और चमत्कृत कर देने वाला अनुभव रहा है। और भी रहस्यमय अनुभव मेरा यह लक्ष्य करना रहा है कि रंगमंचीय ज़रूरतों से पूरी तरह बेख़बर कहानीकार कभी कभी उन शब्दों, उन वाक्यों, उस पूरी भाषा संरचना को कैसे सिरज लेता है जो रंगमंच के बेहद अनुकूल होती है और कभी कभी अच्छे नाटककार की भी पकड़ में नहीं आती। शायद इसका एक कारण जीवन के सूक्ष्मतम यथार्थ के प्रति गहरी संवेदनशीलता और उसे शब्दों में रूपायित करने की भाषिक क्षमता में कहीं निहित हैं, क्योंकि साहित्य और थियेटर दोनों का लक्ष्य तो एक ही है – जीवन के सूक्ष्मतम अंतर्विरोध का ऐसा अहसास देना कि हम बेहतर जीवन लक्ष्यों की ओर मुखातिब हो सकें।

इसीलिए अंकुर द्वारा प्रस्तुत कहानी के दृश्यकाव्य की कुछ रचनाओं में साहित्य और नाट्य कुछ इस तरह घुलमिल गये कि रसानुभूति का एक सर्वथा नया लोक मन में कौंध गया।

अब कुछ कहानियाँ साधारण नाटक भर बन कर रह गयीं या कुछ वह भी नहीं बन पायी तो यह स्वाभाविक है। क्योंकि अंकुर बीस वर्षों से सब तरह की कहानियों को रंगमंच पर लाने का एक विराट प्रयोग कर रहे हैं और प्रयोग में असफलताओं की संख्या कोई माने नहीं रखती। महत्व है प्रयोग के लक्ष्य का और हर सफल या असफल प्रयोग से मिलने वाले दिशा-संकेतों को दर्ज करने का। ताकि आगामी प्रयोग और भी पैना और लक्ष्य-केंद्रित हो सके। रंगमंच और साहित्य दोनों के लिए यह दुर्भाग्य की बात है कि हम ऐसी कोई समीक्षा-प्रणाली विकसित नहीं कर सके जो इन दिशासंकेतों को दर्ज कर उनका विश्लेषण कर सकती।

लेखनकाल : 1996-97 ई.

कहानी का 'माइसे एँ सीं'
(MISE EN SCE'NE)

देखना और सुनना यों तो मनुष्य की सहज क्रियाएँ हैं और प्रकृति ने हमें यह नियामत भरपूर बख्शी है। लेकिन फिर सभ्यता-सांस्कृति, ज्ञान-विज्ञान के विकास के साथ साथ देखना सुनना उतना स्वाभाविक, सहज, सरल नहीं रह गया। किसी भी चीज को किसी नज़रिए से भरपूर देखने के लिए हमें उस नज़रिए की भाषा जानने की ज़रूरत होती है। मसलन, किसी एक हरे भरे दरख़्त को ले लें। अब इसे एक शायर या कवि पढ़ेगा तो उसे उसमें जो चीजें नज़र आयँगी, वे एक वनस्पति विज्ञानी (बॉटेनिस्ट) जो कुछ पढ़ेगा उससे बिल्कुल भिन्न होंगी। क्योंकि काव्य की भाषा और वनस्पति विज्ञान की भाषा बिल्कुल अलग अलग है। इसी तरह कला भाषाएँ भी हैं – अलग अलग कलाओं के लिए अलग अलग। किसी लिखे हुए नाटक का मंचन देखने की एक कलाभाषा है और कहानी के रंगमंच की कलाभाषा अलग – जो लगातार बन रही है। मैंने उसे क्रमशः सीखा, और सीखता जा रहा हूँ।

लिखे हुए नाटक और कहानी का फर्क

इस फर्क को समझना बहुत ज़रूरी है, क्योंकि इसके बिना हम अक्सर कहानी के रंगमंच से उन्हीं चीजों की माँग करने लगते हैं, जो मुख्यधारा के नाटकों की प्रस्तुति से करते हैं। अब कोई भी नाटककार नाटक लिखता है तो उसके जेहन में यह बात मौजूद रहती है कि इसे रंगकर्मी मंच पर प्रस्तुत करेंगे और वह अपनी रचना की बुनावट में उनके लिए ख़ाली जगहें छोड़ता जाता है। इन ख़ाली जगहों का संजाल इस बात पर निर्भर करता है कि नाटककार की समझ रंगमंच को लेकर कितनी गहरी है। लेकिन रंगमंच से बिल्कुल नावाकिफ रचनाकार भी जब नाटक लिखता है, तो वह उसके पारंपरिक ऊपरी ढाँचे को अपनाता ही है। मसलन, कथा के अंकों और दृश्यों के टुकड़ों में बाँटना और पाठ को संवादों के रूप में लिखना। इससे भी रंगकर्मियों के लिए कुछ न कुछ जगहें बन जाती हैं।

लेकिन कहानीकार ऐसा कुछ नहीं करता। वह पूरी तरह से अपनी भाषा-संरचना द्वारा पाठकों तक पहुँचना चाहता है और उस संरचना में यदि कुछ खाली जगहें

होती हैं तो वे सिर्फ़ पाठकों की कल्पना को जगाने के लिए। बेशक आधुनिक कहानी की रचना प्रक्रिया के ऐतिहासिक विकास क्रम में कहानी की भी अपनी एक खास कला भाषा बन गयी है और उससे सुधी पाठक भी पूरी तरह वाकिफ हो चुके हैं। ऐसी स्थिति में रंगकर्मी रंगमंच पर किसी कहानी को लेकर उसके साथ कैसा बर्ताव कर सकते हैं और अगर उससे कहानी के रंगमंच की कोई अलग कलाभाषा निकल सकती है, तो कैसे?

कहानी के रंगमंच में न तो कहानी को रंगमंच की परंपरा के अनुसार नटकियाया जाता है और न ही फ़िल्मी परंपरा के अनुसार उनका कोई सिनेरियो तैयार किया जाता है। और भी किसी तरह की कोई खास री-स्ट्रक्चरिंग की कोशिश कहानी के रंगमंच में नहीं की जाती। कमोबेश मूल कहानी का पाठ और क्रमविन्यास पूरी तरह बनाये रखने की कोशिश की जाती है। फिर क्या कई अभिनेता मिलकर सिर्फ उस कहानी का वाचन करते हैं? बेशक कहानी का वाचन तो होता है और लगभग पूरा का पूरा, लेकिन कहानी का रंगमंच यहीं नहीं रुक जाता। इससे बहुत आगे बढ़कर अभिनेता तरह तरह से अभिनय करते हैं, गतियाँ करते हैं, बिंब बनाते हैं और बहुत सारी क्रियाएँ करते हैं। क्या उनका यह काम कुछ उस तरह का है, जिस तरह कोई चित्रकार किसी कहानी को इलस्ट्रेट करने की कोशिश में करता है? मेरी समझ से बिल्कुल नहीं। इलस्ट्रेशन कहानी की पठन-प्रक्रिया के साथ उस तरह नहीं जुड़ता, जिस तरह कहानी के रंगमंच में रंगमंचीय संपूर्ण प्रक्रिया कहानी के साथ जुड़ जाती है।

लेकिन जब कहानीकार ने रंगमंचीय प्रक्रिया के लिए कहानी में कोई जगह ही नहीं छोड़ी है, तो फिर वह जुड़ता कैसे है?

अब नाटक हो या कहानी रंगमंचीय प्रक्रिया से जुड़ने पर उसके तीन स्तर बनते हैं। पहले लिखित रूप को हम पूर्वपाठ कह सकते हैं। दूसरे स्तर पर रंगमंच उसे लेकर जो कुछ तैयार करने की कोशिश करता है, वह एक तरह का 'परफॉरमेंस' है। यानी सारे रंगकर्मी कुछ करने की कोशिश करते हैं जिसके सूत्र और जिनके तर्क, करने के अनुभव से ही पैदा होते हैं। तीसरा स्तर तब घटित होता है, जब रंगशाला में 'परफॉरमेंस' को दर्शक अपने स्तर पर हृदयंगम करने की कोशिश करते हैं। दर्शकों की उपस्थिति में और उनकी प्रतिक्रिया से समन्वित 'परफॉरमेंस' एक बिल्कुल नयी परिघटना है – एक नया स्ट्रक्चर है जिसका वस्तुगत अध्ययन किया जा सकता है। फ्रेंच में इसे 'माइसे एँ सीं' कहते हैं जो अंग्रेजी में भी स्वीकृत और बहुप्रचलित है। संस्कृत में यदि हम इससे मिलता जुलता और करीबी पारिभाषिक शब्द ढूँढना चाहें तो वह 'विभावन व्यापार' होगा।

अब पारंपरिक नाटक और 'परफॉरमेंस' के आपसी रिश्ते को आत्मा और शरीर, वस्तु और रूप, साहित्य और रंगमंच अथवा संकेतक और संकेतित के रूप में समझने का चलन है। इस तरह के रिश्ते हम कहानी के रंगमंच में कायम नहीं कर सकते। कहानी में रंगमंच जो कुछ भी जोड़ता है, वह उस कहानी से प्रेरित होकर भी बिल्कुल अलग तरह का और एक ऐसा अतिरिक्त सृजन है जो कहानीकार की पूर्वकल्पना के बाहर का है। अब प्रश्न यह उठता है कि कहानी के रंगमंच में हम जो कुछ देखते सुनते हैं, क्या वह मूल कहानी के प्रभाव को बरकरार रखते हुए उसमें कुछ और ऐसा अतिरिक्त जोड़ देता है, जिससे दर्शकों के अनुभव के रंगों का विस्तार हो जाता है? मुझे यह बात भी पूरी तरह सही नहीं लगती। वस्तुतः कहानी के रंगमंच में कहानीकार द्वारा रचित पाठ, मौजूद होने के बावजूद, रंगमंच के स्पेस में अभिनेताओं द्वारा रचे गये संसार से संदर्भित हो जाता है और एक ऐसी नयी शक्ल अख़्तियार करने लगता है, जिसे दर्शक स्वतंत्र रूप से अपने ही अर्थों में ग्रहण करते हैं। इस तरह कहानी के रंगमंच का 'माइसे एँ सीं' कहानीकार की रचना पर आधारित होने के बावजूद एक बिल्कुल नयी चीज बन जाता है और इस नयी चीज को स्वीकारने में उस कहानी से अपरिचित दर्शकों के लिए कोई अड़चन नहीं होती। पठन के स्तर पर कहानी से अर्थ ग्रहण चुके पाठक अथवा स्वयं कहानीकार को तब अड़चनें आने लगती हैं, जब वे रंगमंच द्वारा उसका हूबहू अनुवाद देखना चाहते हैं अथवा उसकी मूल स्पिरिट को अपनी तरह से खोजने की कोशिश करते हैं। वस्तुतः इस 'माइसे एँ सीं' में जो नयी चीज बनती है, वह उस कहानी पर आधारित होने के बावजूद इतनी नयी हो जाती है कि कभी कभी जैसे कहानी से बिल्कुल अलग जा पड़ी हो। यह कहानीकार की सर्जनात्मकता और रंगकर्मियों की सर्जनात्मकता के आपसी ध्रुवों के बीच के तनावों से निकली एक अलग सृष्टि हो सकती है। बेशक इस संपूर्ण प्रक्रिया का ऑब्जेक्टिव अध्ययन किया जा सकता है, जो मूलतः संकेत-विज्ञान (सिमियोटिक्स) के दायरे में आता है। कभी मौक़ा लगा तो इसका विधिवत अध्ययन करने की कोशिश करूँगा।

लेखनकाल : 2008 ई.

□□□